KB071333

방송연예론

김웅래 지음

한울
아카데미

책을 내며

방송연예인이 되기를 꿈꾸는 젊은이들이 의외로 많다. 만나서 얘기를 나누다 보면 막연하게 꿈꾸기만 할 뿐 구체적인 실천 계획이 전혀 없어 안타까웠다. 불확실한 미래에 도전하자면 겁도 나고 궁금증도 많을 것이다. 방송이란 무엇인지, 방송연예인이 되기 위해서 지금 무엇을 준비해야 하는지 등등의 의문이 생길 것이다. 그런 친구들의 고민을 해결해주고 안내해주기 위해 이 책을 낸다.

필자는 방송현장의 일선에서 30년 동안 제작을 담당하였다. 그 경험을 살려서 방송의 핵심부분과 감춰졌던 부분을 빠짐없이 알기 쉽게 이 책에서 기술하였다. 방송연예학을 전공하는 학생들에게도 실질적인 도움이 되리라고 믿는다.

방송관계 종사자나 연예인이 되는 것은 먼 데 있는 일이 아니다. 포기하지만 않는다면 꿈은 언젠가는 이루어지게 되어 있다. 운 좋게 내일이라도 내 앞에 갑자기 기회가 찾아올 수도 있다. 단 한번의 기회를 놓치지 않기 위해 그 순간에 어떻게 대응해야 멋진 방송생활에 적응할 수 있는지, 이 책은 꿈꾸어왔던 환상이 현실이 될 때 길라잡이 역할을 충분히 할 수 있을 것이다.

필자는 방송제작 과정에서 수많은 연기자들을 만났다. 자기 관리를 잘하는 뛰어난 연예인이 있는가 하면 반면에 의욕은 앞서지만 어떻게 처신할지 몰라 당황해 하는 연기자도 더러 있다. 많은 젊은 연예인들이 방송 활동에만 열중하느라 주위에 펼쳐지는 미래의 상황을 넓은 안목으로 보질 못하고 있다. 일년에 두 번 정기적으로 실시되는 정기 프로그램 개편 때만 되면 대부분 우려 섞인 시선으로 자신이 출연하고 있는 프로그램이 계속될 것인지 아니면 없어질 것인지에 대해 걱정하고 있다.

프로그램 개편에 신경 쓸 것이 아니라 변화하는 방송 환경에 능동적으로 대처할 수 있는 힘을 기르는 것이 필요하다고 본다. 방송연예계에 대해 꾸준히 연구하고 필요한 정보를 취합하고 자신의 능력을 개발하며 변화해간다면 분명 생명

4

력이 긴 연기자가 될 수 있다.

　방송과 관련된 대중문화, 특히나 연예오락프로그램에서 스타시스템, 그리고 방송인의 미래에 이르기까지 간결하지만 중요한 흐름을 이 책에서 짚어보았다. 방송이란 연출자·작가·연기자가 삼위일체가 되어 자신이 소속한 분야를 중심으로 서로가 서로를 상호 보완해나가는 작업이라고 할 수 있다. 그러기 위해서는 우리는 상대방에 관해서 알아야 하는 것이다. 상대를 안다는 것은 종합예술인 방송의 특성상 시너지 효과를 창출하는 역동적인 힘의 원천이라고 생각한다.

　필자는 이 책이 방송의 역사에 꽃을 피우고 향기를 남기는 보람된 방송연예인이 되는 데 보탬이 되기를 간절히 바란다.

2004년 4월
김웅래

차례

제1부 방송과 문화

제1장 방송과 대중문화

1. 방송의 특성과 의미

1) 대중문화에서 영상대중문화로

대중문화의 발생은 경제적으로는 산업발달에 의한 대량생산·소비의 가능, 정치적으로는 소수민주주의 형태로부터 다수민주주의 형태로의 전환, 문화·기술적으로는 교통·통신 및 매스미디어의 발달과 교육의 확대, 그리고 대중오락의 발달에 기인한다. 특히 릴(Real, 1977)은 현대의 대중문화를 매스커뮤니케이션 문화로 규정하면서 '대중매체적 문화'라는 개념을 언급하였다. 이처럼 매스 컬처는 문자 그대로 대중의 문화이지만, 매스미디어 문화는 매스미디어에 의해 생산, 분배, 소비되는 문화이다. 따라서 현대의 대중문화는 대중매체를 통한 커뮤니케이션에 의해서 대량으로 복제되고 생산되는 문화라 할 수 있다.

대중문화는 역사적 발전의 산물이다. 근대 산업사회의 발전과 더불어 진척되어온 정치·경제적인 차원에서의 민주화가 문화적인 차원에서 그 성과를 확인하는 것이 바로 대중문화이기도 하다. 현대의 산업사회는 거대하고 엄청난 생산력을 발전시킴으로써 과학과 예술의 놀라운 비약을 가져오고 개인의 역량을 발전시켜 인간해방을 향한 중요한 역사적 계기를 마련했다. 또한 모든 국지적 제약을 타파하여 세계문화를 창조했으며, 극소수 특권층의 문화를 대중의 문화로 전환시켜 문화의 민주화를 가능하게 했다. 대중문화의 긍정적 측면은 바로 이 점일 것이다.

그러나 대중문화의 이러한 긍정적 측면이 대중문화의 부정적 측면에 대한 면죄부일 수는 없다. '문화의 기회'를 확대했다는 차원에서 대중문화를 긍정적으로 평가한다고 하더라도 그러한 기회의 확대가 곧 '문화의 질'을 보장해 주는 것은 아니다. 반대로 현대산업사회의 자본의 이윤추구적 속성이 문화를 밀고 나가는 힘이 되어, 자본주의 대중문화는 인간의 다른 고귀한 성향들을 희생시키면서 그리고 인간의 자유로운 개성을 말살하는 방향으로 발전해오고 있는 것이다. 전쟁,

폭력, 살인, 마약, 섹스 등은 현대산업사회에서 대중문화의 이러한 파괴적, 부정적 측면을 잘 드러내준다.

현대의 산업사회에서 대중문화의 이러한 부정적 측면은 그것이 갖는 상품으로서의 성격에서 연유한다. 현대 산업사회에서의 자본주의적 상품·화폐관계가 모든 생활영역에 침투함으로써 문화의 영역에서도 '대중문화'를 창출하게 된 것이다. 대중문화는 자본에 의해 생산·분배되어 상품소비자들에게 수용됨으로써 대중의 일상적 삶의 방식과 의식을 지배하게 된다. 생산되는 문화상품의 내용과 형식은 자본의 이윤동기에 종속되며, 따라서 대량생산을 위한 표준화, 규격화와 안정적인 시장 확보를 위한 다양한 조치들, 그리고 소비욕구의 관리를 위한 방법들이 정교하게 문화생산 과정에 개입하는 것이다.

특히 대중문화의 발전은 매스미디어의 발전과 더불어 진행되어왔다. 매스미디어는 그 자체가 문화전달의 매체일 뿐만 아니라 그 자체가 문화의 생산자이기도 하다. 이러한 대중매체에 의한 대중문화의 영역으로는 신문, 도서, 잡지, 만화 등의 인쇄미디어 서비스, 지상파방송, 케이블방송, 위성방송, 라디오방송 등의 방송미디어 서비스, 유선전화, 휴대폰, 인터넷폰, 온라인채팅 등의 통신미디어 서비스, 인터넷(PC통신), 개인정보단말기(PDA), 온라인(PC)게임 등의 컴퓨터미디어 서비스, 비디오·DVD, 콘솔·아케이드게임, 음반·MP3, 디지털 캠코더·카메라 등의 독립미디어 서비스 등이 포함된다. 이 외에도 디지털 및 네트워크화를 기반으로 한 정보기술(information technology)의 발전은 멀티미디어 여가소비를 확대시키고 있으며, 문화와 오락기술(culture & entertainment technology)이 확대 응용되면서 다차원적·역동적인 미디어 문화형태가 나타나고 있다.

더욱이 대중문화가 꽃핀 것은 영상문화의 발달과 궤를 같이 하고 있다. 21세기는 영상문화의 시대로서 TV, 영화, 비디오, 게임, 애니, 사진, 인터넷 등 여가미디어로서 영상매체의 중요성이 부각되고 있다. 오늘날 대중문화 속에서 영상이 갖는 중요한 관계성에 대해 고찰하면 다음과 같다.

첫째, 어린이와 텔레비전 환경에 대해 생각해보자. 태어나자마자 영상물과 접하면서 자연스럽게 '영상세대'로 자라온 요즘의 아이들에게 텔레비전은 가장 친근한 매체이다. 라디오나 인쇄매체와 달리 말과 글에 대한 이해와 노력이 필요 없고 영상으로 해독이 가능한 텔레비전은 청소년이나 성인보다 어린이나 노인들에게 그 매력의 강도가 더 높다.

미국의 경우, 어린이의 1년간 TV시청량은 학교수업시간의 양과 비슷하다고 하고, 미국의 유아들이 취학 전 텔레비전 앞에서 보내는 시간은 초등학교에서 대학을 졸업할 때까지의 수업시간보다 길다고 한다. 우리나라의 경우도 마찬가지여서 '어린이들의 비디오 시청실태 조사'에 따르면, 방학동안 어린이들의 시청시간은 평일 2시간 42분, 주말에는 3시간 56분으로 나타났다(남명자, 1995: 16).

아이들이 텔레비전을 시청하는 첫번째 동기는 오락을 위해서라고 한다. 그 이외에 친구 제공, 어린이보기, 대화참여, 현실도피, 교육적인 동기에서 시청하는 경우가 있지만 주된 목적은 시간을 보내는 것이다. 어린이와 TV와 관련한 대부분의 연구결과는 TV시청이 상상력의 발달을 저해한다는 데 의견의 일치를 보이고 있다. 비디오게임, 컴퓨터, 텔레비전에 몰입하면서 집에서만 노는 아이는 성장장애를 일으킨다는 외국 잡지의 보도도 있었고, 과도한 TV시청이 비만아를 만든다는 연구결과도 보고되었다. 또한 TV나 비디오의 폭력물을 보고 일으킨 모방범죄의 사례나 광고의 한 장면을 흉내내다가 부상을 입는 경우도 심심찮게 지상에 보도되고 있다.

물론 그 모든 책임을 TV 등 대중매체의 탓으로만 돌릴 수는 없으나, 의도하지 않았을지라도 대중매체가 동기부여를 하는 것만은 분명한 사실이다. 분명한 것은 TV시청의 효과는 지속적이며, 시청 직후에 나타나는 즉각적인 효과보다 누적적으로 나타나는 장기적 효과가 더 크다는 점이다. 특히 'TV의 현실'과 '실제 현실'을 분간하지 못하고 TV 속의 인물과 자신을 동일시하는 어린이에게 미치는 TV의 영향력이나 효과는 엄청나다.

둘째, 청소년과 텔레비전 환경에 대해 생각해 보자. 우리 사회에서 텔레비전 폭력과 부정적인 영향의 문제는 미디어와 문화의 복합적인 관계를 보여주는 아주 좋은 예라고 할 수 있다. 텔레비전 폭력은 여러 모양의 폭력적 행위를 조장하고, 문명사회에서는 받아들여질 수 없는 일상의 폭력에 관해 도덕적이고, 사회적인 가치를 새롭게 형성하는데 기여한다. 펄(Pearl)은 텔레비전이 폭력적 행동에 영향을 미치는 네 가지 영향을 발표하였는데, ① 관찰한 폭력을 즉각 흉내내기, ② 잠재된 채 겉으로 드러나지 않았을지도 모르는 폭력적 행위의 촉발, ③ 빈발하는 폭력적인 행위에 대한 무감각, ④ 시청자의 공포 등이다.

지금의 다채널·다매체의 방송환경은 청소년을 매우 위험한 환경으로 내몰고 있다. 위성방송의 출범과 함께 수백 개로 늘어나는 채널들간의 경쟁은 선정성·폭력성의 경쟁으로 대체되고 있다. 선정성·폭력성의 내용은 방송제작에서조차 적은 비용을 투자하여 최대한의 시청률을 올리는 방법으로 불문율처럼 여겨지고 있다. 이에 따라 선정성과 폭력성의 수준이 일반 성인의 상상을 넘어서고 있다. 예컨대, 중학생이 교내에서 흉기를 휘둘러 동료학생을 살상한 사건이 있었다. 영화에서 본 장면대로 흉내를 내어 친구를 가해했다는 말로 우리를 한층 더 놀라게 한 것을 기억할 것이다. 청소년의 폭력문제는 이제 교실에서 버젓이 행해질 정도로 일상화되고 있다.

일반적으로 미디어에서 묘사하는 폭력에 노출되는 것이 청소년들의 폭력적인 행동을 직접적으로 야기하거나 청소년들의 공격성, 반사회적인 행동의 직접적인 원인이라는 증거는 없지만, 미디어의 폭력성과 청소년들의 행위 간에 일정한 연관성이 있다는 것에는 대부분 동의를 하고 있다. 즉, 미디어의 내용이 청소년의 행동에 어떤 식으로든지 영향을 미친다는 것은 아무도 부정하지 않는다.

더욱이 어린이 시청시간대와 가족시청시간대에도 텔레비전에서 폭력과 선정적 내용이 자주 등장한다. 또한 위성 및 케이블 방송에서는 24시간 수시로 청소년들이 보기에 부적절한 내용들이 방영되고 있다. 청소년기는 심리적·행동적 태도에 있어 변화무쌍의 시기이며, 주위 환경으로부터 많은 영향을 받고 이에 민감한 시기이다. 텔레비전 프로그램이 선정적이고 폭력적인 환경을 조성하면 이에 따라 청소년들이 악영향을 받게 된다는 단순한 진리를 잊어서는 안 될 것이다.

셋째, 정치와 텔레비전 환경에 대해 생각해보자. 미국의 대통령후보인 케네디와 닉슨 간의 TV토론은 '이미지 정치'의 서막을 알린 사건이라고 할 수 있다. 우리나라에도 이제 새로운 정치문화 시대가 도래하고 있다. 한국에서 선거관련 TV토론은 1995년 지방자치선거 서울시장후보 초청토론회에서 그 첫선을 보였다.

그 이후 1997년 제15대 대통령선거를 앞두고 TV토론은 더욱 활성화됐으며, 이는 후보자의 당락을 좌우했다는 평가까지 나왔다. 즉, 현대의 권력은 TV화면에서 나온다는 표현을 실감하게 되었다. 지난 1997년 대통령 선거가 끝난 후, 실시한 여론조사에서 지지후보 결정에 TV토론이 영향을 미쳤다고 응답한 사람이 전체의 79.8%나 된 것으로 나타났다. 한국은 1997년 선거법에 대통령선거 후보자 TV토론을 의무화했다. 2000년에는 선거법 개정을 통해 대통령선거는 물론 시도지사 선거에서도 TV토론을 하도록 법적으로 명문화했다(이성완, 2002.5: 2).

이처럼 민주주의의 새로운 정치풍토를 여는 여론창출의 한 수단으로서 이미

구미 선진국에서 확고하게 뿌리를 내리고 있는 TV토론, 선거방송, 정치광고는 후보자들에게 유리한 여론을 조성하는 전략적인 수단일 뿐만 아니라, 후보자의 당락을 결정하는 매우 중요한 요소가 되고 있다. 특히 지난 대선에서는 과거의 고비용·저효율 정치구조를 청산하기 위한 수단으로 미디어를 적극 활용함으로써 긍정적인 가능성을 보여 주었다. 이제 전자투표도 실시할 예정에 있다. 따라서 정치인들에게 텔레비전은 대중과의 중요한 접촉기회를 제공한다.

반면에 그동안 한국언론의 선거보도에 대해서 많은 문제점들도 지적되어 왔다. 예컨대, '편파보도', '가십성 보도', '운동경기 중계식 보도', 후보자가 제공한 정보를 베끼는 '홍보성 보도', 정책을 도외시한 '인물 중심 보도', 유권자가 안 보이는 '후보자 일변도 보도', 중앙정치만 바라보는 '지역 무시 보도', 모든 매체가 다 똑같은 내용을 읊는 '패키지보도', 대결과 갈등구도만을 강조하는 '무협지보도', 근거가 확실치 않은 것을 일단 보도하고 보는 '풍설보도', '백화점식 공약 나열보도' 등이 그것이다. 이러한 관행들은 언론이 유권자에게 선거의 중요성을 일깨워주고 선택에 필요한 정보를 제공해주기는커녕 오히려 방해한다는 의구심을 깊게 하는 요인이 되어온 것이 사실이다.

넷째, 전쟁과 텔레비전 환경에 대해 생각해보자. 대부분의 사람들은 국내문제보다 국제적 사건(외교 분쟁, 자연재해, 전쟁, 내란 등)이 일어났을 때 언론에 대한 의존도가 높아지며, 언론보도나 해설을 개인적 판단의 중요한 근거로 삼는다. 오늘날 복잡하게 얽혀 있는 국제이해관계 속에서 다른 나라에서 일어나는 일들은 이제 더 이상 남의 일이라고 방관할 수가 없다. 국제뉴스의 중요성은 바로 여기에 있으며, 그중에서도 예기치 못한 사건들을 신속히 전달해주는 방송, 특히 텔레비전은 인터넷을 이용하는 오늘날에도 가장 영향력 있는 매체로 자리매김하고 있다. 이런 신속성은 사건 자체의 전달뿐 아니라 우리에게 미칠 영향에 대한 경계 역할도 하기 때문에 중요한 의미를 갖는다.

2002년 미국에서 발생한 세계무역센터 및 국방성 테러사건 보도는 텔레비전뉴스의 속보성과 생생한 현장감을 실감케 한 사례였다. 미국과 이라크의 전쟁 상황보도에 따라 세계유가(油價)가 춤을 추고, 한국의 주식시장과 경제에도 절대적인 영향을 미쳤다. 그리고 여기에는 방송매체, 즉 CNN과 알자지라의 역할이 중요하게 개입되었다. 즉, 실시간으로 생중계되는 전쟁의 실상을 통해 보여지는 현실은 방송사의 이념과 사회·문화적 맥락, 그리고 상대주의에 따른 '선택과 조절, 선별'을 통해 걸러진다. 예컨대, 수많은 희생자를 낸 전무후무한 테러분자들에게 미국의 부시 대통령은 "테러와의 전쟁(War against Terrorism)"을 선포했으며, 이것을 시작으로 미국을 비롯한 다른 나라의 언론들은 마치 전쟁이 일어나기 일보직전 상황으로 몰아가며 국민들을 공포로 몰아가는 '감정적' 보도를 하기에 급급했다는 지적과 이런 흐름 속에서 이성적으로 우리의 시각으로 본 사건의 보도가 아닌 일방적으로 미국의 CNN방송이나 ABC뉴스를 그대로 인용한 보도가 많았다는 우려의 목소리도 있었다. 더욱이 이라크전쟁 초기에 한 방송사의 뉴스프로그램에서는 미·영연합군을 지칭하면서 '아군'이라는 표현을 썼다. 그러나 어느 쪽도 아군이 될 수 없으며, 광범위한 살상행위는 어떠한 정당성을 갖지 못한다. 그럼에도 방송사에서는 뉴스를 내보낼 때 종족이익중심주의를 포함시켰던 것이다.

이라크전의 초기 생중계권은 미국 CNN방송의 기자들이 이라크에서 추방되고 아랍권 방송사인 알자지라방송이 쥐고 있었다. 세계의 주요 방송사들이 받은 중요한 이라크전쟁의 화면은 이슬람 종족 중심적인 입장을 지지하는 알자지라방송에서 찍은 화면들이었다. 이처럼 누가 생중계권을 장악하느냐 하는 것은 전쟁에 대한 여론이 어떤 방향에서 만들어지는가를 결정하는 중요한 요인인 것이다.

다섯째, 대중문화와 텔레비전의 환경에 대해 생각해보자. 오늘날 방송은 대중문화를 구성하고 있는 스타와 유행을 창출함으로써 수용자의 잠재된 욕구를 개발하고, 그것에서 이윤을 창출하기 위해 끊임없이 문화상품들을 생산해낸다. 이러한 과정을 상업화라 할 수 있는데, 스타, 유행, 인기는 이러한 상업주의의 결과이면서 동시에 상업주의를 유지하는 기둥이기도 하다. 즉, 영상미디어는 문화를 창조해내는 기구일 뿐만 아니라 경제활동을 유지시켜주는 기구이기도 한다. 이러한 관점에서 볼 때, 현대의 영상미디어는 문화기구이자 동시에 경제기구인 것이다. 그 결과, 오늘날 10대들의 구매력 확대는 대중문화의 상업적 목적을 달성하는 데 유리한 영향을 미치고 있으며, 대중문화의 형성과 유통에 10대들의 영향력이 날로 증대되고 있는 현실이다. 특히 영상이미지에 익숙한 독특한 감각구조를 지니고 있는 신세대들은 재미와 압축과 실용성을 추구하는 '이마골로기(imagologie = image + ideology)' 세대로서 논리적 사상체계가 아니라 일련의 이미지와 암시에 지배되고 또 그것을 선호한다. 이러한 미디어의 상업주의는 연예정보프로그램이나 기사를 통해 스타시스템을 부추기며, 주로 청소년들이 고객인 스타숭배현상은 현실적으로 제동이 거의 어려운 실정이다. 이는 한편으로는 여러 가지 제약 속에서 살고 있는 청소년들의 현실도피 현상이라고 할 수 있다. 그러나 청소년들은 '스타숭배 현상' 자체가 치밀한 상업적 계산 아래 관리되고 있다는 현실을 깨달아야 한다.

반면에 텔레비전은 문화예술매체로서 보다 광범위한 종합적 문화미디어로 기능한다. 텔레비전을 비롯한 방송은 드라마, 음악, 쇼, 교양, 미술 등 여러 장르의 문화를 갖고 있다. 특히 텔레비전드라마는 연극문화에 비교되고, 텔레비전영화는 영화예술에 비교되며, 음악프로그램은 음악예술이나 공연예술과 비교된다. 기타 교육내용의 프로그램은 인쇄미디어의 교육서적에 해당된다. 따라서 방송은 끊임없이 음악인, 작가, 연기자를 소모함으로써 생명을 이어간다.

여섯째, 광고와 텔레비전 환경에 대해 생각해보자. 광고(advertising)란, advertere, '돌아보게 하다, 주의를 끌다'라는 의미에서 유래하듯이, 광고주가 청중을 설득하거나 영향력을 미치기 위하여, 대중매체를 이용하는, 유료의, 비대면적인 의사전달 형태로 정의된다. 오늘날 그 어떤 대중매체도 광고 없이는 생존이 불가능할 정도이며, 우리는 매순간 숨쉬는 공기만큼이나 일상에서 친숙하게 광고를 접한다. 하지만 최근에 범람하는 TV광고는 보다 강인한 인상을 심어주고 다른 광고들과의 차별화를 위해 제작됨으로써 부정적인 사회적인 이슈를 낳고 있다.

예컨대, 코엑스몰 광고의 경우를 들면, 코엑스몰이 넓고 놀 곳이 많은 것을 강조하기 위해 한 남학생이 시간마다 여자친구를 바꿔가며 영화관, 음식점 등 이곳저곳에서 데이트하는 장면이 연출되었다. 그렇게 데이트하며 스쳐간 여자친구 중의 하나도 똑같은 방법으로 여러 남자친구를 만나고 있었다. 그러다가 밤에 나이트에서 춤을 추다 마주치며 '넓다고 방심하지마'라는 말로 광고를 끝내는 것이었다. 한마디로 바람끼 많은 남녀를 미화해서 찍어놓은 광고였다. 물론 웃고 지나갈 수 있는 광고이겠지만, 이성간의 헤어짐을 너무도 대수롭지 않게 생각하는 요즘 신세대들의 잘못된 가치관을 미화해서 찍어낸 광고가 과연 지금의 청소년들에게 어떤 영향을 미칠까? 인격이 형성되는 시기에 이런 광고를 접하게 된다면 잘못된 가치관이 바로 청소년들의 인격이 되어버리고 말 것이다.

이처럼 현대의 광고는 대중의 라이프스타일과 가치관을 바꾸는 힘을 갖고 있다. 하지만 요즘의 TV광고들은 대부분 자극적인 광고로 경쟁을 다투면서 소비자를 유혹하고 있다. 제품의 기능적인 가치를 전달하는 정보제공보다는 교환가치, 즉 구매함으로써 느낄 수 있는 상징적인 가치를 이미지의 감성소구로 표현한다는 것이다. 예컨대, 여자모델들의 몸매를 클로즈업한다거나, 격렬한 춤과 선정적인 옷을 입은 광고들은 섹스어필 이전에 상업화를 위한 의도적인 선정성이 한계수위를 넘고 있다. 넘쳐나는 광고들에서 좀더 특이하고 개성있게 보이고 상품의 가치를 높이기 위해 광고비용으로 거액이 소요된다. 이 많은 광고료는 모두 소비자의 몫이다. 그만큼 제품의 가격이 올라간다. 또한 시각적으로 포장되고, 과장된 광고들이 불필요한 소비를 부추기게 된다. 특히 대중 톱스타들의 인지도를 이용해 제품에 대한 소개 없이 스타의 얼굴만을 TV에 클로즈업하고, 그 스타가 이 광고에 나왔었다는 것을 핵심으로 삼는 광고들이 허다하다. 더욱이 스타들은 TV광고의 출연을 위해 영화, TV드라마, 가수 등에 출연하여 인기를 얻어 인지도를 확보함으로써 수억원대의 모델료를 받을 수 있고, 광고 한 편으로 거액을 벌어들이고 있다. 모두가 스타중독증에 걸려 너나 할 것 없이 스타가 되어 하루아침에 일확천금을 노리려는 청소년들이 늘어난다. 이 모든 역기능들이 자라나는 청소년들에게는 심각한 부작용을 초래할 수 있다.

오늘날 사람들은 영상미디어를 보며 즐거움을 갖는다. 역으로 영상미디어는 사람들의 즐거움조차 지배하고 조절한다. 계획적으로 생산되고 의도적으로 분배되며 예상했던 효과를 불러일으키며 이윤을 창출하는 상품으로 자리잡게 된 것이다. 반면에 대중문화는 영상미디어를 통해 일상의 영역으로 걸어 들어갔다. 이러한 일상의 영역에서 다원적인 영상이 생산, 재생산되고 수용된다. 따라서 현대의 대중문화는 영상미디어를 통한 문화 혹은 영상대중문화로 대변될 수 있는 것이다.

2) 방송의 파워

오늘날 방송영상은 다른 미디어에 비해 사회적 영향력을 크게 확산시켜 사회를 움직이는 원동력으로서 혁명적인 매체가 되고 있다. 왜냐하면, 방송영상은 그 사회의 경제·정치·문화적 함의를 동반하고 있으며, 방송영상이 초래할 긍정적 또는 부정적 미래상에 따라 인간과 사회의 미래가 달려 있기 때문이다. 특히 고도의 현실재생능력과 수용자들에게 실재감을 부여할 수 있는 능력을 가진 방송영상 소구력은 텔레비전을 대중문화 생산과 소비의 중심영역에 위치하게 하였으며, 대중문화의 위력을 갈수록 강화시키고 있다. 이제 인간은 '텔레비전에 의해', '텔레비전 때문에', '텔레비전에 따라' 의식과 태도, 그리고 행동까지 텔레비전에 맞추어가는 경향을 보이고 있다. 따라서 여기서는 라디오와 TV(video)방송의 사례를 통해 사회와 인간을 변화시키는 방송영상의 힘을 생각해보려고 한다.

(1) 라디오 방송의 파워: <화성인의 침입> 사례

1938년 10월 30일 저녁 CBS방송은 웰스(H. G. Wells)의 소설 『세계대전(*War of the Worlds*)』을 임의로 번안한 라디오 드라마를 방송했다. 이 프로그램은 원래 할로윈 축제에 늘 있는 장난 소동의 일환으로 준비된 것으로, 나레이터를 맡은 유명한 성격파 배우 오손 웰즈(Orson Wells)는 화성인의 모습을 묘사하면서 미국의 전형적인 댄스뮤직을 배경음악으로 깔고 있었다. 그 순간 오손 웰즈는 돌연히 "신사 숙녀 여러분, 국제 라디오 뉴스로부터 입전된 긴급뉴스를 알려드리기 위해 음악을 중단한다"고 전했다. 모의 긴급뉴스는 지구가 현재 화성인으로부터 침략을 받고 있다고 숨가쁘게 전하고, 과학자들의 인터뷰 내용과 함께 화성인을 직접 목격했다는 어느 농부의 목격담도 소개했다.

의심의 여지 없이 이 드라마는 공상과학소설을 극화한 것이었다. 프로그램 시작부분과 도중에 세 차례 이는 가상상황이라는 멘트가 들어갔다. 그러나 다른 네트워크의 인기프로그램을 듣다 중간에 채널을 돌린 청취자들은 이것이 실제상황이 아님을 알 길이 없었다. 처음부터 방송을 듣던 사람 중에도 실제상황으로 착각한 이들이 있었다. 실제로 많은 청취자들이 극도의 공포감에 사로잡힌 나머지 거리로 무작정 뛰어나오기도 했고, 친구에게 전화를 걸어 조심하라는 경고를 하기도 했으며, 밖에서 이 드라마를 듣고 있던 사람들은 아내와 아이들을 피난시키기 위해 자동차를 거칠게 몰아 집으로 급히 돌아가기도 했다고 보고되었다.

미국의 미디어 학자인 캔드릴(H. Candril)은 "1938년 10월 30일 저녁 우리의 전체 문명을 위협하는 화성인들이 침범한 것처럼 보도하는 한 라디오 방송을 들었을 때 수많은 미국인들은 공포에 휩싸였는데, 지금까지 다양한 직업들과 지역들의 많은 사람들이 이같이 오늘 저녁처럼 갑작스럽고 크게 놀란 적은 아마도 없었을 것이다"라고 기술하였다.

여러 가지 다양하고 스펙터클한 미디어 사건들에 익숙해져 있는 오늘날의 사람들에게는 이 같은 보도와 앞에서 설명한 반응들은 이상하고 순진하기만 한 것으로 생각될 수 있다. 그럼에도 불구하고 <화성인의 침입(The Invasion from Mars)>

의 라디오 드라마 사건은 미디어 연구의 역사에서 오래 잊혀지지 않고 있다. 이는 미디어가 모든 것을 '대중 히스테리(패닉)'에 이르기까지 움직일 수 있다는 것을 알게 해 주었기 때문이다. 이것은 미국에서 폭넓게 효과연구가 지속되게 한 자극적 동인(動因)이 되었다.

이와 같이 방송이 어떤 특수한 상황에서 사람들 사이에 혼란을 가져올 수 있다면, 미디어는 인간의 행동을 결정하는데 관여하거나 또는 변화시킬 수 있는 강력하고 뚜렷한 힘을 갖고 있음이 틀림없다는 것이다. 이에 의해, 대중은 구조화되지 않은 집단으로 집단의 구성원들은 전통적 규범들과 가치에 그다지 구속받지 않고 있어서 쉽게 영향을 받는 것으로 이해되었으며, 이들에 대한 매스미디어의 영향력은 막강하다는 강효과(強效果)이론들이 등장했다.

맥루한은 이러한 매스미디어의 메시지 효과들에 관련해 다음과 같이 언급한다. "라디오는 사람들을 개별적으로, 사람에서 사람으로 자극하고, 그리고 형용될 수 없던 저자, 화자, 그리고 청자 사이의 커뮤니케이션 상황을 만들어낸다. 따라서 라디오는 뿌리가 깊은 인간의 감정적 욕구에 의존적이다." 그러므로 역사상 히틀러의 정치적 존립도 라디오와 확성기 덕분이라고 맥루한은 설명한다.

중요하게 생각해보아야 할 것은 라디오방송을 들은 많은 청취자들이 분명한 가상을 실상으로 착각하였다는 점이다. 물론 너무나 사실적으로 제작되어서 사람들은 가상인지를 깨닫기 위해서는 주의를 기울여야 했지만, 미디어를 통한 경험과 실상의 차이를 알고 있다면 금방 인식할 수 있었을 것이다. 미디어의 경험은 실상과는 다르다. 한 사건을 정해진 시간에 집약해서 보내야 하기 때문에 드라마 내용전개의 시간적인 흐름이 상당히 빨리 이루어진다. 그러나 수용자들은 이를 구별할 수 있는 능력이 결여되어 있었다.

이처럼 오늘날에는 미디어를 통해 현실과 미디어 속의 가상을 구분하기가 어려워지고 있으며, 미디어를 통한 경험이 실제의 경험을 대신하고 더 큰 영향을 미치고 있다. 우리의 일상현실은 미디어를 통한 인공적 현실과는 분명히 다르다. 그렇기 때문에 어린이와 청소년들이 현대 미디어에 의해 인공의 현실에 빠지게 되어 실제의 현실로부터 격리될 수 있으므로 이에 대한 보호교육학적인 노력이 필요하다.

(2) TV(video)방송의 파워 : '로드니 킹' 사건의 사례

로드니 킹(Rodney King)은 당시 25세였으며, 한국인 식료품가게에서 장식용 총으로 주인의 머리를 쳐서 2백 불을 강탈한 혐의로 2년간 복역하다가 가석방된 직후였다. 1991년 3월 3일 킹은 그의 동네친구인 알렌(Allen), 헴(Helms)과 함께 대낮부터 맥주 24병을 마셨다. 그의 혈중 알콜농도는 법정허용치의 2배가 넘었다. 그럼에도 불구하고 그와 친구들은 맥주를 더 사러 나갔다. 차의 라디오 볼륨을 최대한 높게 올리고, 시속 1백 마일 이상의 속도로 LA 거리를 질주했다. 이윽고 패트롤 카의 불빛이 보였고, 길가에 세우라는 경찰의 지시가 있었으나, 킹은 가석방 중이라 감옥 직행을 두려워한 나머지, 술에 취해 몽롱한 상태에서 추격을 피하려고 8마일 가량을 도망쳤다. 많은 경찰차들이 추격하였고, 2대의 헬리콥터와 19명의 경찰, 적어도 3개 시의 경찰들이 동원되었다.

마침내 킹은 밤 12시 30분경에 LA 북쪽 레이크 뷰 테라스(Lake View Terrace)의 거리에 멈추어 섰다. 킹은 차에서 내리자마자 그를 체포하려는 많은 경찰들 앞에서 웃었고 춤을 추었다. 그는 드라마에서 본 것처럼 헬리콥터의 서치라이트를 향해 손을 흔들었고, 여자경찰관을 향해 키스를 보내고 엉덩이를 흔들었다. 4명의 경찰이 그에게 수갑을 채웠을 때, 6피트 3인치, 225파운드의 킹은 간단히 그들을 물리쳐버렸다. 5만 볼트의 전기총도 킹에게는 효과가 없었다. 경찰은 킹이 마약을 복용한 것으로 잘못 판단했다. 두번째 전기총을 발사했으나 킹을 굴복시키지는 못했다. 이때 조지 홀리데이(George Holiday)는 거리 건너편에 있는 그의 아파트 발코니에서 비디오카메라를 작동시켰다.

당시에 조지 홀리데이는 자고 있다가 헬리콥터와 이웃들의 소리에 깼으며, 약 10분 동안 킹을 굴복시키기 위한 경찰관들의 시도를 녹화했다. 이 장면은 희미한 조명 때문에 거의 흑백비디오처럼 보인다. 킹은 포장도로로 뛰어들었고, 파웰(Powell) 경관이 덮쳤다. 그는 지휘봉으로 킹의 머리를 두드려 팼다. 윈드(Wind)와 파웰 경관은 진압봉으로 킹을 반복해서 내리치고 있었다. 브리시노(Briseno) 경관도 킹의 머리를 짓밟았다. 지치고 피투성이가 되어 드디어는 사지를 움직일 수 없는 상태가 된 킹은 울분을 참지 못하고 울부짖으며 땅에 고꾸라졌다.

킹이 옮겨진 후에 홀리데이는 이 몸서리치는 사건을 보도하기 위해 LA 경찰의 풋힐(Foothill)지소에 전화를 했다. 전화를 받은 경관은 홀리데이의 비디오테이프 장면을 인정하지 않았다. 그 다음날 아침 홀리데이는 LA 텔레비전방송국인 KTLA

에 전화했고, 비디오를 5백 불에 팔았다. CNN은 홀리데이의 테이프를 전세계로 내보냈으며, 조지 부시 대통령은 구타경찰을 혐오스러운 사람이라고 했고, 텔레비전뉴스와 신문기사는 경관의 행동에 대해 분석하고 논평했다. 흑인 LA 시장은 백인 LA 경찰서장에게 사임을 요구했으며, 경찰의 잔인함과 인종차별을 비난하는 여론이 확산되었다.

전 세계가 주목한 가운데 재판은 시작되었고, 홀리데이가 찍은 비디오의 고음질의 소리, 안정된 그림, 디지털방식으로 개선된 노출, 초저속 움직임으로 인해 배심원들은 텔레비전 시청자들과는 아주 다른 모습을 보았다. 저속은 킹의 작은 움직임을 과장했고, 1초도 안 되는 몇몇 행동은 변호사에 의해 공격적인 행동으로 해석되었다. 피고 측은 경찰봉으로 가격한 것이, 필요했고 정당하며 업무지침서를 준용한 것이라고 주장했다. 배심원들은 감정에 휩쓸리지 않으려 노력하면서 홀리데이의 테이프를 50번 정도 보았고, 그러는 사이 처음의 공포는 많이 사라졌다.

1992년 4월 29일 4명의 앵글로 미국인 LA 경찰서 경관은 모두 영국계 미국인인 배심원에 의해 석방되었다. 이 판결은 미국 역사상 가장 많은 피를 흘린 사건의 시발점이 되었다. 이후 촉발된 시민폭동으로 50명 이상이 목숨을 잃었고, 2,300명 이상이 부상을 당했으며, 수백 명이 체포되고, 10억 불 이상의 재산피해가 났다. 로드니 킹에 대한 구타, 조지 홀리데이의 비디오테이프, 경찰관의 재판, LA의 폭동은 모두 20세기의 가장 중요한 사건 중 하나였다.

킹과 홀리데이는 하루아침에 유명인사가 되었고, LA폭동을 잠재우는 데 일조를 하였으며, 여러 미디어로부터 인터뷰요청과 영화, 소설, 광고 등의 출연으로 상당한 부를 얻었다. 그런데 킹은 다시 가석방 중에 음주운전에 과속을 함으로써 교통법을 어겼고, 홀리데이는 비디오의 판권을 상업미디어에 더 비싸게 팔기 위해 소송까지 하는 등 둘 다 불명예스러운 행동으로 유명해지기도 했다.

텔레비전의 힘은 감정을 조종할 수 있는 영상 메시지의 힘에서 나오며, 최고의 영상 메시지는 단순하기 때문에 기억된다. 그러나 기억된 이미지가 진실인 것은 아니다. 단지 특정한 시점의 진실만을 보여줄 뿐이다.

3) 방송의 특성

(1) 라디오 방송의 특성

라디오는 오래된 매스미디어 중의 하나로서 언제나 우리의 일상에서 동반자로 오랫동안 자리매김해왔다. 또한 라디오는 소형화되고, 휴대가 가능해짐에 따라 개인이 개별적으로 소유하는 평범한 매체로 바뀌어가고 있다. 미국의 경우, 12세 이상 인구 중 96%가 일주일 동안 어떤 형태로든 라디오를 청취하는 것으로 조사되고 있다. 한편 방송위원회의 조사에 따르면, 국내 20세 이상 성인의 경우 음악청취가 39.2%로 가장 많았으며, 정보습득(19.8%), 습관적 청취(16.9%), 휴식(9.3%), 기분전환(8.0%), 교양습득(3.8%), 기타(3.0%) 순으로 라디오 활용도를 보인 반면, 19세 이하 청소년의 경우도 음악청취가 43.5%로 가장 많았다(방송위원회, 1996).

최근 뉴미디어의 등장으로 인해 많은 변화를 겪고 있는 라디오는 생존을 위해서 뉴미디어와 융합하기도 하고, 채널의 전문화를 추구하는가 하면, 라디오 고유의 특성을 강화시켜나가고 있다. 따라서 라디오의 일반적인 특징을 정리하면 다음과 같다.

첫째, 라디오는 청각매체로서 신문이나 텔레비전이 활자와 영상으로 인간의 시각에 호소하여 메시지의 내용을 전달하지만, 라디오는 듣는 사람의 청각에 호소하기 때문에 상상의 세계가 펼쳐질 수 있으며 감성적이다. 따라서 라디오는 체계적이며, 논리적인 메시지보다는 감성적이며 즉각적인 효과를 기대하는 커뮤니케이션에 활용되기 쉽다.

둘째, 라디오는 매체 특성상 기록성이 약한 반면 배포성이 강하다. 오늘날 녹음기술로 기록성의 약점을 보완하고 있으며, 순식간에 전 지구를 지배할 수 있을 만큼 배포성이 강하다.

셋째, 라디오는 속보성이 강하고 오락성이 높다. 라디오 프로그램은 비교적 제작이 간편하며, 현장중계가 용이하게 때문에 사건의 보도나 스포츠 중계 등에 기동력을 발휘할 수 있으며, 감성적 소구성에 부응한 음악, 드라마 등을 손쉽게 방송할 수가 있다.

넷째, 라디오는 기술적 제약을 받는다. 즉, 국제협약에 따라 할당된 주파수의 범위에서만 방송을 해야 하기 때문에 동일지역 내에서 무한정 설립이 불가능하다. 그리고 음성 이외의 소구 수단이 없기 때문에 단조롭다.

다섯째, 라디오는 가장 친숙한 생활매체이다. 라디오는 휴대가 간편하여 언제나 사람들의 생활주변에 존재할 수 있고, 방송을 청취하면서도 일상의 일을 할 수 있기 때문에 생활과 분리되지 않는 특성이 있다. 또한 라디오는 제작의 단순성·간편성 때문에, 긴급 편성 등 편성과 제작면에서 융통성이 강하다.

여섯째, 라디오방송은 지역성이 강하다. 라디오는 텔레비전이나 신문같이 거대한 조직이 필요하지 않으며, 지역 내에서 비교적 간단한 장비와 인원으로도 방송활동을 할 수 있기 때문이다. 더욱이 정보화시대에는 지역성이 요구되는데, 텔레비전이 하기 힘든 지역적 특성에 부합하는 메시지를 적시적소에 공급함으로써 지역 매체로 자리 잡을 수 있다.

일곱째, 라디오는 불특정 다수가 아닌 개인적인 매체로서 직접성을 갖는다. 생활형태의 변화로 라디오는 개인적인 공간에서 개별적으로 청취하는 양상으로 변화하고 있다. 즉, 라디오의 소구 형식이 개인지향으로 변화함에 따라 청취자 개개인과 접촉하고, 개개인을 위한 방송이란 느낌으로 방송을 하게 된다. 청소년 대상 심야음악방송, 자가용 운전자 대상 교통정보방송 등이 그러한 예이다.

여덟째, 라디오방송은 제작비, 인건비 등 방송 운영 경비가 비교적 적게 들어 창의적, 모험적 프로그램 제작이 가능하다. 수신자입장에서 라디오는 가격도 저렴하다.

(2) 텔레비전 방송의 특성

텔레비전[1]은 현대사회에서 가장 신속한 대중매체로서 정치, 경제, 사회, 문화에 강력한 영향력을 미치고 있다. 이에 거브너(Gerbner)는, 텔레비전은 현대의 가장 강력한 '문화적 무기(cultural weapon)'로서 우리 사회의 현실인식에 광범위하게, 그리고 장기적으로 영향을 행사함으로써 마치 우리의 현실인 것처럼 인식하게 만든다고 주장하였다. 현대인의 중요한 생활도구인 텔레비전은 이제 우리 생활 속에 깊게 침투되어 현재적으로 또는 잠재적으로 영향을 미치고 있다(이정춘, 1996: 179-185).

텔레비전의 특성은 여러 차원에서 설명할 수 있는데, 대표적으로 매체적 특성, 기술적 특성, 산업적 특성, 수용자적 특성을 들 수 있다. 텔레비전의 특성을 맥루

---

1) 텔레비전(television)의 어원은 그리스어로 '멀리서(tele-) 보다(-vision)'란 뜻을 지니고 있으며, 퍼스키(Persky)에 의해 텔레비전이란 명칭이 처음 사용되었다.

한(McLuhan)은 다음과 같이 설명하고 있다. 텔레비전이란, 시청자에 의해 완성되는 기능이 약하고 차가운(cool) 매체라는 것이다. 텔레비전은 날카로운 인격체를 거부하고 결과보다는 과정을 보여줌으로써 선호된다는 것이다. 즉, 텔레비전은 결과물보다는 프로그램의 과정을 반영함으로써 시청자들의 반응 및 효과를 소구하는 매체이다.

텔레비전은 어느 매체보다 대중들과 친화성을 가지는 매체로서 보편성과 공공성, 중립성, 즉시성과 현실성, 매력성과 환상성, 그리고 수동성을 띠고 있다. 텔레비전의 종합적인 특징을 정리하면 다음과 같다.

첫째, 텔레비전은 보편성과 공공성을 갖는다. 오늘날 텔레비전은 커다란 제약 없이 각 가정의 거실과 안방을 차지할 정도로 생활도구화되어 있다. 특히 텔레비전은 지위, 연령, 종교 등에 관계 없이 누구나 즐길 수 있는 보편적 매체로서 공통된 문화를 제공하며, 다른 어떤 매체보다도 공공성이 강조되는 매체이다.

둘째, 텔레비전은 중립성을 지닌다. 텔레비전은 다른 공중매체에 비하여 극단적인 표현이나 편파적인 표현을 피하며, 가급적 논쟁의 여지가 적은 내용의 메시지를 송출하려는 전통적 태도를 갖고 있다.

셋째, 텔레비전은 친근성과 현실성을 갖는 매체이다. 텔레비전은 시각과 청각에 동시에 호소하는 매체이므로 수용자는 메시지 전달자와 면대면(face-to-face) 커뮤니케이션을 하는 효과가 있어 친근감을 느낄 수 있다.

넷째, 텔레비전은 매력성과 환상성을 갖는 매체이다. 어떠한 주제이건 텔레비전에서 다루면 뉴스 가치가 더욱 높아져서 더욱 많은 사람들에게 알려지기 때문에 시청자들은 텔레비전에 대하여 큰 매력을 느낀다. 또한 텔레비전을 통하여 송출되는 영상세계는 시청자들이 표출해내는 열망을 묶어 환상의 상징을 만들어내어 시청자들을 상상의 세계로 이끌어간다.

다섯째, 텔레비전은 예술성을 갖는다. 텔레비전은 문화의 창조·계발·전파의 특성과 종합예술의 특성을 지니고 있다. 텔레비전은 영상매체로서 비주얼커뮤니케이션(visual communication)을 통해 수용자에게 미학적 가치를 제공하기 위해 제작자의 기술, 카메라 등의 도구, 소리나 빛 등의 재료로 만든 영상예술이라 할 수 있다.

4) 방송매체 발달의 사회문화적 의미

현대사회에서 매스커뮤니케이션의 역할은 중대함이 이루 말할 수 없으며, 이는 대중사회현상의 상징이기도 하지만, 개인간의 커뮤니케이션까지도 포함하기 때문에 매스커뮤니케이션과 관련시켜 고려하지 않으면 안 될 만큼 보편적인 사회문화적 제도가 되고 있다.

특히 매스커뮤니케이션의 주요 기능은 사회의 공적인 측면에 있다. 즉, 정치·경제·사회·문화의 각 분야에서 발생하는 사건을 보도·논평·해설하는 것이 매스커뮤니케이션의 중요한 역할이다. 그 밖에 교양·교육·오락면에서도 크게 작용을 하는데, 특히 텔레비전은 대중오락으로서 가장 인기있는 매체라 할 수 있다. 이러한 매스커뮤니케이션의 내용은 해설, 계몽, 오락의 3요소로 구성되어 있으며, 그 과정은 전달자, 메시지, 매체, 수용자의 4요소로 이루어진다.

라이트(Wright)는 이러한 매스커뮤니케이션의 일반적인 기능을 4가지 측면, 즉, 환경감시(surveillance), 상관조정(correlation), 사회문화적 유산의 전수(social & cultural transmission), 오락의 제공(entertainment)으로 언급하면서 방송은 커뮤니케이션인 동시에 매스커뮤니케이션으로서, 여타 매스커뮤니케이션의 기능과 유사한 기능을 하고 있기 때문에 방송의 기능을 이해하기 위해서는 매스커뮤니케이션의 기능에 입각하여 살펴보아야 한다고 주장하였다. 즉, 시시각각으로 발생하는 사건을 전달하는 보도기능, 교양프로그램에서는 직접적으로, 일반 오락프로그램에서는 간접적으로 수용자의 정신세계를 지도하는 지도기능, 인간의 피로, 불안, 욕구불만을 위안하고 해소하는 오락기능, 정부나 각종 단체에서 일반 대중에게 알리는 내용에서부터 상품이나 서비스, 그리고 회사를 홍보하는 광고기능으로 분류할 수가 있다. 이를 구체적으로 살펴보면 다음과 같다(C. R. Wright, 1986: 3-29).

첫째, 방송의 보도기능은 직접적이고도 생동적인 사건을 기동력과 속보, 현장감으로 보도함으로써 어떤 다른 매체보다 우위의 보도기능을 갖는다. 따라서 보도방송이란, 정치, 경제, 사회, 문화 등 모든 분야의 시사에 관한 속보 또는 해설을 목적으로 하는 방송을 말하며, 범주에는 뉴스의 취재, 편집, 전달뿐만 아니라 해설과 논평 등도 포함된다.

버틀러(Butler)가 '뉴스는 한번도 들여다본 바가 없는 최초의 정보이어야 하고, 근래 또는 현재의 사실로서 싱싱한 생선이어야 한다'고 하였듯이, 보도가치의 제

1차적인 요소는 속보성이며, 이런 점에서 방송은 어느 장소, 어느 시각을 막론하고 즉각적인 보도를 하게 됨으로써 사건 자체를 그대로 투영할 뿐만 아니라 사건을 캐내고 알리는 경보기능을 하게 되는 것이다.

특히 방송의 보도기능은 단순히 알권리를 충족시키는 사건의 전달에만 국한된 것이 아니라 사건에 대한 해설과 논평의 기능을 가짐으로써 대중의 의견과 태도에 직접적인 영향을 미치게 된다. 즉, 사회적 쟁점이 되는 사안에 대해 각계 각층의 의견을 수렴하여 사회여론을 형성하는 기능도 한다. 그래서 좀더 빠른 속도로 인간은 자신의 환경에 대한 사실과 지식을 공유하게 되고, 해설과 논평으로 환경을 감시하며, 환경에 대응하여 그에 대한 해설과 처방을 얻게 되는 것이다. 이처럼, 빠른 변화와 진전의 세계에서 방송은 보도적 기동력으로 빠르게 현실에 대한 지식을 검토하고 증가시킴으로써 현실에 대처하게 한다.

둘째, 방송은 이미 매스커뮤니케이션의 지도기능을 넘어 계도기능을 수행하고 있다. 방송의 계도기능은 방송매체가 지니는 대중성에 편승하여 사회적인 문제에 대한 일반시민의 관심을 집중시키고, 방송의 보도태도나 논설 또는 해설을 통해 사회를 바람직한 방향으로 이끄는 것이다. 따라서 방송은 계도프로그램뿐 아니라 오락프로그램에서도 오락성의 강한 표출 아래 자연스러운 계도성을 내포하고 있다. 경제구조의 불균형이나 사회적인 불균형이 초래되었을 때, 방송은 매체의 특성인 강한 소구력과 친근한 설득력으로 경제불안·정치불안·사회불안 등의 안정과, 정부 정책의 전달과 설득에 가장 효과적인 매체로 활용되고 있다.

그래서 새로운 사회구성원으로 하여금 주어진 기능을 하게 하고, 규범과 관습을 배우도록 사회화하며, 정책에 대한 합의를 성취시키고, 동료 및 추종자를 만들어 의도한 방향으로 나아가게 사회구성원을 유도하는 것이다. 이는 대체로 방송사설(放送社說)로서 표현된다. 현재 국내의 각 신문사뿐만 아니라 방송사들도 논설위원을 두어 다양한 사안에 대해 알리고, 더 나아가 계도적 차원에서 방송사의 입장을 표명한다. 방송에서의 사설, 즉 논설은 그 매체적 특성인 공익성과 파급에 따른 영향력 때문에 미국에서는 한동안(1941~1949) 금지된 때도 있었다.

그러나 1949년 미국의 연방통신위원회(FCC)는 <메이플라워 결정>에서 "방송국이 공정하게 사설하는 것은 공공의 이익에 부합되는 것이다"라는 결정을 내림으로써 논설적 기능을 다시 행사하기 시작하였다.

셋째, 방송은 대중문화를 이끌어가는 가장 핵심적인 요소로서 인간의 보편성을 가장 잘 확인시켜주는 매체이다. 즉, 방송의 프로그램은 창조적이며 인간생활의 영역을 벗어난 고급문화의 영역을 다루는 경우도 있지만, 전체적으로 볼 때 동시대를 살아가는 사람들의 일상생활을 바탕으로 만들어지는 것이다. 특히 텔레비전의 보급이 급속하게 이루어지고 그 시청이 인간생활의 일부라고 생각되는 오늘날, 텔레비전 방송을 통한 문화적 공감대의 형성은 어느 매체와도 비교가 되지 않는다.

한편, 방송의 문화적 기능은 오락기능과 부합하는 것으로 풍속, 관습, 일반교양 등에 주도적인 영향을 끼침으로써 대중문화를 확산시키는 기능을 한다. 즉, 방송은 강한 오락성을 바탕으로 대중에게 깊숙이 침투하고 대중은 어느 사이에 무저항적으로 방송을 수용함으로써, 의식적이든 무의식적이든 자기 생활태도를 규정 짓고 사회생활에 적용하며 나아가 자기인생의 가치관을 형성시켜간다. 이에 라스웰(Lasswell)은 방송을 가리켜 "사회적 문화유산을 한 세대로부터 다음 세대로 전달한다"고 하였고, 슈람(Schramm)은 "사회 구성원들에게 즐거움을 주고, 불만을 해소시키며, 예술적인 형식을 창조하게 한다"고 하였다.

이처럼 확산된 문화기능이란, 방송이 수용자 개인에게는 즐거움과 위안을 동시에 제공하여 긴장을 완화시키고 생활의 미를 발견하게 하며 사회문화적으로는 분산된 문화를 종합적이며 대중적인 문화로 신속히 결합시키는 것이라 할 수 있다. 결국 방송은 매체의 대중성과 침투성으로 말미암아 서서히 대중의 태도에 지배적인 효과를 보임으로써 오락을 제공하는 동시에 문화전달 도구의 차원을 넘어 문화창달의 기능을 수행한다.

넷째, 방송의 경제적 기능은 오늘날 '자유시장경제의 꽃'이라고 불리는 광고를 행함으로써 자유주의 경제체제에서 필수적인 것이 되었다. 즉, 방송광고는 생산자와 소비자 사이의 지역적·시간적 격리현상을 해소하며, 새로운 상품에 대한 지식과 정보를 제공하여 사람들의 생활을 풍요롭게 하는 데 공헌한다. 경제적으로 점차 독과점의 대기업이 성장하게 되고, 소비시장이 생산에 비하여 상대적으로 좁아지는 상황에서 방송의 광고기능은 경제적으로 매우 중요한 위치를 차지하게 되었으며, 이제는 생산 기업의 성패가 광고의 성공여부에 좌우될 만큼 중요시되고 있다. 모든 광고가 그러하듯, 방송광고 역시 시장에서 상품의 차별화를 위하여 시장경쟁력을 높이고, 소비자 대중의 구매력을 자극하여 판매로 연계시키는 역할을 한다.

오늘날 방송이 제공하는 광고는 일상생활용품에서부터 거대한 발전설비 등 생산력의 원동력이 되는 것에 이르기까지 유형·무형의 경제적 가치를 지니거나 재생산할 수 있는 것이면 모두 할 수 있으며, 이것의 정보교환을 바탕으로 시장의 수요공급이 균형을 이루는 것이다. 그러나 한편에서는 이러한 광고의 역기능적 측면을 들어 강력한 반론을 제기하기도 한다. 즉, 광고는 인간의 생활에 풍요를 더해주는 역할도 하지만, 반대로 지나친 경쟁을 유발함으로써 소비자 대중을 기만하고, 나아가 자원의 지나친 낭비를 초래하며, 사람들의 생활을 소비지향적인 향락에 물들게 한다는 것이다. 그리고 사회적으로는 빈부의 격차를 노출시켜 갈등을 조장하며 오히려 사회안정을 저해한다고 비난한다.

오늘날 상업방송의 광고량은 폭주하고 있으며, 따라서 기업과 방송의 관계는 더욱 밀착되어 광고주인 기업이 방송의 내용에까지 영향을 끼치려는 경향을 보이고 있어 또 하나의 문제점이 되고 있다. 그러나 방송광고는 기업과 소비자 사이에서 정보전달의 수단으로 작용하고 있으며, 인간의 생활에 필수적인 요소임은 두말할 필요가 없이 사실이므로 방송의 경제적 기능이 확산되고 있다.

다섯째, 방송은 정치·사회적으로도 매우 중요한 기능을 수행하고 있다. 먼저 방송은 정치적 이용효과가 크기 때문에 현대정치에서 중요한 기능을 수행한다. 방송의 정치적 기능은 독일의 나치 정권이 가장 효과적으로 이용한 역사적 실례가 있다. 오늘날 방송의 정치적 기능은, 비단 선거에서만이 아니라 국민의 정치교육, 정치사회화, 행정홍보 등에 활용됨으로써 국민으로 하여금 정치적으로 건전한 민주시민으로 성장하도록 하는 데 중요한 몫을 담당하고 있다.

방송이 정치적으로 이용되는 것은 그것이 처음부터 정치적 기능을 갖기 때문이 아니라 정치도구로 이용되는 과정에서 생긴 효과 때문이다. 어떠한 이유에서든지 정치현상을 대중의 의사와 태도를 바탕으로 하는 사회 작용으로 본다면, 오늘날 방송의 정치적 기능은 매우 중요한 것이다. 특히 '텔레비전 정치'라는 말이 나올 정도로 정치적으로 빈번하게 이용되는 전파매체는 또다른 간접 민주정치의 양상을 낳고 있다. 텔레비전을 통하여 선거유세를 하며, 새로운 정책을 수립할 유권자의 의견을 수렴하고, 텔레비전 시청자의 반응을 바탕으로 선거의 방향을 예측하는 일련의 과정이 모두 방송의 정치적 기능에서 나오는 것이다.

오늘날 방송은 새로운 정치 이미지를 창조하며, 새로운 정치적 개성을 형성하고 있다. 정치가의 정치적 이미지는 방송을 통하여 유권자들에게 전달되고, 유권자는 이것을 기준으로 자신의 정치적 태도, 투표의사 등을 결정짓게 된다. 그리고 정치가들이 방송매체를 얼마나 잘 이용하는가에 따라 정치적 역량을 평가받는 시대가 되고 있다.

다음으로 방송의 사회적 기능이란, 방송커뮤니케이션이 제공하는 교양·교육프로그램은 어린이가 성장해가면서 정상적인 사회인이 되는데 중요한 역할을 수행한다는 것이다. 현대사회의 복잡하고 다양한 생활양식을 익히고, 자기 자신과 더불어 살아가는 주위 사람들에 대한 올바른 인식을 갖게 함으로써 건전한 개인생활을 영위하고, 나아가 사회발전에 기여할 수 있는 건강한 사회인으로 성장시키는 데 기여하는 것이다. 즉, 대중사회의 구성원으로서 공통의 생활양식과 사회적 관습, 가치관, 문화수용태도 등을 갖는 데 가장 폭넓고 손쉽게 교육할 수 있는 수단이 곧 방송커뮤니케이션이라는 점이다.

그리고 개인생활의 일부로 정착된 방송은 가족생활에서 사회생활로 발전하는 데 자연스런 환경을 제공하며, 타인으로부터 소외감을 느끼지 않고 함께 사는 방법을 깨우치는 수단이 된다. 즉, 방송은 대중사회를 이끌어가는 매우 중요한 요소이며, 어린이뿐만 아니라 성인에게도 지속적인 사회화의 수단으로서 중요한 매체가 되고 있는 것이다.

2. 방송의 발달

1) 방송의 개념

현대는 커뮤니케이션2)의 시대이며, 전자 미디어의 사회라 할 수 있다. 커뮤니케이션의 역사는 인간사회의 성립, 특히 문자의 발명과 더불어 시작되었다고 볼 수 있으며, 매스커뮤니케이션은 근대에서 현대에 걸친 자본주의로의 이행과정에서 나타난 사회현상이라 할 수 있다.

매스커뮤니케이션(mass communication)은 대중전달이란 본래적 의미에서 불특정

---

2) 커뮤니케이션(communication)의 어원은 공통(共通) 또는 공유(共有)라는 뜻을 지닌 라틴어 'communis'에서 유래하는데, '하나 또는 하나 이상의 생물체가 다른 생물체와 지식, 정보, 의견, 신념, 감정 등을 공유 또는 공통화하는 행동'이라 할 수 있다.

다수의 사회구성원간 또는 다양한 사회조직 및 집단 간 상호의사를 교환하고, 그 가운데 공통의 의미를 나누어 갖는 사회현상을 나타내기도 하고, 신문, 잡지, 라디오, 텔레비전 등의 매스미디어를 통해서 대중에게 메시지를 전달하는 매스컴으로 불리는 경우, 매체를 통칭하기도 하는 복합적인 개념이다.

매스커뮤니케이션은 현대인의 여가생활의 중심이자 사회화의 대리자이며, 나아가 정치적 현실의 중재자 역할을 수행하는 등 다양한 정치, 경제, 사회, 문화적 영향을 끼치는 현실적인 제도로서의 역할을 담당한다(Douglas Kellner, 1995).

매스커뮤니케이션은 개인 사이의 특정한 목적에 따라 이루어지는 상호작용과는 달리, 사회적 목적에 따라 제도화된 미디어 기구가 중심이 되어 불특정 다수를 대상으로 하는 일방적인 커뮤니케이션이기 때문에 반드시 미디어를 매개로 수행된다. 이러한 측면에서 오늘날의 사회는 미디어 사회(media society)라고 하겠다. 이는 정보기술을 내장하고 있는 미디어가 우리 일상생활에 스며들어 있는 상황을 설명한다. 생활의 모든 영역이 미디어 기기로 구성된다는 것은 단순히 양적인 문제가 아니라 모든 영역에서 미디어 기기가 환경화되고 그것들의 상호작용 속에서 살아간다는 질적인 문제를 포함한다(송해룡·김원제, 2003).

매스커뮤니케이션의 대표적인 미디어로서 방송(放送)은 가장 광범위한 지역을 총괄할 수 있는 대중매체이며, 생활양식으로서 사람들의 일상생활에서 분리할 수 없는 친숙한 생활매체가 되고 있다. 이러한 텔레비전에 대해 콤스탁(Comstock)은 인간 생활에서 자연의 4계절 변화 못지않게 많은 영향을 미치고 있다는 점에서 '제5의 인공계절'이라고 하였고, 부어스틴(Boorstin)은 '유사환경의 창조자'라고 하였으며, 링스(Rings)는 '제5의 벽'과 같은 존재로서 환경의 일부로 묘사하였고, 슈왈츠(Schwartz)는 '제2의 신(the second God)'으로까지 비유하고 있다(김규, 2000: 32-33).

오늘날 정치적 미디어로서 방송은 공론화를 위한 공론장으로 '제4의 권력'이 되기도 하고, 경제적 미디어로서 정보사회의 핵심산업으로서 '경제성장의 기관차' 역할을 하기도 하며, 사회적 미디어로서 공공성을 제고하기 위한 수단으로 '사회화의 도구'가 되기도 하고, 문화적 미디어로서 문화의 계승과 창조, 그리고 확산을 위한 '문화의 안내자' 역할을 한다.

이와 같이 방송의 개념은 '세계를 열고 보는 창'으로서 현실을 반영하기도 하지만, '요술 창문(magic window)'으로서 유사 현실(pseudo-world) 또는 새로운 현실(new world)을 창조할 수 있기 때문에 통신공학적인 차원뿐만 아니라 방송환경을 둘러싸고 있는 정치, 경제, 사회, 문화 등 제반영역에서의 맥락을 고려하여 다양한 차원에서 개념화할 필요가 있다.

방송(broadcasting)의 어원은 '넓다(broad)'와 '뿌리다(cast)'의 합성어로서 마치 농부가 넓은 평야에 씨를 뿌리는 것처럼 교양, 오락, 정보를 유·무선의 통신매체를 이용해서 불특정 다수에게 전달하는 행위라 할 수 있다. 사전적 의미로는『국어대사전』에 따르면, '라디오나 텔레비전을 통해서 보도, 오락, 강연, 연예 등을 보내어 널리 보고 듣게 하는 일' 이다.

특히 방송환경에 디지털화가 도래함에 따라 뉴미디어 및 멀티미디어가 대두되면서 매스미디어의 종류와 다양함이 폭발적으로 증대하고 있다. 이와 관련 우리 방송법은 방송을 "정치, 경제, 사회, 문화, 시사 등에 관한 보도, 논평 및 여론과 교양, 음악, 오락, 연예 등을 공중에게 전파할 목적으로 방송국이 행하는 유·무선 통신의 송신을 말한다"고 정의하고 있다(『방송법』, 2000.1.12: 제6139호).

이처럼 새롭게 개정된 방송법에서 방송의 개념은 다양한 매체가 출현하고, 텔레비전 방송의 디지털화를 추진하고 있는 상황을 반영한 것으로서 지상파 위주의 기존 방송법에 종합유선방송법과 유선방송관리법을 통합시켰고, 위성방송과 전광판 등 뉴미디어도 적용대상에 포함시켰다.

이와 같이, "방송(放送)이라 함은 방송 프로그램을 기획·편성 또는 제작하여 이를 공중(시청자)에게 전기통신설비에 의하여 송신하는 것으로서 지상파방송(방송을 목적으로 하는 지상의 무선국을 이용하여 행하는 방송), 종합유선방송(전송·선로설비를 이용하여 행하는 다채널 방송), 위성방송(인공위성의 무선국을 이용하여 행하는 방송)"을 말한다. 이러한 방송은 크게 유선계 방송(케이블방송, 인터넷방송), 무선계 방송(라디오방송, 지상파방송), 위성계 방송(위성방송)을 모두 포함하는 개념으로 볼 수 있다.[3]

오늘날 디지털 네트워크 시대의 방송환경은 전통적인 개념인 불특정 다수를 대상으로, 일방향적인, 매스미디어에 의한 브로드캐스팅(broad casting)에서 새로운

---

3) 지상파 방송은 콘텐츠 제작에서부터 편성, 서비스 제공, 전송에 이르기까지 전 부문이 수직계열화되어 있는 사업이며, 프로그램의 일부만 독립 제작사에 의뢰하는 경우가 일반적이다. 유선방송사업은 종합유선방송사업과 중계유선방송사업으로 구분할 수 있는데, 종합유선방송사업(케이블TV 방송)은 프로그램 제작과 채널 내 편성을 담당하는 프로그램공급자(PP)와 채널간 편성에서 방송서비스 제공을 담당하는 종합유선방송국(SO), 프로그램 전송을 담당하는 전송망 사업자(NO)로 구분된다.

개념인 특정 다수를 대상으로, 쌍방향적인, 멀티미디어에 의한 내로우캐스팅 (narrow casting)으로 방송 패러다임이 전환되고 있다. 특히 컴퓨터에 기반한 인터넷 방송과 휴대폰이나 정보단말기를 기반으로 한 모바일방송 등과 같이, 개개의 사람들이 언제·어디서나 자신에게 필요한 메시지를 선별해서 이용할 수 있는 포인트 캐스팅(point casting)이 고도화되면서 더욱더 개인 맞춤방송이 가능한 퍼스널 캐스팅(personal casting)이 확대될 것으로 보인다.

이제 방송은 문자미디어, 음성미디어, 영상미디어 등의 개별적 영역뿐만 아니라 상호융합된 토탈미디어(total media)로서 다양한 방송서비스를 제공하는 다차원적 멀티미디어 영상정보시스템으로 발전하고 있다.

2) 방송매체 발달사 개관

오늘날 커뮤니케이션의 역사는 '불-언어-문자-인쇄-정보통신'으로 이어지는 커뮤니케이션 수단의 발견과 발명의 진화과정이라 할 수 있다. 이에 대해 이니스(Innis)는 커뮤니케이션 테크놀러지의 발전과 관련하여 서구 문명사를 9단계로 구분하였고, 맥루한은 미디어를 '인간기능의 확장'으로 보고, 커뮤니케이션 테크놀러지의 변화를 인류 역사의 원동력으로 파악하면서 ① 문자가 탄생되기 이전의 구어문화시대, ② 고대 그리스의 호메로스 이후에 발전해 2천년간 지속된 문자시대, ③ 1500년에서 1900년까지의 인쇄시대, ④ 1900년 이후의 전자미디어 시대로 분류하였다(김정탁, 1998: 154-174).

미디어의 발전과정은 <그림 1-1>과 같이 매체전송방식(패키지계, 유선계, 무선계, 위성계)과 매체구성방식(문자계, 음성계, 영상계)으로 나누어 살펴볼 수 있다. 특히 현대의 미디어는 정보전송(통신), 정보처리(컴퓨터), 정보전송 및 처리(방송) 기능이 복합적으로 구현되는 하나의 종합매체로서 융합화 및 통합화하고 있다.

방송매체의 발달은 정보통신 테크놀로지의 발전에 기반하여 이루어져 왔는데, 무선통신 시대, 라디오 시대, 텔레비전 시대로 구분할 수 있겠다.

첫째, 무선통신 시대는 유선통신의 발전으로부터 기반하였다. 1836년에 미국의 모르스(Morse)가 유선 전신(telegraph)을 발명한 이후 인쇄전신(TELEX)과 전자타자기 (electronic typewriter), 그리고 팩시밀리(facsimile)가 발전하여 기록 및 화상전송이 가능한 데이터 통신의 기반이 되었으며, 1864년에 영국의 맥스웰(Maxwell)이 전자파(전

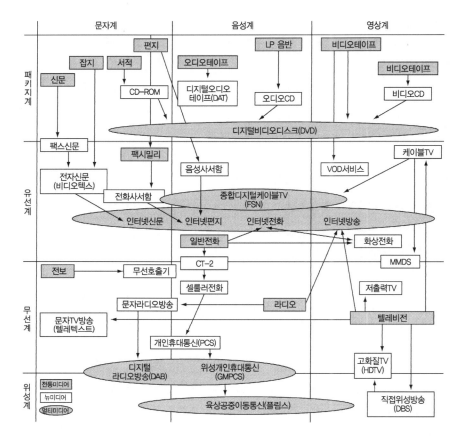

문자계　　　　　　음성계　　　　　　영상계

패키지계

유선계

무선계

위성계

전통미디어
뉴미디어
멀티미디어

자료: 김영석(2001), p.46에서 재구성.
<그림 1-1> 미디어의 유형별 발달사

파)의 존재를 발견한 후 1887년에 독일의 헤르츠(Hertz)는 먼 거리의 고주파 송수신을 가능케 하였다. 이후 1895년에는 '무선통신의 개척자'인 이탈리아의 마르코니(Marconi)가 무선을 이용한 통신수단으로 라디오를 발명함으로써 비로소 전파를 무선통신에 이용할 수 있게 되었다.

둘째, 라디오는 1902년에 미국의 페센덴(Fessenden)이 AM라디오를 발명하고, 부호 대신 음성이나 음악을 무선으로 보내는 데 성공함으로써 출현하였다. 특히 1905년 영국의 플레밍(Fleming)에 의해 2극진공관(vacuum tube)이 발명되고, 1906년에 '라디오의 아버지'라 불리는 영국의 포레스트(DeForest)에 의해 3극진공관(triode amplifier)이 발명됨으로써 음성과 데이터 전송의 전기통신시대에서 멀티미디어 영상 전송이 가능한 정보통신시대로의 획기적인 변혁이 이루어졌다(Herbert N. Casson, 1999: 11-41).

최초의 상업 라디오방송은 1920년 11월 2일에 미국 펜실베니아주 피츠버그(KDKA)에서 선거방송을 시작으로 개국하였다. 뒤이어 1922년에는 영국과 프랑스에서, 1923년에는 독일에서, 1925년에는 일본에서 정규 방송국이 출범했다. 그 후 방송국이 급격히 증가하여 1926년에는 미국의 NBC와 같은 최초의 라디오 네트워크가 등장함으로써 각 지역 라디오 방송사를 통해 대중오락매체로 확산되었다. 제1차세계대전 중에는 휴대용 라디오가 중요한 역할을 했으며, 방송(broadcasting)이란 말도 비로소 사용되기 시작했다.

이후 라디오는 1940년대까지 AM과 FM(1933)이 개발됨으로써 음악중심의 매체로 전환되기 시작하였고, 특히 벨연구소에 의해 트랜지스터(transistor)가 발명됨으로써 소형화·다기능화가 촉진되었다. 이때부터 시작된 라디오의 황금기는 TV가 등장하기 전인 1950년대 초까지 계속되었다. 또한 1950~1960년대에 FM이 개발되고 1980~1990년대에 AM의 스테레오 방송시스템이 개발되는 등 최근 정보통신기술이 눈부시게 발전하고 다매체·다채널시대가 도래하면서 올드 미디어로 취급받았던 라디오도 다양한 방식의 기술혁신으로 뉴미디어화되어서, 제2의 라디오방송 전성시대를 예고하고 있다.

셋째, 텔레비전의 시대는 매체의 특성상 라디오방송을 발명하는 데 기여한 사람들의 기술로 시작되었다고 할 수 있다. 본격적인 텔레비전 기술은 1920~1930년대에 이루어졌는데, 텔레비전의 초기 형태는 기계식(mechanical) TV와 전자식(electronic) TV였다. 기계식 TV의 개발은 1920년대 들어와서 미국의 젠킨스(Jenkins)와 영국의 베어드(Baird)가 최초의 흑백 텔레비전 방송을 실시함으로써 서서히 시작되었으며, 전자식 TV의 개발은 1923년에 러시아의 즈보르킨(Zworykin)이 송상관이라고 불리는 전자식 TV 픽업튜브(pick-up tube)의 특허를 얻어냄으로써 시작되었다. 그리고 1929년에는 브라운관의 일종인 키네토스코프(kinetoscope)라 불리는 전 전자식(全電子式) TV 수신관을 시험하였다. 이후 1927년에 벨전신전화회사에서 뉴욕과 워싱턴을 잇는 텔레비전 유선송신에 성공했으며, 'TV의 아버지'라 불리는 미국의 판스워드(Farnsworth)는 1920년대 말에 전자촬상관과 주사체계의 아이디어를 고안해서 전자주사원판과 수신장치의 문제점을 보완하였다.

<표 1-1> TV미디어의 역사적 변이과정

구분	제1기	제2기	제3기
방송주체	선택된 소수	선택된 소수 지역/채널의 독점적 운영권자	일정 규율 속 정보의 자유시장
전송수단	유한희소 지상파	위성개방/유선한정 지상파+DBS 지상파+케이블TV 인터넷, 압축전송	무선선택/유선무제한 지상파+ISDB+DBS 케이블TV/B-ISDN 인터넷, 완전 디지털화
표시수단	NTSC/PAL SECAM	HDTV화 멀티화면, 다중화	HDTV화 멀티화면, 다중화/이동체화
재원	세금/수신료/광고	광고+유료/수신료	유료/수신료+광고
요금	무료/월간 베이직	월간 베이직(+추가유료)	월간 베이직+추가유료+PPV/ 패키지+주문요금
시청자	불특정 다수	불특정 다수 특정 대중	불특정 다수 특정 대상/개인
서비스형태	일방적, 획일적	일방적, 획일적 특정화, 개별화	일방적, 획일적 특정화, 개별화
편성	종합편성(수직편성)	종합편성(수직편성) 차별화	종합편성(수직편성) 특화, 전문화, 개성화(수평편성)
제작형태	대량생산/대량공급	대량생산/대량공급 차별화	대량생산/대량공급 소량다품종/발주형

자료: 한국방송공사(1997).

이를 기반으로 세계에서 최초로 텔레비전 방송을 실시한 독일은 1925년에 반
관반민인 제국방송협회를 설립하여 실험방송을 실시하였다. 최초로 정기적인 텔
레비전방송은 1936년 11월 2일 영국의 BBC에 의해 시작되었다. 1937년에는 이동
중계차가 뉴욕거리에서 촬영을 시작했고, 1938년에는 화재사건이 최초로 텔레비
전으로 생중계(live telecast)되었다. 1939년에 뉴욕의 세계박람회에서 사노프(Sarnoff)
는 최초로 대중에게 텔레비전 시범을 보였으며, 루즈벨트(F. Roosevelt) 대통령은 텔
레비전에 나타난 최초의 대통령이 되었다(J. R. Dominick, B. L. Sherman & G. A. Copeland,
1996: 77).

텔레비전의 개발실험과 상업화는 제2차세계대전과 더불어 일시 중단되었으나,
1945년을 전후하여 영국, 프랑스는 물론 소련도 텔레비전 방송실험을 개시하였
고, 1950년 이전에 미국은 최초로 상업적인 텔레비전 정규방송을 실시하였다. 특
히 본격적인 컬러TV방송은 1954년에 미국에서, 1967년에 영국·프랑스·독일에서
실시하게 되었다. 이후 1950년대 말에는 텔레비전 오락프로그램이 헐리우드(Holly-

wood)의 영화로 제작되었고, TV네트워크가 연계 구매함으로써 TV와 영화의 관계
가 가까워졌지만, TV의 대중화와 광고대행사의 활성화로 인해 영화산업이 위기
를 맞게 되었고, 그러자 헐리우드 스튜디오는 대형화면과 입체영화, 시네라마
(cinerama), 큰 제작비를 들인 완성도 있는 영화를 제작함으로써 디즈니스튜디오,
ABC방송과 연계하는 등 돌파구를 마련하였다(손용, 1996: 53-56).

한편, 초기의 케이블 방송은 상업 텔레비전 방송이 대도시 주변에 위치해 인구
가 많은 지역을 대상으로 했던 1949년에 미국 오레곤(Oregon)주의 라디오방송사로
부터 시작되었는데, CATV라는 용어는 TV방송사가 없는 소도시지역이나 수신이
불가능한 지역 등에서 난시청문제를 해결하기 위한 지역공시청안테나(community
antenna)를 사용하면서부터 시작되었다. 이후 케이블(cable)이 유선방송환경에 이용
됨으로써 케이블TV의 역사가 시작되었다. 이러한 케이블TV의 역사는 ① 1단계
(1940년대)의 공시청 방송기로 시작하여, ② 2단계(1950~1960년대) 건설 및 규제기,
③ 3단계(1970년대)의 탈규제기를 거쳐, ④ 4단계(1980년대 이후) 안정된 미디어 산
업의 하나로서 정착기에 이르렀다. 그리고 현재 새로운 재규제의 움직임을 보이
고 있다.

또한 직접위성방송(DBS, direct broadcast satellite)은 산간지역 등의 난시청지역을 완
전히 해소하고, 고화질의 텔레비전 시청과 고음질의 FM 라디오방송을 제공하기
위해 일본에서부터 시작되었는데, 1964년 도쿄올림픽에서 최초로 통신위성을 이
용하여 전 세계에 컬러TV방송으로 동시 중계하였다. 이후 일본은 1978년에 위성
시스템을 이용한 방송영상 및 음성방송 실험을 위해 실험용 방송위성인 BS를 처
음 발사하였으며, 1984년에는 최초의 방송위성인 BS-2a를 발사하였다. 그리고
1996년 6월에 통신위성을 이용한 디지털방송인 퍼펙TV(Perfect TV)를 시작하였다.
일본은 위성 디지털방송의 전체 보급률이 약 20%로 세계최대 수준을 기록하고
있다(김영석, 2000: 398-401).

이러한 발전으로 1970년대는 컬러TV가 정착되었고, 네트워크 중심의 소수 채
널시대에서 케이블텔레비전을 중심으로 한 다채널시대로 넘어가는 TV방송의 새
로운 장을 열었다. 이후 텔레비전 기술은 디지털 기술에 기반한 케이블TV와 고선
명TV(HDTV, high definition TV), 직접위성방송(DBS), 쌍방향TV(interactive TV), 그리고
인터넷방송(webcasting) 등 'TV의 가전화'(TV 인터넷), '가전의 TV화'(PC TV)로 계속
발전하고 있다.

3. 한국 방송과 앞으로의 전망

1) 한국 방송역사의 사회문화적 의미

우리나라 방송의 역사를 시기적으로 살펴보면, ① 전신시설이 설치되던 구한 말의 방송 전기 ② 일제시대의 방송 초기(1927~1945), ③ 해방 후 6·25까지의 혼란기(1945~1953), ④ 6·25 이후의 재선기(1954~1961), ⑤ 경제발전과 함께 하는 상업 방송기(1962~1979), ⑥ 공영 방송기(1980~1989), ⑦ 공·민영 혼합방송기(1990~현재)로 구분할 수 있다.

그동안 우리 방송이 일제 치하를 거쳐 8·15 해방과 6·25를 비롯한 수많은 변천의 길을 걸어오면서 오늘에 이르기까지 몇 가지 특징을 중심으로 한국방송의 역사에 관해 살펴보겠다.

우리나라 최초의 방송은 일제시대인 1927년 2월 16일 개국한 경성방송이다. 이때 출력은 1kW였으며, 주파수(파장)는 435밀리밴드(약 690kHz), 호출부호는 'JODK'였는데, 당시 경성방송국의 편성은 일본방송의 중계를 전제로 한 편성이었다. 따라서 초기에는 한·일 두 나라말을 혼합하여 방송하는 체제를 이루고 있었다. 순수한 한국어 방송으로는 창이나 민요, 동화 등이 방송되었고, 일본어 방송은 주로 뉴스 및 경제 상황 보도 등이었다. 그리고 한·일어 혼합방송으로는 물가시세 및 일기예보, 공지사항 등이 있었다(소래송신소, 1987: 4-5).

1945년 해방이 되면서 미군이 방송국을 장악하고, 이후 1946년 방송국을 미군정의 공보부에 예속시킴으로써 국영방송의 형태를 띠게 되었다. 1948년 대한민국 정부가 수립되면서 명칭을 대한방송협회로 변경하여 정보공보처 방송국으로 흡수하였다. 1953년에 다시 직제개편을 통해 공보처의 방송관리기능과 방송현업기능이 명확하게 구분되었다.

한편 우리나라 최초의 순수 텔레비전방송은 1956년 5월 12일에 HLKZ-TV가 민간 상업방송으로 최초로 텔레비전방송을 시작하였다. 이는 세계에서 15번째, 아시아에서는 4번째로 텔레비전 보유국이 되었음을 의미한다. 이미 1954년 12월 15일에 한국 최초의 민영 라디오방송인 기독교방송국(CBS)이 발족하였다. 이후 1961년 12월 31일에 KBS-TV가 영상출력 2kW, 음성출력 1kW, 호출부호 'HLCK'로 정식개국함으로써 본격적인 TV방송이 시작되었다. 1964년 12월에 동양텔레비전(이

<표 1-2> 한국방송사

	변천사항
1927. 2. 16	-JODK개국, 경성방송국, 한국 최초의 방송
1954. 12. 15	-CBS개국, 한국 최초의 민영 라디오방송(기독교방송)
1956. 4. 12	-KORCAD개국, 최초의 상업 텔레비전방송, 1957년 5월 6일 DBS로 개칭
1957. 4. 15	-AFKN개국, 주한미군을 위한 방송국으로 개국
1961. 12. 31	-DBS개국, 화재로 방송중단
1961. 12. 31	-KBS개국, 정부기관으로 출범(국영방송)
1964. 12. 7	-DTV개국, 중앙일보소유 삼성그룹에서 동양TV로 출발(후에 TBC로 개칭)
1969. 8. 8	-MBC개국, 민영방송으로 출범
1973. 3. 3	-KBS개국, 국영에서 공사로 전환(공영방송)
1980. 12. 1	-TBC이관, 언론통폐합으로 KBS에 통합(KBS-2)
1981. 2. 2	-KBS-3개국, 교육방송 개시
1988. 12. 31	-MBC개편, KBS 소유 MBC 주식을 방송문화진흥회로 이관
1990. 12. 27	-EBS출범, BS-3 TV를 교육방송으로 분리
1991. 12. 1	-SBS개국, 상업민영방송 출범
1993. 10. 14	-한국케이블TV방송협회 설립
1994. 8. 10	-지역민방, 부산, 대구, 광주, 대전지역 민영TV 사업자 선정
1995. 3. 10	-케이블TV 방송 실시(SO 48개, 채널 20개)
1995. 8. 5	-무궁화 1호 위성발사, 통신·방송 복합위성시스템의 기능
1995. 10.	-KBS와 YTN, 인터넷 방송 실시
1996. 1. 14	-무궁화 2호 위성발사
1996. 7.	-KBS, 디지털 위성방송 실시
1999. 9. 5	-무궁화 3호 위성발사
2001. 10.	-디지털 지상파방송 시범화
2002. 3.	-디지털 위성방송 상용화

자료: 한국방송학회(1997), 한국방송공사(1987) 참조.

후 TBC)이 개국하였고, 1969년 8월에 문화방송(MBC-TV)이 개국하면서 텔레비전 3
국 시대가 열리게 되었다(한국방송공사, 1987: 251).

1980년대 제5공화국의 출범과 함께 불어온 언론기관의 통폐합 이후, 1980년 12
월에 KBS 제1TV와 MBC-TV에 의해 컬러TV시대를 개막하였고, TV와 라디오를
통한 교육방송이 UHF채널과 FM으로 각각 1981년부터 개시되었다. 우리나라 텔
레비전방송은 초기부터 100%에 가까운 컬러화를 이룩하였는데 이것은 외국의
사례에 비추어볼 때 우리나라만의 특기할 만한 사실이다. 이러한 컬러TV시대가
전개된 1980년대 초반부터 방송은 커다란 자체변화를 모색하게 되는데, 즉 라디
오 보도부문에서 속보성의 지속적인 추구, 정밀편집 및 뉴스의 다양화에 치중하
여 TV방송의 사각(死角)시간대에 '움직이는 생동감 있는 뉴스'전달에 주력하게 된
것이다.

이러한 발전을 거듭하면서 뉴미디어에 대한 새로운 인식과 함께 1985년 10월에 음성다중방송이 시작되었으며, 1990년 8월에 KBS가 KOINS, 10월에 MBC가 MINDS라는, 데이터방송의 시작이라 할 수 있는 문자다중방송을 실시하였다. 그러나 음성다중방송의 전국적 확산이 늦어지고, 문자다중방송이 시청자들의 환영을 받지 못한 경험은 새로운 방송방식을 도입하는 데 중요한 교훈으로 작용하였다. 즉, 국제화·개방화로 인한 통신자유화와 정보통신영역의 디지털화는 한국방송의 뉴미디어화를 촉진하였고, 다매체·다채널시대에 전통적으로 존재해왔던 방송, 통신, 컴퓨터, 전자영역이 기술적, 서비스적, 산업적 융합을 일으킴으로써 방송이 첨단화, 멀티미디어화되는 경향으로 전개되었다(한국방송학회, 1997).

1987년 10월 이후 방송사를 포함한 언론사의 노동조합 결성과 그 활동은 정부의 방송통제에 주요 장애가 되었고, 이를 극복하는 방안의 하나로 민영 상업방송이 출현하였다는 일부 평가가 있다. 우선 1990년에 방송법 개정으로 민영방송국의 설립이 가능해지고, 1991년에 서울방송(SBS)이 개국함에 따라 방송의 목표를 공익이라고 보는 기존의 입장 외에 이윤추구 수단으로서의 상업미디어가 대두하는 등 다원적인 방송제도로 이행했다.

이후 1995년에 지역 민영방송국이 부산, 대구, 광주, 대전 4곳에서 출범하였고, 1997년에 인천, 전주, 울산, 청주방송국이 차례로 출범해 총 9개사가 되었다. 지역민영방송은 그동안 상대적으로 소외되어 왔던 지역문화를 활성화시키고, 지역민의 참여와 피드백을 가능하게 한 점에서 추진되어 왔으나, 서울지역의 방송국들에 비해 인력, 예산, 시설 등 제작환경이 상대적으로 열악한 실정이어서 한계를 보이고 있다.

우리나라의 케이블TV방송은 1960년대부터 지상파TV의 재전송으로 운영되어 왔으며, 1991년에 한국통신(KT)에서 서울지역을 대상으로 시범서비스를 시작했다. 이후 1992년에 종합유선방송 시행령 및 시행규칙이 제정되었고, 1993년에 프로그램 공급업체(PP)가 선정되었으며, 1994년에는 시스템 운영사업자(SO)가 선정됨에 따라 1995년에 본격적인 케이블방송을 시작으로 현재는 50여 개 채널에서 서비스되고 있다.

우리나라의 위성방송은 한국통신(KT)에서 1990년부터 통신·방송의 복합위성인 무궁화 위성(Korea Sat)사업을 추진하여 1995년 8월에 1호, 1996년 1월에 2호, 1999년 8월에 3호를 각각 발사하여 직접위성방송(DBS), 고속·저속 데이터 통신, 비디오 중계, 국간 중계, 도서벽지/비상재해 통신, TV/CATV 프로그램 중계 등 본격적인 서비스를 제공하고 있다. 특히 2002년부터 한국디지털위성방송(KDB)이 서비스를 시작하였다.

또한 우리나라의 초고속망을 통한 인터넷방송은 1995년 10월에 KBS에 의해서 처음으로 실시됨으로써 한국방송은 지상파, 케이블, 위성, 컴퓨터네트워크 등 가능한 다차원적인 멀티미디어 방송시스템을 실현할 수 있게 되었다. 특히 2000년에 디지털 지상파방송이 시범화되었고, 2002년에 디지털 위성방송이 상용화됨으로써 한국방송은 그야말로 새로운 이정표를 수립하는 계기를 맞게 되어 그 동안 지상파 방송을 중심으로 했던 방송제도가 새롭게 바뀌어가고 있다.

현재 우리나라 TV방송의 경우, 지상파, 지역민방, 케이블 TV방송, 위성TV 및 외국위성 TV채널 등이 수십여 개로 대폭 증대되어 방송시장이 넓어졌다고는 하나, 매체력으로 볼 때 KBS, MBC 그리고 SBS에 의해 과점되어 있다. 향후 10여 년 이상 지상파 TV가 시청자 시장의 65%이상을 점유할 것이란 전망을 참작할 때, 이들 지상파 방송의 역할과 기능이 향후에도 절대적 영향을 차지할 것으로 보인다.

한편으로는 디지털기술에 기반한 정보통신의 발전은 방송영역과의 융합현상을 가져와 무선통신에 의한 디지털 위성라디오(DSR), 인터넷라디오, 위성케이블, 무선케이블(MNDS, LMDS) 등의 뉴미디어화가 더욱 고도로 전개될 것으로 보인다.

2) 미디어·방송의 이용과 소비

현대사회에서 미디어는 일상생활의 일상적인 시·공간이 되었다. 특히 사람들이 활용할 수 있는 여가의 대부분을 점함으로써 현대인의 삶의 질을 결정짓는 요인이 되고 있다. 그중 특히 방송의 위력은 실로 막강하다고 할 수 있는데, 오늘날 방송이 갖는 위력은 다음과 같은 특성을 잘 나타내주고 있다(송해룡, 2003: 188).

- 지난 70년 동안 13억 단위의 발명이 있었다.
- 사람들은 200개의 채널을 시청할 수 있다고 생각한다.
- 일상적으로 하루 4~5시간 동안 TV를 켜둔다.
- 어떤 프로그램은 동시에 1억 명 이상의 시청자를 동시에 유인한다.
- 매우 가난한 슬럼가의 사람들조차 TV를 구입하기 위해 돈을 모은다.
- TV를 통한 커뮤니케이션이 없었더라면 정치인들은 선출되지 않았을 것이다.

이러한 점이 바로 오늘날 방송이 갖는 위상이다. 방송은 일방적 커뮤니케이션을 수행하여 많은 수의 가정에 똑같은 프로그램을 제공한다. 그 결과 다음과 같은 중요한 결과들을 야기한다.

· 아무리 강압적이고 감정적인 내용이라도, 수용자가 누구건간에 매우 **빠른** 속도로 전달된다.
· 공유재적 전파 개념은 저가의 콘텐츠 송신을 가능하게 하는데, 사실 수용자는 거의 비용이 들지 않는다.
· 거대하고 동시적인 수용자군이라는 개념은 프로그램을 상업적으로 제작하도록 유도하고 수백만달러의 비용을 지불하게 하는 요인이 된다.
· 이 개념은 또한 공동체 의식을 주입하고, 의제설정 기능을 담당한다.

인터넷시대에도 여전히 TV의 영향력은 줄어들지 않고 있다. 인터넷 활용이 늘고 있지만, 여전히 사람들은 TV를 압도적으로 시청하고 있는 것이다. 국내외 미디어행위 조사결과들을 일견하면, 아무리 인터넷시대라 해도 전체 미디어 가운데 TV가 차지하는 위상이 전혀 흔들리지 않았음을 알 수 있다. 미국인들은 평균 4시간, 독일·영국·프랑스인들은 3시간 이상을 시청하고 있다. 물론 연령이나 직업에 따라 일정부분 디지털 계층화가 발생하는 징후가 포착된다. 나이가 젊을수록, 지식이 많을수록, 수입이 높을수록 인터넷이 전체미디어에서 차지하는 비중이 높다는 점이다. 결국 인터넷이 TV영역보다는 신문과 잡지 등 인쇄매체의 영역을 **빠른** 속도로 잠식하고 있다는 진단을 내릴 수 있겠다(송해룡, 2003: 189).

유럽의 여론조사기관 IPSOS와 TV광고전국조합이 공동으로 실시한 유럽시청자의 TV소비경향에 따르면, 유럽인의 46%가 '소멸할 경우 가장 결핍현상이 클 매체'로 TV를 지적하고 있다. 또한 유럽인의 47%가 텔레비전을 '가장 가까운 매체'로 생각하고, TV를 가장 가족적인 매체로 인식하고 있는 것으로 나타났다. 물론 대다수의 유럽인들(63%)이 인터넷을 미래의 매체로 인식하기는 하지만 TV의 발전을 예상하는 유럽인도 23%나 된다.

미국의 경우 여가활동에 있어 미디어소비시간을 1970년과 2000년에 걸쳐 비교한 결과, 미디어가 증가함에 따라 미디어소비도 그만큼 다양해지면서 증가하는 모습을 보였다.

여가활동에 대한 개인소비지출(PCEs, personal consumption expenditures) 정도를 보면, 영화는 초기 50%를 육박하다가 1960년대 이후 10%대 이하로 급격한 하락을 경험했으며, 케이블TV는 꾸준한 증가세를 보이고 있다. 신문은 1990년대 들어 10% 이하로 하락했으며, 연극은 4% 안팎을 유지하고 있다. 스포츠관람은 기복이 있으나 현재는 4%대를 유지하고 있으며, 카지노와 도박은 꾸준한 증가를 보이고 있다. 테마파크 등 참여오락기구가 꾸준한 인기를 얻고 있다.

한편 우리의 경우 2001년 기준 평일에 TV를 2시간 24분, 토요일과 일요일에는 각각 2시간 52분, 3시간 46분 동안 시청하고 있어 다른 여가활동에 비해 절대적으로 많은 비중을 차지하고 있다. TV에 소비되는 시간은 평일 전체 여가시간 중 약 48.5%, 토요일 47.1%, 일요일 49.7%를 차지한다.

디지털시대 TV는 다양한 방식으로 서비스를 제공하고 있다. 이들 서비스들의 공통된 특징은 쌍방향성을 기반으로 한 것이다. 이전에는 단순히 방송국에서 보내주는 프로그램을 일정한 시간에 맞추어 '보는' 시대였으나 이제는 원하는 것을 '선택하는' 시대가 도래하고 있는 것이다. 그러나 인간이 새로운 것에 자연스럽게 갖게 되는 호기심이 오랫동안 익숙한 것에서 느끼는 편안함을 능가하기란 쉽지 않다. 새롭다는 것이 더 이상 낯설지 않을 때가 돼서야 기술발전의 혜택을 비로소 누릴 수 있다. 시청자들은 다기능 복합기기와 같은 TV의 마술보다는, 좋아하는 프로그램을 편안하게 즐기는 '선택해서 보는 TV'를 선호한다. 결국 디지털시대에 시청자는 선택과 편리함 때문에 디지털 방법으로 TV를 보지만 내용은 계속 아날로그를 추구한다는 것이다. 시청자들이 TV를 찾는 이유는 편안하게 프로그램을 보기 위한 것이지 선택의 갈림길에서 중요한 결정을 내리기 위한 것이 아니다. 예컨대, 디지털방송이 제공하는 혜택 중 하나인 인터랙티브의 경우 경마와 같이 돈 버는 프로그램, 스포츠, 게임, 탤런트 선발 따위의 참여프로그램, 뉴스보도나 스포츠 하이라이트를 보여주는 정보프로그램 등에서는 장점을 발휘한다. 그러나 그 외 프로그램에서는 인터랙티브를 사용함으로서 프로그램이 어색하고 작위적으로 보이며, 오히려 시청자들의 집중을 방해하는 요소가 된다. 이런 경우 인터랙티브라는 디지털기술은 TV에 결코 도움이 되지 않는 것이다. 사람들이 TV를 어떻게 이용하는가는 달라지겠지만 그래도 TV는 여전히 사람들이 가장 즐겨 이용하는 대중오락매체가 될 것이 분명하다. 다채널 시대에도 시청자들이 즐겨 보는 것은 코미디, 영화, 드라마 등 기존의 지상파 방송에서 주로 보았던 프로그램

이 될 가능성이 높다. 2001년 미국의 케이블TV에서 인기있는 장르를 보면, 엔터
테인먼트(코미디, 드라마, 영화)가 36.6%로 가장 높고, 다음이 청소년프로그램
(21.1%), 뉴스(14.1%), 자연/ 교육(11.1%), 주부(7.0%), 스포츠(7.4%), 음악(5.4%) 등으로
나타나고 있다. 즉 시청자들은 이전에 보았던 것을 보기 위해 다른 채널을 선택
한다는 것이다(송해룡, 2003: 189-190).

제2장 방송연예오락과 사회문화

1. 방송과 연예오락

1) 오락의 본질과 특성

오락(entertainment)은 쾌락, 즐거움, 긴장완화, 웃음과 감동 등의 일시적인 감각적 경험을 유발하는 퍼포먼스(performance)적 놀이(play)행위이다. 따라서 오락은 인간의 이성보다는 감성의 작용을 중심으로 하여 이루어지며, 논리적인 것이라기보다는 몸의 즉각적인 반응에 가깝다. 또한 오락은 질서이기보다는 무질서하고 소란스러우며, 기존의 사회적 규범과 금기에 반하는 경향이 강하다. 오락은 일상생활에서의 해방과 일탈이라는 사회적 의미를 지니고 있다. 하지만 오락이 갖는 사회적 의미의 힘이 현실에 대한 변화로까지 이어지지 않고 오락이 이루어지는 한정된 시공간 그 자체에 그칠 경우에는 기존 사회체제의 유지를 위한 도구로 이용될 수 있다. 즉 오락은 기존 사회체제에 대한 변화의 가능성과 변화에 대한 욕망을 체제유지적으로 순화시키는 특성을 동시에 지닌다.

동서양의 역사를 막론하고 오락이 비윤리적이며 저급한 것으로 평가되고, 비생산적이며 소모적인 것으로까지 오해되며, 정치적 측면에서도 부정되고 비판받아왔던 것은 바로 오락의 본질을 구성하는 위와 같은 특성들 때문이다. 서양의 중세시대에는 기독교적인 윤리기준에 의해 오락이 비윤리적인 것으로 규정되었다. 동양에서도 사회의 지배적 질서유지를 위해 규제되는 사례가 역사적으로 적지 않았고 광대나 소리꾼 등 오락의 핵심주체들 역시 사회적으로 대접받지 못하는 계급에 속하였다. 근대 이후의 사회에서도 오락은 소위 '고급문화'와는 구별되는 '하급문화'의 범주로 개념화되어 그 미학적 가치가 평가절하되기도 하였다. 또한 오락은 일상생활에서의 일시적 해방과 일탈감을 제공하는 특징 때문에 지배집단의 의지에 따라서는 사회적 현실에 대한 정확한 이해를 방해하고, 현실로부터의 도피를 돕는 수단으로 권장되기도 하였던 것이 사실이고, 이 때문에 그것이 갖는 정치적, 이데올로기적 효과성이 비판받기도 하였다. 한국사회에서도 1980년대 스포츠·섹스·스크린이라는 이른바 '3S'정책이 정권유지를 위해 시행되었으며, 스포츠신문이나 '국풍'과 같은 페스티벌이 국민의 정치에 대한 관심을 약화시키기 위한 수단으로 도입·시행되었다고 비판받기도 하였다(전규찬·박근서, 2003).

오락은 각 시대의 사회적 변화에 따라 그 유형 및 범위와 참여과정 등이 변화해왔다. 각 시대의 기술·경제·정치적 환경에 의해 오락의 양식이 영향을 받아온 것이다. 역사적으로 오락은 고대의 제의적 의식(ceremony)행위 등과 같은 공동체적 참여형 놀이문화에서 그 기원을 찾을 수 있다. 이러한 놀이문화는 자발적이고 직접적인 참여의 성격을 지니며 억압보다는 표출과 공동체적인 소통을 원활하게 촉진하도록 돕는다. 제의적 의식에서의 오락을 통해 개인과 이웃 간의 유쾌하고 흥겨운 감각적 체험을 공유하면서 사회·집단적인 행위로 사회성을 구성하게 한다.

서양의 중세와 르네상스시대에는 주로 카니발(carnival)이나 축제, 명절 등의 특수한 기간에만 오락을 향유할 수 있었다. 축제나 카니발, 명절 등은 노동으로 일관된 일상생활로부터 도피할 수 있는 계기로 작용하였으며, 사회적 질서와 규범에 억압된 감정을 자유롭게 표현할 수 있도록 사회가 허용해주는 유일한 시간이기도 하였다. 이 시기들에는 억압과 규율의 일상생활과 대립되는 폭력, 폭음, 성적 문란, 향연 등을 한시적으로나마 허용함으로써 사회구성원의 감성을 정화시키는 기능을 갖는 것이었다(한국방송영상산업진흥원, 1999). 특히 카니발은 억눌린 욕망을 폭발시키는 축제로 중세와 르네상스시대의 민속문화 중에서도 지배적 질서에 대한 해학적인 성격이 두드러졌던 것인데, 기존의 계급질서나 특권 및 금지에 대한 일시적인 해방공간이었으며 일탈의 즐거움을 경험할 수 있는 시간이었다. 카니발은 1년에 3개월씩이나 계속되었으며, 무절제한 음주와 과식, 방탕한 성, 떠들썩한 볼거리로 특징지어졌지만, 그 바탕에는 일상생활의 질서와 문화 및 감정 등에 대한 일탈과 전복의 해학적 '웃음'이 존재하였다. 카니발에서 빈번하게 등장하였던 패러디와 상소리, 해학적인 형식과 표현은 사회 내의 주도적 코드, 공식적 표현양식과 진지한 풍조에 반대해서 고안·표현된 것들이다. 카니발에서 가면착용이 성행하였던 것도 체제와 질서에 대한 순응을 소극적으로 거부하기 위한 것이었다. 카니발에 참가한 사람들은 가면으로 자신을 위장함으로써 기존사회질서에 대한 일탈을 시도할 수 있었다. 하지만 카니발이나 축제 등은 역사적으로 국왕이나 신흥 부르주아집단에 의해 제도적으로 허용되었고 권장되기도 하였다. 카니발이나 축제 등은 한정된 시공간에서 일탈과 방종 및 무질서를 허락함으로써 오히려 불만이나 저항의식을 순화시키고, 이를 통해 사회지배체제의 유지와 질서 강화의 효과를 얻고자 하는 의도된 전략에 의해 역사적으로 구성되어왔다는 측면도 간과할 수 없다. 이러한 효과는 사회적 주류인 양반이나 승려 등을 풍자하는 것이 허락되던 한국의 탈춤양식에서도 발견할 수 있다(전규찬·박근서, 2003).

한편 산업화 이후 노동시간과 여가시간의 구분이 보다 엄밀해짐과 동시에 여가시간이 일상생활의 일부를 이루게 되고, 소득수준의 향상과 다양한 테크놀로지의 등장으로 인해 직접적인 노동의 세계와는 괴리된 여가양식이 일반인들에게도 보편화되면서 오락은 일반인들이 여가시간에 즐길 수 있는 아주 일상적인 것이 되었다. 또한 산업화 이후 오락은 대중들의 삶의 방식이자 의미화의 실천양상으로 미적 행위인 '대중문화' 속에 내재하게 되었다. 하지만 대중문화의 형태로 존재하는 현대의 오락은 자본주의적 경제체제 내부에 존재하기 때문에 과거에 비해 상품화되어가고 있다. 또한 미디어 테크놀로지에 대한 의존성이 증가해감에 따라 산업화 이전의 공동체적이고 참여적인 성격을 상실해가고 있고, 억눌린 감정을 분출하는 무질서하고 파괴적인 카니발에 비해 대중매체의 이용을 통해 일상생활의 스트레스와 긴장을 완화하는 보다 순화된 형태로 존재하고 있다(김문겸, 1996).

2) 현대 TV오락의 특성과 의의

영상과 음향을 동시에 매개하는 텔레비전은 대중매체 중 오락전달에 가장 적합한 매체로 각광받아 왔다. 1936년 영국 BBC의 정규방송 시작과 함께 등장한 텔레비전방송은, 이후 텔레비전 수상기의 보급이 급속하게 확대되고, 컬러방송 등 테크놀로지의 비약적인 발전이 거듭되면서 대중문화를 선도하고 확산시키는 핵심적 매체로 발전하였고, 오락기능은 텔레비전 방송의 핵심기능을 형성하게 되었다. 미국의 랄프 로웬슈타인(Ralph Lowenstein)은 6가지 커뮤니케이션매체가 갖는 주요 기능을 <표 2-1>과 같이 밝히고 있다.

<표 2-1>에서 알 수 있는 바와 같이 시청각 커뮤니케이션매체의 가장 핵심적인 기능은 오락기능이다. 특히 시청각 표현기능을 모두 갖춘 텔레비전은 사회의 다양한 구성원들의 의사소통을 가능하게 하는 십자로로 기능하며 시청자들은 텔레비전방송에 대한 일상적인 시청과 관여(engagement)를 통해 매스커뮤니케이션 내용에 대한 의미의 해석공동체를 구성한다. 텔레비전은 개인을 넘어 사회공동체

<표 2-1> 주요매체의 기능*

매체	우선순위			매체	우선순위		
	①	②	③		①	②	③
책	C	E	I	라디오	E	I	C
잡지	C	E	I	영화	E	C	I
신문	I	C	E	TV	E	I	C

* C: Commentary, E: Entertainment, I: Information
자료: 한국방송영상산업진흥원(1999).

적인 소통을 구현하는 사회적 제의의 기능을 수행하고 있다. 그리고 텔레비전이라는 매체를 통해 집단적으로 교환되고 공유 및 공감되는 것에는, 엄숙하고 진지한 정보뿐만 아니라 유쾌한 웃음과 재미에 바탕을 둔 오락이 포함된다. 따라서 현대의 텔레비전은 오락기능을 포함하는 사회적 제의기능을 수행하는 매체 중 하나로 기능하고 있으며, 동시에 즐거움을 핵심내용으로 하는 오락기관으로 작용하고 있는 것이다(강현두 외, 1998).

텔레비전의 오락기능은 일상인의 억압된 감정을 합리적으로 순화시키는 중요한 역할을 수행한다. 즉, 산업화 이전의 카니발이나 축제, 제의적 의식, 명절 등이 일상생활에서의 일탈과 감정분출을 허용하여 즐거움과 감정이완을 가져오는 오락기능을 수행했던 것과 마찬가지로, 현재의 텔레비전은 오락프로그램을 통해 현대인의 감정을 합리적으로 순화시키고 규제하며 욕구를 충족시키는 기능을 수행하는 것이다.

이와 관련 김기태는 다음과 같이 텔레비전 오락의 기능 및 성격을 풀이하고 있다(김기태, 1993: 15-16).

① 오락은 텔레비전 내용을 구성하는 중심적 요인이며 시청자들의 텔레비전 시청동기를 유발하는 가장 주된 동기이다.
② 텔레비전의 오락적 요소는 여타의 정보적 요소나 교육적 요소가 기능을 발휘케 하는 전제조건인 동시에 기본토대로 작용한다.
③ 텔레비전 오락도 여가활동의 한 부분으로 볼 수 있기 때문에 텔레비전 시청 이외의 여가활동이나 비여가활동 등과도 경쟁하고 있다.
④ 위의 경쟁 측면과 관련하여 텔레비전 오락은 다른 오락행위에 비해 보상/노력 지수나 이익/경비 비율 면에서 비교적 좋은 조건을 가질 수 있기 때문에 경쟁적 우월성을 지닌다.
⑤ 방송은 하나의 기업인 동시에 사회제도이기 때문에 텔레비전 오락은 시장구조와

사회구조의 상호작용 속에서 규정될 수밖에 없다.
⑥ 텔레비전 오락기능은 노동이나 일상생활로부터 유발되는 고통이나 심리적 압박 등
   으로부터 벗어나기 위한 도피기능과 삶의 질 향상과 관련된 긍정적 도피기능을 동
   시에 지닌다.

위와 같이 텔레비전오락은 텔레비전의 내용을 구성하는 중심적인 요인이며 시
청자들의 텔레비전 시청을 유도하는 가장 주된 동기이다. 또한 텔레비전오락은
텔레비전이 갖는 정보적 요소나 교육적 요소가 그 기능을 발휘할 수 있게 하는
전제조건인 동시에 기본토대가 된다(이윤석, 2001). 최근 들어 '인포테인먼트(infortain-
ment)'와 '에듀테인먼트(edutainment)' 같은 오락적 요소 및 형태를 가미한 프로그램
이 높은 시청률을 기록하는 것도 이와 관련되어 있는 현상으로 이해할 수 있다.
텔레비전방송에서 오락기능을 주로 제공하는 프로그램은 연예오락프로그램이
다. 프로그램이란 방송커뮤니케이션의 메시지를 기호화해서 수록한 하나의 작품
으로서 편성전략에 따라 결정되는 결과적 산물이다. 따라서 프로그램은 제작과정
을 거치면서 구체화되지만 넓은 뜻의 프로그램은 편성의 의미까지를 내포하고
있으며, 상황과 문맥에 맞게 프로그램의 유형과 의미를 이해할 필요가 있다(손용,
1989). 한국의 방송법에서 오락의 개념에 대한 정의는 매우 추상적이며 애매한 표
현으로 이루어져 있어서 현실적으로는 주로 뉴스와 교양에 대비되는 개념으로
이용되고 있다. 즉, 보도와 교양으로 분류되지 않는 프로그램을 오락프로그램으
로 분류하는 것이 관행화되어 있는 것이다. 현행 방송법 69조 3항과 동시행령 제
50조에 따르면 텔레비전 프로그램들은 모두 보도와 교양, 그리고 오락의 세 가지
유형으로 분류되고 있다. 또한 각 방송사들은 이와 같은 세 가지 유형을 기준으
로 제한된 범위 내에서 그 편성비율을 유지하도록 규제되고 있다. 이는 한국의
텔레비전 프로그램에 대한 분류가 장르적 특성에 따라 이루어지기보다는 영국
BBC 칙허장(Royal Chart)의 삼분법 체계에서 유래된 기능적 역할에 따라 이루어지
고 있기 때문이다. 하지만 현재 BBC는 더 이상 이와 같은 분류법을 따르지 않고
있으며 대부분의 해외국가들에서도 장르에 따른 분류방식을 취하고 있다. 아직까
지 한국의 방송법에서는 보도를 '정치·경제·사회·문화 등 모든 분야의 시사에 관
한 속보 또는 해석을 목적으로 하는 방송'으로 정의하고 있다. 그리고 교양은 '국
민의 교양 및 교육을 목적으로 하는 방송과 어린이·청소년의 교육을 목적으로 하
는 방송'으로 규정하고 있다. 한편 오락은 '국민의 정서함양과 여가생활의 다양화

<표 2-2> 방송위원회의 프로그램 유형분류 기준

대분류체계	세부유형분류
보도부문	뉴스, 뉴스해설, 기획보도, 기자회견, 뉴스매거진, 시사적 사건의 특별행사 중계, 시사 다큐멘터리, 지상정보
교양부문	다큐멘터리, 대담/토크, 교육을 주목적으로 하는 만화/인형극, 교육을 주목적으로 하는 퀴즈/게임, 학습프로그램(학교교육프로그램, 사회교육프로그램, 강좌프로그램 및 교습을 목적으로 하는 스포츠 등), 생활정보, 문화예술프로그램
오락부문	드라마, 코미디, 영화, 만화, 버라이어티쇼, 오락성 토크쇼, 퀴즈/게임, 스포츠

를 목적으로 하는 방송'으로 정의하고 있다. 방송위원회가 1993년 방송현업인들을 비롯한 각계전문가들의 의견을 수렴해 마련한 '프로그램 유형분류 기준'을 보면 보도, 교양, 오락 등 세 가지 대분류체계하에 장르별 세부유형분류가 사용되고 있다(전규찬·박근서, 2003).

한편 연예오락프로그램은 이념적 다양성을 표현하기가 상대적으로 자유로운데, 사회의 급격한 변동 때문에 기존의 가치와 충돌할 수 있는 새로운 가치까지도 보도나 교양프로그램에 비해 자유롭게 수용하고 표현하고 이슈화할 수 있다. 이 때문에 연예오락프로그램의 오락이 갖는 특성은 기존 체제에 대한 변화의 에너지를 제공할 가능성과 체제유지를 위한 도구로서 작용할 가능성이 동시에 있는 것이다.

텔레비전의 연예오락프로그램이 갖는 체제변화 동력 제공의 가능성은 기존의 사회체계와 가치구조에 대한 일탈상황의 설정으로 유발되는 웃음과 즐거움에 기초한다. 이와 같은 웃음과 즐거움은, 연예오락프로그램보다 사회적으로 높은 수준의 프로그램으로 평가받고 있지만 독백적이고, 무겁고 진지한 분위기로 메시지를 전달하는 보도나 교양프로그램보다 사회체제의 변화에 더 큰 위력을 발휘할 수 있다. 텔레비전 연예오락프로그램은 정치풍자와 사회비판, 그리고 자기성찰의 효과까지 웃음과 즐거움을 동반하여 시청자들에게 제공한다. 연예오락프로그램은 경직되고 관습적이며 부자유스러운 현실을 웃음을 빙자하여 고발하고, 이를 통해 좀더 대안적인 미래를 상상할 수 있게 하며, 이러한 미래를 구체적으로 실현하려는 변화에 대한 욕망까지도 무의식적으로 생성시킨다. 텔레비전 연예오락프로그램은 거짓과 위선에 대립하며, 욕설이나 상소리 등 일탈적 언행과 결합하여 기존질서가 갖는 절대적 권위를 상대화시킨다. 기존의 사회적 가치지향이 갖는 엄숙함을 출연자의 코믹한 연기를 통해 가볍게 만드는 정치적 효력을 지닌다. 따라서 텔레비전 연예오락프로그램은 '가벼움의 미학'을 동원하여 현실의 무거움·진지함과의 대조·비교 및 전복의 순간에 유발되는 웃음·즐거움을 제공하고 변화의 가능성을 담보하는 것이다. 텔레비전 연예오락프로그램의 가치는 '가벼움의 미학'에 내재한 요소인 웃음과 즐거움을 통해 당연시되던 기존의 가치와 권위를 의심하게 하고 새로운 창조를 꿈꾸게 한다는 점에 있는 것이다(김웅래, 1991).

한편 연예오락프로그램이 지니는, 체제유지를 위한 도구로 작용할 가능성은 역사적으로 오락이 기존체제유지를 위해 이용되어왔던 실제 사례들과 연예오락프로그램이 통속적이며 도피적이고 자극적이며 저속하고 외설적이기까지 하다는 평가에 근거한다. 앞에서 살펴본 바와 같이 기존 사회체제에 대한 불만과 변화에 대한 열망을 일정한 시공간에서 제한적으로 제공되는 오락에 의해 순화하거나 해소하였던 사례는 축제 및 카니발이나 명절 및 민속놀이, 그리고 가깝게는 1980년대 한국정부의 대중문화정책에 대한 역사적 분석을 통해 쉽게 찾아볼 수 있다. 또한 오락이 문화적이고 미학적 가치기준으로 볼 때 저급한 것이라는 평가와 정치적으로 체제순응의 도구로 이용된다는 비판 역시 지속적으로 제기되어왔다. 산업화 이후에는 특히 프랑크푸르트학파를 중심으로 이와 같은 비판이 제기되어왔다. 프랑크푸르트학파는 오락을 포함하는 대중문화를 주요한 비판의 대상으로 삼았다. 이들은 대중문화가 현실에 대한 비판의식을 마비시키고 '전복적 부정성'을 말살한다고 비판하였다. 프랑크푸르트학파의 마르쿠제(H. Marcuse)는 저항할 수 없는 오락·정보산업의 산물들은 주입과 조작을 통해 현실에 대해 무감각한 허위의식을 만들어내고, 마침내는 이러한 허위의식이 대중들의 삶의 방식이 되도록 만든다고 주장하였다. 대중문화는 이미 확립된 사회질서와 가치체계를 초월하는 생각이나 희망, 목적들이 무시되는 1차원적 사고와 행동패턴을 갖도록 한다는 것이다(한국방송영상산업진흥원, 1999).

현재 방송되고 있는 텔레비전 연예오락프로그램에서 현실의 사회구조와 윤리체계를 뒤집으면서 웃음과 즐거움을 유발하는 모습을 찾아보기 힘든 것이 사실이다. 많은 텔레비전 연예오락프로그램들에서는 기존질서를 옹호하는 '수다스러움'과 개인을 보호하는 대신 생활의 내부를 알고자 하는 권력의지와 관음적 의지가 결합한 구조를 유지하고 있다. 또한 사회적 소수자를 대상으로 폭력적인 모습을 취함으로써 웃음을 유발하거나 외설적 효과성에 대한 강조를 방송사의 경제적 이득을 위한 전략으로 취하고 있는 모습이 적지 않게 발견되고 있다. 대표적인 예가 각 방송사들이 경쟁적으로 편성하고 있는 '연예정보프로그램'이다. 이들 프로그램은 '스타'의 주변을 시시콜콜 뒤지고 말하고 보여주는 과잉된 '훔쳐보기(voyeurism)'를 시도한다. 또한 스타들의 연애 및 결혼생활이나 섹스스캔들 및 상품모델활동 등에 대한 정보가 이들 프로그램의 주요한 메뉴가 되고 있는 현실은 방송이 기존의 윤리와 자본주의적 질서의 문제점까지도 그대로 재생산하는 기능을 갖는다는 것을 보여준다. 연예오락프로그램에서 제공하는 감동 역시 영웅숭배와 카리스마에 대한 찬양에 의존하여 발생시키는 경우가 많다.

따라서 연예오락프로그램이 갖는 긍정적 잠재성을 인정하는 기반 위에서 부정적 가능성이 현실화될 소지를 어떻게 최소화할 것인가가 중요한 과제로 떠오른다. 오늘날의 연예오락프로그램은 현대인의 일상적인 삶의 중요한 부분을 구성하고 있는 만큼 그 자체를 근본적으로 부정하는 것은 불가능하며, 역기능을 축소하는 것에 매진해야 할 필요성이 크게 대두된다고 하겠다.

3) 엔터테이너의 위상

현대의 엔터테이너(entertainer)는 자신들이 구축한 대중적 이미지를 토대로 영향력을 행사하는 문화권력의 대표적 주체 중 하나가 되어가고 있다. 이제 인기 엔터테이너 한 명이 미치는 영향력은 정치인을 능가하는 수준이 되었다. 엔터테이너는 연예자본을 위해 이윤을 창출한다는 맥락에서는 생산적이지만 현실적인 사회적 잉여가치를 창조하지는 못한다. 따라서 엔터테이너는 기능적으로는 현대인들이 여가를 제공하는 원천이지만 경제적으로는 기생적이라는 특징을 지닌다. 엔터테이너가 직접적인 잉여가치를 만들지 못하면서도 막대한 사회적 소비를 유발한다는 측면에서 더욱 그렇다(김승수, 1997).

엔터테이너의 연예활동에 대한 금전적 보상은 인기도에 비례하여 결정된다. 엔터테이너의 인기는 그들이 지닌 이미지에 근거한다. 엔터테이너의 이미지는 그들이 출연하는 프로그램에서 맡은 인물상에 의해 만들어지며 광범위하게는 그들의 일상적 대화나 소문, 언론의 태도에도 영향을 받게 된다. 시청자들은 프로그램 및 미디어와의 관계를 통해 만들어진 엔터테이너의 인물상에 감정적인 친화와 자기동일시, 모방과 투사 등의 과정을 거치면서 일정한 이미지를 부여하게 된다.

하지만 이러한 시청자들의 이미지는 프로그램의 제작과 방송과정을 통해 형성된 것일 뿐 그들의 현실적 실체와는 구분된다. 즉 엔터테이너는 영웅과 신화가 사라진 시대에 텔레비전 프로그램이라는 신화를 통해 만들어진 또 하나의, 영웅의 이미지를 담은 기호이자 아이콘이라고 하겠다(정애리, 1999).

엔터테이너 시장은 수요와 공급의 불균형이라는 특징을 지닌다. 따라서 엔터테이너 시장은 방송사들이 주도하는 가운데 스타시스템에 크게 의존하는 기형적인 시장이 되었다. 이러한 시장구조는 엔터테이너의 빈익빈 부익부현상을 초래하기도 하고, 소속기획사에 대한 자율성을 누리지 못하게 하는 원인이 되기도 한다. 스타급 엔터테이너는 프로그램의 시청률 확보에 안전장치의 역할을 한다. 모든 프로그램은 시청자들에게 인기를 얻고 높은 시청률을 점유할 수 있을 것인지에 대한 불확실성에 직면하기 때문에 방송사들은 스타급 엔터테이너를 프로그램에 출연시킴으로써 그들이 지닌 인기가 프로그램의 인기로 이어질 것을 기대하는 것이다.

한편, 엔터테이너 시장은 경제동향이나 대중의 취향에 따라 수시로 변한다. 그러므로 엔터테이너는 인기 있는 스타가 되었다고 해서 수입의 안정성을 지속적으로 보장받는 것은 아니다. 꾸준한 자기관리가 이루어지지 않을 경우 엔터테이너의 생명력은 단축되고 만다.

4) 제작과정 및 제작주체

연예오락프로그램은 제작기획, 프로그램 구성, 제작준비 및 제작, 사후 편집 및 평가 등의 단계를 거쳐 제작된다(이윤석, 2001).

제작기획 단계는 연출자 및 제작부서와 유관기관 등에 의해 제안된 프로그램의 아이디어가 편성실이나 제작 관련부서의 회의나 간담회를 통해 그 적격성 여부가 검토되고 프로그램 제작여부가 결정되는 단계이다. 이 과정에서는 담당 프로듀서, 프로그램의 포맷 등이 결정되고 제작비의 소요범위와 크기 등을 산출하여 관련부서와 사장의 결재를 받게 된다.

프로그램 구성단계는 프로그램의 연출자와 작가 등이 상호협의하에 대본과 큐시트의 가안을 결정하는 과정이다. 이 단계에서는 가안에 근거하여 출연자를 섭외하고 결정된 사항들을 간부에게 보고하여 확정한다. 또한 연출자는 출연료를

<그림 2-1> 연예프로그램의 제작구조

비롯한 소요예산기획 등 프로그램의 성격에 따라 필요한 내용과 과정을 제작기획서에 작성하고 이를 결재받은 후 본격적인 제작준비에 임하게 된다.

제작준비 및 제작단계는 큐시트와 대본을 확정하여 이를 제작진과 출연진에게 전달하고 제작에 필요한 관련사항을 관련부서 간의 협조하에 확실하게 준비한다. 제작에 관련된 모든 스태프는 회의와 리허설을 거치면서 제작에 필요한 사항을 지속적으로 점검하고, 연출자는 부조정실과 스튜디오의 준비사항을 최종적으로 점검한 후 본격적인 제작에 들어간다.

마지막으로 사후편집 및 평가단계에서는 연출자가 녹화된 내용을 편집하고 심의위원과 관련부서의 심의를 받는다. 제작완료된 방송테이프는 최종적으로 제작부서 간부의 확인을 거쳐 주조정실에 넘겨져 방송된다.

지금까지 살펴본 바와 같이 연예오락프로그램은 복잡한 과정과 절차를 거쳐 제작되고 있으며, 다양한 제작주체들의 협업시스템에 근거하여 제작이 이루어지기 때문에 각각의 단계에서 여러 가지 어려움에 직면하기도 한다. 텔레비전 오락프로그램의 제작환경을 보면 현실적으로 높은 완성도를 기대하기 어려운 상황이다. 아직까지도 연예오락프로그램은 열악한 제작환경에서 졸속 제작되는 관행을 되풀이하고 있다. 구체적으로는 PD의 수적인 부족 및 업무과다, 우수제작인력에 대한 유인책 및 인센티브의 부재, 작가 대우의 문제, 소수연기자의 과다출연 및 과도한 출연섭외 경쟁, 소재에 대한 경영진과 관련부서의 과도한 개입, 과다한 시청률경쟁, 제작비투자의 부족 등이 연예오락프로그램 제작과정에서 직면하게 되는 어려움으로 지적되고 있다(이윤석, 2001).

2. 한국 연예오락프로그램의 이해

1) 한국사회와 연예오락프로그램

40여 년간의 텔레비전방송 역사에서 연예오락프로그램은 제작편수의 증가와 형식·내용의 다양화를 이루어왔다. 하지만 이 과정에서 시청자 및 비평가들의 반응과 정치적 환경변화에 의해 다양한 형태의 규제를 받아왔다. 또한 연예오락프로그램은 여가의 일상화가 이루어진 현대사회에 일반인들의 여가선용을 위해 없어서는 안 될 필요요소로 작용해왔지만 연예오락프로그램이 저급한 문화를 형성하는 것이며 사회에 부정적인 영향을 미치는 것이라는 고정관념에 시달려온 것도 사실이다. 연예오락프로그램은 10대들이 거리를 두어야 할 장르이며 비생산적이고 소비적인 장르로 인식되어왔다. 이 때문에 연예오락프로그램은 오락성과 함께 공익성을 놓치지 않으려는 노력을 직간접적으로 끊임없이 지속해왔다. 하지만 공익성 강화를 위한 노력은 방향이 주로 오락성을 축소하는 것에 맞춰져왔는데, 이는 올바른 대응이라 할 수 없다. 엄연히 사회가 인정하고 요구하는 텔레비전방송의 기능 중에는 오락기능이 포함되어 있기 때문이다. 따라서 텔레비전 연예오락프로그램에 대해 보도프로그램이나 교양프로그램의 잣대를 이용하여 가혹한 평가를 하지 않았는가에 대한 반성 또한 필요하다고 하겠다.

'오락'은 기본특성상 기존의 사회문화적 가치와 질서에 대한 일정 정도의 일탈이 요구된다. 정상적이고 일상적인 삶과 생각 및 행동에서 벗어남으로써 오락은 즐거움과 감동과 새로운 상상력을 제공할 수 있기 때문이다. 코미디가 웃음을 자아내는 것은 그 연기가 비일상적이기 때문이다. 따라서 오락은 정치적이고 사회적 환경과 현실을 고려한 폭넓은 차원의 기준으로 평가되어야 한다.

이와 같은 논리는 현대사회의 일상적 오락을 창출하는 연예오락프로그램에도 적용될 수 있다. 보도 및 교양프로그램은 이성적 기준에 의해 평가를 받는 것이 일반적이다. 하지만 기존의 고정관념에 어긋남을 추구하는 연예오락프로그램이 그 시대의 지배적인 이성적 기준에 의해 평가받는다는 것은 논리적 오류라 할 수 있다. 지금까지 한국의 연예오락프로그램에 대한 평가는 반 오락적인 유교적 관념과 근대계몽주의적 기준에 의해 이루어진 것이 전부라고 하여도 과언이 아니다. 최근에 이르러서야 연예오락프로그램이 제공하는 가벼움과 일탈의 미학이 조금씩 인정받고 있다.

한국의 연예오락프로그램은 재미있어도 떳떳하지 못하고, 인기가 높아져도 높은 인기만큼 비판을 피할 수 없었다. 또한 정부와 정책의 변화에 가장 민감하게 반응해온 텔레비전 장르 중 하나이기도 했다. 재미있는 프로그램이지만 저속하다는 식의 평가는 한국 연예오락프로그램의 본질적 속성을 무시한 것이다. 다소 비약하자면, 한국의 역사와 전통을 훌륭하게 그려낸 교양물보다 전 국민의 절반 이상을 텔레비전 앞에 모이게 한 오락물이 한국의 문화상을 더 잘 그려내는, 더욱 '한국적인' 프로그램이라는 인식이 선행되어야 할 것이다. 이러한 기준에 서면 1970년대의 <웃으면 복이와요>와 1990년대 후반의 <개그콘서트>를 각각 그 시대에서 상당히 '한국적인' 프로그램으로 평가할 수 있을 것이다(강태영·윤태진, 2002).

1960년대부터 현재에 이르기까지 한국 연예오락프로그램은 정치적 환경변화에 민감하게 반응하여왔다. 연예오락프로그램은 정치권력이 도덕적 정통성을 강조할 때마다 위축되어왔을 뿐 아니라 시청자들도 정치권력의 이와 같은 규제방침에 도덕적인 대응과 이의제기를 할 수 없었다. 이는 정치기준이 강조하는 도덕적 기준이 절대적이고 보편적인 선의 기준처럼 고정관념화되어 이데올로기로서 작동하고 있었기 때문이다.

지금까지 한국 텔레비전방송의 한계는 상업적 성격을 띤 국가주도적 방송이라는 점이었다. 1961년 군사혁명정부에 의해 졸속으로 출범한 KBS-TV는 공익성에 대한 고민도, 그리고 질적 수준에 대한 책임도, 또 이윤추구에 대한 철저한 기획도 없는 기형적인 모습을 띠었다. MBC와 TBC, SBS 또한 민간상업방송에서 출발하였음에도 불구하고 정치적 환경변화에 눈치를 보지 않을 수 없었다. 민간사업방송까지도 정부의 규제에 무조건적으로 순종할 수밖에 없었던 역사를 이어온 것이다. 한국방송의 이러한 역사적 경험들은 연예오락프로그램의 질적·양적 변화로도 이어졌다.

정치적으로 비교적 안정된 시기에 연예오락프로그램의 수가 늘어나는 경향이 분명히 존재한다. 1980년대 후반이 그러했고, 1990년대 중반 이후 현재까지도 그러한 경향을 지속되고 있다. 반면 정치적 불안을 초래한 사건들이 연이어 발생했던 1970년대에는 연예오락프로그램의 수가 급감하였다. 특히 한국 정치역사상 암흑기에 속하는 1970년대 후반에는 연예오락프로그램이 가장 적게 제작되었다. 하지만 정치적 불안기에 해당하는 1980년대 초반에는 연예오락프로그램이 급증하기도 하였는데 이는 집권세력의 의도적인 정책에 의한 결과였다.

한편 사회적으로 불안정한 시기를 집권세력이 '도덕적 정당성'을 정치적 선전도구로 삼아 돌파하고자 할 때 연예오락프로그램은 가장 큰 희생양 중 하나이다. 반규범적이고 비생산적이라는 이유로 머리 긴 가수의 텔레비전 출연을 금지시키고, 어린이들에게 부정적인 영향을 미친다는 이유로 코미디를 금지할 때, 가요프로그램이나 코미디프로그램에 열광하던 일반시청자들 역시 도덕적 보수로 회귀하며 정부의 그러한 정책을 긍정하는 모습을 보였다(김응래, 1991).

정치적 환경변화의 가장 큰 희생물은 코미디프로그램이었다. 정치적 혼란기에 코미디프로그램에 내려진 규제의 이유는 저속성이었다. 저속성이란 교양이 없고 전통적인 사회규범에도 반한다는 의미이다. 그러나 코미디가 제공하는 오락의 근원은 통념과 일상 및 정상에 대한 일탈이다. 정치적 혼란기의 재배권력은 그럼에도 불구하고 도덕적 전통을 지킬 것을 강조하였고 문화적 엘리트주의와 유교적 도덕성과 근대계몽주의의 관념에 빠져 있는 대다수 시민들은 정부의 정책을 묵묵히 받아들였다. 도덕적 정통성에 근거해 이루어진 코미디에 대한 규제의 결과는 코미디를 권선징악적 목적극으로 변형시키고, 풍자 없는 말장난을 난무하게 하였다.

지금까지 살펴본 정치와 연예오락프로그램과의 관계는 1990년대 연예오락프로그램의 현실에서도 확인가능하다. 정치적으로 안정되기 시작한 1990년대 이후 연예예능프로그램은 양적으로 급속하게 성장하였다. 또한 동시에 1990년대부터는 정치적 간섭과 도덕에 근거한 비평이 줄어들고 있다.

2) 대중문화의 변화와 연예오락프로그램

연예오락프로그램의 양적·질적 변화를 정치적 환경변화로만 설명할 수는 없다. 연예오락프로그램은 특정시기의 문화적 양상과도 상호작용한다. 텔레비전 탄생 이전의 대중문화는 그 이후의 대중문화와 확실히 구분된다. 또한 텔레비전시대의 문화가 모두 같은 것도 아니어서 1980년대의 문화와 1990년대의 문화가 다르고 2000년대의 대중문화는 지금까지와는 또 다른 형태로 변화하고 있는 중이다. 2000년대의 대중문화는 텔레비전이 창출하는 문화의 범위를 넘어설 것이다

(강태영·윤태진, 2002).

어려서부터 텔레비전을 접하며 자라온 세대들은 이제 이전 세대들과는 달리 영상 중심의 대중문화를 주도하고 있고, 부정적으로 인식되던 배우나 가수, 백댄서 등의 직업은 이제 교수나 선생님보다 더 긍정적으로 희망하는 직업이 되었다. 교양프로그램이 오락화되고 있으며, 연예오락프로그램 역시 정보와 지식전달을 지향하는 방향으로 변화하고 있다. 이러한 변화들은 모두 텔레비전과 대중문화의 상호작용과정이 산출한 결과물이라 할 수 있다.

그러나 텔레비전문화가 꼭 현실의 문화를 대변하는 것은 아니다. 오히려 현실에서 도피함으로써 대중문화와의 괴리를 만들어내기도 한다. 장발과 청바지, 통기타 등으로 상징되던 1970년대의 반항적 청년문화는 뉴스의 사회기사로 다루어지기는 했지만 연예오락프로그램에는 등장하지 않았다. 사회에서 현실적으로 역동하던 대중문화의 전형들을 연예오락프로그램들에서는 담아내기 힘들었다. 1970년대와 1980년대 중반까지 피크를 이루었던 대학생 대상의 가요제들은 사회성 짙은 노래들이 불려지던 대중문화의 현실을 담아내지 못하였다.

텔레비전은 당대의 모든 대중문화현상을 담아낼 수는 없다. 특히 지금까지의 한국 텔레비전방송은 이러한 한계를 더욱 명확하게 나타낸다. 하지만 텔레비전은 대중문화와 상호작용하지 않을 수 없다. 텔레비전은 현실의 대중문화를 반영하면서 다음 시대의 모습을 투영한다.

3) 연예오락프로그램의 변천

세계최초로 텔레비전방송에 대한 실험이 성공한 것은 1925년 10월 영국의 존 로지 베어드(J. L. Baird)에 의해서였다. 1928년에는 GE에 의해 세계최초로 정규방송스케줄에 따른 텔레비전 프로그램이 방송되었다. 이 당시의 텔레비전 프로그램은 화요일, 목요일, 그리고 금요일 오후 1시 20분부터 3시 30분까지 방송되었다. 그리고 영국의 BBC는 1937년 5월 12일 조지 6세의 대관식을 중계함으로써 세계최초의 텔레비전 실황중계방송에 성공하였다. 텔레비전방송 초기의 주요 프로그램은 뉴스와 음악 중심의 버라이어티쇼와 코미디, 오페라 등의 공연 중계, 권투 및 야구와 NFL 등의 스포츠 중계와 같은 연예오락프로그램들이었다. 특히 코미디가 인기 있는 프로그램 중 하나였는데, 이는 유랑극단의 쇼와 무성영화를 텔레비전에 옮겨놓은 시트콤 형식이 주류를 이루었다(전규찬·박근서, 2003).

한국의 경우에는 1956년 5월 12일 HLKZ-TV에 의해 처음으로 텔레비전방송이 이루어졌지만 이는 실험적이고 과도기적인 성격이 강한 것이었다. 당시의 텔레비전방송 가시청구역은 서울 일원에 한정되었고 수상기 보급도 개국 1년 만에 고작 300대에 불과한 수준이었다. 그래서 시내 주요 번화가 40여 개 지점에 수상기를 설치한 후, 여기 모여드는 군중의 규모를 보고 시청률을 가늠하는 수준이었다. HLKZ-TV가 최초로 방송한 프로그램은 개국일인 1956년 5월 15일 방송된 국악연주였으며, 이어서 민속무용단의 승무와 가수 원방현, 백설희, 현인, 장세정, 남인수 등이 출연한 버라이어티쇼프로그램이 이어졌는데 이것이 한국에서 최초로 방송된 본격적인 연예오락프로그램 1호이다. 이 프로그램 뒤에는 영화 등 필름프로그램이 방영되었으며, 개국 방송은 오후 7시 30분부터 9시 30분까지 2시간가량 전파를 탔다. 6월 1일부터는 수·토·일요일 주3일 방송에 저녁 8시부터 2시간씩 정규방송을 실시하였다. HLKZ-TV의 주 3일분 편성에서 연예오락프로그램은 <노래파티>나 <OB쇼>같은 음악프로그램과 <남녀동등권>과 같은 코미디프로그램이었다(강태영·윤태진, 2002).

한국방송이 본격적으로 텔레비전시대를 맞이한 것은 1961년 박정희의 군사쿠데타에 의해서였다. 1961년 박정희 군사정부는 텔레비전방송을 국가적인 정책차원에서 시행하였고, 당시 공보처는 '서울텔레비전방송국'의 설립을 주도하였고 이후 이 방송국은 KBS-TV로 발전하게 되었다(전규찬·박근서, 2003). 초기 KBS-TV의 편성은 영화가 주축을 이루었다. 뉴스는 13%에 불과했고, 어린이 시간은 16%, 교양 21%, 영화를 포함한 연예오락프로그램은 50%였다. 영화는 주로 1950년대 미국에서 인기를 모았던 <선셋77>, <콜드45> 등 서부극이 주축을 이루었다. 당시 영화 이외의 연예오락프로그램 중 가장 대표적인 프로그램형식은 버라이어티쇼와 퀴즈쇼였다. 1960년대 초에는 TV수상기의 보급이 미미하였기 때문에 텔레비전방송의 연착륙을 위해서라도 오락요소를 강조할 수밖에 없었고, 오락프로그램 중에서도 제작비가 싸고 제작이 쉬우면서도 시청자들의 주목을 받는 프로그램만이 살아남는 시기였다(박기성, 1991).

한편 1964년에는 TBC-TV의 등장은 연예오락프로그램이 더욱 활성화되는 계기가 되었다. 버라이어티쇼와 퀴즈쇼가 대표적인 연예오락프로그램 양식이었다. 퀴즈프로그램을 TBC는 KBS에 비해 적게 제작했는데, 이는 KBS와의 시청률경쟁에서 앞서기 위해 대형 버라이어티쇼 제작에 더 집중했기 때문으로 분석되고 있다. 이후 TBC는 1967년부터 아침방송을 실시하였고 인형극과 매거진쇼 등 다양한 포맷을 개발하기도 하였으며, 이러한 노력으로 시청률 면에서 KBS에 비해 압도적인 우위를 점하여서 주말에는 TBC의 점유율이 80%대에 육박하기도 하였다(최창봉·강현두, 2001).

1960년대 중반 이후에는 가요프로그램 등 음악 장르의 프로그램에 인기가 집중되었다. TBC는 1966년 10월 국내 정상급 인기가수들의 원맨쇼를 제작하였고, KBS도 음악방송의 제작비율을 높였다. 1960년대 중반은 한국경제가 고속성장을 시작하는 시점이었으며, 동시에 정치적으로는 반공이데올로기 등을 이용한 권위주의적인 지배가 이루어지던 시기였다. 그리고 이러한 정치·경제적 환경에 대응하여 텔레비전방송의 오락적 성향은 더욱 심화되었는데, 이는 상업적인 성공을 성취해야 하면서도 정치적인 문제를 거론할 수 없는, 소재의 한계 때문이었다. 이에 따라 연예오락프로그램의 제작수준이 향상되고 다양화되었다.

1969년에는 MBC-TV가 개국하였다. 이로 인해 방송 사간의 경쟁은 더욱 심화되었고 TV방송의 오락적 성향은 더욱 강화되었다. 방송 3사의 경쟁체제가 성립된 이후의 연예오락프로그램의 경향은 코미디의 강세이다. 연예오락프로그램이 시청률을 주도하는 가운데 방송 3사의 경쟁심화로 인해 텔레비전방송의 오락성이 심화되면서 연예오락프로그램에 대한 비판적인 비평이 증가하기 시작하였다. 또한 1972년 10월 유신 이후에는 정부가 방송의 오락성에 제약을 가하고 각 방송사들이 정부의 정책홍보프로그램을 특별편성하기도 했으며, 1973년부터는 개정된 방송법에 의해 교양프로그램의 비율이 30% 이상으로 의무화되었다(강태영·윤태진, 2002).

1973년에는 국영방송이던 KBS의 공영화가 이루어졌다. 하지만 KBS는 공영화에도 불구하고 정권의 간섭으로부터 자유롭지 못했으며, 민영방송인 MBC와 TBC 역시 현실적으로는 정권의 통제하에 놓여 있었다. 이로 인해 공영화된 KBS는 '전 프로그램의 교양화'를 추진하게 되었고 MBC와 TBC는 일일연속극의 수를 줄이는 등 일부 정책에 호응하였다. 1975년에는 방송협회의 '방송정화 실천요강'이 제정되어 국가안보 위주의 방송편성 지향이라는 편성원칙이 방송사의 편성을 규제하게 되었고 연예오락프로그램은 '서양식의 퇴폐적이며 향락적인' 것으로 지목되어 크게 위축되었다. 이와 같은 상황에서 코미디프로그램은 가장 크게 위축되었다.

1977년에는 코미디프로그램이 저질성을 이유로 방영중단이 결정되기도 하였고, 코미디언의 타 프로그램 출연이 금지되기도 하였다. 결국 MBC와 TBC는 <웃으면 복이와요>와 <고전 유머극장> 등 각각 1개씩의 프로그램만을 존속시키게 되었으며 그 내용 역시 캠페인성 코미디와 권선징악을 묘사하는 코믹고전극으로 변화되었다.

1970년대 중반부터 시작된 정부의 연예오락프로그램에 대한 강한 간섭과 규제에도 불구하고 각 방송사들은 연예오락프로그램을 꾸준히 발전시키고 차별화해 나갔다. KBS는 코미디 장르의 경쟁력이 약했기 때문에 음악 관련프로그램을 집중적으로 제작하였다. MBC는 여전히 버라이어티쇼와 코미디를 대표적 프로그램으로 유지하였다.

1980년에는 대통령시해사건과 12·12 쿠데타, 광주민중항쟁, 계엄령선포 등 정치적 상황의 영향으로 방송계에도 언론인의 숙청과 방송사 통폐합이 이루어졌다. 이로 인해 상업방송체제가 붕괴되고 MBC와 KBS를 중심으로 한 공영방송의 독점 구조가 형성되었다. 그리고 언론기본법이 제정되어 텔레비전의 편성비율이 보도 10%, 교양 40%, 드라마 30%, 오락 20%로 규정되었으며 정부의 주도하에 컬러TV 방송이 시작되기도 하였다. 방송사의 통폐합과 컬러텔레비전 방송의 시작은 연예오락프로그램의 상업성 및 오락성이 약화될 가능성과 화려한 쇼프로그램이 발전할 가능성을 모두 제기하는 사건이었다. 하지만 연예오락프로그램의 상업성 및 오락성 약화는 일시적 수준에서 그쳤고, 5공화국 정부가 대규모의 국가적 축제를 정책적으로 장려함에 따라 결과적으로는 더욱 화려하고 자극적인 연예오락프로그램이 개발되기 시작하였다.

방송계의 민주화가 시작된 1987년 이후에도 KBS와 MBC의 연예오락프로그램의 경향과 특징에는 별다른 변화가 나타나지 않았다. 1988년에는 서울올림픽의 영향으로 특집쇼 장르가 발전하게 되었고, 1989년에는 <유머 1번지>[4] 등의 KBS의 코미디프로그램들이 최고의 시청률을 기록하면서 전통적으로 코미디의 경쟁력이 강했던 MBC에 대한 경쟁우위를 점했고 미국식 토크쇼인 <자니윤 쇼>가 신설되기도 하였다.

1991년에는 SBS-TV가 개국하여 공·민영 방송사 간의 경쟁이 또다시 시작되었

---

[4] 1982년에 시작한 개그프로그램으로 1991년까지 450여 회를 방송한 KBS의 대표적 코미디프로그램.

다. 민간상업방송인 SBS의 개국은 시청률경쟁에서의 우위를 점하기 위한 방편으로 오락성이 강화되는 결과를 가져왔다. 또한 사회적으로도 민주화가 증가하고 경제수준의 향상으로 인해 소비문화가 확산되는 한편, 감각적인 영상세대가 대중문화의 핵심소비계층으로 등장하여 텔레비전 프로그램을 화려하고 감각적인 방향으로 유도하였다. 그리고 그 결과 가요쇼와 시트콤 및 개그쇼 등이 연예오락프로그램의 주류를 형성하게 되었다. 신생방송사이자 민간상업방송사인 SBS는 <코미디 전망대>, <자니윤 이야기쇼>, <SBS 인기가요> 등 오락프로그램에 대한 집중을 통해 타 방송사와의 경쟁에서 뒤지지 않도록 노력하였다. KBS에서는 <노영심의 작은 음악회>, <밤으로 가는 쇼> 등 다양한 토크쇼프로그램이 신설되었고, <토요대행진>은 2시간 분량의 생방송으로 확대편성하였다. MBC는 공영방송과 민영방송이 갖는 장점을 조화시켜 고급문화와 대중문화의 균형을 추구하려 시도하였지만 뚜렷한 정체성을 확보하지는 못하였다. 청소년들의 관심사를 인기 연예인들과 함께 알아보는 버라이어티토크쇼인 <이야기쇼 만남>, 본격 추리프로그램인 <도전 추리특급>과 코미디프로그램인 <오늘은 좋은날> 등이 1990년대 초에 신설된 대표적인 프로그램들이었다(최창봉·강현두, 2001).

문민정부가 출범한 1993년에는 KBS가 2TV에 연예오락프로그램을 집중하였고, MBC와 SBS는 교양과 오락의 접목을 시도하여 퀴즈와 오락이 결합된 <로드퀴즈 현장출동> 같은 프로그램이 신설되었고, <선택 토요일이 좋다>나 <주병진쇼>, <열려라 웃음 천국> 등과 같은 전통적인 연예오락프로그램 형식의 프로그램들이 새롭게 제작되기도 하였다. 한편 방송 3사의 경쟁이 심화됨에 따라 이 시기에는 방송사마다 타 방송사와 비슷한 형태의 '쌍둥이' 프로그램들이 양산되기도 하였다. 대표적인 쌍둥이 프로그램으로는 MBC의 <유쾌한 오락회>와 KBS의 <가족오락관>, SBS의 <스타다큐멘터리>와 MBC의 <스타쇼> 등을 들 수 있다. 1994년에는 KBS에 의해 <체험! 삶의 현장>, <TV는 사랑을 싣고>, <KBS 열린 음악회> 등의 프로그램이 제작되었고, MBC에서는 <사랑의 스튜디오>와 드라마에 코미디 장르를 결합한 드라메디(dramedy)라는 장르를 개척한 <테마극장> 등의 프로그램이 새롭게 제작되었으며, SBS의 경우에는 <좋은 친구들>이 인기를 모았다.

1995년에는 케이블TV 본방송이 시작됨으로써 본격적인 다매체 다채널 경쟁시대가 도래하게 되었다. KBS는 새로운 경쟁환경에 직면하여 음악프로그램을 대폭

강화하였다. KBS는 한국의 정상급 인기가수들이 공개방송을 직접 진행하는
<KBS 빅쇼>와 시청자를 찾아가는 음악프로그램인 <KBS 열린 음악회> 등 새로
운 형식의 음악프로그램을 제작하는 동시에 <가요톱10>과 <이소라의 프로포즈>,
<가요무대> 등을 통해 연령별 다양화를 시도하기도 하였다. MBC는 '새로운 포
맷 개발'을 통해 경쟁에 대응하려 하였다. 대표적인 프로그램으로는 스타찾기프
로그램인 <스타예감>, 본격 성인대상 토크 코미디인 <주병진의 나이트쇼>, 버
라이어티코미디 <TV 파크>, 퀴즈게임쇼 <아이 러브 퀴즈> 등이 있다. SBS는
버라이어티쇼 장르를 강화하여 <슈퍼TV 세계가 보인다>, <TV전파왕국> 등 6
개의 버라이어티쇼를 신설하였다.

　한편 1990년대 중·후반에는 일본 프로그램의 표절과 관련한 논란이 지속적으
로 제기되기도 하였다. <기쁜 우리 토요일>, <황수관의 호기심 천국>, <서세원
의 좋은세상 만들기> 등이 표절의혹을 받은 대표적인 프로그램이었다. 1998년
IMF 이후 KBS는 시청자들에게 희망과 용기를 제공하는 취지 아래 건강하고 밝은
연예오락프로그램들의 신설에 주력하였다. MBC는 1998년 캠페인성 오락프로그
램을 지향하는 <김국진, 김용만의 21세기위원회>를 신설하여 호평과 인기를 동
시에 얻었다. SBS는 <멋진 만남>과 같이 인기개그맨들이 토크쇼와 퀴즈쇼 등 다
양한 장르가 혼합된 쇼를 진행하는 새로운 포맷의 쇼프로그램을 제작하여 인기
를 얻었다. 2000년대에 들어서 KBS는 <시사터치 코미디파일>, <슈퍼TV 일요일
은 즐거워> 등의 프로그램을 통해 오락과 교양을 동시에 지향하려 하였다. MBC
는 서태지콘서트 단독중계 등 기획특집쇼에 치중하는 경향을 보였다. 한편 SBS는
버라이어티쇼에 지속적으로 집중하는 모습을 보이고 있다.

(1) 버라이어티쇼

　버라이어티쇼는 본격적인 텔레비전방송이 시작된 1962년 이후 모든 방송사들
이 지속적으로 제작해오고 있는 대표적인 연예오락프로그램 장르이다. 또한 버라
이어티쇼는 각 방송사들의 개국방송 때마다 빠지지 않고 제작되기도 하였다. 버
라이어티쇼프로그램의 시대별·방송사별 편수 추이를 살펴보면 <표 2-3>과 같다.
　한국 텔레비전 방송이 본격화된 1962년부터 2000년까지 방영된 방송사별 편수
의 변화추이를 살펴보면, 버라이어티쇼프로그램의 편수가 1980년대 후반을 제외
하고는 꾸준히 증가해왔고, 1990년대부터는 급격하게 증가해왔다. 특히 SBS의 경

<표 2-3> 버라이어티쇼의 시대별·방송사별 편수 추이*

시대(년)	1962 ~1963	1964 ~1968	1969 ~1972	1973 ~1980	1981 ~1986	1987 ~1990	1991 ~1994	1995 ~2000
KBS	7/7	15/20	6/11	5/25	22/63	6/28	10/21	19/34
TBC	-	18/44	20/20	32/36	-	-	-	-
MBC	-	-	18/27	18/42	16/35	5/14	5/11	12/26
SBS	-	·	-	-		-	43/47	93/148
계	7/7	33/64	44/56	55/103	38/98	11/42	58/79	124/208
정규 프로그램	연평균 5.7편		연평균 8.3편		연평균 4.9편		연평균 18.2편	

* 정규프로그램 편수/총편수(정규프로그램＋특집프로그램)
자료: 강태영·윤태진(2002), p.97.

우에는 버라이어티쇼에 대한 의존비율이 가장 높게 나타났는데, 이는 SBS가 민간 상업방송이기 때문으로 분석된다. 또한 1980년대 이후부터는 MBC의 버라이어티 쇼 제작편수가 KBS보다 적었다.

한국 텔레비전방송에서 최초로 방송된 버라이어티쇼는 1956년 HLKZ-TV의 개국일에 방송된 버라이어티쇼였다. 이 프로그램은 한국 최초의 연예오락프로그램으로 기록되고 있다. 이후 주목할 만한 버라이어티쇼프로그램을 살펴보면 다음과 같다. 1962년 KBS가 방송하기 시작한 <KBS 그랜드쇼>는 텔레비전과 라디오 동시 방송을 실시한 최초의 버라이어티쇼프로그램이었다. TBC개국 이후부터 TBC가 사라질 때까지 방송이 지속되었던 <쇼쇼쇼>는 한국텔레비전 버라이어티쇼의 전형을 수립하는 데 공헌한 대표적인 버라이어티쇼프로그램이었다. MBC는 1980년 이전까지 주로 기업의 스폰서를 받아 버라이어티쇼를 제작하였으며 광복절 특집쇼나 연말특집쇼 등 기획특집쇼프로그램에까지도 스폰서를 제공한 기업의 이름을 붙이기도 하였다. 한편 1970년대부터는 KBS에 의해 정권의 정책을 홍보하기 위해 기획된 버라이어티쇼들이 만들어졌는데, 1972년에는 <새마을 위문공연>이 10만 명 이상을 동원한 가운데 야외에서 제작되었으며 MBC 역시 <총화 대행진>등의 홍보성 프로그램을 방송하였다.

1980년대 들어서 MBC와 KBS는 정규적 버라이어티쇼프로그램보다는 이벤트성 특집쇼프로그램을 더 많이 제작하는 경향을 보였다. 1990년대에는 새롭게 개국된 SBS에 의해 버라이어티쇼의 양적팽창과 다양한 포맷개발이 이루어졌다. SBS에 의해 제작된 <꾸러기 대행진>에서는 코미디언이 사회를 보며 다양한 코너를 진행하는 방식이 시도되었고, <기쁜 우리 토요일>은 사회자를 여러 명으로 구성하기도 하였다. 또한 <서세원의 좋은세상 만들기>, <기분좋은 밤>, <뷰티풀 라이프>, <뮤직엔터> 등의 프로그램을 통해서는 코미디와 토크, 게임, 퀴즈, 가요, 스포츠 등 다양한 연예오락 장르들이 융합된 쇼프로그램 포맷이 시도되었다(강태영·윤태진, 2002).

버라이어티쇼의 의미는 이제 '여러 개의 다양한 코너로 구성되면서도 즐거움과 웃음 이외에 감동과 정보까지도 제공하는 형태의 프로그램'으로 변화되고 있다. 또한 모든 방송사들이 주말 및 평일의 황금시간대에 버라이어티쇼를 편성하는 등 그 비중 역시 크게 증가하고 있다.

(2) 가요프로그램

가요프로그램은 국악이나 클래식음악을 다루는 프로그램과는 내용면에서 구분되며, <대학가요제>, <강변가요제> 등이나 <서태지 컴백쇼> 등과 같은 실황중계프로그램과도 그 형식면에서 다르다. 가요프로그램은 다른 장르와 융합되지 않은 채 대중가수들이 가요를 통해서만 시청자에게 오락을 제공하는 연예오락프로그램이다.

가요프로그램은 평균적으로 KBS와 MBC가 경쟁하던 1960년대에 가장 많은 정규프로그램이 제작되었는데, 이는 1970년대부터 정부차원에서의 간섭이 시작되었기 때문인 것으로 분석된다. 가요프로그램은 1970년대 이후부터 연평균 제작 수가 점차 줄어드는 경향을 나타냈고, 1990년대 이후에 접어들면서 비로소 약간의 증가세를 보이고 있다. 하지만 가요프로그램은 각 방송사가 매년 빠짐없이 정규편성에 포함시켜 방송하던 프로그램 중 하나이기도 하다.

최초의 가요프로그램은 1962년 방송된 KBS의 <가요퍼레이드>였다. 1964년부터는 한 주간의 히트곡을 방송한 <핫 퍼레이드>와 신인가수의 데뷔에 초점을 맞추는 <가수데뷔> 등이 방송되었다. TBC는 인기가수의 이름을 프로그램 이름으로 이용한 <이미자쇼>, <패티김쇼>, <윤복희쇼> 등을 제작하였으며, 리퀘스트 과정을 통해 선곡한 곡을 방송한 <가요 베스트세븐>, <가요 앙코르> 등의 프로그램도 TBC를 통해 방송되었다. 1969년 개국한 MBC 역시 윤복희나 김상희 등 인기가수의 이름을 프로그램명으로 이용하였으며, 엽서를 통해 한 주의 인기순위를 결정하는 최초의 차트프로그램인 <무궁화 인기가요>를 1971년에 방송하기도 하였다(강태영·윤태진, 2002). 1970년대와 1980년대에는 정규방송 프로그램 보다는 <10대가요제>나 <국제가요제>와 같은 이벤트성프로그램이 더 많이 제 작되었지만 <가요톱10>, <내가 뽑은 인기가요> 등과 같은 순위프로그램 역시 꾸준히 방송되었다.

1990년대부터는 SBS가 개국되고 아이돌스타와 팬클럽이 등장하였으며, 엔터테 인먼트가 산업화되어 가요계에서도 스타시스템이 본격적으로 도입되면서 가요프 로그램의 양적 성장이 이루어지게 되었다. KBS의 경우 <가요톱10>과 <가요무 대>의 인기가 지속되었고, <노영심의 작은 음악회>와 같은 콘서트 형식과 토크 쇼 형식이 결합된 프로그램도 제작되었다. 또한 1993년에는 연주회형태의 <열린 음악회>가, 1994년부터는 정상급 가수 1명의 콘서트형식 프로그램인 <빅쇼>가 제작되었다. SBS는 개국과 더불어 가요순위프로그램인 <SBS 인기가요>를 편성 하였고, 이후 관람객 위주의 콘서트형 프로그램인 <생방송 TV가요20>이 제작되 었다. MBC는 순위프로그램을 계속해서 존속시키는 한편 <가요초대석>, <음악 이 있는 곳에>, <음악캠프> 등을 신설하였다.

(3) 코미디

코미디프로그램은 일상생활에서 비롯되는 긴장감과 갈등을 웃음으로써 해소 시켜주는 대표적인 연예오락프로그램 중 하나이다. 최초의 한국 텔레비전 코미디 방송은 1962년 KBS가 방송한 <유머클럽>이다. 1960년대의 코미디방송은 과거 악극시대의 희극배우를 중심으로 제작되었다. 당시에는 고전 해학극이나 전통적 인 희극을 재구성하여 사용하거나 유랑극단의 슬랩스틱코미디와 만담을 방송에 옮기는 형태였다. 즉 1960년대는 콘티 없이 코미디언의 퍼스낼리티에서 웃음을 찾으려던 시기였으며, 유랑극단의 코미디를 텔레비전에 옮겨온 소극식 코미디의 시대였다(김재화, 2002).

하지만 1969년 MBC의 <웃으면 복이와요>를 시작으로 콩트나열식 코미디프 로그램이 시도되었다. 이후 콩트나열식 프로그램은 1990년대까지도 코미디프로 그램을 주도하는 포맷으로 유지되었다. 또한 MBC는 <부부만세>라는 시트콤형 식의 홈드라마를 제작하기도 하였고 TBC도 <고전 유머극장> 등의 코미디프로 그램과 시트콤형식의 <명랑극장> 등을 방송했다. 하지만 1970년대부터 코미디 프로그램은 정부에 의해 저질성에 대한 비판을 받게 되었고 1977년에는 코미디

프로그램의 방송중단발표가 있기도 했다.

1980년대 들어 코미디프로그램은 풍자성을 증가시키는 노력을 시도하였는데 이는 방송사의 통·폐합으로 인해 방송사들이 공영화되었기 때문이다. 특히 KBS는 1980년대의 코미디프로그램을 주도하였는데, 이 방송사가 방송한 <유머 1번지>는 한 코너에서 정치상황을 풍자하는 등 시사적인 내용을 중심으로 제작되어 커다란 인기를 모았다. 한편 1980년대부터 '코미디언'이라는 용어와 함께 '개그맨'이라는 용어가 쓰이기 시작하였는데, 이는 젊은 연기자들의 코미디형식과 내용이 기존의 '코미디언'과는 차별되었기 때문이다.

1990년대 들어서는 정통 코미디프로그램들이 축소되는 가운데, 코믹 장르와 타 장르가 융합되어가는 현상이 두드러졌다. KBS는 <쇼비디오자키>를 통해 토크쇼 형식의 시사풍자 코미디를 선도하였고 1998년에는 시사코미디 <시사터치 코미디파일>을, 1999년에는 대형 콘서트형식으로 관객과의 상호작용을 부각시킨 <개그콘서트>가 방송되기 시작하였다. 이 밖에도 SBS는 <코미디전망대>, <웃음을 찾는 사람들> 등을 방송하였고, MBC는 섹션화와 다양화를 내세운 <코미디닷컴>, <코미디하우스> 등의 프로그램을 방송하였지만 정규프로그램보다는 특집 코미디프로그램의 기획과 제작에 타 방송사보다 집중하는 경향을 보였다.

2002년 이후 한국 텔레비전 코미디프로그램은 다양한 시추에이션이나 토크쇼, 퀴즈쇼, 콘서트형식 등과 융합하는 가운데 일상적인 소재를 코미디에 대폭 도입하는 경향이 더욱 강화되고 있다. 이는 기존의 콩트나열식 코미디나 소극 형태의 코미디만으로는 저질시비에서 자유로울 수 없으며, 폭넓은 시청자들의 웃음을 생산해 낼 수 없다는 점을 인식하고 형식상의 다양한 시도나 장르융합을 통해 대안적 모델을 모색해가고 있기 때문인 것으로 분석된다.

(4) 퀴즈쇼

텔레비전방송 초기인 1960년대부터 한국의 방송사들이 코미디보다 더 크게 의존한 연예오락프로그램은 퀴즈쇼였다. 퀴즈쇼는 제작이 용이하고 제작비도 상대적으로 적게 들며, 라디오방송에서부터 제작되어왔기 때문에 노하우가 안정적으로 축적되어 있었기 때문이다. 하지만 한국의 텔레비전 방송역사를 살펴보면, 1960년대 말을 기점으로 1990년대 초까지 퀴즈쇼의 연도별 제작편수가 별다른 증가세를 보이지 않았으며, 1990년대에 들어서면서 다시 그 제작편수의 증가경향이 나타나고 있다.

퀴즈쇼는 프로그램의 성격상 특집프로그램보다는 정규프로그램으로서 꾸준히 제작되어왔다. 한국 최초의 퀴즈쇼는 1962년 KBS가 방송한 지능테스트형 공개 오락프로그램인 <제스처게임>이었다. 이 프로그램은 일반인들이 팀을 이루어 제스처 퀴즈로 승부를 가리고, 승리한 팀이 다음주에도 계속적으로 출연하여 연 말결선대회까지 이르는 방식으로 제작되었다. 한편 1962년에는 상금퀴즈 장르인 <홈런퀴즈>도 방송되었으며, 학생을 대상으로 하는 <우등생퀴즈>와 <퀴즈아 카데미> 등도 제작되었다. TBC 또한 개국초기부터 초등학생 대상의 <퀴즈챔피 언>을 포함하여 <퀴즈올림픽>, <퀴즈버라이어티>, <우문현답> 등 다량의 퀴 즈프로그램을 제작하였다.

1970년대에 접어들어 퀴즈쇼는 수적으로 크게 축소되는 경향을 보인다. MBC 의 경우 <장학퀴즈>가 인기를 모았으며, TBC는 이 기간 동안 1년에 한 프로그 램에도 못 미치는 평균제작편수를 기록하였다. 한편 KBS는 다른 방송사들에 비 해 상대적으로 많은 퀴즈쇼를 제작하였는데, <퀴즈게임>, <백만인의 퀴즈>, <재치 대학>, <퀴즈문답>, <우주여행퀴즈> 등이 대표적인 프로그램이었다(강태영·윤 태진, 2002).

1980년대에도 KBS는 지속적으로 많은 퀴즈쇼를 제작하였다. 이 시기 KBS가 방 송한 퀴즈쇼의 특징은 '경쟁'보다는 '지식과 정보전달'에 좀더 비중을 두고 제작 되었다는 점이다. <퀴즈탐험 신비의 세계>, <문답풀이 풍물기행>, <퀴즈여행, 지구가족출발> 등의 신설프로그램이 이러한 경향을 대표하는 프로그램들이었다. MBC는 교양과 오락을 접목한 형태의 퀴즈쇼 제작에 집중하였는데, 해외여행을 상품으로 내건 <퀴즈아카데미>가 대표적인 프로그램이었다.

1990년대에는 SBS가 개국하면서 퀴즈쇼의 양적 확대가 이루어졌다. SBS는 개 국프로그램으로 <지구촌퀴즈>, <빙글빙글퀴즈>, <알뜰살림장만 퀴즈> 등 세 개의 퀴즈쇼를 방송하였다. 특히 <알뜰살림장만 퀴즈>는 도박성을 유발하고 주 부상을 왜곡한다는 시민단체의 항의를 받기도 했지만 이후 <전국주부대상 퀴즈>, <살림을 잡아라> 등으로 제목을 바꾸면서 SBS를 대표하는 퀴즈쇼로 자리를 잡 았다. 이 밖에도 컴퓨터를 활용한 포맷으로 기획된 <전격 테크노퀴즈>, 연예인 들이 출연하는 <머리가 좋아지는 TV>, 1,000여 만 원의 상금과 승용차를 놓고 주부들이 도전하는 <도전 퀴즈 퀸> 등도 이 기간에 인기를 모았던 SBS의 퀴즈쇼프로그램이었다. MBC는 다양한 종류의 퀴즈쇼를 개발하였는데, <생방송 퀴즈가 좋다>, <퀴즈여행 달려라 지구촌>, <퀴즈 집중탐구 세계의 걸작> 등이 이 시기 MBC에서 제작된 퀴즈쇼였다. KBS는 <퀴즈탐험 신비의 세계>와 <100세 퀴즈> 등의 기존 프로그램들을 계속적으로 이어가는 가운데 <도전 차차차>, <퀴즈 알쏭달쏭>, <퀴즈올림피아드>, <퀴즈 주부대학> 등이 신설되었다. 최근의 퀴즈쇼는 교양과 오락의 융합이 더욱 강화되고 있으며, 지식과 정보의 제공을 강조하는 경향성을 나타내는 가운데 다양성 또한 더욱 확대되고 있는 실정이다.

(5) 토크쇼

토크쇼(talk show)는 '말(talk)'을 근간으로 하여 흥미와 즐거움을 자극하고자 하는 의도로 무엇인가를 보여주는(show) 것'이다. 따라서 토크쇼는 기본적으로 오락성을 담보한다는 점에서 토론프로그램과 구분되며, 전통적인 토크쇼는 연예오락프로그램이면서도 독특하게 정적인 무대를 연출한다. 토크쇼는 라디오에서 출발하였지만 텔레비전의 프로그램형식으로 도입되면서 진행자가 초대손님을 초대하여 위트와 유머가 섞인 대담을 즐기며 고정된 밴드가 대담의 분위기를 돋우는 형태로 전형화되어왔다(서문식, 2000).

한국 텔레비전방송 역사에서 1993년까지 토크쇼는 한 해에 네 편 이상이 방송된 적이 없었다. 더구나 토크쇼는 장르의 성격상 이벤트성 특집프로그램형식으로 제작되어 양도 많지 못했다. 하지만 1990년대 중반부터는 방송편수가 급속하게 증가하는 경향을 나타내면서 대표적인 연예오락프로그램 장르로 대두되고 있다. 최근에는 KBS와 SBS의 토크쇼 의존비율이 점차 증가하여 비정규 특집토크쇼까지도 적지 않게 편성되는 추세이다. 현재의 토크쇼는 주로 인기인을 초대하여 쇼를 진행하며, 사회자의 진행역량만큼 초대손님의 토크역량이 중요시되고 있다.

한국 최초의 텔레비전토크쇼는 1964년 영화인들을 초대손님으로 출연시킨 KBS의 <스크린 야설>이었다. TBC 역시 개국 후 <스타와 한때>, <부부만세>, <인생문답> 등의 프로그램들이 제작되었다. 이 시기의 토크쇼는 진행자나 초대손님의 역량에 의존하기보다는 대화주제에 대한 흥미도에 의존하는 경향을 보였다. 한편 흘러간 옛 노래와 그 노래에 얽힌 사연을 묶어 구성한 <추억의 노래> 등 독특한 형태의 프로그램이 방송되기도 하였다.

진행자의 이름을 프로그램명에 포함시킨 퍼스낼리티토크쇼는 1969년 MBC에 의해 처음으로 시도되었는데, 최초의 퍼스낼리티토크쇼는 생방송으로 진행된 <임택근 모닝쇼>였다. MBC는 이 외에도 <월요 이브닝쇼>, <미녀대담>, <보내는 정 떠나는 정> 등의 프로그램도 방송하였다. KBS는 이에 대응하여 1971년 <토요초대석>을 신설하였는데, 이 프로그램은 화제의 인물들과 담소하는 것 이외에도 노래와 춤을 곁들인 새로운 형식의 프로그램이었다. 1970년대 TBC는 <데이트쇼> 정도 이외에는 토크쇼를 거의 제작하지 않았다(강태영·윤태진, 2002).

1980년대에는 아침방송이 재개되었음에도 불구하고 제작되는 토크쇼의 수는 증가하지 않고 미미한 수준에 머물러 있었다. KBS는 <밤의 스타쇼>를 제작하는 데 그쳤다. 반면 MBC는 1981년 <안녕하세요 변웅전입니다>를 시작으로 <출발 새아침>, <쇼! 스타24시>, <세상사는 이야기>, <토요살롱> 등을 신설하는 등 비교적 꾸준하게 토크쇼프로그램을 제작하였다.

SBS가 개국되었던 1990년대 들어서는 토크쇼프로그램이 양적으로 급속하게 팽창하는 모습과 함께 출연자의 입담과 재치에 의존하는 모습을 보였다. KBS는 <밤으로 가는 쇼>와 <조영남쇼>, <서세원쇼> 등의 프로그램을 신설하였으며, 스튜디오에서의 담화 외에도 리포터의 취재와 사전녹화 등을 포함한 <TV는 사랑을 싣고>는 커다란 인기를 모았다. 또한 심야시간대에 콘서트형식의 토크쇼를 시도한 <이문세쇼>와 <이소라의 프로포즈> 역시 건전하고 새로운 시도라는 평가를 받았다. MBC는 성인대상의 심야 버라이어티토크쇼인 <한밤의 데이트>와 <주병진의 나이트쇼>, 대학생 중심의 토크쇼인 <TV 청년내각> 등을 신설하였다. SBS는 <자니윤쇼>와 <주병진쇼>, <투맨쇼 두 남자와 만납시다>, <깊은 밤 전영호쇼>, <이주일쇼>, <이홍렬쇼>, <이승연의 세이세이>, <김혜수의 플러스유>와 같은 오락성이 부각된 형태의 토크쇼 제작에 집중하였다.

한편 2000년대에 들어서는 연예인의 신변잡기를 주제로 오락성을 강조하는 경향이 더욱 심화되는 가운데 제작편수는 감소세를 보이고 있다. KBS는 <야 한밤에>와 <이경규·심현섭의 나이트쇼> 등을 제작하였고, SBS는 <남희석의 토크콘서트 색다른 밤> 등을 제작하였다. 또한 이 시기에는 각 방송사들이 모두 아침시간대에 토크쇼프로그램을 편성하고 있기도 하다.

(6) 게임프로그램

게임프로그램에는 주로 연예인들이 참여하게 되는데, 이들이 물리적 게임이나 재치를 겨루는 과정에서 유발되는 웃음과 유쾌함 또는 감동이 시청자들의 오락에 대한 욕구를 자극하는 형태이다. 게임프로그램은 시대에 관계없이 그 제작편수가 일정하게 유지되는 가운데 꾸준하게 방송되는 연예오락프로그램 중 하나이다. 최초의 게임프로그램은 1962년에 방송된 KBS의 <가정오락회>이다. 하지만 연평균 제작편수는 많지 않았다. KBS는 1980년대까지 게임프로그램의 제작에 별다른 관심을 기울이지 않았고, TBC나 MBC는 물론 SBS 역시 게임프로그램을 많이 제작하지는 않았다.

1960년대에서 1990년대 초까지 제작된 게임프로그램 중 주목할 만한 프로그램에는 TBC의 <핫 게임쇼>, MBC의 <유쾌한 청백전>과 <명랑운동회>, KBS의 <가족오락관> 등이 있다. <핫 게임쇼>는 개인, 부부, 단체 대항의 다양한 게임들 이외에도 노래나 춤, 코미디 등이 곁들여진 버라이어티쇼 형태의 게임프로그램이었다. <유쾌한 청백전>은 유명인들이 출연하여 남녀대항의 게임을 펼치는 프로그램이었고 <명랑운동회>는 두 팀간의 대항이라는 게임프로그램의 전형을 확립하는데 기여한 프로그램이었다. 1984년에 신설된 <가족오락관>은 유명인들이 방청객들과 함께 상호작용하며 게임을 펼치는 가족대상 오락프로그램으로 현재까지 이어지고 있다.

1990년 이후에는 게임프로그램의 제작편수가 약간의 증가세를 보였다. SBS는 <이경실·이성미의 진실게임>을 신설하였고, KBS가 <스타 우리가족> 등을 제작하였으며, MBC는 주로 특집쇼형태의 게임프로그램을 제작하였다. 한편 최근에는 게임프로그램 역시 다른 장르와의 융합이 광범위하게 시도되고 있다. 게임과 토크쇼가 결합되면서도 춤과 노래가 곁들여지는 가운데 다양한 게임소재가 동원되는 버라이어티쇼형태의 게임프로그램으로 발전해가고 있는 것이다.

(7) 경연프로그램

경연프로그램은 <대학가요제>나 <강변가요제>, <주부가요열창> 등의 프로그램과 같이 프로그램 내부에서 유명인이나 일반인이 우승이나 입상 및 순위를 겨루는 프로그램으로 그 과정에서 유발되는 웃음과 감동 및 우승이나 입상에 대한 흥미 등이 오락 요소로 시청자들에게 제공된다.

한국 최초의 경연프로그램은 KBS의 개국과 동시에 편성되었던 <당신이 뽑은 가수>였다. 경연프로그램은 텔레비전방송 역사상 매년 1편 이상이 방송되었지만

그중에는 비정규프로그램으로 특별제작된 프로그램이 상대적으로 훨씬 많은데
그 이유는 매주 다양한 경연을 주최하고 기획하는 것이 어렵기 때문이다.

경연프로그램 중 주목할 만한 프로그램들로는 <전국노래자랑>, <주부가요열
창>, <강변가요제>, <대학가요제>, <창작동요제> 등이 있다. <전국노래자랑>은
정규편성된 경연프로그램 중 가장 장수하는 프로그램으로, 오랫동안 꾸준한 시청
률을 기록한 대표적인 경연프로그램이다. 이 프로그램은 각 지방을 찾아가 일반
인들을 대상으로 가요경연을 벌이고 여기서 입상한 수상자들에게는 가수로 등용
될 기회를 제공하는 것으로, 순박한 지역주민들의 모습을 있는 그대로 비쳐줌으
로써 시청자들에게 건전한 오락을 제공하는 것으로 평가받고 있다.

경연프로그램은 일반인들이 출연하여 경쟁을 한다는 점에서는 퀴즈쇼와 게임
프로그램과 유사한 측면이 있지만 준비에 요구되는 노력이 상대적으로 크고 시
청률 향상의 기대효과 또한 크지 않기 때문에 몇몇 정규프로그램을 제외하고는
대부분 특집프로그램으로 기획되고 있는 것이 현실이다.

4) 시대변화에 따른 TV 연예오락프로그램의 방향

한국에서 텔레비전방송이 시작된 이후 연예오락프로그램은 지속적으로 정치
적·사회적 비판과 규제를 받아왔다. 하지만 텔레비전은 시청각적 매체라는 특징
을 지니고 있기 때문에 가장 저렴한 비용으로 손쉽게 오락을 향유할 수 있도록
하는 수단 중 하나이며 연예오락프로그램은 텔레비전방송의 시청률을 좌우하는
강력한 프로그램양식이다. 따라서 일반인들은 일상적인 여가활용을 텔레비전 시
청에 의존하는 경향이 강하고, 텔레비전방송사는 그 존립근거인 시청률확보에 있
어 연예오락프로그램에 의존하는 경향이 강하다. 결국 연예오락프로그램은 일반
인들의 일상생활에 광범위한 영향을 미치고 있으며, 텔레비전 연예오락프로그램
이 갖는 오락기능 또한 무시할 수 없는 중요한 기능이라 할 수 있겠다.

한편 연예오락프로그램은 정치·경제적, 그리고 기술적이고 문화적이며 사회적
인 환경과 상호작용한다. 현재 연예오락프로그램을 둘러싼 환경은 세계화와 개인
화 그리고 네트워크화와 융합화 및 경쟁의 심화로 요약할 수 있다. 이러한 환경들
은 미래 연예오락프로그램의 특징이 구성되는 데 적지 않은 영향을 미칠 것이다.

세계화는 연예오락프로그램의 형식을 세계적 수준으로 향상시키는 데 기여할

것이며, 그 내용과 범위 역시 세계화시킬 것이다. 세계화는 특히 연예오락프로그램의 글로벌화를 강하게 추동할 것이다. 개인화는 연예오락프로그램의 포맷을 다양화시킬 것으로 예상되며 좀더 개인적이고 사변적인 소재들까지도 연예오락프로그램의 소재로 등장할 것이다. 네트워크화는 연예오락프로그램에 대한 다양한 의견들이 대두되도록 할 것이며, 보다 다양한 가치기준을 가지고 이루어지는 비평들을 부각할 수 있는 동력으로 작용하게 될 것이다. 또한 시청자와의 상호작용을 프로그램에 반영할 수 있는 기회도 증가할 것이다. 융합화는 장르의 융합화를 더욱 촉진시킬 것이다. 영역파괴를 가속화시킬 것이며 보다 새롭고 독창적인 소재와 형식이 개발되도록 자극할 것이다. 인포테인먼트프로그램이나 에듀테인먼트프로그램이 최근 유행하고 있는 것은 이러한 가능성의 근거가 된다. 한편 매체간, 채널간 경쟁의 심화는 연예오락프로그램의 오락성이 갖는 중요성을 증가시킬 것이다.

제3장 TV와 스타시스템

1. 스타의 사회적 함의[5]

1) 스타의 가치척도, 그 의미와 가치

현대사회를 후기산업사회라고 규정지을 때 기본적인 특징 중의 하나가 바로 문화의 비중이 확대되고 그 경제적 성격이 강화되고 있다는 점이다. 이는 곧 문화의 경제화현상으로 설명되는데, 문화의 경제화란 문화의 생산과 소비과정이 경제적 효율성을 우선하는 산업적 논리에 의하여 이루어지며 그 과정에 상품으로서 문화의 성격이 강조되고, 시장을 통한 거래메커니즘이 본격적으로 도입된다는 것을 의미한다(김동규, 1993: 349-350). 이와 같은 자본의 가치증식의 새로운 영역인 문화산업에서 주체가 되는 '스타(star)'는, 오늘날 당당한 엔터테이너로 바라보는 시선이 확산되었고, 사회를 바꾸는 영향력까지 갖춘 존재로까지 인식되고 있다. 과거에는 스타라고 하면 가십거리 정도로 치부해버리고 마는 경향이 있었지만, 그렇게 쉽게 넘겨버리기엔 스타의 이미지는 하나의 산업으로, 국가권력보다 더 막강한 힘으로 우리 사회를 움직이고 있는 것을 너무도 쉽게 볼 수 있다. 스타는 이제 산업의 마케팅 장치이며, 문화적 의미와 이데올로기적 가치를 전달함과 동시에 개인적 취향과 친밀감, 욕망과 동일화를 끌어내는 사회적 기호이다(김학진, 2001: 1).[6]

원래 스타는 고대의 우상숭배나 토테미즘 등에서 오는 자연숭배 사상과 유사한 방식으로, 특정 개인에게 선망의 대상이 되는 인물에 대한 가공적인 인물상(imitative image)과 그 인물상을 구현하려는 욕망으로 탄생한 것으로 간주되어왔으

---

5) 含意: 함축적 의미.
6) 현재 생존해있는 스타뿐만 아니라 이미 죽은 스타도 경제적 영향력을 발휘하고 있다. 예를 들면, 엘비스 프레슬리가 묻혀 있는 미국 테네시주 멤피스 근교의 그레이스랜드에는 해마다 70여만 명의 방문객이 몰려들며, 그의 유족들이 설립한 프레슬리 재단이 기념품 판매에서 얻는 수입만도 연간 1천만 달러가 넘는다는 사실이 그것이다(이상률 역, 1992: 273).

며, 이러한 스타가 본격적으로 등장한 것은 영화산업에서부터이다. 그러나 이제 스타는 영화뿐만 아니라 대중사회의 보편적인 모든 과정 속에서 찾아볼 수 있게 되었고, 오늘날 TV, 라디오, 비디오, 영화, 케이블TV, 위성방송 등 거의 모든 매체에서, 그리고 음악, 오락, 코미디, 스포츠 등 모든 장르에 스타가 존재하고 있다.

이처럼 모든 방송매체와 장르에 존재하는 스타는 현재 특정분야의 최고나 인기인 등의 뜻을 포함하고 있으며, 문화산업 전반에서 가수, 탤런트, 영화배우, 개그맨 등은 물론 정치, 경제, 사회 등의 영역에서 특정 직업에 종사하면서 대중에게 널리 알려진 사람들을 통칭하는 개념으로 그 의미가 확대되었다.

2) 스타의 발생요인

일반적으로 스타의 발생원인에 대한 연구는 크게 세 가지로 구분하여 살펴볼 수 있는데, 첫째는 스타의 발생원인을 사회적 현상으로 논의한 사회학적 관점, 둘째는 스타를 '기호'라는 측면에서 접근한 기호학적 관점, 셋째는 스타의 발생원인을 사회학적 관점과 기호학적 관점 모두에서 찾고 있는 문화적 관점 등이라 할 수 있다.

(1) 사회학적 관점

먼저 사회학적 관점은 사회적 현상으로부터 스타의 발생원인을 규명하고 있다. 즉 자본주의 사회라는 사회적 조건으로 스타가 발생하는 현상에 초점을 맞추고 있다.[7] 스타의 발생원인에 대한 사회학적 관점의 대표적 학자는 모랭(E. Morin)이라 할 수 있는데, 그에 의하여 스타에 관한 연구가 본격적으로 이루어졌다고 볼 수 있다. 그는 "스타는 왜 발생하는가?"라는 물음을 상정하고 스타는 대중들, 즉 영화관객에 의해 만들어지는 것인가(소비현상) 아니면 영화제작자에 의해 임의적으로 만들어지는 것인가(생산현상)에 대한 연구를 수행하였다.

먼저 생산현상으로서 스타를 바라보는 관점은 스타를 미디어텍스트 속의 이미지로 보며, 헐리우드의 생산물로 간주하고 있다. 이러한 관점은 헐리우드 경제학으로 대변되기도 하는데, 스타발생을 자본주의적 생산으로 간주함으로써, 스타는

---

7) Richard Dyer, 『스타: 이미지와 기호』, 주은우 역, 한나래, 1995.

곧 자본이자 투자의 일부이며, 비용의 일부라고 파악한다.

스타를 자본으로 바라보는 관점에서는 스타를 스튜디오가 소유한 자본의 한 형태로 보고 있다. 특히 이것은 헐리우드 산업의 '독점주의적' 성격의 한 부분으로 간주되기도 하는데, 각 스타는 어느 정도 독점의 소지자이며 스타의 업무에 대한 계약의 소유자는 독점 생산물의 소유자인 것이다. 또한 스타를 투자의 일부로 보는 관점에서는 스타를 투자의 이윤에 대한 보증인 혹은 약속으로 보고 있다. 마지막으로 스타를 비용의 일부로 보는 관점에서는 스타를 영화의 매매와 시장을 조직하기 위해 이용되는 것으로 간주하고 있으며, 특히 관객의 반응을 안정시키기 위해 스타가 활용되기도 한다(정애리, 1999: 16-17).

다음으로 소비현상으로서의 스타를 바라보는 관점은, 스타를 만들고 그들이 존재할 수 있게 해주는 영화제작자들을 강조하면서도 스타의 창출에 보다 결정적인 힘은 미디어텍스트의 생산자라기보다는 관객인 소비자들이라고 파악한다(주은우 역, 1995: 47-48).

이처럼 모랭은 생산현상과 소비현상이라는 이분법적 틀 속에서 스타의 발생원인을 찾으려고 하였는데, 궁극적으로 그의 견해는, 스타라는 것은 산업적이고, 금융적 자본주의의 성격을 가진 조작된 사회적 실제라는 것이다. 다시 말해서 스타는 자본주의적 기반하에서 이루어진 영화산업에 의해 조립된 실제이며, 이러한 조립된 실제는 궁극적으로 산업이라는 특수성으로 인하여 투자와 비용으로 이루어진 조작된 상품이라는 것이다. 따라서 모랭에게 있어서 스타는 하나의 상품으로서 조작된 사회적 실제가 된다.

다니엘 부어스틴(D. Boorstin)도 모랭과 비슷한 관점을 취하고 있는데, 그 또한 스타의 발생 원인을 '사회적인 조작'으로 파악하고 있다. 그는 스타의 이미지를 단순한 의미 없는 실체로서의 조작으로 규정하고 있는데, 즉 스타의 이미지들은 제작과정을 통해서 생긴 것이지 그 이상의 것이 아니라는 것이다. 또한 소비자의 필요에 의해서 생긴 것도 아니며 구체적인 의미도 지니지 않고 있다고 주장한다. 그는 여기서 더 나아가 스타의 탄생이 대중매체와의 긴밀한 연계관계 속에서 형성되고 있다는 점을 피력하고 있는데, 이러한 점은 그가 『이미지(The Image: A Guide to Pseudo-Event in America)』에서 언급하고 있는 것에서 잘 드러나고 있다(Boorstin, 1975: 45).

시각적인 혁명이 일어난 후, 위대한 인물에 대한 우리의 생각은 많이 바뀌었다. 두

세기 전만 하더라도 유명한 사람이 나타나면 우리는 그에게서 어떠한 신으로부터 받은 자질이 있는가를 찾으려고 하였다. 그러나 지금 우리는 그가 어떤 유능한 대중매체 섭외자를 고용하고 있는가를 보려고 한다.

따라서 스타는 소비의 현상이 아닐 뿐 아니라 심지어 실제나 의도도 갖지 않는다. 하나의 의사사건(pseudo-event)에 불과한 것이다. 노래를 잘해서도 아니고 연기를 잘해서도 아닌 본질적인 모습이 부풀려진 것에 불과하다는 것이다. 결국 이 시대의 영웅이나 스타는 대중매체의 조작을 통해서만 가능하게 되었으며, 고전적인 의미에서의 영웅은 스스로 자신을 영웅으로 창조해내지만 현대적인 의미에서의 영웅은 매스미디어가 없이는 불가능한 것이다.

(2) 기호학적 관점

기호학적 관점은 스타가 출연하는 구체적인 텍스트에 주목하고 있다. 즉 스타가 영화에서 어떻게 기능하는가에 보다 관심을 둔다. 이러한 접근은 '어떻게 의미작용하는가', 다시 말해서 스타의 현존과 직접 일치하는 캐릭터화와 연기 같은 것들을 포함하여, 텍스트의 다른 측면들과의 관계 속에 '스타 이미지는 영화 텍스트 자체 내에서 어떻게 기능하는가'에 주목하고 있다(김학진, 2001: 9). 기호학적 관점에서 스타를 바라본 대표적인 학자로는 다이어(Dyer)를 꼽을 수 있는데,[8] 그는 스타를 "다중의 의미를 가진 구조적 이미지"라고 정의하고 있다. 그의 기본적인 초점은 영화라는 텍스트를 통해 스타의 이미지가 형성되기 때문에 그 텍스트를 구체적으로 밝혀내는 작업을 통해 스타의 기본적 발생요인을 밝혀낼 수 있다는 것이다.

즉 '스타가 영화 속에서 어떻게 존재하는가, 극중 인물이 영화 속에서 어떻게 작용하는가, 극중 인물의 구성에 어떠한 기호가 사용되고 있으며, 이러한 기호들은 극중인물을 연기하고 있는 스타와의 긴장관계 속에서 어떠한 이미지를 구성하는가'라는 물음에 대한 해답을 구하는 작업이라고 할 수 있다. 다시 말해서 이미지로서 또는 하나의 기호로서 스타가 존재한다면, 스타는 어떤 의미작용을 하는가, 즉 스타덤(stardom)의 이미지와 개별 스타의 이미지는 어떤 의미와 영향력을

---

8) 다이어는 기호학적 관점이 스타가 영화 속에서 구현하고 있는 극중인물과 맺고 있는 관계, 그리고 이의 구현에 관여하는 영화의 여러 가지 기술과 기능들의 긴장관계에 중점을 두고 스타에 대한 논의를 진행시키는 연구라고 말하고 있다(주은우 역, 1995: 19).

체현(embody)하는가, 그리고 스타의 현존(presence)과 직접 일치하는 캐릭터화와 연기 같은 것들을 포함하여, 텍스트의 다른 측면들과의 관계 속에, 스타 이미지는 영화 텍스트에서 어떻게 기능하는가를 살펴보는 것이다. 이런 관점에서 기호학적 관점은 스타가 구체적인 텍스트와 맺고 있는 관계가 주요 논의의 대상이 되는 것이다(정애리, 1999: 20).

기호학적 관점은 그것이 주요 텍스트에 주목하고 있다는 점에서 특정스타의 이미지를 연구하는데 유용한 면을 가지고 있다. 그러나 기호학적 관점이 스타의 이미지를 전적으로 특정한 텍스트 속에 나타나는 것에 한정하는 것은 아니지만, 스타 이미지분석의 중심을 텍스트에 두고 있다는 것은 스타가 사회·경제적 부문과 가지는 관계를 간과하는 결과를 낳을 수 있다(정혜경, 1996: 8-9). 즉 영화 내적인 관심과 그것에 대한 정신분석학적 효과를 중심으로 스타 현상을 연구함으로써 스타를 생산하는 경제적 요인과 사회적 요인을 간과하게 된다는 문제점을 가지고 있다.

(3) 문화론적 관점

리비스(Reeves)는 스타시스템의 제도적 맥락만을 강조하는 흐름(사회학적 접근)과 배우, 연기자로서의 특수성에 우위를 두어 스타를 단지 영화적 현상으로만 보는 흐름(기호학적 접근)이 스타현상을 파악하는 데 오류를 가져왔다고 주장하면서, 그 대안으로 문화적인 접근을 제시한다(1988: 146-160).[9]

따라서 그는 스타를 상품으로 생산되는 것이면서 일종의 커뮤니케이션 과정을 형성하고 있는 것으로 파악하고, 스타를 형성·유지·발전시키는 데 결정적인 형태로 작용하는 매스미디어의 역할을 강조하고 있다(정혜경, 1996: 9-10). 또한 다이어는 여기서 더 나아가 어떤 문화 속에서 스타의 이미지 구축은 다양하면서도 광범위한 매체와의 관계를 통한 재현을 포함하고 있다고 지적하고, 스타의 이미지 구축에 영향을 미치는 것으로는 주류 언론과 팬, 매거진, 프로그램, 일상생활, 그리

---

9) 문화적인 접근은 실질적으로 10여 년 전에 이미 스타 현상에 대한 체계적인 분석을 시도했던 모랭의 연구에 그 기반을 두고 있다고 볼 수 있다. 그 이유는 모랭이 스타현상을 파악하기 위해서는 첫째, 스크린에 인간이 출연하는 것과 배우 문제의 영화적 성격, 둘째, 관객과 스펙터클의 관계, 즉 어두운 영화관 내에서 강렬한 동일시 현상으로 심적·감정적 과정들, 셋째, 자본주의 경제와 영화생산 시스템, 넷째, 부르주아 문명의 사회·역사적 진전과 관련시키는 것에 의한 분석 등을 해야 한다고 함으로써 다차원적인 접근의 필요성을 상정하고 있기 때문이다.

고 영화 속에서의 스타의 연기 등이 다양하게 포함된다고 주장한다.

이와 관련하여 다이어는 "스타를 통해 구현된 가공의 이미지, 제3의 이미지는 현대사회에서 중요한 역할을 하는 매스미디어를 비롯한 여러 요소들의 상호작용에 의해 만들어진 하나의 구성물"이라고 주장한다. 이는 곧 스타가 사회적 조건에 영향을 받고 있다는 사회학적인 관점과 구체적인 텍스트 속에서 연기하는 것을 통해 의미를 만들어낸다는 기호학적인 관점을 수용하면서도 스타들이 대본에 등장하는 인물과 자연인인 배우 자신과도 명백히 구분되는 제3의 이미지 형성을 통해 독특한 의미화 작용을 하고 있음을 지적하는 것이기도 하다. 따라서 문화론적 관점에서 스타는 '극중 역과 배우, 즉 영화적 개성과 화면 밖의 개성의 조합', '다중의 의미를 가진 구조적 이미지', 그리고 '그 인물이 보조적 형태의 매체를 통해 취급되고, 그것이 다시 미래의 연기에 피드백(feedback)되는 연기자' 등으로 정의되고 있다. 이러한 정의는 대중들의 숭배와 열광은 자연인으로서의 스타나 극중인물을 연기하는 스타에게 보내지는 것이 아니라, 여러 가지 문화적 관행을 통해 형성된 새로운 이미지인 제3의 인물에게 보내지는 것으로 재개념화된다(정애리, 1999: 23-24).

그리고 그 이미지는 스타들이 출현하고 있는 작품을 통해서만이 아니라 여러 가지 매체의 보조적 기능과 문화적 기능의 상호결합을 통해 새롭게 구성되고 구축되는 것으로 파악할 수 있는 것이다.

2. 스타시스템의 등장과 전개

1) 스타시스템의 개념

원래 스타시스템은 인기 있는 스타를 중심으로 영화를 기획·제작함으로써 흥행의 안전성을 확보하는 상업성 위주의 시스템으로, 유럽과 미국에서 19세기 후반에 연극·영화를 상품화하고 기업화하는 경향과 함께 발생하였다. 하지만 현재 영화 영역을 벗어나 문화상품을 생산하는 거의 모든 영역에서 활용되고 있으며, 심지어는 경제계나 정계에서도 스타시스템이 받아들여지고 있다(김학진, 2001: 2-3). 이러한 관점에서 스타와 스타시스템은 문화상품의 생존전략과 진화과정에서 발생한 필연적 산물이다. 문화산물이 상품의 형식을 갖추기 이전, 즉 자본주의 사회 이전만 하더라도 생산자가 흥행성공을 생산의 목적으로 상정하지 않았기 때문에 스타와 스타시스템이 발현될 기회는 없었다. 하지만 흥행성공이 생산자의 생존과 직결된 사회적 조건에서는 소비자의 주목과 인기를 받는 스타는 흥행을 보증하는 가장 중요한 생산요소로 위상을 잡았고 스타를 활용, 관리, 생산, 거래하는 스타시스템은 대중문화의 중추를 담당하는 유기적 체계로 발전하였다(김호석, 1998: 125).

그렇다면 구체적으로 스타시스템은 무엇인가? 스타시스템은 스타가 일종의 자본주의 제도로 정착되면서 나타난 하나의 조직적 시스템으로, 이는 "상품으로서의 스타 생산과정에서 나타나는 문화생산조직과 외부조직 간의 대표적인 거래 메커니즘"(김동규, 1993: 361)이라고 말할 수 있다. 다시 말해서 스타를 만들어내기 위한 체계적이고 조직적인 시스템을 의미하는 것이다.

그러나 스타시스템에 대한 제도적 맥락을 강조하는 일부 연구경향들은 스타시스템은 조립에 의해 가공된 조작적 이미지에 불과하다는 의견을 상정한다. 이와 관련하여, 모랭은 스타시스템을 단적으로 '조립(fabrication)'이라고 표현하고 있는데 이 표현이 궁극적으로 함의하고 있는 것은 '조작'이다(이상률 역, 1999: 131).

스타시스템의 내재적인 본질은 거대 규모의 산업적, 중상주의적, 금융적 자본주의의 성격 바로 그것이다. 스타시스템은 무엇보다 먼저 '조립'이다. 스타의 조립이야말로 영화산업에 있어 기본적인 작업이다.

부어스틴(Boorstin) 또한 하나의 '제조'라는 점을 강조하면서 스타는 전적으로 그들을 생산하는 기계 덕에 존재하는 것이기 때문에 스타시스템을 '순수한 조작'이라고 주장한다. 그러나 오늘날 문화산업에서의 스타시스템이 단순히 조작된 현실과 이미지만을 앞세우는 것은 아니다. 거기에는 장기간에 걸친 자본의 투자와 수익성, 그에 따른 합리적 계획의 도출 아래서 전략적으로 이루어지는 경제적 행위가 수반된다.

따라서 스타시스템이란 스타를 활용하고, 거래 및 생산, 관리, 소비하는 전체적인 자본주의적 순환 메커니즘이라고 할 수 있는 것이다(김호석, 1998a: 135). 따라서 스타시스템은 단순히 '스타의 신화화'라는 현상에 국한시킬 대상이라기보다는 스

타의 명성을 이용하여 문화산업의 생존과 성장을 도모하는 합리적 전략이나 제
도로 인식하는 것이 타당하다(김호석, 1999: 34).

2) 스타시스템의 등장배경과 가치

(1) 문화상품/ 서비스의 불확실성

문화상품은 기본적으로 불확실성을 수반한다. 이는 자본주의적 경제원리에 입
각하여 투자는 곧 이윤이라는 경제원리가 적용되어야 하기 때문이다. 따라서 상
품성이 없다면 어떠한 기업도 이에 대한 투자를 하지 않는 것이 기본원칙이라 할
수 있다. 그러나 문화산업에 바탕을 둔 문화상품 및 서비스는 대중문화의 증폭현
상과 더불어 그 어떤 산업보다도 고부가가치성을 내포하고 있다는 점으로 인해
기업이나 국가에서 하나의 경제적 기회요인으로 확대되고 있다. 그러나 문화에
대한 투자는 직접적인 상품생산보다도 그 성패 여부에 매우 불확실한 요소를 담
고 있다.

이는 문화상품이 일반상품과는 다르게 명백한 효용성을 가지고 있지 못하며,
소비 면에서도 반복적이지 않고 필수적이지도 않기 때문이다(김동규, 1993: 354).
예컨대 일반적인 상품의 경우에는 한번 생산되면 수요가 존재하는 한 동일 상품
이 반복적으로 생산되고 소비된다. 그 결과 최초의 소비가 종료되면 상품의 질에
관한 정보가 명확하게 드러나기 때문에 불확실성이 점차 줄어들 수밖에 없는 것
이다. 이와는 반대로 문화상품이나 서비스는 대체로 1회적인 생산과 소비로 특징
지워지는 점으로 인하여 상품의 생명주기가 매우 짧을 뿐 아니라 경험의 반복이
제약되기 때문에 상품의 질과 관련된 불확실성이 매우 높아지는 결과를 낳게 되
는 것이다. 그리고 문화상품이 필수적이지 않다는 특성은 곧 생필품이 아니라 여
가의 영역에 놓여 있다는 사실이다. 여가는 본질상 의식주와 같은 필수적인 생존
행위가 충족된 후 이루어지는 성격을 갖는다. 생존의 문제가 불확실한 상황에서
는 수면과 휴식 등을 제외하고는 문화적 행위가 이루어질 가능성은 거의 없다.
그럼에도 불구하고 문제는 문화상품이나 서비스의 소비가 보편적으로 전체 소득
중 필수품의 소비를 제한 나머지 금액에서 할당된다는 점이다. 따라서 필수품의
소비가 절대적이고 고정적인 반면에 문화상품의 소비는 가변적이고 유동적이다
(김호석, 1998: 44-47).

그러므로 기업은 불확실성의 위험요인을 억제하기 위해 발생 가능한 문제점을 사전에 포착하고 이를 해결하기 위해 '정보'라는 것을 이용한다. 미국의 경제학자인 나이트(Knight)는 정보를 "기업활동에 있어서 부단히 마주치는 불확실성에 대한 타개책의 일환"으로 보고 있다. 그러나 문화상품이나 서비스의 경우는 이와는 사뭇 다르다고 볼 수 있다. 즉 문화상품이나 서비스는 소비자가 실제로 소비를 해본 후가 아니면 상품의 질을 알 수가 없는 경험재적 특성을 가지고 있다. 따라서 소비자는 상품의 질을 알기 위해서는 실제로 소비해야 한다는 것으로 귀결된다.

따라서 문화상품이나 서비스에 대한 일률적 정보를 통해 문화상품이나 서비스를 개발한다는 것은 그만큼 기업에게 있어서 매우 위험한 도박이라 할 수 있다. 그러므로 기업은 문화상품이나 서비스에 대한 특정한 기호(taste)를 양산하여 불확실성에서 오는 위험성을 지속적으로 제거할 필요성이 있으며, 이는 곧 조직 차원에서 이루어진다. 따라서 문화에 대한 기업의 불확실성 제거방안은 기호양산과 이를 수행할 수 있는 조직이라 할 수 있다.

다시 말해서 경제학적 관점에서 기호란 소비자들의 수요에 영향을 미치는 선호체계로 이해되며, 소비자의 기호가 바로 소비자들의 상품에 대한 수요에 영향을 미치는 것은 틀림없는 사실이다(김학진, 2001: 43). 문화상품이나 서비스에 대한 기호는 단순히 외부로부터 주어지는 것이 아니며 '후천적'이고 '가꾸어지는' 것이다(정기문 외, 1996: 3). 기호를 가꾸고 이를 계속해서 관리, 유지시켜나가기 위해서 전문적인 조직의 운용은 필수적이다.

문화상품이나 서비스는 기본적으로 그 생산요소로서 상당한 정도의 축적된 지식이나 기술을 필요로 하기 때문에 한 상품을 생산하기 위해서는 오랜 기간 동안 교육이나 훈련을 통한 인적 자본의 투자가 요구된다. 인적자본에의 투자는 그 회수기간이 매우 길며 또한 경제적 수익률이 일반적으로 실물자본에의 투자 수익률보다는 낮기 때문에 개인적인 선택에 의해서는 사회가 요구하는 만큼의 투자가 잘 이루어지지 않는다. 또한 문화상품이나 서비스를 생산하기 위한 인적 자본의 투자는 한 개인이 혼자서 쉽게 할 수 있는 것이 아니라 제도적으로 만들어진 사회의 교육 또는 훈련기관을 통해서만이 가능한데, 브레튼(Breton)은 수요의 불확실성에 대한 안정화전략을 다음과 같이 정리하고 있다(김동규, 1993; 김학진, 2001: 44-46).

첫째, 매체는 타 매체와 경쟁을 해야 하거나 안정된 시장을 확보할 수 없는 경우에 전문화보다는 다양화를 추구한다. 신문의 경우는 공적 사건보도에서부터 예술, 책, 유행, 스포츠, 만화 등을 고루 다루고 있으며, 이러한 현상은 음반상품에도 나타나고 있는데, 최근 국내에서 유행하고 있는 컴필레이션 음반이 그 예이다.

둘째, 문화상품 거래에서 '끼워팔기'식 판매방식의 발달이다. 이는 소비자가 어떤 품목을 구매하기 위해서는 다른 것도 동시에 사지 않으면 안되게끔 유도하는 전략이다.

셋째, 한 사람 혹은 그 이상의 스타에 대한 소비자의 감정적·정서적 연결고리를 만들어줌으로써 소비자들을 간접적으로 특정 상품의 범주에 묶어두는 스타의 활용방법이다. 스타의 활용은 거의 모든 문화상품시장에 존재하며 또 개발되고 있다. 특히 텔레비전이나 영화, 음반 등과 같은 문화상품시장에서의 스타 활용의 중요성은 당연한 것이다.

넷째, 원형(prototypes)의 모방 전략이다. 한 가지 상품이 성공하면 그 상품을 다른 문화미디어 상품생산의 모델 또는 원형으로 발전시키는 전략을 말한다. 이 경우 원형이 되는 상품은 스타와 유사하다.

다섯째, 기업적 차원에서 수직적 통합을 통해 대응하는 방법이다. 수직적 통합이란 관련산업 내 생산단계가 서로 다른 기업 간의 결합을 의미한다. 이런 수직적 통합은 거래비용을 절감시켜주고 시장지배력을 제고시켜주는 효과를 가져다준다. 거래비용의 절감은 생산비를 감소시켜 주고 시장지배력의 제고는 기업이윤을 증가시켜 주는 결과를 가져온다.

여섯째, '옛 것'과 '새 것'의 적절한 활용전략이다. 특히 연극, 영화 음악과 같은 형식에서는 과거의 작품이 새로운 작품을 압도하는 현상도 불확실성에 대응하기 위한 상품전략 중의 하나이다. 과거 작품의 공연이 갖는 위험부담도 있지만 그 불확실성은 이미 알려져 있는 경우가 대부분이고 또한 전혀 새로운 작품이 갖는 불확실성보다는 작다. 새로운 작품을 시장에 내놓을 경우에도 그 불확실성을 줄이기 위해 과거의 작품에 묶어서 공급하는 전략이 세워지기도 한다.

일곱째, 상품의 질(質)의 경우 대중성 지향 전략이다. 대중성을 지향한다는 것은 안정되어 있는 수용자 시장을 우선적으로 만족시킨다는 전략이다.

(2) 스타시스템, 스타의 활용가치

문화상품이나 서비스의 불확실성을 최소화하고 투자를 통한 이윤을 창출하기 위해서는 일반 대중에 대한 기호의 투사와 양산, 그리고 조직적 운용을 통한 수익의 극대화를 위해 인적 자본에 대한 투자가 반드시 필요하다. 그러나 이러한 조건이 갖추어졌다고 해서 반드시 문화상품과 서비스 제공에 따른 이윤 창출이 이루어지는 것은 아니다. 이는 앞서 언급했던 문화상품이나 서비스의 특성상 이에 대한 수요의 결정은 수요자인 일반 대중의 주관적 판단에 의해 결정되며, 주관적 판단에 영향을 주는 것은 결국 일반대중의 미적, 오락적 혹은 여가적 욕구에 의한 기호라고 볼 수 있다.

따라서 수요의 예측이 힘들고 수요 자체의 변화도 매우 다양하게 이루어진다. 또한 문화상품을 수요하는 입장에서는 경험재적 특성으로 인해 문화상품을 선택할 때 과거의 경험에 비추어 안전한 수요를 결정하게 되는 경향이 존재하며, 이러한 경향 중 가장 두드러진 것이 자신의, 혹은 타인의 과거 경험에서 상품의 질이 입증된 상품을 수요하려는 경향이 있기 때문에 문화상품이나 서비스 생산자들은 시장에서의 상품가치가 검증된 스타를 이용하여 생산하는 경향을 보이게 된다. 결국 문화산업에서는 이러한 생산자 측면의 동기와 수요자 측면의 동기가 합의를 이루기 위해서 스타의 활용이 공고하게 자리 잡게 되는 것이다(김학진, 2001: 47).

현 시점에서 스타의 중요성은 고정적인 수요자로서 기능하고 있는 팬(fan)을 가지고 있다는 사실이다. 오늘날의 팬은 기존의 '사춘기 시절 한때의 열병'에 불과했던 현상과는 상이하다. 예전의 극성 팬들은 일부 청소년, 그것도 한순간의 집착에 그쳤지만, 지금은 가장 선호하는 향후 직종에서 연예인이 1위를 차지할 만큼 가히 폭발적인 열정을 불러일으키고 있으며, 최근의 한류(韓流)열풍은 이에 대한 단적인 예라고 할 수 있다.[10]

이처럼 오늘날 스타의 활용은 문화상품이나 서비스 생산자의 생존과 발전에

---

10) 최근 '스타 마케팅(star marketing)'이 주요한 전략으로 자리매김되고 있는데, 스타마케팅이란 상품에 스타의 퍼스낼리티(personality)를 부여하거나 스타와 마케팅과의 연계를 꾀하는 방식으로 수용자의 대리욕구를 만족시키고 유명인의 이미지에 힘입어 제품에 대한 공신력을 더할 수 있으며, 스타를 활용한 마케팅은 즉각적인 판매 촉진을 이끌고 기업의 이미지를 상승시키는 데도 주요한 영향력을 발휘한다(김주호, 1999: 94; 김학진, 2001: 48).

직접적 영향을 끼치는 중요 생산요소로서 작용하고 있다. 즉 스타의 흥행은 대중들의 주목과 인기를 유도함으로써 문화상품과 서비스가 원활하게 소비되게끔 하는 데 결정적 영향을 끼친다. 따라서 스타의 활용이라는 그 자체는 과거 어느때보다 중요한 전략으로서 가치를 가지게 된다.

3) 스타시스템의 역사적 전개과정

매스미디어의 역사적 발전과 진화과정을 주의깊게 살펴보면, 스타시스템은 영화산업의 성장과정에서 발생한 독특한 문화적 산물처럼 여겨진다. 영화사나 영화사회학의 대다수 연구들이 지적하듯이 스타시스템은 영화산업이 기존에 발달한 대중연극인 보드빌 산업(Vaudeville industry)의 인기배우들을 섭외하고, 출연시키는 과정에서 발생했기 때문이다(A. Walker, 1970; R. Stanley, 1978; J. C. Ellis, 1979; D. Gomery, 1991; 김호석, 1999: 33). 또한 스타와 스타시스템이란 어휘 자체가 20세기 이전의 연극산업과 출판산업이 아니라 20세기 초 영화산업의 태동과 함께 발생했다는 사실도 양자가 영화산업의 산물이라는 점을 명백히 한다(김호석, 1999: 33).

그러나 인기에 바탕을 둔 명성과 이를 이용하는 제도적 현상은 스타와 스타시스템이라는 어휘가 없었을 때에도 이미 연극산업과 출판산업에서 출현하였다. 스타이거(Staiger)의 연구가 잘 지적하고 있듯이, 1820년대 연극은 작품보다는 인기 있는 특정 배우를 광고하며 공연을 했고, 배우의 전속제나 연기자 에이전시 등 스타시스템의 주요한 구성요소들을, 비록 다소간 원시적인 형식일지라도 제도화시켜 놓았다(J. Staiger, 1991; 김호석, 1999: 34). 또한 19세기의 출판산업에 있어서도 출판사들은 베스트셀러작가를 천재라고 선전하며 작가를 마치 맹아적 형태의 스타처럼 관리하였고, 책의 판매량을 늘리기 위해 매수와 같은 형식을 빌려 서평의 내용을 관리하기도 하였다(L. Lowenthal, 1961; 김호석, 1999: 34). 이와 같은 행위양식은 21세기를 눈앞에 둔 현재까지도 크게 달라진 것 없이 면면히 이어지고 있다(김호석, 1999: 34).

한편 텔레비전은 사실상 문화상품의 생존전략상 발생한 스타시스템의 진화과정에서 급진적인 변동을 야기한 매우 중요한 매체이다. 20세기 중반 혜성과 같이 나타난 텔레비전은 기존의 주도적인 오락 및 가족매체인 영화를 주변매체로 전락시키고, 영화매체 중심의 스타시스템을 구조와 내용에서 완전하게 변화시켰다. 구조적으로는 대형영화사 중심의 전속제에서, 현재 헐리우드를 지배하는 탤런트 에이전시 중심의 체계로 거래양식을 전환시켰고, 내용적으로는 신화적 이미지로 존재했던 스타를 일상적이고 개성적인 이미지로 전환시켰다. 그에 따라 영화배우의 전유물처럼 여겨지던 스타는 텔레비전에 출연함으로써 수용자의 인기를 얻는 한 배우건, 탤런트건, 아니면 프로그램 진행자이건 간에 누구나 될 수 있는 대상으로 변화하였다. 텔레비전이 매스미디어를 주도하기 시작하며 스타는 그 대상과 영역을 무한대로 확장시킨 것과 동시에 스타를 활용하는 체계인 스타시스템은 더욱 정교하게 진화되었다고 할 수 있다(김호석, 1999: 35).

따라서 오늘날의 스타시스템은 소비의 결과로 나타나는 '스타의 신화화'와 같은 현상보다는 흥행의 성공을 위해 전략적으로 스타를 활용한다는 차원에서 다루어지고 있다. 이러한 전략은 단순히 어느 특정매체에 국한하여 이루어지지 않는다. 문화산업은 이미 모든 매체를 초월하여 하나의 산업적 차원으로 자리매김되었기 때문에 스타시스템은 모든 문화산업 관련매체에서 발생하고 있는 현상으로 파악된다.

오늘날 영화매체 이후에 발생한 방송매체, 즉 라디오와 텔레비전, 그리고 최근의 케이블TV 등 뉴미디어 방송사들은 스타를 적극 활용하며 청취율과 시청률경쟁에서 타 방송사에게 뒤지지 않으려고 전력을 다하고 있다. 비단 드라마와 가요, 코미디, 토크쇼 등 오락프로그램뿐 아니라 TV뉴스와 시사토론 등 공익프로그램조차도 스타를 활용하는 전략을 고도로 발전시키고 있다. 특히 미국처럼 헐리우드의 영화스타와 스포츠스타, 팝스타 등 세계적인 소구력을 가진 슈퍼스타를 배출하는 국가를 제외한 대부분의 국가들은 방송매체가 스타시스템의 중추적 역할을 수행하고 있다. 그러므로 스타시스템은 영화산업의 현상에 국한된 것이 아니라 문화산물의 상품적 성공을 위해 전략적으로 이용된, 문화산업 전반에 걸쳐 발생하는 행위메커니즘이라고 할 수 있다(김호석, 1999: 34-35).[11]

---

11) 이외에 스포츠산업 역시, '농구의 황제'로 영원히 남을 마이클 조단이나 '핵주먹'이라고 일컬어지는 마이크 타이슨, '골프의 천재'라는 타이거 우즈가 극명하게 보여주듯이 스타의 활용 없이는 산업의 기반이 흔들릴 정도로 스타에 대한 의존도가 매우 높다. 이는 프로그램 스포츠가 성행하는 대부분의 국가들이 직면하는, 의심할 여지가 없는 현실이다. 그리고 한 가지 주목할 점은 스포츠스타가 현재 영화, 방송, 음반, 출판 등 어느 매체의 스타들보다도 '스타의 신화화'라는 현상을 발현시키고 있다는 사실이다. 그래서 스포츠스타는 다른 문화산업의 스타와는 달리 조작과 우연에 의해 스타로 성장하기 어

3. 스타시스템의 기능과 역할

1). 스타시스템의 경제적 의의

스타시스템은 2차산업에서의 제조업처럼 스타를 상품에 비유하는 연유로 부정적인 시각으로 비추어질 수 있지만, 문화산업 자체가 문화의 상품화라는 전제 아래서, 재능이 있는 인물이 체계적이고 집중적인 육성을 통해 스타발생이 이루어지는 것은 합리적이고 효율적이라고 할 수 있다.

예전처럼 주먹구구식의 스타 양성은 비용과 시간 등 여러 측면에서 비효율성을 가져왔는데, 이에 과학적 시스템, 즉 스타의 생산-관리-거래-활용-소비라는 하나의 매뉴얼이 존재하고, 각 요소들에 대한 체계적인 방법이 제시된다면 불필요한 낭비의 감소를 가져올 수 있다. 이와 같이 스타시스템은 기존의 전문인력이 부재한 상태에서 홍보·매니지먼트까지 한 조직 내에서 하는 체계적이지 못했던 운영을 탈피한, 프로듀서와 비즈니스의 분리 및 스타의 기획 설정과 캐스팅, 훈련, 마케팅 등 전 과정의 철저한 전문화와 분업화를 가리킨다(김학진, 2001: 55-56).

2) 스타시스템의 주체, 매니지먼트

(1) '매니지먼트'에 대한 규정

문화산업의 출현과 발전을 선도한 미국의 경우에는 에이전시(agency)와 매니지먼트(management)라는 용어와 역할에 있어서 법적으로 명확하게 구분을 하고 있다. 에이전시의 경우는 그 용어 자체에 담겨 있는 의미(대리 혹은 중개, 알선 등) 그대로의 역할을 수행한다.

예컨대, 우리나라에서 흔히 혼동하는 에이전트와 매니저를 미국은 각 주의 주법에 따라 엄격히 구분하고 있다. 영업허가를 받아야 하는 에이전트는 연예인들의 일자리를 찾아주며 그에 대한 법적 계약을 성사시키고 수입의 일정 비율을 챙긴다. 이와는 달리 스타들을 다각적으로 보살펴주는 매니저는 모든 비즈니스에

렵다는 현실상 진정한 의미의 스타, 심지어 '현대의 영웅'으로까지 발돋움하고 있다.

조언을 할 수 있으나, 직접 계약을 흥정하는 것은 법으로 금지되어 있다. 따라서 에이전트는 법적 대리인이라고 할 수 있으며, 매니저는 연예인의 비즈니스 전반에 간여한다고 할 수 있다.

그러나 우리나라의 경우는 에이전시나 매니지먼트의 역할이 법적으로 명확하게 규정되어 있지 않고, 그 역할이나 기능에 있어서도 명확한 차이가 없이 혼용되어 있다. 우리나라의 경우, 매니지먼트는 스타의 생산, 관리, 거래, 활용, 소비 등에 보다 초점을 두고 있을 뿐 아니라 제작인력에 대한 정보, 시장가치, 향후의 스케줄 등 스타를 포함한 제작인력 등 산업적 기반 차원의 역할을 수행한다. 즉 매니지먼트가 미국의 에이전시의 역할이나 기능까지도 수행하고 있고 스타시스템을 활성화시키는 주체로 작용하고 있는데, 여기서는 우리나라에서 매니지먼트의 기능과 역할에 대한 고찰을 통해 스타시스템의 구체적 기능과 역할수행을 살펴보고자 한다.

매니지먼트라는 용어는 아직까지 학술적으로 접근되지 않았지만 그 사전적 의미를 살펴보자면, ① 다수 노동자의 협력에 의한 직접적인 상품생산 활동(작업), ② 이러한 협동적 생산활동을 계획·통제하는 활동(관리)으로 그 의미를 규정할 수 있다. 따라서 매니지먼트는 어떤 특정 목적의 취득을 위한 일련의 계획된 행동체계를 의미하는 것으로서 무계획 및 비조직의 개념과 대립되는 조직적, 체계적, 계획적인 요소들과 활동으로 이루어지는 일련의 합리적인 활동방식으로 규정할 수 있다. 이러한 차원에서 현대 문화산업 내에서의 매니지먼트는 스타라는 상품을 생산하고, 이러한 생산활동을 체계적으로 관리하는 의미로 통용될 수 있다(김학진, 2001: 57).

(2) 매니지먼트의 경제적 기능과 역할

오늘날의 매니지먼트는 스타를 발굴하고 체계적인 교육과 훈련과정을 통해 그 능력을 극대화시킬 뿐만 아니라, 그와 아울러 제작인력에 대한 정보와 시장가치, 그리고 스타관련 법적 문제의 처리 등 거의 모든 산업적 기능을 수행하기 때문에, 효율성의 극대화를 위한 정보의 수집과 관리는 필수적이며, 이로 인하여 하나의 정보사업(information business)으로 발전하고 있다.

그러나 경제적으로 보면 매니지먼트의 중요성은 정보를 관리하고 판매하는 행위보다는 그에 따라 산업의 정보비용을 줄이며 효율성을 창조한다는 사실에 있다. 매니지먼트의 가장 중요한 기능과 역할은 문화상품이 생산자와 스타 간의 계약을 대신 체결하고 협상하며 거래비용을 줄이는 것이다. 일반적으로 매니지먼트의 업무는 크게 4가지로 구분할 수 있는데(김학진, 2001: 61-62), 첫째, 시장가격의 계약 대행 서비스이다. 매니지먼트의 가장 중요한 업무 중 하나가 바로 문화상품 제작자와 스타 간의 시장가격에 관한 협상이다. 이러한 협상에서 스타를 대변하는 사람이 매니저라고 할 수 있는데, 매니저는 대부분의 스타가 갖지 못한 '협상에 관한 기술'을 보유한 인력이다. 매니지먼트의 인력이 협상 업무를 성공적으로 수행하려면 규약이나 단체협약 사항뿐만 아니라 다른 스타들의 계약조건 등과 같은 지식을 배경으로 고도의 협상기술을 발휘해야 한다.

둘째, 다양한 창구효과의 개발 및 계약이다. 스타에게 광고출연 및 여러 가지 창구효과에서 비롯되는 수익은 계약금 이외에 상당한 부대수입을 보장하며 은퇴 후까지 그런 수익이 지속되기도 한다. 이러한 업무를 매니지먼트가 대행한다. 다양한 부대수입을 스타에게 창출해주면 스타뿐만 아니라 매니지먼트의 수익도 증가하기 때문에 철저한 계획하에 스타를 관리하는 것이다.

셋째, 투자자문과 수입관리이다. 고액을 받는 스타들은 자신들의 수입을 다양한 사업에 분산투자해주기를 원한다. 스타들은 은퇴 후의 생활보장을 위해 그 동안의 수입을 안전하게 해둘 필요가 있기 때문이다. 또한 스타의 수입을 철저하게 관리하기도 하는데, 투자해서는 안 될 곳과 투자할 곳 중에서도 안전한 사업을 가려내는 것을 스타 자신이 하기는 쉽지 않다. 이는 대부분의 스타들은 항상 바쁜 일정과 창조적인 업무에 열중하기 때문에 외적인 복잡한 비즈니스에 신경을 쓸 여력이 없기 때문이다. 대부분의 스타는 사업경험이 없지만 설사 사업경험이 있는 스타일지라도 안전한 투자처를 소개해주는 서비스는 스타에게 매우 유용하다고 볼 수 있다.

넷째, 법률 및 세무자문이다. 앞서 제시한 서비스는 법률이나 세금문제와 서로 밀접한 관계가 있다. 계약협상 및 법적인 문제 또한 매니지먼트의 전문인력들이 검토한다. 또한 법률가 출신일지라도 세무분야가 자기 전공이 아닐 때는 다른 전문가에게 의뢰를 하는 등 스타에 대한 철저한 서비스를 제공한다.

이와 같은 역할에 따른 매니지먼트는 근본적으로 거래비용을 절감시키며, 거래비용 이외에도 기회비용, 정보비용, 관리비용 그리고 생산비용 등 전체적인 비용을 절감시키는 기능과 역할을 수행한다. 따라서 매니지먼트는 문화산업의 행위를 촉진시키는 역할로 규정되기도 하는데, 매니지먼트의 경제적 기능을 제시하면 다음과 같다(김호석, 1998: 155-159).

첫째, 매니지먼트는 제작사와 스타 간의 거래를 대리하고 책임지며 거래비용을 절감시킨다. 매니지먼트의 활용은 제작사가 스타를 수직적으로 통합하는 전속제에 비해 거래비용이 크지만, 제작사와 스타 간의 직접적인 거래보다는 비용이 적게 든다. 즉 전속제가 갖는 비효율성을 고려하면 매니지먼트제도의 활용이 최선의 합리적 선택이다. 특히 매니지먼트제도는 전속제에 비해 제작사의 조직감시비용을 줄이고, 불확실성에 대한 대처능력을 향상시키는 등 장점이 있다. 그리고 스타의 거래를 대행한 결과, 스타는 계약의 문제로부터 자유롭게 되어 작품에만 주의를 기울임에 따라 문화상품의 질을 높이고 인기를 계속 유지할 수 있다.

둘째, 스타를 포함한 제작인력의 정보를 총체적으로 관리하는 매니지먼트는 산업이 필요로 하는 주요한 정보를 원활하게 유통시켜 일종의 거래비용인 정보비용을 절감시켜 효율성을 창출한다. 또한 스타의 시장가격과 더불어 흥행성과와 스케줄 등 스타 관련정보를 망라하며 관리하는 까닭에 계약의 협상과 흥정에 따른 비용을 줄이고, 제작자와 스타 모두가 만족할 계약을 성사시킨다. 매니지먼트는 소속 스타의 출연작품과 흥행성과, 그리고 인기도 등을 지속적으로 관찰한 결과로 나타나는 스타의 시장가격을 정확하게 설정하는 능력은 제작사와 스타 간의 거래에서 출연료에 대한 정보비용을 감소시킨다.

셋째, 매니지먼트는 스타의 캐스팅을 신중하게 선택하고, 이미지를 체계적으로 관리하며 스타의 생명주기를 연장시키는 기능을 담당한다. 물론 스타를 잘못 관리하여 실패한 사례도 많지만, 적어도 스타와 매니지먼트의 관계는 스타보다 제작사의 이익에 비중을 두는 전속제와는 달리 이익관계상 동반자이다. 즉 스타의 이익은 곧바로 매니지먼트의 이익이고, 스타의 손실 역시 매니지먼트의 손실로 귀결되는데, 이는 매니지먼트 산업이 스타의 부가가치를 활용한 산업이기 때문에 당연한 결과라고 볼 수 있다.

넷째, 매니지먼트는 작가, 감독, 배우 등 스타를 포함한 대부분의 제작인력의 이미지와 정보를 관리하므로 캐스팅 결정능력의 향상과 함께 패키지상품을 기획하여 문화상품의 생산을 촉진한다. 제작사의 입장에서는 패키지상품이 기획과 캐스팅 비용을 절약하고, 향후 성과에 따라 일정비율의 수익을 매니지먼트에 분배하므로 시초부터 위험분담의 성격을 갖는 양질의 상품이 된다. 따라서 제작사가 패키지상품을 도외시할 이유는 전혀 없다. 또한 패키지상품은 제작사가 마음에 들지 않는 캐스팅을 부분적으로 교체할 수 있다. 결국 패키지상품은 제작사, 스타, 매니지먼트 등 모두에게 이익을 주는 상품이고, 전체 산업에 순기능의 효율성을 창출한다고 볼 수 있다.

제2부 방송제작과 방송인

제4장 방송편성 및 제작이론

1. 방송편성

1) 편성의 목표와 개념

일반적으로 개별 방송사의 편성목표는 방송제도와 운영철학에 따라 다소 차이가 있기는 하지만 대체로 '공익 구현', '시청자 확보', '국민 통합'이라는 범주에서 이루어지고 있다. 이는 크게 4가지로 언급되고 있다. ① 가급적 최대의 수용자를 잡아두기 위해 경쟁적 순서를 마련한다. ② 프로그램의 균형적 편성을 시도한다. 즉 다양한 사회구성원의 욕구를 충족시킬 수 있는 다양한 프로그램 순서와 내용을 편성해야 한다. ③ 공익을 충족시키는 데 알맞는 프로그램 ─ 뉴스, 공공기사, 기타 비오락적인 프로그램 ─ 을 편성한다. ④ 호의적인 스테이션 이미지를 형성하도록 힘쓴다.

따라서 편성의 목표는 국가나 사회가 추구하는 방송이념을 구체적으로 실현하고, 시청자가 특정 방송국(또는 채널)에 대하여 호의적인 이미지를 갖도록 하며, 나아가 최대한의 시청자를 확보하기 위하여 경쟁적 순서를 마련하는 데 있다고 할 수 있다(한진만, 2003: 91). 이러한 편성목표를 달성하기 위한 편성전략은 시청자의 생활주기와 프로그램이 일치되도록 하며, 시청취 습관이 형성되도록 편성전략을 세우고, 수용자의 자유로운 프로그램 선택권을 고려하며, 제한된 자원을 극대화하여 가급적 최저비용을 고려하고, 방송매체가 가진 대중소구력을 개발하도록 해야 한다(Sydney W. Head, 1981: 21).

한편 편성은 기본적으로 '방송사항의 종류, 내용, 분량 및 배열에 관한 결정행위 및 그 결정행위의 결과'로 정의할 수 있는데(한국방송학회, 1993: 15), 법적으로 편성에 대한 구체적인 정의는 없지만, 방송법 제2조(용어의 정리) 5호에는 "방송순서라 함은 방송되는 사항의 종류·내용·분량·배열을 말한다", 7호 "편성책임자라 함은 방송국의 장(長)이 선임한 자(者)로서 방송순서의 편성에 관하여 책임을 지는 자를 말한다", 그리고 제3조(방송편성의 자유 등) 1항 "방송편성의 자유는 보장된다", 2항 "방송순서의 편성·제작이나 방송국의 운영에 관하여 누구든지 이 법 또는 다른 법률이 정하는 바에 의하지 아니하고는 어떠한 규제나 간섭을 할 수 없다" 등에서 편성의 의미를 간접적으로 살펴볼 수 있다.

편성에 대한 개념과 관련하여 학계에서도 명확한 정의가 이루어지지 않고 있으며, 다만 약간씩 표현 방법을 달리하여 제시되고 있다. 우선 김우룡은 편성이란 방송행위의 방향과 폭을 제시하는 일련의 과정이자 단위프로그램의 기본 틀을 규정하는 매우 구체적인 작업이라고 정의하고 있다. 즉 편성은 각 프로그램의 가이드라인이자 방송활동 그 자체를 폭넓게 의미할 수도 있기 때문에 예산 규모와 제작조건, 판매와 법률적 제약을 고려하여 언제 무슨 프로그램을 얼마나, 어떻게 방송할 것인가를 결정하는 일을 중심과제로 삼는다고 주장한다(김우룡, 1999: 186). 그러나 차배근은 프로그램 편성이란 방송내용의 기획과 배열상의 문제로 한정하여 접근하고 있는데, "무엇을(방송내용) 누구에게(방송대상) 언제(방송시간대) 어떻게(방송형식) 얼마나(방송시간) 들려주고 보여주느냐를 결정하고 배열하는 전 작업"이라고 언급하고 있으며(차배근, 1981: 142), 유재천은 "프로그램 편성은 프로그램을 구성하고 완성시키는 행위의 전 기능을 포함하는 것으로 내용에 대한 제반 조건과 송출에 대한 일체의 배열 및 운행까지를 표현하는 것"이라고 정의하고 있다(유재천, 1983: 62). 그리고 체스터(Chester), 게리슨(Garrison), 윌스(Wills) 등은 어떤 프로그램을 방송할 것인가와 프로그램 일정표에서 어떤 시점을 결정하는 것을 편성이라고 정의한다(1978: 49).

김규는 편성이라는 개념을 기본적으로 협의와 광의의 개념으로 구분하여 살펴볼 필요성이 있다고 주장한다. 이론적으로 말하자면 편성이란 신문의 편집과 유사한 용어로서 방송사항의 종류, 내용, 분량 및 배열에 관한 결정 행위의 양식과 그 결과라고 할 수 있을 것이라고 전제하고, 이것은 프로그램을 구성하고 완성시키는 행위의 전 기능을 포함하는 것으로 내용에 대한 제반 조건과 송출에 대한 일체의 배열 및 운행을 전부 표현한 것이라고 주장한다. 또한 광의의 개념으로는 방송 프로그램의 명칭, 성격, 분량, 배치 같은 것을 계획하는 행위부터 그 계획의 구체화를 위한 실제적인 제작 행위 및 운영, 그리고 경우에 따라서는 송출까지를 포함하는 처리행위를 말한다. 협의의 편성은 일반적으로 프로그램의 구체적 내용 결정이나 제작단계 이후를 포함하지 않는, 주제와 형식 및 시간 결정에 해당하는 행위로 해석되고 있다. 커뮤니케이션과정에서 보면 편성은 방송에서 "무엇을, 언제, 어떻게"에 관한 결정행위 및 그 행위의 결과라고 할 수 있는 것이다(김규, 1998: 332).

이처럼 법적으로 명확한 개념적 규정이 존재하지 않으며, 학자들마다 다소간의 견해차이가 있다. 그러나 오늘날 다양한 매체의 출현과 수용자 욕구의 개별화 및 세분화, 그리고 전문화가 이루어지고 있다는 관점에서 보다 거시적 틀로 접근할 필요성이 있다. 따라서 편성의 범위를 프로그램의 기획, 제작, 판매, 구매에 이르는 방송의 전 과정으로 포괄하여 접근할 필요성이 있으며 더 나아가 방송의 경영과 마케팅 차원으로 확장하여 바라볼 여지 또한 높다.

2) 기본이념과 결정요인

(1) 방송편성의 기본이념

방송편성에 있어서 가장 먼저 고려해야 할 것은 방송사의 편성이념이라 할 수 있는데, 이는 프로그램의 제작과 편성의 기본방향을 제시하는 요인이기 때문이다.

우리나라 방송법 제6조는 "① 방송에 의한 보도는 공정하고 객관적이어야 한다. ② 방송은 성별·연령·직업·종교·신념·계층·지역·인종 등을 이유로 방송편성에 차별을 두어서는 아니 된다. 다만, 종교의 선교에 관한 전문편성을 행하는 방송사업자가 그 방송분야의 범위 안에서 방송을 하는 경우에는 그러하지 아니하다. ③ 방송은 국민의 윤리적·정서적 감정을 존중하여야 하며, 국민의 기본권 옹호 및 국제친선의 증진에 이바지하여야 한다. ④ 방송은 국민의 알권리와 표현의 자유를 보호·신장하여야 한다. ⑤ 방송은 상대적으로 소수이거나 이익추구의 실현에 불리한 집단이나 계층의 이익을 충실하게 반영하도록 노력하여야 한다. ⑥ 방송은 지역사회의 균형 있는 발전과 민족문화의 창달에 이바지하여야 한다. ⑦ 방송은 사회교육기능을 신장하고, 유익한 생활정보를 확산·보급하며, 국민의 문화생활의 질적 향상에 이바지하여야 한다. ⑧ 방송은 표준말의 보급에 이바지하여야 하며 언어순화에 힘써야 한다. ⑨ 방송은 정부 또는 특정 집단의 정책 등을 공표함에 있어 의견이 다른 집단에게 균등한 기회가 제공되도록 노력하여야 하고, 또한 각 정치적 이해당사자에 관한 방송 프로그램을 편성함에 있어서도 균형성이 유지되도록 하여야 한다"고 규정하여 방송의 공정성과 공익성을 그 기본요건으로 하고 있다.

물론 각 방송국에서 추구하는 편성이념은 다소간 다를 수 있으나 기본적으로는 정치, 경제, 사회, 문화 등 각 분야의 이익이 균형 있게 적정한 비율로 편성되어야 하는데, 이러한 기본정신은 공공성에 바탕을 두고 있는 것이다(방송법 시행령 제29조 1항). 그러나 학자들은 편성의 개념처럼 약간씩 표현 방법을 달리하고 있다.

최창섭은 방송의 편성은 정치·경제·사회·문화 등 각 분야의 이익이 균형 있게 적정한 비율로 표현되어야 하는데, 이러한 기본 정신은 공공성에서 비롯된다고 언급한다. 즉 방송의 공공성은 전파의 고유한 특성인 공유성, 제한성, 광파성, 직접성, 동시공개성 등에서 비롯되는데, 이러한 특성 때문에 방송은 어떠한 매체보다도 모든 국민의 이익과 행복에 기여해야 하며, 이것이 바로 편성의 기본 이념이라고 주장하는 것이다. 또한 한균태는 편성이란 방송 전체의 질과 내용을 결정하는 방송사 운영의 핵심적 요소로서, 기본이념은 사회 각 분야의 이익과 편의를 균형 있는 적정비율로 표현해야 하는 공공성의 구현에 바탕을 둔다고 지적한다. 이처럼 방송편성의 궁극적인 목표를 공공성에 두는 근본적 이유는 방송 전파의 제한성, 공유성, 광파성 때문이며, 따라서 민영방송이든 공영방송이든 방송 편성의 결정과정은 각계각층의 다양한 목소리와 욕구를 충족시키기 위해 가능한 한 광범위한 주제를 일정한 품격을 유지하면서 전달하고자 하는 공익 방송의 이상을 실현한다는 중요한 의미를 지니고 있다는 의견을 개진한다(한진만 외, 2003: 90).

이처럼 우리나라와 같이 공·민영이 혼합된 방송제도하에서는 편성의 이념을 일률적으로 제시하기는 어렵다. 이는 방송의 소유형태에 따라 다양한 편성이념이 존재하기 때문이다. 그러나 민영방송이라 하더라도 방송이 지니는 제도적·기술적·사회적 책임에 의해 편성이념으로서 공공성·다양성 등의 편성이념이 수용되고 있다.12) 이러한 편성이념이 구체적인 편성과정에서 어떻게 실현되고 있는가는 방송이 처한 사회적 환경하에서 달리 나타날 수밖에 없을 것이다. 그러나 방송의 기본이념은 다양한 방송제도하에서도 공통적으로 제시되고 있는 공중의 이익과 필요를 반영하는 공공성, 공영성, 다양성과 같은 개념으로 구체화할 수 있을 것이다(류영미, 1998: 27).

---

12) 공영방송발전위원회에서는 편성의 기본방향으로 '방송이 공공성을 견지하고 공익을 위하여 봉사해야 한다는 이념에 충실하도록 공영방송과 민영방송 사이에, 또한 채널간에 차별화가 이루어지고 다매체 다채널 시대에 부응하여 시청자의 다양한 요구를 충족시킬 수 있도록 프로그램 선택의 자유를 확대하며, 시청자 주권을 존중하도록 할 것'을 제기하고 있다.

(2) 방송편성의 결정요인

편성은 여러 가지 요인에 의해 영향을 받는다. 편성을 결정짓는 조건은 크게 외적인 조건과 내적인 조건으로 나눌 수 있는데, 외적 조건은 방송이 속해 있는 사회의 각종 법률과 규정 등의 제도적 조건과 생활 주기, 인구통계학적 요인과 같은 수용자 조건이 포함되며, 내적 조건에는 방송사의 정관, 사시(社是) 및 사훈, 경영방침, 방송지침 등과 같은 정책적 조건과 시설을 포함한 물리적 조건, 예산조건, 인적조건 등의 제작 조건이 포함된다(한진만 외, 2003: 92).

현재 우리나라의 방송사 중에서는 편성시에 다음의 같은 여섯 가지를 고려하는데 이를 구체적으로 살펴보면 다음과 같다(방송문화진흥원, 1995: 115).

① 시청자와 사회에 대한 정보를 고려한다. 여기에는 시청자의 생활시간 및 구성, 시청자의 수준과 기대치 및 욕구, 시청자의 불만, 국가와 지역사회의 필요 등이 포함된다.
② 채널의 정체성을 위하여 경영 및 편성의 방향, 전통적인 채널이미지, 전략적인 이미지, 장수 프로그램, 인기 프로그램, 대표성 프로그램 등을 고려한다.
③ 예산에 관한 것으로 연간매출액 및 광고비, 프로그램 제작비, 예산 집행의 경제 원리와 합리성이 고려된다.
④ 인력에 관한 것으로 제작인력의 능력, 지원부서와의 협조체제, 작가나 출연자 등 제작에 활용가능한 인력에 대한 정보 등이 포함된다.
⑤ 제도에 관한 것으로 방송법규나 심의 등 외적 규제, 내부의사 결정과정 및 관행, 외부단체와의 관계 등이 포함된다.
⑥ 경쟁에 관한 사항으로 상대사의 편성이념과 정책, 상대 프로그램, 시간대별 채널 점유율 분포, 상대사의 인적 구성 및 능력 등을 고려하여 결정한다.

한편 편성책임자들이 프로그램을 평가, 선택, 계획을 결정하는 데는 다양한 사회적, 경제적, 정치적, 법적, 윤리적 차원의 요인들이 작용하고 있다. 한국방송진흥원은 방송 프로그램 결정에 영향을 주는 요소들로 직접적 피드백, 규제사항, 추론적 피드백, 한정적 피드백, 사원 피드백, 개인판단, 재정적 구속, 전술적 고려사항 등으로 구분하였는데, 다음과 같이 정리된다(한국방송진흥원, 2003). ① 직접적 피드백으로서 전화, 편지 방문, 항의 등 다양한 시청자들의 의견이 여려 경로를 통해 방송국에 전달되어 편성에 반영된다. ② 규제사항으로서 공보처의 지침과 방송위원회의 결정사항 등 외부 규제기관의 결정과 방송사 조직 안의 자율적 조처가 편성을 제약한다. ③ 추론적 피드백으로서 시청자 조사연구의 결과와 그 밖의 방송관계자들의 건의·논평·충고 등이 편성과정에 큰 영향을 주게 된다. ④ 한정적 피드백으로서 친구·가족·평론가들의 코멘트와 방송관계 신문 및 잡지의 의견 등이라 할 수 있다. ⑤ 사원 피드백으로서 방송국이나 독립 프로덕션회사의 동료직원들과의 의견이 큰 영향을 준다. ⑥ 개인판단으로서 개인적 육감이나 상식, 사회지식, 개인적 경험, 그리고 사장의 의견이 편성에 반영된다. ⑦ 재정적 구속으로 관리부문의 의견, 비용, 그리고 광고주의 요청이 편성에 큰 영향을 끼친다. 지나친 제작비가 소요된다든지 재정상태가 어려우면 편성활동은 위축된다. ⑧ 전술적 고려사항으로서 방송 프로그램의 편성과 시청경향이 여기에 해당된다.

3) 편성의 원칙 및 전략

(1) 방송편성의 원칙

방송편성의 원칙은 기본적으로 "왜 프로그램을 편성하는가?"라는 물음에서 출발해야 할 필요성이 있다. 이는 방송매체가 모든 국민의 이익과 행복에 기여함으로써 삶의 질을 높여야 한다는 측면과 방송 프로그램의 적절한 배치를 통해 보다 많은 수용자들을 끌어들이기 위한 전략적 측면 모두를 고려해야 하기 때문이다. 따라서 방송편성의 원칙은 보다 신중하게 접근해야 할 필요성이 있는데, 방송매체의 공공성과 공익성 측면에서의 방송편성의 원칙은 기본적으로 우리나라 방송법 제69조에 기반하고 있는데, 방송 프로그램의 편성에 있어서 지켜야 할 원칙을 살펴보면 다음과 같다.

① 방송사업자는 방송 프로그램을 편성하면서 공정성·공공성·다양성·균형성·사실성 등에 적합하도록 하여야 한다.
② 종합편성을 행하는 방송사업자는 정치·경제·사회·문화 등 각 분야의 사항이 균형 있게 표현될 수 있도록 하여야 한다.
③ 종합편성을 행하는 방송사업자는 방송 프로그램의 편성에 있어서 대통령령이 정하는 기준에 따라 보도·교양 및 오락에 관한 방송 프로그램을 포함하여야 하고, 그 방송 프로그램 상호간에 조화를 이루도록 편성하여야 한다 이 경우 대통령령이 정하는 주 시청시간대에는 특정 방송분야의 방송 프로그램이 편중되어서는 아니된다.
④ 전문편성을 행하는 방송사업자는 허가를 받거나 승인을 얻거나 등록을 한 주된 방송분야가 충분히 반영될 수 있도록 대통령령이 정하는 기준에 따라 방송 프로그램을 편성하여야 한다.

⑤ 한국방송공사 및 특별법에 의한 방송사업자, 방송문화진흥회법에 의한 방송문화진흥회가 출자한 방송사업자 및 그 방송사업자가 출자한 방송사업자를 제외한 지상파방송사업자는 다른 한 방송사업자의 제작물을 대통령령이 정하는 비율 이상 편성하여서는 안 된다.

⑥ 한국방송공사는 대통령령이 정하는 바에 의하여 시청자가 직접 제작한 시청자 참여프로그램을 편성하여야 한다.

⑦ 지상파방송사업자는 대통령령이 정하는 바에 의하여 장애인의 시청을 도울 수 있도록 노력하여야 하며, 필요할 경우 방송위원회는 기금에서 그 경비의 일부를 지원할 수 있다.

또한 아무리 공공성과 공익성에 바탕을 둔 방송 프로그램이라 하더라도 이를 적절하게 편성하지 못한다면 그 기능을 제대로 못할 수밖에 없다. 따라서 방송 프로그램의 전략적 편성원칙은 무엇보다 수용자의 생활주기와 일치해야 하며 수용자의 시청행위가 습관적으로 이루어져야 한다.

이와 관련하여 한국방송진흥원은 방송 프로그램의 편성전략을 세우는 데에 중요한 기초가 되는 편성원칙을 설정하고 있는데, ① 시청자들의 생활습관과의 조화성: 수용자들의 일상생활의 변화(life cycle)에 따라 방송시간대가 적합해야 한다. ② 시청취 습관이 형성되도록 편성전략을 수립: 이를 위해 같은 시간대에 매일 방송되는 띠편성(stripping programming)의 형태가 효과적일 것이다. ③ 수용자의 흐름(audience flow)을 통제하기 위한 전략 수립: 자국의 다음 프로그램으로 수용자를 최대로 많이 유입하고, 동시에 경쟁국으로의 수용자 흐름을 최소화하기 위해 노력한다. ④ 제한된 자원을 잘 보존하여 경비를 절약: 프로그램 자원을 보존하는 일은 편성전략에서 기본적인 것이다. ⑤ 대중 소구의 잠재력 개발: 방송은 일반 대중에게 공유되는 감정과 관심에 소구하는 '브로드캐스팅(broad casting)'과 특별한 공중의 취향 및 요구에 부응하는 '내로우캐스팅(narrow casting)'으로서의 역할이 방송편성 영역에서 공존하고 있다. 이러한 특징을 잘 이용해야 한다(한국방송진흥원, 2003).

한편 김성문은 방송 프로그램의 편성원칙과 관련하여 보다 광범위한 접근을 통해 그 원칙을 언급하고 있는데, 이를 구체적으로 살펴보면 다음과 같다(김성문, 1998: 62-68).

첫째, 공익성의 문제이다. 공익성은 방송의 성격과 유형에 관계 없이 방송의 기본적인 원칙으로서 이것은 바로 편성의 전체적인 흐름과 내용이 얼마나 공익적 가치에 부응하느냐의 문제이다. 다시 말해서 양적·질적인 측면에서 프로그램이 사회구성원, 즉 공중과 전체 사회의 이익과 필요 및 욕구를 어느 정도 충족시켜 줄 수 있는가 하는 것이다.

둘째, 균형성이다. 균형성은 양적인 측면에서 프로그램의 영역, 장르, 포맷, 내용이 각 방송사 및 채널의 개성과 특성에 맞도록 얼마나 조화롭게 구성되어 있는가 하는 것이고, 질적인 측면에서는 프로그램에서 다뤄지는 이슈나 문제에 대해 각 관련 당사자들의 입장이 골고루 적절하게 반영되고 있느냐의 문제이다.

셋째, 참신성이다. 참신성은 프로그램의 기본 가치로서 개별 프로그램에 있어서나 전체적 편성구조에 있어 어느 정도의 새로움을 갖느냐이다. 시청자들은 이미 접했던 것보다는 항상 새로운 것을 찾기 때문에 방송은 끊임없이 새로움을 추구해야 하는 과제를 안고 있다. 이러한 새로움에 대한 추구는 곧 다양성을 의미하는 것이기도 하다.

넷째, 개별 프로그램의 질이다. 프로그램은 그 자체의 기획의도 및 성격에 맞는 작품성, 완성도, 예술성 등의 질적 요소가 중요하다.

다섯째, 연관성이다. 연관성은 프로그램의 각 영역이나 장르, 또는 포맷간 동일하거나 유사한 소재나 주제를 다루면서 시각이나 입장에서 본질적으로 모순되지 않고 제작의도 및 프로그램의 성격, 유형, 형식에 따라 다양한 성격의 내용을 보여줄 수 있어야 함을 뜻한다. 말하자면, 이것은 어떠한 아이템에 대해 프로그램의 의도와 종류에 따라 다양한 시각에서 접근할 수는 있지만, 메시지 흐름의 방향이 프로그램간에 극단적인 상충을 일으켜 시청자들에게 혼란을 초래해서는 안 된다는 것이다.

여섯째, 실험성과 현실성의 적절한 조화이다. 이것은 앞의 참신성과 연관성의 문제와도 관련된 것으로서 소재의 선정이나 다루는 시각, 그리고 포맷의 채택 등에서 기존의 것을 탈피하려는 실험적(모험적)인 노력이 중요하며, 동시에 외부로부터의 방송사의 안전이나 시청률 및 광고수입 등 현실적인 문제를 고려하여 안정지향적(현상유지적) 편성이 적절히 병행되어야 한다는 것이다.

일곱째, 주기성이다. 편성은 특집방송을 제외하고 다음 개편이 있을 때까지 주단위 또는 프로그램에 따라 월이나 격월 단위 등 주기성을 갖고 순환적으로 시행된다. 따라서 각 프로그램의 성격에 따라 어느 정도의 기간 동안 어떤 주기를 갖고 몇 회의 방송을 내보낼 것인지를 결정해야 한다.

여덟째, 총합성이다. 총합성은 한 방송사 또는 채널의 얼굴로서의 편성이 전체

<표 4-1> 두 가지의 방송편성에 관한 이론적 틀

구분	편성이론	내용
공익적 접근	다수이론	공익의 개념을 다수의 이익이라는 개념으로 보아 다수의 선호를 반영하는 프로그램 편성을 공익으로 본다. 따라서 가능한 한 많은 시청자에 의해 선호 및 선택되는 편성이 공익을 가장 잘 반영한 편성으로 본다.
	공통이론	공통이론이란 사회구성원간에는 서로 의견이나 생각에 있어 공유되는 부분이 있다고 가정하고, 공통되는 부분을 찾아 프로그램 편성에 반영하는 것을 공익추구로 본다.
	규범이론	규범이론에서 공익이란 그 사회의 규범적인 가치기준을 따르는 것이다. 따라서 방송은 수용자의 가치기준이 사회적 규범을 준수할 수 있도록 이에 부합하는 프로그램을 편성해야 한다. 여기서 방송의 공익은 프로그램이 사회적 규범을 준수하는 과정에서 추구될 수 있다고 본다.
산업적 접근	적소이론	다매체시대 방송은 일반대중을 상대로 하는 것이 아니라 특별한 공중을 대상으로 그들의 취향이나 요구에 부응하는 '협송'으로 변화한다는 전제 하에서 소수이지만 최적의 시청자를 겨냥해 전문화된 프로그램을 편성해야 한다는 것이 적소이론의 기본 요지이다.
	재정투입이론	경제적인 측면에서 경쟁과 매체내용의 관계를 설명해주는 이론으로 매체간 경쟁이 강화되면 프로그램 제작에 투입되는 비용이 증가하고, 제작비 증가로 프로그램 내용의 질적 수준이 향상되면서 수용자는 질 높은 프로그램을 통해 기대 이상의 만족을 얻을 수 있다. 수용자에게 만족스런 서비스를 제공함으로써 방송사는 안정된 수용자를 확보할 수 있고 이것이 방송사의 경쟁력 강화로 이어진다는 것이 재정투입이론의 요체이다. 이런 성격의 재정투입이론은 주로 뉴스 미디어를 통해 검증된 것이므로 방송사의 모든 프로그램에 일률적으로 적용되기는 힘들다.
	양식선택모델	양식선택모델은 다채널시대 세분화된 시청자의 기호에 부응함으로써 시청자 수를 증대시켜 방송사의 이익을 극대화하기 위해 로젠버그(Rothenberg, 1962)가 제시한 모델이다. 이 모델은 일반 대중을 목표로 프로그램을 제작, 편성하는 것이 아니라 시청자를 특정 계층이나 선호도별로 구분하고, 이렇게 구분한 집단에 소구할 수 있는 다양한 프로그램을 제작, 편성하는 것을 말한다. 이 모델은 프로그램의 제작, 편성에서 수용자의 선호 및 필요를 반영하고 있다는 점에서 수용자의 적극적인 능동성이 요구되는 다채널시대 방송편성에 유용한 모델로 받아들여진다.

자료: 홍기선 외(2000), p.316, 재구성.

적으로 어떠한 모습을 하고 있는가이다. 즉 여기에 나타나는 전체적인 방향성과 목적성이 방송의 사회적 통념과 규범, 그리고 바람직한 기능과 역할에 얼마나 부응할 수 있느냐의 문제를 말한다. 이와 같은 여덟 가지 편성의 기본원칙은 편성자가 바람직한 편성을 위해 항상 염두에 두어야 하는 요소들이다.

(2) 방송편성의 기본 전략

일반적으로 편성전략이란 제작·구매한 프로그램의 방송시간대를 결정하고 이들 프로그램을 전략적으로 배치하는 행위로 정의할 수 있는데, 프로그램 편성전략은 학자마다 다양한 관점을 취하고 있으나, 편성전략은 기본적으로 두 가지의 이론적 틀 내에 존재한다고 볼 수 있다. 그것은 공익적 측면에서의 편성과 산업적 측면에서의 편성이다.[13)]

한편 가장 일반적으로 구분되고 있는 방송편성의 전략은 채널 내 편성전략과 채널간 경쟁적 편성전략이라고 할 수 있는데, 채널 내 편성전략이란 채널별로 하루를 단위로 수용자의 시청형태에 적합한 편성전략을 수립하고 각 주간단위의 편성표를 작성하여 요일마다 수용자가 일정한 시청형태를 유지할 수 있도록 편성전략을 수립하는 것이다. 그리고 채널간 경쟁적 편성전략은 채널간 경쟁적으로 상대 방송사의 편성전략을 무력화시키고 자사의 프로그램이 우위를 유지할 수 있도록 편성전략을 수립하는 것인데, 여기서는 <표 4-2>와 같이 방송현장에서 자주 사용되고 있는 편성전략을 일률적으로 제시하여 살펴본다.

4) 방송 프로그램의 종류

(1) 방송 프로그램의 개념적 규정

사전적 의미로서의 프로그램이란 단순히 '진행 계획이나 순서 또는 그 목록'이라고 규정하고 있으며, 여기에다 라디오나 TV에서 방송된 공연물(performance broadcast on radio or television)이라는 의미가 광의로 포함되어 있다. 그러나 커뮤니케이션 차원에서 논의하는 프로그램이란 방송메시지의 내용으로서, 하나의 완성된 방송항목, 또는 이들 항목의 집합을 의미한다고 할 수 있다. 또 방송문화사전에는

---

13) 한진만은 편성전략을 두 가지 범주로, 즉 방어적 편성전략과 공격적 편성전략으로 구분하고 있다. 방어적 편성전략이란 경쟁방송사의 편성전략과는 관계없이 시청자의 생활주기나 취향 등을 고려하는 데 중점을 두며(줄띠편성, 구획편성, 장기판 편성 등), 공격적 편성전략은 경쟁 방송사의 편성전략에 맞서 경쟁적 편성전략(함포사격용 편성, 엇물리기 편성, 끼워넣기 편성 등)을 강구하는 것이다. 이에 반해 강대인은 편성전략을 '시청자 흐름에 의한 전략'과 '경쟁구조하의 전략'으로 구분하고 있다. 시청자 흐름에 의한 전략이란 프로그램의 효율적 배열이라는 목표를 위해 방송편성의 가장 기본적인 전략으로 구사되는 것이고, 경쟁구조하의 전략이란 경쟁적인 방송환경이 구성되어 있는 시장구조에서 방송국 상호간의 생존을 위한 전략으로 사용되는 것이다(류영미, 1997: 32).

<표 4-2> 방송현장에서 활용되는 편성전략

편성전략	내 용
개시(lead-off)	특별히 강력한 프로그램으로 방송을 시작하여 기선을 제압함으로써 전체를 이끌어간다는 것
도입/유인(lead-in)	시청률이 높은 강력한 프로그램을 취약하거나 새로운 시리즈 바로 앞에 편성함으로써 처음부터 시청률을 높이려는 것
해먹 만들기 (hammocking)	장래가 불확실한 새 프로그램을 인기 있는 기존의 두 프로그램 사이에 편성하여 묻혀 넘어가는 것
장기판 편성 (checkerboard programming)	동일한 시간대에 매일 다른 유형의 프로그램을 편성하거나 격일 또는 주간 단위로 같은 프로그램을 편성하는 전략이다. 다양한 프로그램을 편성함으로써 비교적 다양한 시청자의 욕구를 충족시키는 특성을 가지고 있는 것
대안편성 (alternative programming)	편성의 형태보다는 프로그램의 내용을 기준으로 하는 편성 방법이다. 일반 대중을 대상으로 하기보다는 소위 '말하는 방송'으로부터 소외된 특정 계층을 대상으로 하여 보다 전문화된 프로그램을 편성하는 전략
버팀목 세우기 (tent-polling)	위 경우와는 반대로 하나의 인기 프로그램 앞뒤에 새 프로그램을 각각 배치하는 것
블록편성(block programming)	무드편성(mood programming) 또는 수직편성(vertical programming)이라고도 하는데, 같은 성격의 프로그램을 서너 시간씩 계속 방송하여 시청자를 계속 확보 유지하자는 것
줄띠편성 (strip programming)	수평적 편성이라고도 하는데, 수직편성과 달리 1주일간 매일 같은 시간에 동일한 프로그램을 방송하는 것으로 뉴스나 연속극이 대표적임
함포사격편성 (blockbuster)	90분에서 2시간 정도의 강력한 단일 프로그램으로 상대사의 짧은 프로그램을 제압하자는 것
실력편성(power programming)	경쟁사의 동일 시간대에 동일 시청자를 상대로 같은 유형의 프로그램을 맞물려 내보내는 정면도전 전략
대응편성 (counter programming)	상대사와 맞선다는 점에서 실력편성과 같으나 실력편성에서와 같이 동일한 시청자와 유형의 프로그램을 내지 않고 다른 프로그램을 내는 것으로 쇼에는 스포츠, 영화에는 코미디 하는 식으로 다른 소구대상을 찾는 전략
연결하기 (bridging)	엇물리기편성(cross programming)이라고도 하는데, 경쟁사의 프로그램보다 조금 앞서 편성하거나 아예 상대방 프로그램의 가운데쯤에 센 프로그램을 내는 전략
이목끌기 (stunting)	미식축구 용어로 정규 프로그램의 특집화, 특선영화, 미니시리즈, 특집드라마 등으로 상대 프로그램을 무력화시키는 것. 정기 프로그램이 아닌 특집물이므로 일반 프로그램보다 훨씬 많은 제작비가 소요되며, 상대방이 눈치채지 못하게 마지막 순간에 단행하고 편성변경을 잘 활용하는 전략

자료: 김성문(1998), pp.70-71; 한진만(2003), pp.101-102 참조.

"방송국측이 의도한 목적을 위해서 어떤 내용을 전파적 신호로 바꾸어서 완성시킨 정신적 산물로서, 하나의 독립된 방송항목 또는 일련의 독립된 항목을 총체적으로 일컬어 방송 프로그램"이라고 설명하고 있다(한국방송진흥회, 1997: 563).

(2) 방송 프로그램의 유형

프로그램의 분류는 나라에 따라, 조직에 따라 심지어는 분류하는 언론학자에 따라 다양하지만, 편의상 보편타당성을 지닌 분류기준으로서 드라마프로그램과 비드라마프로그램으로 구분할 수 있다(김우룡, 1999: 233).

먼저 비드라마프로그램은 다음과 같은 프로그램 영역으로 구성된다.

① 뉴스프로그램: 일반 뉴스와 해설, 스포츠, 일기예보 등
② 인터뷰프로그램: 상대방으로부터 정보를 얻어내기 위한 프로그램
③ 토론프로그램: 집단인터뷰가 질의 및 응답의 단계를 넘어선 프로그램
④ 경쟁프로그램: 패널, 퀴즈, 게임, 콘테스트를 묶어서 경쟁프로그램이라 한다
⑤ 여성프로그램: 요리, 장식, 패션, 취미 등의 프로그램
⑥ 어린이프로그램: 만화, 인형극
⑦ 청소년프로그램: 12세에서 20세 미만의 청소년을 대상으로 한 DJ쇼, 취미, 예술 프로그램
⑧ 교육프로그램: 사회교육, 평생교육 프로그램
⑨ 정보프로그램: 시사 및 사회문제 등을 다루는 프로그램
⑩ 종교프로그램: 종교문제 관한 프로그램
⑪ 버라이어티프로그램: 노래와 춤, 곡예, 마술, 코미디 등의 요소가 첨가된 프로그램

반면 드라마프로그램으로는 다음과 같은 프로그램 영역으로 구성된다.

① 연속극: 일일연속극이나 주간연속극 모두
② 시추에이션코미디: 시트콤(sitcom), 일반적으로 어리석은 아버지, 총명한 아내, 깜찍한 어린이, 소란스러운 이웃 등이 엮어내는 드라마
③ 서부극: 권선징악이 깔린 역사극, 미국영화의 서부극 등
④ 탐정극: 범죄물, 첩보물, 추리물 등을 대상으로 만든 드라마
⑤ 문예극: 단발 드라마로서 문예성이 돋보이는 드라마
⑥ 특집극: 90분에서 120분까지 길이로 수시로 특집 편성하는 드라마

한편 미국의 방송학자인 헤드(Head)가 『미국에서의 방송(Broadcasting in America)』이란 책에서 분류한 것을 보면 목적에 따라 7가지로, 전달방법에 따라 3가지로 분류하고 있는데, 이를 차례대로 살펴보면 다음과 같다(박소웅, 2002: 119-120).

먼저 프로그램의 목적에 따라 분류한 7가지는 다음과 같다.

① 농업프로그램: 시장정보, 농업과 농민에 관한 정보만 집중적으로 만든 프로그램
② 오락프로그램: 음악, 드라마, 쇼, 코미디, 퀴즈 등 오락을 목적으로 만든 프로그램
③ 뉴스프로그램: 시사문제와 날씨, 주식정보, 국제사건, 지방정보, 기타 논평과 분석을 주로 만든 프로그램
④ 공공문제프로그램: 국가간, 지방간에 이루어지는 공공문제와 관련된 토크, 논평, 정치 다큐멘터리 등을 만든 프로그램
⑤ 종교프로그램: 종교뉴스, 종교음악, 종교드라마 등 종교적 목적으로 만든 프로그램
⑥ 교양프로그램: 음악, 미술, 역사, 문학, 자연, 지리 등 인문, 사회, 과학의 이해와 음미를 위해 만든 프로그램
⑦ 스포츠 및 기타 프로그램: 스포츠 중계방송이나 특정 정치집단의 캠페인, 그리고 방송사의 의견, 교육기관에서 주장하는 내용 등을 만든 프로그램

또한 시청자에게 어떻게 전달하느냐에 따라 다음 3가지로 분류하고 있다.

① 지방 프로그램: 이것은 지방국에서 만든 프로그램을 전국화하거나 네트워크를 형성해서 모든 방송국이 참여해 만든 프로그램이다.
② 네트워크 프로그램: 지방에서 공급되는 모든 프로그램과 중앙에서 지방에 공급해도 방송되지 않는 부분까지 포함해서 말할 수 있다.
③ 녹화된 모든 프로그램

그러나 우리나라의 경우는 1993년 한국방송위원회에서는 지금까지 보도, 교양, 오락 등 단순한 삼분법으로 분류하던 것을 지양하고 방송관계 연구자와 실무에서 공통적으로 사용할 수 있도록 다음 15개 항목으로 분류해 프로그램 제작의 다양성을 제고토록 했다(박소웅, 2002: 123).

① 뉴스: 현실적·시사적 사건의 보도프로그램(종합뉴스를 비롯해 스트레이트뉴스, 스포츠뉴스, 보도특집 포함)
② 시사: 정규 뉴스에서 다룰 수 없는 주제의 취재 보도 및 전문가를 통한 시사문제의 해설프로그램(시사해설을 비롯해 시사토론, 심층취재, 보도특집 등)
③ 다큐멘터리: 현실적인 사건이나 사실을 기초로 해서 영상과 내레이션을 통해 극화하지 않고 다루는 프로그램
④ 정보매거진: 보도, 영상, 인터뷰, 토크 등 여러 가지 표현양식을 통해 다양한 생활정보를 잡지식으로 다루는 종합구성물
⑤ 전문가 상담: 전문가와의 상담이나 교습을 통해 생활정보 및 교양 중 한 가지 주제를 선정하여 조직적이고 전문적으로 전달하는 프로그램
⑥ 드라마: 기본적으로 TV방영을 목적으로 제작된 드라마로, 극 형성을 지닌 모든 프

로그램
⑦ 영화: 극장 상영을 목적으로 한 우리나라 영화나 외국 영화, 혹은 TV 상영 목적의 모든 영화
⑧ 쇼: 기본적으로 노래와 춤, 재담을 중심으로 한 오락적 색채가 짙은 프로그램으로, 이를테면 버라이어티쇼, 음악 쇼, 연예정보, 공개오락프로그램 등
⑨ 코미디: 코미디언, 개그맨 등에 의해 진행되거나 프로그램 내에서 코미디언의 연기 비중이 높은 희극적 목적의 프로그램
⑩ 토크쇼: 기본적으로 사회자와 초대손님 간의 이야기를 근간으로 꾸미는 프로그램
⑪ 퀴즈와 게임: 다양한 형태로 지식, 재치, 실력을 겨루는 프로그램
⑫ 스포츠: 각종 스포츠경기의 현지 실황중계나 녹화중계, 영상취재 등 스포츠에 관한 프로그램
⑬ 어린이 대상: 만 12세 이하의 어린이와 만 18세 이하의 청소년을 주 시청대상으로 하는 모든 형식의 프로그램
⑭ 문화예술: 공연예술, 고전음악, 국악 등 순수예술적 성격의 주제를 다룬 프로그램
⑮ 기타: 캠페인 프로그램, 프로그램 안내 및 예고, 파일럿(pilot)프로그램, 방송사에서 추진하는 연간·월간 캠페인에 관한 프로그램 등

(3) 방송 프로그램의 필수요건

모든 방송 프로그램은 효과적인 시청반응을 불러일으키기 위해 5가지 요소를 기본적으로 충족시켜줘야 한다. 최창섭과 손용은 방송 프로그램의 종류에 따라 시청 취향을 높일 수 있는 구체적인 소구 요소가 존재하지만, 시청반응을 불러일으키기 위한 5가지의 필수요소를 반드시 충족시켜야 한다고 언급하고 있다(최창섭·손용, 1984: 22-23).

첫째, 효과적인 테마를 다루어야 한다. 테마는 여러 면에서 독특하고 고유한 것이어야 하며 시각적인 가치를 가져 방송매체에 적절한 것이어야 한다.

둘째, 시청자에게 소구하도록 효과적인 요소로서 시청자가 시청하고 싶도록 적어도 2개 이상의 기본적인 어필 요소를 충분히 다루고 있어야 한다. 즉 코미디 요소·정보·중요성·참여의식 등 이상 8개의 기본요소 중 2~3개 요소 이상을 포함하되 특히 프로그램의 목적에 따라 일정 시청자 층에게 강력히 어필할 수 있도록 처리되어야 한다.

셋째, 프로그램 진행처리의 5가지 요소를 충족시켜주어야 한다. 즉 프로그램에 사용될 자료의 선정 및 배열에 관계되는 것으로 모든 효과적인 프로그램은 다음의 요소를 잘 충족해야 한다. ① 효과적인 오프닝과 종결 처리, ② 자료 선택상의

통일성 및 훌륭한 연결, ③사용 자료의 다양성, ④페이스의 조절로 소주제 처리의 적절성, ⑤소주제의 순서 선정 및 처리.

넷째, 시각적으로 효과적이어야 한다. 각각의 시각물은 주의집중·초점 요소와 배경 요소 사이에 즐겁고 조화를 이루는 관계를 유지시켜주어야 한다. 즉 흥미를 줄 수 있는 시각물이거나 또는 출연자의 반응을 보여주거나 육체적인 동작을 보여줌으로써 주의를 집중시킬 만한 전위자료가 제공되어야 한다. 연속성을 유지하기 위해, 화면의 처리는 화면간의 관계를 나타내는 ①시각적인 통일성, ②화면에 사용되는 주체를 통한 시각적인 다양성, ③적당한 템포의 유지 또는 적절한 화면의 변화, ④충분한 대조를 나타내주기 위해 훌륭한 화면의 연속을 유지해야 한다.

다섯째, 가능한 한 시각에 거슬리는 요소를 제거해야 한다. 시각적으로 거슬리거나 심리적으로 불안하게 하는 요소로는 프로그램 그 자체가 포함할 수 있는 것으로 CM에서 과대하게 선전하는 내용이나 출연자들의 작위적이고 타성에 빠진 연기 또는 서로 관련되지 않는 자료의 대치나 허위적이고 망상적이며 현실적으로 있을 수 없는 사건처리 등을 들 수 있다. 또한 카메라 숏을 너무 빈번하게 필요 이상으로 변화시키거나 줌 사용을 너무 빈번히 한다거나 잡동사니 배경물을 쓸데없이 포착하여 눈을 어지럽게 한다거나 하여 시각물을 잘못 처리하면 시청자의 눈에 거슬릴 수 있다. 여하튼 프로그램의 테마나 목적에 위배되고 시청자의 시각을 어지럽히고 거슬리게 하거나 시청자로 하여금 불안하게 하는 요소는 제거되어야 한다.

5) 다채널 시대의 편성 및 전략

편성은 대략 세 가지 단계를 밟아 진행된다. 제1단계는 정책수립의 과정이다. 정책수립에는 방송사와 최고경영자가 지향하는 이념, 철학, 정책적 방향 등을 포함하는 모든 편성 방향이 포괄적으로 고려된다. 각 방송사는 공영, 민영, 국영 등 제도적 유형에 따른 나름대로의 이념과 철학 및 정책적 방향을 갖고 있으며, 또한 개별 방송사의 개성과 특성에 따른 사시(社是) 및 편성적 차별성이 있고, 여기에 시기적·상황적 요인을 더 고려하여 구체적인 편성방침을 결정한다.14) 제2단계는 이러한 편성방침을 실제 제작을 위해 구체적으로 기획하는 편성작업의 과정

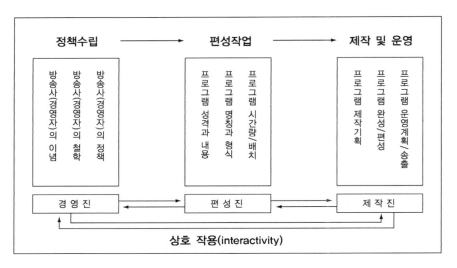

정책수립 ──→ 편성작업 ──→ 제작 및 운영

| 방송사(경영자)의 이념 | 방송사(경영자)의 철학 | 방송사(경영자)의 정책 | 프로그램 성격과 내용 | 프로그램 명칭과 형식 | 프로그램 시간량/배치 | 프로그램 제작기획 | 프로그램 완성/편성 | 프로그램 운영계획/송출 |

경영진 ⇄ 편성진 ⇄ 제작진

상호 작용(interactivity)

<그림 4-1> 방송편성의 단계도

이다. 여기에서는 '어떤 성격과 내용의 프로그램을 어떤 명칭과 형식으로, 어느 정도의 시간량으로 만들어, 어느 시간에 배치할 것인가?' 하는 편성기획의 작업 이 이루어진다. 이러한 결과로 편성표가 완성된다. 편성표는 한 방송사 또는 채널 의 총 방송계획표로서 한 주간의 방송시간과 내용이 일목요연하게 정리되어 있 다. 마지막으로 제3단계는 각 프로그램 기획의 실시, 다시 말해서 제작 및 운영 과정이라 할 수 있다. 여기에서 각 제작팀들은 자신이 맡은 프로그램을 구체적으 로 제작기획하고, 실제 제작을 통해 프로그램을 완성하며, 운영팀은 완성된 프로 그램을 편성 및 운영계획에 따라 송출한다(김성문, 1998: 57-58).

이러한 전반적인 과정이 넓은 의미의 편성이며, 좁은 의미의 편성은 제2단계, 즉 편성표의 작성까지를 지칭한다. 그러나 항상 제1단계, 제2단계, 제3단계의 일 방적·하향적 방식으로 흐르지는 않는다. 편성구조에서 각 단계의 주체가 제1단계 는 경영진, 제2단계는 편성진, 제3단계는 제작진이라 할 수 있는데, 편성진이나 제작진이 경영진이나 편성진에 지식이나 정보, 각종 자료 등을 제시하거나, 건의

---

14) 예컨대 '공영성 강화', '생활정보 확충', '건전한 오락문화의 선도적 역할', '고급문화 취향층에 대한 적극적 소구', '시청자 참여 프로그램 확대', '소외계층을 위한 프로그램 개발', '건전한 가족문화 창달', '월드컵 유치를 위한 방송지원 강화', '에이즈 예방을 위한 계도 강화', '학교폭력 추방을 위한 고정 프로그램 신설' 등 다양한 것들이 존재할 수 있다.

나 제안을 행할 수 있고, 경영진 또한 직접적으로 제작진과 협의 또는 제안할 수 있다는 점에서 편성 메커니즘의 세 주체는 상호적으로 작용하며, 다른 부서와도 협력하여 편성의 기능과 역할을 하게 된다.

이러한 편성의 과정은 다매체·다채널 시대에 보다 더 중요해진다. 즉 새로운 매체가 출현하였을 때 기존매체와 새로운 매체와의 관계는 기존매체와 새로운 매체가 치열한 경쟁을 통해 하나의 매체가 지배적인 위치를 독점하거나 아니면 새로운 매체를 협력자로 보아 공존가능성을 모색하는 것이라 할 수 있다. 현재 우리나라의 상황은 기존의 지상파방송과 케이블TV, 그리고 위성방송의 삼각구도 체제를 형성하고 있으며, 점차적으로 상호경쟁이 치열해질 것으로 예상되고 있다. 따라서 매체별로 어떤 편성전략을 추구하느냐는 새로운 매체와 기존매체의 관계를 어떻게 설정하느냐에 따라 달라질 수 있다.

우리보다 앞서 뉴미디어를 받아들인 외국의 경우, 뉴미디어의 출현으로 기존 미디어가 사라진 예는 거의 없었다. 뉴미디어의 영향을 받기는 하지만 뉴미디어와의 경쟁관계 속에서 살아남기 위해 기존미디어는 다양한 전략을 시도하고, 이런 과정에서 기존미디어와 뉴미디어는 차별화를 통해 상호 공존가능성을 모색하는 것이 일반적인 추세이다. 그리고 기존의 지상파방송이라는 동종채널간의 '수평적 경쟁'이 중심이 되었던 시대에는 편성과 제작이 중시되었지만 지상파 방송, 케이블TV, 위성방송, 영상정보 통신서비스 등 이종매체간의 '수직적 경쟁'으로 구체화되는 다매체·다채널 시대에는 경영과 전략이 중시된다(유의선, 1995: 16). 이는 곧 지상파 방송은 단일 채널을 대상으로, 프로그램을 편성단위로 구성하지만 다채널로 이루어진 케이블TV나 위성방송은 각각의 채널을 편성단위로 보고 다양한 채널을 상호보완적으로 구성한다는 것이다. 그렇다면 새로 등장하는 매체는 기존 매체와의 차별화를 통해 공존관계를 형성할 것이라는 전제하에 매체별 편성전략을 살펴보기로 한다.

(1) 지상파 방송의 편성전략

뉴미디어와 경쟁관계에 있는 지상파방송의 편성전략은 크게 차별화 전략과 유연편성 전략으로 구분된다. 차별화 전략이란 채널특성화 차원에서 지상파방송의 장점을 살리는 전략이다. 가장 폭넓은 대중을 상대로 방송하고 실제 미디어 이용률이 가장 높다는 지상파 방송의 장점을 살려 가능한 한 최대 시청자의 관심을 끌 수 있는 프로그램을 개발하여 편성한다. 한편 유연편성 전략이란 지상파 방송이 그동안 소홀히 다루어온 편성부문에 대해 경쟁매체의 특성을 고려하여 탄력적으로 대응하는 편성전략을 말한다. 지상파방송은 어떤 방송이념을 추구하느냐에 따라 이러한 편성전략에 다소 차이를 보이는데, 공영방송과 민영방송이라는 경영형태의 구분에 따라 편성전략 또한 달리 나타난다(홍기선 외, 2000: 337-338).

공영방송의 경우는 기본적으로 '공공의 이익을 위한 방송'을 해야 한다는 기본이념 아래서 시청자에게 필요한 것과 유익한 것, 재미있는 것 등을 제공해야 한다는 것과 아울러 다음과 같은 것들을 기반으로 편성전략을 구체화해야 한다.

첫째, 공익적 봉사성이다. 이는 수용자를 방송의 주인으로 여기고 국민 대다수의 필요와 편의 및 이익에 봉사하는 방송정신을 말한다. 이러한 정신은 공영방송이 방송을 통해 국민의 삶의 질적수준 향상에 기여하고 민주주의 토착화에 앞장섬으로서 인간의 존엄성을 실현할 것을 규정하는 것이다. 따라서 편성정책에 있어서는 오락성을 자제하고 교육성과 균형을 유지하도록 하여야 하며, 심층적인 정보제공과 함께 올바른 국민여론 형성에도 기여하는 것을 목표로 하여야 한다. 또한 지나친 대중의식에서 탈피, 소수대상의 편성을 지향할 필요가 있다(방송학회, 1990: 202).

둘째, 다양성이다. 이는 다양한 계층의 관심사와 취향을 방송에 반영함으로써 수용자의 선택권을 보장하고, 수용자가 원하는 것과 필요로 하는 것 간의 적절한 균형을 통해 교육성과 문화성이 발현되도록 사회구조의 다원성을 구현하는 것이다.

셋째, 공정성이다. 공영방송은 보도에 있어서 형평성의 원리를 바탕으로 최고의 공정성을 추구함으로써 국민이 기본적으로 가진 알 권리를 충족시킬 수 있어야 한다. 이를 위해서는 단순한 사실보도의 차원을 넘어 보다 심층적이고, 진실성과 객관성을 바탕으로 한 보도가 이루어져야 한다.

넷째, 독립성이다. 공영방송의 기본정신은 독립성이다. 이는 경영으로부터의 독립, 정치권력으로부터의 독립, 광고주로부터의 독립, 그리고 특수 이익집단으로부터의 독립을 말한다. 이를 통해 방송의 공적책무를 성실히 수행할 수 있도록 하여야 한다. 이를 위한 제도적 장치로는 경영의 주된 재원이 시청료로 이루어지도록 해야 하며, 예결산이나 감사 등 정부의 관여로부터 배제되어야 한다.

다섯째, 민족정체성이다. 공영방송은 대표적인 한국의 방송으로서 그간 근대화정책에 의하여 희석된 민족의 정체성을 확립하는 데 주력하여야 한다. 이는 방송을 통하여 민족의 자긍심을 일깨우고 한민족의 우수성을 확인시켜 주는 노력이 필요하다는 것이다. 또한 국민의 통일의지를 존중하여 민족적 일체감을 조성하고, 올바른 역사관을 정립하는 데 선도적 역할을 하지 않으면 안 되는 것이다(방송학회, 1990: 205).

한편 민영방송의 경우는 민간인이 소유하고, 광고로 운영되기 때문에 재정적 자립은 이룰 수 있으나, 자본가의 직·간접적인 통제를 받기 쉽다. 또한 방송내용은 다양한 오락프로그램으로 대중취향에 영합하는 경향도 있다. 그러나 방송이 공익자원임을 고려할 때, 상업방송이라도 영리만을 추구할 수 없고 상업성과 공공성을 동시에 고려해야 한다. 민영방송의 종주국인 미국의 FCC가 방송의 이념을 국민의 이익, 필요, 편의로 설정한 이유는 민영방송 역시 상업성뿐만 아니라 공익성을 동시에 추구해야 함을 시사한다(홍기선 외, 2000: 339). 이를 고려하여 민영방송은 다음과 같은 편성전략을 가져야 한다(방송학회, 1990: 274).

첫째, 편성의 모든 전략은 프로그램이 어느 체제이든 보다 많은 시청자의 확보에 있다. 시청자가 없는 방송편성은 생각할 수 없기 때문이다.

둘째, 편성전략의 요체는 다양하지만 시청자의 심리적 요인이 가장 중요하다. 이는 인간에 의한, 인간을 위한, 인간의 방송이란 점에서 인간탐구의 문제로 돌아온다.

셋째, 편성은 프로그램 하나하나 원자화된 상태가 아니라 상호연결된 흐름의 유기체로 파악해야 하며 이것이 수용자의 흐름이다. 아무리 시청률 확대전략이라도 방송은 공익성과 상업성이란 양 수레바퀴가 정상가동되어야 한다는 차원에서 편성의 기본 방향과 전략이 탐색되었다.

넷째, 국제화·지구촌시대에 국내외 뉴스프로그램과 통일의 시대에 남북 민족 동질성 회복을 위한 프로그램 편성이 대폭 확대되어야 한다.

다섯째, 편성전략으로 시간대별, 전형적 전략, 인기 프로그램 전략이 제시됐으며, 이들의 상호보완적 전략이 효과적이다. 편성전략은 고정된 것이 아니라 상황에 따라 적용하는 역동성을 바탕으로 한다. 이는 정치, 경제, 사회, 문화 등 세상사의 변화 그리고 경쟁국의 변화 등 여러 요인의 상호작용의 산물이기 때문이다. 이런 의미에서 편성전략은 본질적으로 잠정적인 것인지도 모른다.

(2) 케이블TV의 편성전략

케이블TV 방송도 일반 편성원칙을 따르지만 다채널의 전문적인 방송서비스가 가능하다는 케이블TV의 매체적 특성을 편성에 반영하여 채널특성에 맞는 전문적인 소재를 개발하여 시청자의 세분화된 취향에 맞게 프로그램을 구성해야 한다. 케이블TV의 편성 특성은 다섯 가지로 요약할 수 있다(홍기선 외, 2000: 340).

첫째, 프로그램의 다양성을 들 수 있다. 기존의 지상파방송은 제한된 전파로 인해 채널 수, 프로그램 내용에서 제한을 받아왔으나 케이블TV는 유선을 이용해 프로그램을 전달하기 때문에 다양한 채널을 통해 다양한 프로그램을 제공할 수 있다.

둘째, 프로그램 전문성을 들 수 있다. 케이블TV는 일반 대중을 상대로 방송을 하는 것이 아니라 케이블TV에 가입한 특정 계층을 대상으로 방송한다는 점에서 대상 시청자가 정해져 있고, 채널별로 프로그램 내용이 유형화되어 있기 때문에 프로그램의 내용과 질에 있어서도 보편성보다는 전문성을 지향한다.

셋째, 프로그램 상호보완성을 들 수 있다. 시청자는 필요와 상황에 따라 자신이 원하는 채널을 선택할 수 있다. 드라마를 시청하고 싶으면 드라마 채널을, 뉴스를 시청하고 싶으면 뉴스채널을 시청한다. 이렇게 케이블TV는 다양한 수용자의 욕구를 충족시킬 수 있도록 채널간의 상호보완성을 갖는다.

넷째, 케이블TV 프로그램은 방송시간의 제약을 받지 않는다. 케이블TV 프로그램은 방송시간의 제약을 받지 않기 때문에 지상파방송에 비해 내용이 상세하다.

다섯째, 프로그램 지역성을 들 수 있다. 유선방송의 운영기반은 지역이므로 지역성을 프로그램에 반영해야 한다. 현재 미국의 대도시나 대학도시에서 운영되는 케이블TV 방송국의 4분의 1 이상은 지역 자체 프로그램을 제공하고 있는데, 이는 바로 지역매체로서 케이블TV의 효용성을 보여주는 것이다.

(3) 위성방송의 편성전략

지상파방송이나 케이블TV와 같은 기존 진입자와 비교하여 위성방송은 다채널 및 편재성, 그리고 전문채널화라는 측면에서 비교우위를 갖고 있다. 따라서 위성방송의 채널구성은 케이블TV보다 더욱 광범위한 시청층을 대상으로 한 채널과 아주 세분화된 특수고객을 표적으로 둔 전문채널을 동시에 운용할 수 있다. 즉 철저한 시장세분화를 통한 다양한 유형의 전문편성의 실행과 동시에 전국적인 시청자와 나아가 국경을 넘어서는 시청자를 대상으로 한 글로벌편성이 가능하다는 것이다.

다채널 위성방송은 특히 관심의 대상인데 그 이유는 백 개 이상의 위성채널을 이용하여 동시다발적으로 많은 프로그램을 전송할 수 있기 때문이다. 이러한 위성방송에서는 채널 내 편성보다는 채널간 편성이 더 중요시된다. 채널간 편성이란 수용자의 취향이나 관심분야에 따라 해당 서비스를 선택할 수 있도록 채널을 몇 개의 묶음으로 제공하는 것으로 일명 채널 패키징(packaging)이라고 한다. 이렇게 채널 패키징을 할 때에는 수용자의 욕구, 취향, 소득수준, 경제정도 등 수용자에 대한 과학적인 분석과 타 매체와의 경쟁상황 등을 파악할 필요가 있으며, 특히 후발매체인 위성방송이 방송시장에 진입하려면 기존매체와의 차별성을 보여주는 것이 필요하다. 수용자의 입장에서 볼 때, 위성방송이 케이블TV에 비해 비교우위를 보이지 않을 경우 많은 비용을 지불하면서까지 위성방송을 시청할 이유가 없다. 따라서 케이블TV와의 차별화 전략이 위성방송의 조기 정착을 결정짓는 중요한 요인이 될 것이다(홍기선 외, 2000: 343-344).

2. 방송 프로그램의 제작

1) 방송 프로그램 제작이념

방송은 프로그램을 통해 우리의 일상생활을 반영한다. 특히 영상매체인 텔레비전은 사회구성원의 생활모습을 뉴스, 드라마, 다큐멘터리 등 프로그램을 통해 전달한다. 우리는 텔레비전을 시청함으로써 다양한 생활풍습과 삶의 모습을 간접적으로 경험한다.

이러한 경험은 곧 문화라는 생활양식 속에서 우리가 받아들여야 할 가치와 규범 등을 규정하는 것이며, 이로 인하여 방송이 인간의 생활영역에 끼치는 영향력은 가히 막강하다고 볼 수 있다. 따라서 방송은 그 초기 태동부터 공익성 혹은 공공성이라는 요소를 기본적으로 내재한 매체로서의 보편적 당위성을 가지고 있다. 초기 방송은 전파의 희소성 원칙에 따라 방송의 모든 산물은 공공재적 성격을 가져야 한다는 보편적 당위성을 가지고 있었으나, 커뮤니케이션 테크놀러지의 발달에 따라 다채널이라는 특성을 가진 뉴미디어가 등장하면서 전파의 희소성 원칙은 점차적으로 그 설득력을 상실하였다고 볼 수 있다. 이와 함께 뉴미디어의 출현으로 인한 매체별 경쟁력이 극단적 상업성을 초래할 수 있는 가능성이 높아지면서 방송매체가 지녀야 할 공익성 개념은 공공의 매체접근의 확대로 나아가고 있지만, 기본적으로 공공의 이익에 기반한 프로그램을 시청자에게 제공해야 한다는 이념은 변하지 않았다.

이러한 원인은 방송이 가지고 있는 사회규범적 역할과도 매우 밀접하게 작용하는데, 한 사회의 가치와 규범체계는 구성원들을 결합시켜주는 접착제 역할을 수행하며, 방송은 이러한 가치와 규범체계를 반영하고 재생산한다. 이렇게 재생산된 가치와 규범체계는 기본적으로 문화적 준거의 틀을 제공한다. 우리는 일상생활 속에서 방송을 통해 사회의 지배적인 문화행태를 자연스럽게 습득하고 내면화하며, 사회 속의 개인들은 이러한 문화의 내면화작용을 통해 그 속에 담겨있는 가치나 규범을 익히고 사회질서에 편입된다(홍기선 외, 2000: 213).

그러므로 '방송이란 과연 어떤 것이어야 하며, 또 방송은 어떻게 제작되어야 하는가'는 결국 "방송의 모든 프로그램은 당연히 '사람을 위해, 사회를 위해, 그리고 국가를 위해' 제작되어야 한다"에 그 근본을 두어야 한다. 따라서 방송 프로그램 제작이념의 기본이 되는 것은 첫째, 그 형식에 관계 없이 '인간을 위한 방송'이라는 본질을 외면할 수 없다는 것이고, 둘째, 시민사회를 이끌어가는 공통의식을 고취시켜주는 역할이 바로 방송이기 때문에 더불어 사는 사회를 만들기 위한 봉사자로서 그 역할에 충실해야 한다는 것이다. 셋째, 방송 프로그램은 올바른 국가관을 가질 수 있도록 하면서 사회공동체가 추구하는 정의와 선을 나눌 수 있는 지식과 교양, 오락 등을 다양하게 제작·방송해야 한다는 것이다. 무엇이 좋은 방송이고, 어떤 것이 바람직한 프로그램인가 하는 문제는 단적으로 말할 수는 없으나, 공익정신에 위배되는 방송을 결코 좋은 방송이라고 할 수 없는 것만은 사실이다. 그리고 국민이 필요로 하는 것(What they need), 국민이 원하는 것(What they want)을 프로그램화하는 작업에서 적절히 조성·배분할 수 있는 능력 또한 중요하다(박소웅, 2002: 65). 따라서 모든 방송 프로그램을 보편적 가치 이념의 공통분모가 될 수 있게 제작해야 함은 두말할 필요가 없다.

2) 방송 프로그램의 기본 제작시스템

(1) 기본 제작시스템

기본적인 방송제작시스템은 카메라, VTR, 비디오파일(video file), 문자발생기(character generator) 등으로 구성되는데, 다양한 화면 소스 중에서 스위처(switcher)는 매순간마다 실제 방송될 내용을 선택하는 역할을 수행한다.[15] 이 선택은 연출자(director)의 지휘에 의해 이루어지고 이 지휘에 따른 스위처 조작은 기술감독(technical director, 이하 TD)이 담당한다. 이 과정에서 DVE(digital video effect)가 사용되기도 하는데, 이것은 화면을 왜곡시키고 마치 날아가거나 돌아가는 듯한 모양을 만들어내는 등 화면을 디지털신호로 바꾸어 컴퓨터에서 다양한 효과를 얻어내는 기기라고 할 수 있다. 오디오믹서는 오디오 소스 중에서 매순간마다 방송될 내용을 선택하고 음량과 음색을 조정하는 역할을 한다. 이 선택 또한 연출자에 의해 이루어지고, 연출자의 명령에 따라 음향담당자(audio engineer)가 오디오믹서를 조작한다. 이렇게 매순간 선택되는 화면과 음향신호는 생방송일 경우 바로 주조정실(master control room)로 넘어가 방송되고 녹화방송일 경우에는 녹화기(VTR)의 테이프에 담긴 뒤 나중에 주조정실의 녹화기에서 재생하여 방송된다(홍기선 외, 2000: 370).

(2) 제작팀

방송 프로그램에 대한 제작에 직접적으로 참여하는 이른바 제작팀은 크게 제작스태프, 제작기술, 지원요원, 프로그램 출연자 등으로 구분하여 살펴볼 수 있다. 먼저 제작스태프는 프로듀서, 연출, 조연출, 작가, 제작보조 등으로 구성되며, 제작기술팀은 기본적으로 기술감독, 카메라맨, 조명감독, 음향감독, 세트 디자이너 등으로 이루어진다. 그리고 그 밖에 지원요원에는 의상담당자, 미용담당자, 소품담당자, 음악담당자, 그리고 잡다한 일을 담당하는 제작보조 등이 포함된다.

여기서 프로듀서는 프로그램 제작 전반에 대해 책임을 지는 사람으로 기획, 녹화, 편집 등 전 과정에 최종적인 권한을 행사하며, 제작환경과 관련한 사내·외 접

---

15) VTR은 사전에 촬영해 편집해놓은 인터뷰, 현장스케치 등을 녹화나 생방송 도중 재생(playback)하여 본 프로그램에 삽입시키는 역할을 수행하며, 비디오파일은 인물사진, 그래픽 등 정지화면을 저장해두고 방송 중에 불러내어 사용하는 기기이다. 또한 문자발생기는 출연자이름 등 화면에 덮어씌우는 글자를 만들어내는 기기이다.

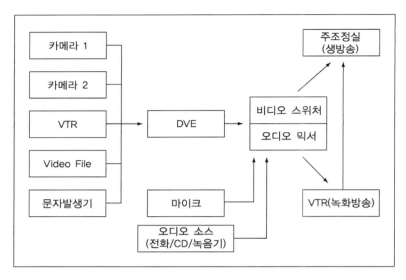

<그림 4-2> 기본 제작시스템

측, 예산기획 및 확보, 집행, 인력관리 등에 이르기까지 맡은 책임이 광범위하다. 연출자는 제작현장에서 제작기술팀과 출연자를 지휘하여 방송될 화면과 음향을 선택하는 것이 주요 임무로, 우리나라의 경우는 프로듀서와 연출자의 업무가 복합되어 PD(producing director 혹은 producer & director)라고 불리며, 특히 라디오 제작자와는 전혀 그 기능과 역할이 틀린 TV의 독특한 산물로서 기능하고 있다. 이러한 PD라는 용어는 기본적으로 일본의 방송체계를 도입하는 과정에서 하나의 부산물로 사용되어오고 있는데, 최근에는 일본에서 CP(chief producer)라는 일종의 책임프로듀서 개념을 도입, 이를 채택하는 경향이 늘어가고 있다. 그러나 문화영역의 중추적 역할을 담당하고 있는 우리나라 방송의 발전을 위해서는 국내의 현실에 적합한 개념을 적용, 확대할 필요성이 있다.

(3) 제작 특성

텔레비전은 연극, 영화, 라디오 등의 매체형태를 기반으로 차츰 다른 매체와의 유사성에서 탈피하여 오늘날 고유의 위치를 확보하게 되었다. 연극은 주로 인간 내면의 갈등이나 오류 등을 풍자하는 과정에서 노래와 춤을 통해 흥미를 이끌어왔고, 영화나 라디오는 드라마나 뉴스, 기타 생활정보 등을 제공해왔다. 즉 연극이나 영화, 라디오 등은 각기 매체의 고유 특성에 따라 그에 적합한 프로그램을 시청자들에게 제공해왔으나, 텔레비전은 연극이나 영화, 라디오에서 제공된 갖가지 유형의 모든 프로그램을 단일 매체에서 제공할 수 있게 되었다는 점이 그 특성이다.

또한 제작과정에서 영화는 연극의 시각적 특성과 이야기 구조를 바탕으로 라디오의 음향을 더하여 필름이라는 소재에 담아낸다. 그리고 라디오는 음향효과만을 이용하여 청취자로 하여금 상상 속의 세계로 빠져들게 하는, 즉 '소리의 시각화'가 제작의 핵심이 되는 매체이다. 기본적으로 녹음기만 가지면 별다른 보조장비 없이도 쉽게 제작이 가능하다. 이에 비해 텔레비전은 영화적 기법에 더하여 여러 대의 카메라를 운용하고 스위처를 이용한다는 점에서 한 걸음 발전된 형태이다. 즉 텔레비전에는 연극, 영화, 라디오 등 모체가 되는 다른 매체의 기술적 특성이 망라되어 있어 '종합예술'이라 불리기도 한다. 또한 영화는 필름을 이용해 단일 카메라로 촬영한 뒤 현상, 편집, 효과 설정 등 복잡하고 정교한 후반작업(post-production)을 거쳐 완성되는데, 텔레비전은 전기신호를 이용하므로 촬영과 동시에 방송할 수도 있고 촬영내용을 테이프에 녹화한 뒤 현상과정 없이 편집을 거쳐 바로 방송할 수 있다는 데서 영화에 비해 동시성을 지닌다(홍기선 외, 2000: 366-367). 이처럼 영화나 라디오 등의 기술적 특성이 집약된 텔레비전은 그 특성으로 인하여 한정된 짧은 시간 내에 많은 프로그램을 제작해낼 수 있다는 텔레비전 고유의 제작적 특성을 가지고 있다(최창섭·손용, 1984: 16). 이 외에도 텔레비전의 현장성은 다른 매체와 다른 고유의 영역을 개척하는데 원동력이 된다는 점에서 확고한 기반을 다지고 있다.

3) 방송 프로그램의 제작과정

방송 프로그램을 제작한다는 것은 단순히 촬영한다는 것 이상의 의미를 지닌다. 훌륭한 프로그램은 제작에 관계되는 다양하고 복잡한 여러 요소들이 완벽하게 결합되어야 비로소 가능하다는 점을 고려해볼 때, 방송 프로그램은 일종의 창조적 과정의 산물로서의 가치를 지닌다고 볼 수 있다.

(1) 방송 프로그램의 제작과정

방송 프로그램의 제작과정은 제작전단계(pre-production), 제작단계(production), 그리고 제작후단계(post-production)로 구분된다. 혹자는 방송 프로그램 제작과정을 크게 4가지 단계로 구분하기도 하는데, 워즐(Wurtzel)에 따르면 사전기획단계 (pre-production planning), 준비 및 예행연습단계(preparation & rehearsal), 제작단계(production), 제작후단계(post-production)로 구분하기도 한다(A. Wurtzel, 1983: 19).[16] 그러나 3단계의 구분이 일반적이기 때문에 여기서는 방송 프로그램 제작의 3단계 과정을 중심으로 고찰하도록 하겠다.

가) 제작전단계

제작전단계는 제작아이디어를 내는 기획단계로서 실제촬영이나 녹화 또는 생방송이 이루어지기 직전까지의 과정이라 할 수 있다. 제작전단계는 실질적으로 방송 프로그램 제작의 시작이라고 할 정도로 매우 중요한 과정이다. 기획을 어떻게 하느냐에 따라 프로그램의 성격, 내용, 형식 등이 결정되기 때문이다. 따라서 제작전단계는 하나의 창조적 작업단계로서 "어떠한 목적을 가지고 무엇을 어떻게 만들 것인가?"에 대한 부각이 주요 관건이라 할 수 있다.

기획단계에서 가장 우선적인 것은 소재 및 주제의 선정이다. 이것은 시기적 상황에 따른 제작진의 판단과 시청자의 여론, 기대효과, 시청 가능성 등이 종합적으로 고려되어 이루어진다. 소재 및 주제선정이 끝나면, 그것에 대해 구체적으로 어떠한 시각에서 얘기를 어떤 내용으로 풀어갈 것인가, 즉 소주제의 전개를 결정한다. 소주제가 결정되면 이것을 어떠한 형식과 인적구성(staff/cast) 및 기술적 수단으로 프로그램화할 것인지 결정한다. 이러한 과정을 거쳐 최종적으로 기획안이 완성된다. 그러나 기획은 '독창성과 개성'[17]을 요구한다. 기획에는 PD나 AD, 그리

---

16) 이러한 구분법에 따라 살펴보면, 우선 사전기획단계에서는 방송 프로그램의 기본 컨셉 설정, 방송 프로그램의 기본목표와 제작방향, 대본의 완성, 제작스태프들의 제작회의 등으로 집약된다. 다음으로 준비 및 예행연습 단계에서는 크게 설치(세트제작/설치, 조명설치/조정, 오디오 설치)와 연습(스튜디오 외에서의 기본 리허설, 카메라 자리 설정, 총체적 리허설을 통한 문제교정, 의상 리허설 등)으로 구분된다. 그리고 제작과정에서는 ① 사전 계획된 방송시간에 맞추어 제작 및 종료, ② 중단 없이 스트레이트로 제작, ③ 설치되어 있는 여러 대의 카메라를 이용하여 세그먼트별로 녹화 및 신(scene) 녹화, ④ 각 신을 위한 세트 설치 종료 및 싱글카메라로 녹화, ⑤ 녹화 및 사후편집 등의 과정을 거친다. 그리고 제작 후 단계는 스튜디오를 철거하고, 비디오 테이프의 편집, 오디오 스위트닝(음향효과), 프로그램 평가 등으로 이루어진다.

17) 이를 위한 방법으로는 여행, 탐사, (자료)조사, 대화, 토론, 독서, 연구, 사색, 영상물이나 연극 등 문화예술물 감상 등 여러 가지가 있다. 한마디로 제작자는 기획을 위해 24시간 생각하고 경험하며 공부해야 한다. 기획회의는 이러한 제작자 각자의 노력이 제작

고 작가(구성/드라마) 등 제작진의 인생경험과 철학, 가치관, 지식이나 정보, 생활
스타일, 성향, 상상력, 판단력, 논리력 등이 총체적으로 녹아 있다. 그래서 제작자
는 항상 사물이나 대상에 대해 깊이 있고 폭넓게 사고하고, 다른 각도에서 볼 줄
아는 시각도 길러야 하며, 다양한 삶의 모습을 가급적 많이 접해야 한다(김성문,
1998: 73-75).

한편 기획안에는 기획의도, 형식 및 표현방법, 내용, 인적구성, 기술적 수단 등
이 포함된다. 기획의도는 기획안의 가장 핵심으로서 프로그램이 지향하는 목적을
함축하고 있어야 하고, 형식 및 표현방법은 생/ 중계/ 녹화방송, 스튜디오/ 야외,
비공개/ 반공개/ 공개방송 등의 형식을 포함하는 다양한 구성 및 표현형식을 말하
며, 내용은 기획의도에서 간략하게 밝힌 프로그램의 내용을 보다 구체적으로 순
서에 따라 요약하여 서술한다. 또한 인적구성에서는 PD를 비롯한 제작진과 사회
자나 패널(panel), 게스트(guest) 등 출연진이 실명과 함께 제시되어야 하고, 마지막
으로 기술적 수단에 있어서는 기술적인 사항을 비롯하여 제작에 필요한 모든 보
조수단들이 언급된다. 여기에는 음향, 효과, 음악, 자료(테이프), 공연장소, 유관기
관, 무대장치, 조명, 소도구, 합창단/ 무용단, 악단, 편곡, 중계차, 특수카메라, 헬기
등 섭외사항이나 특별히 준비해야 할 시설이나 장비, 수단들이 포함된다(문화방송,
1997: 137).

이처럼 제작전단계로서의 기획은 철저한 준비와 현실적 계획은 프로그램 성공
에 결정적인 요소이다. 제작전단계가 철저하지 못하면 제작비와 시간의 막대한
손실을 가져와 좋은 프로그램을 만들 수 없다. 예컨대 길거리 장면을 촬영할 때
는 촬영지섭외와 경찰 등 관계자 협조요청 등이 이루어져야 하고 악천후 등 예상
치 못한 사태가 발생해 촬영이 불가능할 경우를 대비해 지체 없이 곧바로 다른
작업으로 선회할 수 있는 대안을 마련해 두어야 한다. 한국 방송 프로그램의 질
이 문제인 이유도 기획에서 제작에 이르는 시간이 짧다는 데 있다(한균태, 1995).

나) 제작단계

제작단계는 기본적으로 촬영, 편집, 생방송/ 녹화의 과정으로 구분하여 살펴볼

진 전체의 차원에서 논의, 토론되는 과정이다. 개별 제작자의 노력과 제작진의 기획회
의는 논의, 토론되는 과정이다. 개별 제작자의 노력과 제작진의 기획회의는 나름대로
최선의 기획안이 결정될 때까지 순서 구분 없이 계속되는 기획의 보루라 할 수 있다.

수 있다. 실질적으로 제작단계가 방송 프로그램을 완성해내는 중간적 과정에 있기 때문에 전체적인 스태프들의 협동작업은 필수적이다. 따라서 제작단계는 고도의 조직적 체계가 뒷받침하는 가운데 이루어져야 하는데, 제작단계의 기본적 과정을 살펴보면 다음.과 같다(홍기선 외, 2000: 379-380).

첫째, 촬영은 기본적으로 편집을 염두에 두고 이루어져야 시간과 경비를 아낄수 있다. 특히 편집에서 부족한 부분을 발견해 재촬영이 필요하게 되면 이는 큰 낭패라고 할 수 있다. 이를 방지하기 위해서는 촬영 리스트 작성 등 사전제작이 필수이다. 드라마는 물론이고 뉴스나 다큐멘터리 촬영에서도 촬영 리스트에 의해 촬영하지만 사실성이 강조되는 프로그램에서 의도된 화면이 나타나지 않는다고 하여 연출된 화면을 쓰면 안 된다. 물론 다큐멘터리의 경우 불가피한 경우 연출된 화면임을 확실히 고지하고 사용할 수도 있으나 뉴스에서는 지양해야 한다.

둘째, 편집은 결합(combine), 삭제(trim), 정정(correct), 구성(build) 등 네 가지의 기능을 한다(H. Zettle, 1992: 418-420). 여기서 결합은 여러 테이프에 나누어져 있는 화면을 하나로 연결시켜 하나의 완성된 방송용 테이프로 만드는 것을 의미하며, 삭제는 촬영된 것을 압축하여 가장 필요한 것만을 선택하는 과정이다. 정정은 어떤 장면 가운데 제대로 안된 부분이나 촬영이 잘못된 것을 잘라내거나 잘된 것으로 바꾸기 위한 작업이며, 구성은 같은 장면을 다른 각도와 크기로 여러 번 촬영한 뒤 이것을 영상문법에 맞도록 자르고, 연결하여 하나의 이야기 구조를 만들어내는 것이다. 전체적인 편집과정은 촬영보다 더 주관적인 것으로, 숏의 순서와 길이를 어떻게 하느냐에 따라 시청자의 느낌은 크게 달라진다. 따라서 편집은 '방송의 기술'이라는 사실을 잘 드러내주는 제작과정으로 사실의 왜곡과 선정성의 근원이 편집과정에 있을 수 있다.

셋째, 생방송이나 녹화과정에서는 현재 진행되는 사안을 카메라에 담는 것과 동시에 미리 촬영, 편집해둔 테이프를 돌려가며 프로그램을 완성한다. 생방송이나 실황녹화에서는 프로듀서가 NG(no good)를 선언해 잘못된 부분을 수정하고 나아갈 수 없으므로 사전준비와 리허설이 철저해야 한다. 즉 기획단계의 충실도가 그대로 드러나는 때가 녹화단계이기도 하다.

다) 제작후단계

생방송에서는 존재하지 않는 제작후단계로서의 편집은 '새로운 창조'의 작업이다. 제작기획에 따른 촬영이나 녹음, 즉 취재는 그 자체로서 하나의 선택이며 창조이다. 그러나 이러한 선택 및 창조의 작업은 그것으로 끝나지 않는다. 제작진은 보통 실제방송시간보다 훨씬 많은 양을 취재하여 편집과정을 통해 선별하고 연결한다. 이것은 선택의 폭을 넓혀 보다 충실한 내용을 담고 동시에 실수로 잘못되거나 불필요한 내용을 삭제하기 위한 것이다(김성문, 1998: 83). 따라서 제작후단계는 일종의 최종편집과정으로서 녹화과정에서 실수한 부분과 녹화 당시보다 더욱 정교한 기술적 처치가 필요한 부분을 손질하는 단계이다(홍기선 외, 2000: 381).

편집은 과정상 두 가지 형태가 있는데, 하나는 일차 편집, 즉 오프라인(off-line) 편집이고, 다른 하나는 이차 편집, 즉 온라인(on-line) 편집이다. 오프라인 편집은 일차로 취재한 결과물을 편집실에서 가편집하는 작업을 말하는데, 여기에서 취재해온 오디오/ 비디오 테이프 자체에 대한 실제적인 편집이 일단 끝나게 되며, 만약 부족한 부분이 있을 경우 추가취재를 통해 보완하기도 한다. 오프라인 편집이 완전히 끝나면 마지막 총체적인 작업으로서 온라인 편집을 하게 되는데, 이것은 모든 편집제작시설이 갖춰져 있는 조정실에서 기존의 테이프에 새로운 음향(다른 대사나 각종 소리 등의 음향, 번역 대사 등)을 붙인다. 즉 더빙(dubbing), 각종 영상이나 음향효과 가미, 타이틀(title) 등 프로그램 제작의 최종적 단계를 거침으로써 작품을 완성하는 것이다. 이러한 온라인 편집과정을 방송현장에서는 흔히 제작이라 부른다(김성문, 1998: 84).[18]

제작후단계는 프로그램의 질을 한층 높여주는 과정으로, 녹화가 예정된 시간에 이루어져야 충분한 시간을 두고 제작후단계에 들어갈 수 있으며, 제작전단계인 기획에서 충실해야 한다.

(2) 방송 프로그램의 제작요소

방송 프로그램이 제작되기 위해서는 제작의 여러 요소들을 갖추어야 하는데, 기본적인 제작요소들은 다음 10가지로 구분하여 살펴볼 수 있다(이정근, 2001: 12-13).

---

18) 단순한 스튜디오 녹화/녹음제작이나 현장/야외녹화/녹음제작의 경우에는 취재 후 일차(off-line) 편집을 하고 필요에 따라 추가취재를 한 다음 바로 이차(on-line) 편집에 들어간다. 그러나 스튜디오와 현장/야외제작이 병행되는 종합제작에 있어서는 먼저 현장/야외 취재 후 스튜디오제작에 필요한 장면을 선정하기 위한 일차 오프라인 편집을 하고 선정된 장면들은 스튜디오 제작시 필요에 따라 삽입되어 종합제작이 이루어지고 이러한 스튜디오 종합제작 후 이차 오프라인 편집이 진행되며, 그 다음 마지막으로 온라인 편집이 이루어진다.

① 수용자(시·청취자): 대부분의 프로그램 송출은 정해진 시간대에 따라 행해지고 수용자의 인구 사회학적인 프로필을 고려하게 된다. 프로그램의 종류에 관계없이 어느 경우든 예상 가능한 수용자에 대해서 파악하고 있을수록 좋다.

② 기획: 제작하려고 하는 내용과 그것을 어떻게 제작할 것인가를 확실하게 문서화시켜야 한다. 신뢰성과 지지를 끌어낼 수 있도록 간결하고 분명하게 기술한다. 여기에는 프로그램의 타이틀, 컨셉, 포맷, 스토리라인, 주요출연인사, 제작형식 등이 포함된다.

③ 예산: 제작에 필요한 자금과 자원에 대한 현실성 있는 평가를 기초로 해서 가능한 예산에 대해 관련 부서와 제작에 앞서 미리 협의하는 것이 중요하다.

④ 프로그램 연구: 유사한 프로그램이 지금 방송 중이거나 또는 제작되고 있는 것은 아닌지, 방송되었을 때 일어날 문제는 없는지, 청소년 등 수용자에게 어떤 영향을 주게 될지 예상해보아야 한다. 프로그램에 대한 주도면밀한 연구검토가 필요하다.

⑤ 대본(script): 처음 아이디어에서부터 프로그램이 더빙단계에 이를 때까지 영화나 비디오테이프 편집자, 코멘터리 대본에 대한 수정대본에 이르기까지 여러 단계를 다 포함한다.

⑥ 섭외 혹은 현장답사: 촬영장소와 제작에 출연할 사람들을 찾는 작업과 장소 등에 대한 탐색이나 물색을 가리키는 용어로서, 대부분의 프로그램 제작에서 매우 중요하다. 이것은 프로그램 연구와 밀접한 관계가 있다.

⑦ 촬영(shooting): 촬영은 모든 제작에서 가장 중요한 단계이고 주의 깊게 계획되어야 할 단계이다. 촬영하지 못하면 편집을 할 수 없다. 자세한 촬영 리스트나 콘티를 사전에 작성해야 한다.

⑧ 편집(editing): 필름 커팅 룸이나 비디오 테이프 편집실에서 프로그램의 창의적인 작업을 하게 된다.

⑨ 더빙(dubbing): 사운드 트랙의 믹싱과 해설을 추가한다. 동시녹음이 아닌 경우, 대사녹음도 이 단계에서 하게 된다.

⑩ 시사와 홍보: 완성된 프로그램의 시사회 및 홍보를 한다.

(3) 방송 프로그램의 제작인력

방송 프로그램의 제작이란 기본적으로 창의력을 바탕으로 한 작업이기 때문에 조직적 차원으로서의 다양한 제작인력은 곧 훌륭한 프로그램을 창조해낼 수 있는 가능성을 보다 확장시킨다. 따라서 방송 프로그램의 제작인력이 주어진 역할을 제대로 수행하느냐 하지 못하느냐에 따라 방송 프로그램의 질이 결정된다.

일반적으로 제작진의 규모는 촬영의 규모에 따르는데, 통상 많은 카메라는 많은 제작인원을 필요로 한다. 세트 제작이나 오디오·디자인, 조명 계획 등에서 더 좋은 작품을 위해서는 충분한 인원이 가동되어 각자 자기 전담 분야에만 전념할 수 있어야 연출자가 세부사항에 일일이 얽매이지 않고 자유롭게 전체를 총괄할 수 있다. 신중을 기해서 선정하고, 일단 선정한 요원은 촬영 첫날부터 전문가로 취급한다. 전문가로 대해야 최상 또는 최상에 가까운 작업이 이루어질 수 있다. 따라서 이들이 사전제작 회의에 빠지지 않고 참석하도록 하며, 리허설 시간에 늦지 않도록 하며, 촬영에 임하면 자기 프로그램을 제작하는 듯한 자세로 촬영에 임하도록 요구할 필요가 있는데, 프로그램 제작진들에 대해 세분화하여 설명하면 <표 4-3>과 같다(김영임 역, 1993: 26-27).

4) 한국방송의 제작풍토

(1) 제작환경의 변화

디지털 기술과 네트워크 기술이 발달하면서 방송 프로그램의 제작방식도 큰 변화를 맞고 있다. 즉 방송제작 부분에서 컴퓨터를 이용한 제작이 급격하게 확산되고 있으며 컴퓨터와 컴퓨터를 연결하여 텍스트와 영상자료를 서로 주고받게 되어 제작공간이 축소되고 있다. 이러한 방송제작의 변화는 크게 방송제작의 개인화, 편집방식의 변화, 컴퓨터가 제작의 중심도구가 되는 DTPP(desktop program production)시스템 등으로 구분할 수 있는데, 이를 구체적으로 살펴보면 다음과 같다(홍기선 외, 2000: 384-389).

먼저 방송제작의 개인화를 이끈 주요한 기술적 수단은 카메라와 녹화기를 합친 캠코더(camcorder)라고 볼 수 있다. 더군다나 디지털 기술이 아날로그 기술을 대체하면서 기존보다 선명한 화질과 더 가볍고 작은 캠코더가 등장하고 있는 것이다. 이로 인하여 방송장비가 경량화, 개인화됨으로써 과거에 여러 사람을 필요로 하던 작업이 점차 한 사람으로 가능한 시스템으로 바뀌어가고 있다.

다음으로 디지털 방식에 의한 또 다른 형태의 발전은 테이프가 점차 사라지고 있다는 것이다. 즉 지금까지는 촬영된 마그네틱테이프를 편집장비에 집어넣어 그 내용을 재생해가면서 원하는 장면을 편집해왔다. 그러나 컴퓨터 하드디스크 용량의 확대와 디지털 압축기술의 발전으로 인하여 테이프의 신호를 일단 하드디스크에 저장한 뒤 컴퓨터에서 편집을 할 수 있게 되었다(Osgood, 1997: 115-124). 이제는 테이프를 돌리지 않고 마우스를 움직여 원하는 장면장면을 하드디스크에서 바로바로 불러내면서 편집하게 된 것이다. 이른바 비선형편집(non-linear editing)이다.

마지막으로 DTPP시스템으로 인하여 모든 제작진들과 제작요소들이 컴퓨터망

<표 4-3> 방송제작인력의 기능과 역할

제작인력	역할과 기능
제작기획자 & 제작자	제작기획자(executive producer)는 제작비를 대거나 혹은 제작비를 끌어들이는 역할을 수행하며, 제작자(producer)는 제작에 관한 아이디어를 내고 모든 제작요소를 조합, 진행시키는 역할을 수행한다. 제작기획자와 제작자가 동일인일 경우가 많다.
연출자 & 조연출자	연출자(director)는 스크립트를 해석하고 녹화방식, 녹화장소를 결정하고 연기자와 제작진을 정하는 책임을 맡는다. 조연출자(assistant director; AD)의 업무는 제작과 관련된 것을 기록하는 일이 임무 중 가장 중요하다. 기록은 편집 기획이나 실제 편집에 임했을 때 없어서는 안될 중요한 자료가 된다. 또한 특별한 경우 연출자의 역할을 대신할 수 있다.
작가와 카메라 담당자	작가(writer)는 포맷과 스크립트를 작성하는 사람이며, 카메라 담당자는 카메라맨(camera operator)이라고 부른다.
조명감독과 기사	조명감독(lighting director; LD)은 조명책임자를 말하며 조명기획을 담당한다. 실제 작업 시 모든 기구가 제자리에 배치되었고, 제대로 작동하는가를 확인한다. 조명기사는 조명감독의 조수로서 조명감독이 기획한 대로 조명을 설치하며 녹화 중 제대로 작동하는가를 점검한다. 추가 조명이 많지 않으면 다른 작업도 동시에 보조한다.
음향감독과 기사	음향감독(audio director; AD)은 필요한 음향을 총괄하는데, 어떤 종류의 마이크 몇 개를 어디에 설치해야 할 것인가, 특수효과를 삽입할 것인가, 어떤 종류의 특수효과가 좋을까, 어느 음악을 사용할 것인가 등을 담당한다. 음향감독 밑에는 음향기사(audio assistant)가 있다.
세트 디자이너	프로그램에 사용할 모든 세트를 디자인하는 사람으로 실제 세트의 제작은 세트 디자이너나 연출자와 연결된 목수가 한다.
기술감독	기술감독(technical director)은 녹화시 화면상의 기술적 장애 유무를 확인하며 연출자의 카메라 숏, 효고, 사전 녹화테이프 등에 관한 주문에 따라 스위처(녹화의 모든 요소를 관리, 통제하는 장치)버튼을 누른다. 간단한 촬영의 경우에는 비디오 점검실(viewing room)의 운영을 책임진다.
녹화기사	녹화기사(videotape operator)는 연출자의 지시에 따라 테이프를 돌리고 녹화기기의 정상작동 유무를 확인 점검한다.
그래픽 담당	그래픽 담당(graphic coordinator)은 사용할 미술자료, 슬라이드, 사진 등이 제 시간에 제 위치에 준비되어 있는가를 확인하고, 필요할 때 즉석에서 컴퓨터 그래픽을 만들기도 한다.
의상, 분장 및 미용	의상담당자는 출연자가 입을 옷을 준비하고 조달한다. 모든 의상을 청결하고 구김 없이 관리하여 촬영 시 언제라도 이용할 수 있도록 한다. 분장사와 미용사는 출연자의 분장과 머리스타일을 담당하는데, 특히 미용사는 촬영하는 동안 정해진 머리 모양을 유지하도록 돕는다.
제작보조원 (고퍼)	고퍼(go-fer)는 촬영장에서 가장 지위가 낮은 사람으로, 고퍼란 영어의 'go for anything'에서 유래된 단어로 녹화와 관련된 모든 자질구레한 일을 도맡는다. 이들은 촬영현장에서 테이프나 새 전구를 사러 가는 등 사전계획에 없는 일들을 처리한다.

으로 연결되어 모든 제작과정이 컴퓨터에 의해 이루어진다. 제작기획서의 결재, 제작비 청구서 등 관련 서류의 회람, 공지사항 등 방송지원 부분과 큐시트, 대본

등이 온라인화되어 처리되는 것은 물론 제작에 쓰일 화면의 편집, 제작, 교류도 온라인상에서 처리된다.

이처럼 디지털기술과 네트워크기술이 발전하면서 방송제작에도 일대 획기적인 변화가 초래되고 있다. 이는 종전보다 정교한 제작작업을 거쳐 완성된 질 좋은 프로그램을 수용자들에게 제공할 수 있을 것이라는 점에서 그 의의를 찾을 수 있다. 그러나 무엇보다 중요한 것은 아무리 기술적 발전에 따라 제작방식이 변화해간다고 하더라도 궁극적으로 훌륭한 프로그램을 만들어 수용자들에게 제공해야 한다는 점이다.

(2) 제작 풍토와 문제점

앞서 언급하였듯이 제작방식의 변화는 궁극적으로 수용자들에게 훌륭한 방송 프로그램을 제공하는 방향으로 이루어져야 한다. 그러나 우리나라의 방송제작 풍토에는 아직까지도 많은 문제점들이 존재하고 있다. 이와 관련하여 강형철은 우리나라 방송제작 방식의 문제점에 대해 상세하게 논의하고 있는데, 그의 주장을 토대로 방송제작 풍토와 관련된 문제점들만을 논의하고자 한다(홍기선 외, 2000: 398-399).

가) 방송제작 시스템의 문제

이는 방송사 내부의 문제로서 우선 프로듀서와 연출자가 분리되어 있지 않은 상태에서 PD가 기획, 예산, 연출을 모두 맡아 하다 보니 전문적인 기획과 연출 능력이 개발되기 어렵다. 연출자의 작업을 도우며 충실히 도제수업을 받아야 할 AD가 연출을 돕는 것이 아니라 프로듀서의 역할을 하며 제작비 신청과 수령, 집행, 정산 등을 주업무로 하고 있다. 이 방식을 개선하기 위해 CP 제도를 도입했지만 AD가 영수증 처리 문제로 고심하는 것은 변하지 않은 문제이다. 한 명의 CP가 여러 개의 프로그램과 그에 따른 PD들을 관리하도록 되어 있는 CP 제도는 원래 연공서열식의 인사구조를 개선하기 위한 방안으로 도입된 것이다. 그러나 현재 제도에서는 CP에게 예산운용권과 인사권이 주어지지 않아 책임관리의 취지를 살리지 못하고 있다. CP는 주어진 인력과 예산을 가지고 수동적으로 관리할 뿐 과거의 부서제의 부서장과 달라진 것이 없다. 프로듀서에게 일체의 권한을 주어 본인이 확보한 예산 내에서 스튜디오, 방송설비, 인력 등을 책임지고 선택하게 하는 영국 BBC의 '프로듀서 책임제(producer's choice)'를 참조할 만하다(한균태, 1995: 244).

나) 제작의 개방화 문제

현재 대부분의 프로그램은 방송사 내부의 인력과 장비를 이용하여 제작되고 있다. 그러다 보니 프로그램 간 경쟁이 치열하지 않아 타성에 빠질 우려가 있다. 프로듀서 또는 연출자가 제작기술팀을 마음대로 선택할 수 있는 것이 아니라 사내에서 주어진 인력배치와 스튜디오, 부조정실 스케줄에 맞추다 보니 연출자에게 필수적인 강력한 지휘권이 주어지지 않는다. 직급이 낮은 연출자는 직급이 높은 기술감독이나 카메라맨들에게 강력한 리더십을 발휘할 수 없을 뿐만 아니라 모든 제작기술팀에게 작업동기가 강하게 부여되지 않아 연출자가 애를 먹는 경우가 많다. 이 문제를 해결하기 위해서는 프로듀서가 사내·외를 막론하고 예산 범위 내에서 설비와 인력을 선정해 활용할 수 있어야 한다. 이러한 방식으로 제작에서 이른바 '아웃소싱(outsourcing)'이 이루어지면 당연히 프로그램의 경쟁력은 높아질 것이다. 또한 아웃소싱은 이에 더하여 방송국 경영상의 효율성을 가져와 보다 더 많은 재원과 시간이 프로그램 제작에 투입될 수 있을 것이다.

다) 전문인력의 확충문제

이는 방송사의 인력관리 문제로서 현재 방송사는 대부분의 주요 제작인력을 신입공채를 통하여 확보하고 있다. 신입사원이 독자적인 제작능력을 갖추기 위해서는 수년간의 훈련이 필요하다. 더구나 영어, 상식, 논술 등 필기시험을 위주로 선발된 사원이 재능이 부족한 것으로 판명되어도 정규직원이기 때문에 자질이 부족하면 부족한 대로 정년에 이르기까지 활용해야 한다. 그러나 이로 인하여 능력 있는 타사출신의 유입을 막아 자체 내 인력운영의 효율성은 저하되고 경쟁을 통해 프로그램의 질을 제고시킬 수 없다. 따라서 앞으로 중앙방송사는 가급적 신입사원을 선발하지 않고 유능한 경력직원을 스카웃하거나 계약을 통해 활용함으로써 방송의 질을 높여나가야 할 것이다.

제5장 방송연출

1. 방송제작의 실제

방송제작의 의미는 '무엇을 어떻게 표현하는가?'이다. 일반적으로 방송제작은 하나의 기술적 수단으로 이루어지는 것이지만, 그 외에도 전문적 지식과 상식, 예술성 등이 어우러져 발생하는 종합적 실체라고 할 수 있는 것이다.

방송제작은 원칙적으로 인간의 시계 밖의 것을 기술적인 수단을 통하여 보여주는 인공적 과정의 조작과정의 총체라고 할 수 있다. 그러나 이러한 과정 속에는 기술적 메커니즘의 특수성과 아울러 인간의 심리적·감성적 정서와 어우러져 신비성, 예술성, 대중성 등을 갖는 방송을 창조한다. 따라서 인간은 직접적인 경험에 의한 것보다는 방송을 통해 표출된 영상을 통해 접하는 대상에 더 큰 의미와 가치를 부여하게 된다. 또한 방송은 시청각에 소구하므로 가능한 보기 좋은 것을 선택하기 때문에 아름다움과 화려함을 추구하기 마련이다. 이러한 특성은 결국 방송의 표현수단인 영상을 알 수 없는 매력과 마력을 지닌 환상의 세계로 만들고 인간은 영상을 그렇게 인지하고 받아들인다(김성문, 1998: 91).

따라서 방송제작은 기술적인 관점에서만 국한하여 살펴볼 수 없고, 방송제작에 참여하는 모든 사람들의 전문성과 창의성, 그리고 예술성과 아울러 수용자들의 능동적 수용행태 등이 조화를 이루어 탄생하는 창조적 과정이라 할 수 있다. 이러한 방송제작의 특성으로 인하여 방송제작에 의한 창조물인 모든 방송 프로그램은 나름대로 가치를 가지고 있으며, 정치·경제·사회·문화 등의 다양한 영역에서의 가치를 규정하고 의미를 창출한다.

2. 연출가론

1) PD의 위상과 역할

(1) PD의 정의

텔레비전 제작은 팀 활동이다. 단순한 포맷의 대담프로그램에서 많게는 수천
명의 인원이 동원되는 드라마프로그램에 이르기까지 텔레비전 프로그램의 제작
에는 많은 스태프와 기술자들이 동원된다. 텔레비전 제작에 관련된 각종 장비들
이 제아무리 발전했다 하더라도 텔레비전 제작시스템을 다루는 인력이 없으면
텔레비전 제작은 결코 이루어지지 않는다. 결국 프로그램 제작에서 무엇보다 중
요한 것은 방송 장비들을 어떻게 효율적으로 다루는가가 아니라 방송 제작에 관
련된 다양한 인력들과 어떻게 조화를 이루며 방송제작을 이루어나가느냐 하는
점이다(H. Zettle, 1992). 이런 점에서 PD는 프로그램의 기획과 연출을 통해 수용자
와 끊임없는 커뮤니케이션을 하고, 이를 통해 방송환경의 총체적 발전을 수행해
나가야 하는 막중한 위치에 있다.

일반적으로 프로듀서(producer)란 방송 프로그램의 아이디어를 개발하고 제작의
사전 기획에서부터 마지막 편집에 이르기까지 전 과정을 관리·감독하는 일을 하
는 사람을 말한다(조재훈 외, 2000: 27). 즉 방송제작에서 프로듀서는 기획(conception),
제작(production), 연출(direction) 등 제작의 시작에서부터 끝까지 전체를 책임지며, 제
작에 참여하는 사람들을 운영하고 다양한 기능을 조정, 통합하는 중심적 위치에
있는 사람이다(오종환, 2003: 55).[19] 또한 프로그램을 통해서 사회에 정보와 느낌,
의미와 즐거움이라는 가치를 만들어내는 창조자이기도 하다.

우리나라 방송사의 PD는 그 기능과 역할면에서 제작자(producer)와 연출자
(director)를 겸하고 있는데, 프로듀서와 디렉터의 업무가 분리되어 있는 외국의 경
우와는 달리 한 사람의 PD가 프로듀서와 디렉터의 역할을 동시에 겸하여 프로그
램의 기획과 구성에서 연출에 이르기까지 총감독의 역할을 병행하고 있는 실정

---

19) 프로듀서의 사전적 의미는 하나 이상의 프로그램을 제작하는데 있어 기획을 담당하고
총괄하는 사람이다. 곧 프로그램의 실무적 감독이 연출가(디렉터)라면 연출가의 행정적
감독이 프로듀서(기획자)라고 할 수 있다. 원래 PD라는 용어는 영국이나 미국에서는
쓰지 않는 용어로서, PD라는 용어의 유래는 planning director, program director, pro-
ducing director, producer and director 등이다.

이다. 즉 우리나라의 프로듀서는 프로그램의 기획에서부터 예산 관리, 캐스팅, 작가와 출연자 교섭, 촬영, 편집, 나아가서는 스태프를 총관리하는 임무를 맡으며, 제작상에 일어날 수 있는 모든 문제점을 사전에 체크하고, 또한 이를 해결해야 하는 등 이중적인 역할을 수행한다. 프로그램을 기획하는 프로듀서와 연출을 하는 디렉터의 영역은 분명히 다르다.

프로듀서로서의 PD는 자료 수집과 아이디어의 개발, 방송 프로그램의 기획 및 제안에서부터 제작 예산의 편성과 관리, 방송 제작 인력과 출연진의 선정, 제작일정 수립 및 관리, 프로그램 홍보 및 평가에 이르는 광범위한 업무를 수행한다. 또한 경영자에게 아이디어를 설득하기 위해 사업가로서의 수완도 발휘해야 하며, 시청자의 요구와 필요를 파악하기 위해서는 사회학자가 되기도 해야 한다(오종환, 2003: 55-56). 그리고 디렉터로서의 PD는 프로그램의 아이디어, 개념, 대본을 비디오 및 오디오 메시지로 변환하여 형성화시키는 데 책임을 지며, 프로그램의 아이디어, 형식, 줄거리를 세부적으로 확대하고 발전시키는 업무를 수행한다. 디렉터는 대본을 영상화·오디오화하기 위해서 작가, 촬영, 편집, 조명, 미술 등의 제작팀과 진행자, 연기자, 출연자 등의 출연팀, 즉 방송에 투여되는 모든 인력과 각종 방송제작 시설을 운행함으로써 효과적인 메시지가 담기도록 선택, 조정, 감독하는 사람이다. 따라서 실제적이면서도 세분화된 업무수행이 요구된다(한국방송개발원, 1998: 12).

이처럼 프로듀서로서의 PD와 디렉터로서의 PD는 원래부터가 그 영역과 역할이 다르기 때문에, 외국에서는 이를 엄격히 분리하여 각자의 영역에 적합한 전문적 지식과 역할을 수행해오도록 하고 있다. 그러나 우리나라의 경우는 한 사람의 PD가 프로듀서와 디렉터로서의 PD 역할 모두를 수행하고 있기 때문에 여러 가지 불리한 환경 속에서 그 역할을 모두 소화해가고 있다.

최근에는 우리나라에서 CP(chief producer) 제도가 도입되었으나 여전히 기획과 연출의 기능이 분명하게 분화되어 있지 않다. 따라서 우리나라 방송제작 현장에서의 PD란 producer & director의 약자로 보는 것이 가장 타당하며, 기획에서 실제 제작에 이르는 프로그램 제작의 전 단계를 책임지고 권한을 행사하는 사람이라고 할 수 있다(오종환, 2003: 55). 이와 더불어 탈장르화, 복합장르화의 추세에 따라 PD, 아나운서, 기자, 카메라맨, 엔지니어, 미술직으로 구분되는 방송직종간의 경계도 무너지고 있으며, 외환위기 이후 불어닥친 감원과 제작비 절감 등 구조조정의 여파는 1인 다기능적인 방송인을 요구하고 있다. 이에 따라 PD는 앵커듀서, 리포듀서(리포터와 프로듀서), 아나듀서(아나운서와 프로듀서), 카메듀서(카메라맨과 프로듀서), 엔지니어듀서(엔지니어와 프로듀서), 스크립듀서(스크립터와 프로듀서) 등 다양한 역할을 감당하고 있다(조재훈 외, 2000: 29).

(2) PD의 역할과 자질

미국의 NBC의 조지 하이네만(G. Heineman)은 "제작은 60%의 조직과 40%의 창의력으로 이루어진다"고 강조하고 있다(심길중, 1996: 297). 그리고 PD는 프로그램이라는 매체를 창조하는 아티스트이기도 해야 하며, 공익성을 떠나 생각할 수 없는 방송인의 한 사람으로서 저널리스트의 자세를 견지해야 한다. 그러므로 아티스트로서의 예술적 감성과 열정 이외에도, 사회와 인간을 바라보는 안목이 무엇보다도 필요하다(조재훈 외, 2000: 30).

일반적으로 시대적 변화에 따라, 매체의 기술적 특성에 따라, 방송의 사회적 의미에 따라, 방송사내의 조직 특성에 따라, 방송인들의 직업관에 의한 차이에 따라, 방송사별로 추구하는 이념과 방송사 수입에 따라, 방송제작 여건 등에 따라 PD의 역할이 달라지면서 방송 프로그램도 구분되고 있다. 오늘날 PD의 역할이란 일 대 다수에서 일 대 일 또는 다수 대 다수 간의 자유로운 정보교환 능력을 발휘시킴으로써 프로그램 제작의 기본 틀을 장악하는 것인데, 여기에는 고도의 전문적 기획력이 뒷받침되어야만 비로소 그 업무수행을 할 수 있다. PD는 프로그램을 기획하고 연출하고 제작한다. 프로그램은 수용자를 향하여 말한다. 수용자에게 끊임없이 이야기하고 들려주고 보여주는 PD는 그렇기 때문에 사회에 대해서 실로 막중한 책임을 가진다. 그들이 제작한 프로그램이 수용자들에게 영향을 주고 사회변혁의 원동력으로서 영향력을 행사하고 있음은 주지의 사실이다. 따라서 PD는 자기가 만든 프로그램을 어느 한 구석이라도 섣부르게 소홀히 제작하거나 형식적인 시간때우기식 적당주의에서 머물 수가 없는 것이다(박소웅, 2002: 66-67).

PD의 역할과 자질에 대해 김우룡과 방송작가인 김옥영은 다음과 같이 체험적 견해를 밝히고 있다.[20]

---

20) 자세한 것은 박소웅(2002), pp.67-68 참조.

……무릇 프로듀서는 이른바 상황이라는 것에 잘 대처할 줄 알아야 한다. 그리고 그 상황은 이론을 불허하는 것이다. 프로듀서가 접하는 현장은 언제나 이벤트이다. 사건이다. 거기서 '그'는 의미 있는 무엇을 집어내고 카메라에, 녹음기에 담아내야 한다. 그리고 그것을 의미의 고리를 따라 연결해야 한다. 이야기를 만들어내야 하는 것이다. 이런 작업의 결과물이 바로 '프로그램'이다. 다큐멘터리 프로듀서는 대개 어떤 상황을 기다리고, 드라마 프로듀서·쇼 프로듀서는 이런 상황을 만든다. 이런 상황에는 어떤 예측가능성이 있다. 말하자면 어떤 예후징조가 있다. 이런 예후와 징조를 날카롭게 집어내고 포착하는 것이 프로듀서의 능력이다. 그것을 프로듀서의 '감'이라고 부른다. ……프로듀서는 상사, 아랫사람 동료, 출연자 등 여러 종류의 사람을 잘 상대하는 기술, 돈을 잘 쓰는 기술, 프로그램의 소재 혹은 대상에 대한 이해, 미시적인 규모에서 거시적인 규모의 정치적 이해, 한국사회에서 일어나고 있는 각종 갈등의 이해, 내용을 담을 수 있는 프로그램 형식에 대한 이해, 이런 형식과 내용을 나타내는 데 필요한 기술에 대한 이해 등등 이루 말할 수 없이 많은 기술과 이해가 필요한 직업이다. (김우룡)

프로듀서라는 그 알 수 없는 존재들의 첫인상은 고뇌, 바로 그것이었다. '나는 고뇌한다. 고로 나는 존재한다'는 것이 프로듀서의 존재 양식이었다. 프로그램 하나를 맡으면 그들은 머리를 싸안고 앓기 시작했고 제작하는 기간 내내 무수한 절망과 희망 사이로 반복운동을 하곤 했다. 그렇게 계속적인 긴장과 고통을 견뎌내는 것도 능력의 하나였다. 그들이 지불한 고통의 대가로 돌아온 것은 완성된 프로그램뿐이었다. 유형의 것은 모두 시간 속에 사라지고 남는 것이 있다면 그것은 보이지 않고 만져지지 않은 무형의 어떤 것뿐이었다. (김옥영)

따라서 PD는 예술가이자 기술자이며, 또한 저널리스트가 되어야 하는데, 먼저 예술가로서의 PD는 영상 구성에 대해 사진 전문가 정도의 이해력을 가지고 어떤 좋은 위치에서 한 장면이 촬영되어야 하는가를 알고, 높은 각도나 낮은 각도 어느 것을 택해야 할지, 나무를 전경에 세울지 배경으로 할지, 수평선이 좋은지를 잘 알고 있어야 한다. 따라서 훌륭한 연출자는 모든 종류의 예술가와 음유시인들의 능력을 이해해야 하는 것이다. 또한 기술자로서의 PD는 비디오의 기술적인 측면에 대해 최소한의 이해 이상의 지식을 필요로 한다. 기술적인 노하우를 가지고 있지 못하면 그것을 얻으려고 하지도 않고 단지 기획안을 통해서만 프로그램을 만들려는 경향을 가지게 된다. 따라서 예술적인 면에 치우친 연출자는 그들의 전문성을 가진 제작진과 효과적으로 대화할 수 없게 된다. 반면에 기술적인 예민함과 현재의 발달된 기술수준을 이해하는 연출자들은 예민성에 대해 전문적인 제작진들과 의논할 수 있고, 그럼으로써 프로그램을 한층 더 세련되게 만들 수 있는 것이다. 다음으로 저널리스트로서의 PD와 관련하여 살펴보면, 저널리스트는 사실을 전달한다. 하지만 이 사실은 단순한 사실 혹은 기록의 나열·배열·혼합이 아니다. 어떤 사실을 재해석하거나 재구성해서 사실 속에 숨은 진실을 발견해내는 것이 저널리스트가 하는 작업이다. 즉 사실 속에서 진실을 발견하는 것이 그의 임무이다. 따라서 진정한 저널리스트는 단순한 객관주의를 넘어서 해석과 명쾌한 견해에 비중을 둔다. 따라서 저널리스트로서의 PD는 '왜'를 추구하는 직업이 아니라, 사실에 대한 진실을 추구하는 직업이라 할 수 있으며, 진실의 추구는 진실 자체에 대한 뜨거운 열정 없이는 불가능한 것이다(홍경수, 2002: 18-23).

결국 오늘날 PD는 예술가로서의 PD, 기술자로서의 PD, 저널리스트로서의 PD가 되어야 진정한 의미의 방송 프로그램을 만들 수 있으며, 이 중 어느 하나라도 소양을 가지고 있지 못하다면, 결국 PD로서의 역할 수행을 제대로 해낼 수가 없다.

(3) PD의 현실

실제로 오늘날의 프로듀서들의 일상을 살펴보면, 많은 정신적·물질적 고통으로 괴로워한다. 시청률경쟁에 따른 프로듀서들의 고통은 가장 큰 현실적인 문제이다. 시청률경쟁이 피를 말린다고 말한다. 또 PD는 권위를 가지되 권위주의자가 되어선 안 되며, 기회를 놓치지 않되 기회주의자로 비쳐지는 것을 피하려고 한다. 뿐만 아니라 PD는 가능한 아름답고 의미 있는 사물과 현상을 선택하여 표현하고 싶어한다(한국방송개발원, 1994: 59-60).

이 밖에도 작품의 완성도를 높이려는 의욕과 제작비를 절약해야 하는 이율배반적 상황을 극복해야 하고, 소재의 고갈 및 방송내용에 대한 외압과 항의, 출연자와 스태프, 연기자를 통솔해야 하는 지휘자로서의 어려움, 사전제작이 정착되지 않은 상황 속에서 제작시간 부족, 작가와의 마찰, 상사와의 제작상 견해차이에서 오는 갈등, 제작 스튜디오의 부족, 지원인력과 장비·예산의 부족에 따라 프로그램 제작으로 받는 스트레스 등 모든 것을 극복하면서 완성도 높은 프로그램을 내놓지 않으면 안 되는 숙명을 안고 있다. 촬영현장에서는 몸으로 뛰고 방송시간을 위해 편집기와 사투를 벌이면서 핏발선 눈으로 밤을 새워야 하는 직업인, 개인의 사생활이 언제나 무너지고, 시청률에 의해서 능력을 평가받는 기능공으로 만족해야 하는 지성인, 그뿐만 아니라 사회의식과 역사의식을 가지고 작품을 만들어야 하는 중압감이 언제나 가득 찬 직업인이 바로 방송제작자인 프로듀서인 것이다(박소웅, 2002: 68).

현재 우리 방송계에서 PD의 위치는 제작자(producer)라기보다는 연출자(director)에 가까운 면이 있다. 이들은 기획·제작·구성·연출 등의 역할을 겸하고 있다. 이런 다양한 업무의 겸직으로 인하여 제작의 모든 권한이 PD에게 집중되어, PD의 능력은 고갈되고 소진되어 인적 자원의 부족상태가 초래되고 제작활동 자체가 권한집중, 의식과잉, 기능적 권한남발, 제작요원들과의 관계 중에서 경직상태에 도달하게 되고, 이 경직상태는 문화의 창조적 측면을 상실하고 다분히 충격적인 대중적 기호에 영합하는 부작용을 낳기도 한다. 따라서 이런 문제를 해소하기 위해서는 제작팀의 권한과 업무를 세분화하고, 방송의 제작기능을 과감하게 독립제작에 맡겨 다양한 아이디어를 포용하면서, 제작비를 현실에 맞게 산출하여 충분한 시간과 제작여건을 갖춰서 작품의 완성도를 높여나가야 한다.

2) 프로그램 기획

기획은 계획을 체계화하는 과정으로 현실적이고 논리적이어야 하며 창조, 즉 아이디어가 있어야 한다. 따라서 기획의 관점은 무엇을 할 것인가와 가치가 있는가, 가능성은 있는가를 명확하게 규명하는 데 있다.[21]

(1) 프로그램 기획의 요건

기획이란 ① 인간의 삶에 이익이 되어야 하며, ② 아름다워야 한다. 기획으로 인해 재앙을 가져오는 것이 아니라 선(善)을 추구하고, 사회질서를 위한 아름다움이 최우선으로 고려되어야 한다. ③ 기획은 누구나 이해하기 쉽고 누구에게나 공평한 민주적 보편타당성을 가져야 한다. ④ 기획은 역사성이 있어야 한다. 한 세대의 증언자로서 역사에 기록될 사실을 증명하고 그 사실이 진실되게 보존하는 역사성이 있어야 한다. ⑤ 뿐만 아니라 기획은 반드시 돈(財)이 되어야 함은 물론

---

21) 기획에 반해 계획은 현실적인 동시에 논리적 체계성을 가지고 구체적으로 실현하기 위한 것으로 일을 행하기 위한 구체적인 방법·순서 등을 생각하여 설계하는 작업이다. 따라서 기획 단계에서 검토된 내용을 기반으로 구체적인 방법에 의한 접근이 필요하다. 계획의 관점은 어떻게 할 것인가를 구체화하는 방법과 형식을 결정한다.

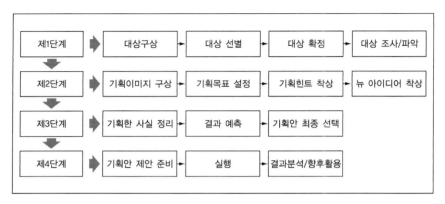

자료: 김성호 편저(1997), p.22, 재구성.
<그림 5-1> 기획순서의 원칙

이다. 모든 기획업무는 이익을 내어 그 업무로 인해 재정적인 도움이 될 수 있어
야 한다. 막대한 예산을 투입해 어떤 프로그램을 기획·추진했으나 결과적으로 재
정적 손실을 본다면, 그 기획은 실패한 기획인 동시에 기획업무 추진이 잘못된
것이다. 참신한 기획이란 곧 새로운 아이디어의 창출에서부터 시작된다. 많은 사
람들로부터 호응을 유발시키고 그로 인해 경제적인 도움이 이룩된다면 결국 기
획은 성공한 것과 마찬가지다. 그렇다고 모든 기획업무가 경제적 성공에 이른다
고는 볼 수 없다. 그 때문에 '기획업무'란 모든 일의 최우선이면서 '최대의 시너
지 효과'를 얻을 수 있어야 한다(박소웅, 2002: 77-78).

따라서 기획으로 만들어진 사실을 갖고 효과적인 활용과 혜택을 사회에 환원
시킬 수 있어야만 한다. 기획에 의한 모든 사실의 결과는 사회 전체에 쾌적함을
주어야 하고 탈법자나 사회정의를 배반한 기획은 거부되어야 한다. 무엇보다 기
획은 가정이든 학교든 산업현장이든 사회 모든 분야에서 아름다움을 추구하면서
정의가 실천될 수 있도록 추진되어야 한다.

(2) 기획의 원칙과 조건

기획은 기본적으로 어떤 특정 문제를 설정하고 관련 자료를 모으는 과정을 반
복적으로 수행하는 과정 속에서 탄생하는 결과물이라 할 수 있다. 이러한 결과물
은 궁극적으로 기획에 대한 사고의 틀을 완성함으로써 나타나게 된다. 그 다음
기획된 사실이 현실에 적합한 것인지, 그리고 그에 따른 모순점이나 갈등은 존재

조건 1	현재 상태와 똑같은 생각의 탈피와 어제의 생각을 과감하게 버리면서 다른 사람을 감동시킬 아이디어를 찾는 의지의 사람
조건 2	뛰어난 아이디어 + 실현가능성 = 큰 기대를 얻게 하는 사람
조건 3	새로운 아이디어 + 모든 고난을 극복 = 미적 감동을 줄 수 있는 사람
조건 4	현실적 아이디어 + 예산확보 가능성 + 인력 = 추진력을 보이는 사람
조건 5	발상의 전환 + 상급자 설득 = 자기의 의지를 실천할 수 있는 행동파

<그림 5-2> 뛰어난 기획자의 조건

하지 않는지, 현재 기획한 것이 최상의 아이디어를 바탕으로 이루어진 것인지를 파악해야 한다.

한편 기획은 내용의 새로움과 특이함, 기존 틀에서 벗어난 아이디어의 참신성 등으로 무엇보다 모든 사람에게 재미와 정의, 그리고 진실을 동시에 전달해줄 수 있을 때 가장 빼어난 기획이라고 할 수 있다. 기획된 아이디어를 실행에 옮김으로써 비로소 하나의 완성된 프로그램이 탄생하게 된다(김성호, 1997: 28). 이때 PD는 자기가 기획하고 실행한 모든 사실을 바탕으로 한 프로그램, 즉 인간을 위한 메시지를 창출하게 되는 것이다.

(3) 기획의 발상

기획은 전혀 새로운 것인가? 방송에서 새로운 것이란 어떤 것인가? 이는 사고와 접근방법의 새로움으로 말할 수 있다. 다시 말해서 이미 알려진 사실에 한두 가지의 새로운 발상이나 아이디어를 첨가함으로써 새로운 기획을 수립할 수 있다. 따라서 기획에서 이러한 아이디어나 새로운 발상은 매우 중요하다. 기획의 아이디어나 힌트를 찾는 방법은 다음 그림에서 보는 것처럼 두 가지로 대별할 수 있다.

이미 아는 지식과 정보로부터 찾는 방법
개인이나 집단의 지혜에 의해서 발견하는 방법

<그림 5-3> 기획 아이디어를 얻는 방법

한편, 뛰어난 기획자와 그렇지 못한 기획자의 차이는 도대체 무엇인가? 이는 기획대상에 대한 결정방식과 아이디어 발상, 기획과 아이디어 발상에 대한 구체화 작업, 그리고 구체화 작업을 구현하는 능력으로 볼 수 있다.

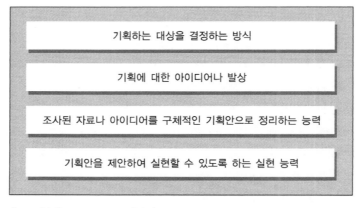

기획하는 대상을 결정하는 방식
기획에 대한 아이디어나 발상
조사된 자료나 아이디어를 구체적인 기획안으로 정리하는 능력
기획안을 제안하여 실현할 수 있도록 하는 실현 능력

자료: 박소웅(2002), p.80, 재구성.
<그림 5-4> 성공적인 기획의 차이

(4) 기획의 요소와 능력

기획을 할 때에는 문제성이나 과제의 핵심을 찾아내서 해결점을 제안하는 능력이 필요하다. 기획의 관점이나 핵심을 파악하는 능력은 평소에 문제의식을 가지고 있느냐에 달려 있다. 기획은 크게 기획의 단계(step), 과정(process), 마무리(finishing) 등으로 구분할 수 있는데, 이는 기획을 구상하는 과정이라 볼 수도 있다.

한편 기획자는 실행자의 능력도 겸비해야 함과 아울러 현실감각이 없는 기획은 무용지물임을 명심해야 한다. 이는 궁극적으로 기획자는 창작(producing)과 조정

기획이 성립하기까지의 체크 포인트

체크 포인트 1　대안은 전부 검토를 마쳤는가.
체크 포인트 2　보다 많은 비용을 절약할 수 없을까. 보다 더 사치스럽게 할 수는 없을까.
체크 포인트 3　스케일이 너무 크지 않은가. 작지는 않은가.
체크 포인트 4　이 기획은 5년 후, 10년 후에도 적용되는가.
체크 포인트 5　도시에서나 농촌에서나 전국 어디에서나 통용되는가.
체크 포인트 6　한국뿐만 아니라 다른 나라에도 통용되는가.
체크 포인트 7　남성에게는 어떤가. 여성에게는, 어린이에게는, 청소년에게, 성인에게는,
　　　　　　　 노인에게는 어떤가.
체크 포인트 8　온갖 계층, 직업에 종사하는 사람에게 흥미를 줄 수 있는가.
체크 포인트 9　반감을 사거나 받아들이지 않을 가능성은 없는가.
체크 포인트 10　방송의 기사거리나 프로그램으로 만들 만한 가치가 있는가.
체크 포인트 11　자기의 입장을 바꾸어서 생각해 보았는가. 만일 자기가 사장이었다면,
　　　　　　　　 부장이나 동료, 부하였다면 어떻게 생각했을까.

기획을 체크하는 체크 포인트

체크 포인트 1　이 기획에는 충분한 정보를 채용하고 있는가. 채용한 정보는
　　　　　　　 잘 이용하고 있는가.
체크 포인트 2　타인이 따라올 수 없을 만큼 독창성이 충분한가.
체크 포인트 3　현실성의 검토는 충분한가. 선견성은 어떤가.
체크 포인트 4　낙관적인 태도나 비판적인 태도를 취하지 않았는가.
체크 포인트 5　성공한 경우나 실패한 경우에 있어서 각각 그 대응방법을 생각하고 있는가.
체크 포인트 6　이용할 수 있는 모든 인원과 기구를 충분히 이용하고 있는가.

자료: 김성호 편저(1997), pp.82-83, 재구성.
<그림 5-5> 기획 체크 포인트

(coordinating)능력을 겸비해야 함을 의미한다. 또한 조직과 네트워크 능력 또한 갖추어야 하는데, 즉 동일직종 이외에도 다른 직종과의 교류모임이나 간담회 등을 통해서 조직 내 연계조정 능력에 도움을 얻을 수 있다. 상황에 따라 외부조직과의 연계에도 큰 힘이 될 수 있다. 이 외에도 전문조직과의 연결 및 조합 능력이 필요하다. 마지막으로 기획은 여러 단계에서 아이디어를 내고 접목시키는 창조와 발상능력을 갖추어야 한다. 우수한 기획자는 많은 노하우(know-how)와 경험을 가지고 있다. 이것은 정보수집, 정리, 분석 등 기획의 단계 속에서 창조적 사고를 가능케 하는 밑바탕이 되며 정보와 사실을 창조적으로 조합·창출할 수 있다(박소웅, 2002: 81).

이러한 기획의 요소와 능력은 다양한 사고 속에서 그 사고의 다양성을 하나의 정보로서 조합해낼 수 있는 능력이 관건이라 할 수 있는데, 이러한 기획의 요소와 능력의 극대화를 유도하기 위해서 필요한 것이 기획 체크 포인트라고 할 수 있다(<그림 5-5>).

(5) 기획의 절차

지금까지 기획의 요건, 원칙과 조건, 발상, 그리고 요소와 능력 등을 차례로 살펴보았는데, 이러한 과정은 궁극적으로 기획의 윤곽을 명확하게 상정하기 위한 하나의 절차라고 볼 수 있다. 그렇다면 중요하게 남는 건 윤곽이 잡힌 기획의 실행절차에 들어가는 것이다.

이때 기획회의부터 시작해 구체적인 실행계획을 세워야 할 필요성이 있는데, 구체적인 실행계획은 다음과 같다(최충웅, 1999: 146).

① 프로그램 아이디어 창출을 위한 기획회의 개최(이때 해당 국이나 부서에서 많은 사람이 참가한다).
② 해당 PD와 작가가 중심이 된 아이디어에 따른 예비조사와 자료수집
③ 다큐멘터리 및 쇼, 드라마 등의 특정분야 전문가들(작가, PD, 카메라맨, 미술, 조명 등)은 해당 아이디어에 대한 분석과 토론
④ 프로그램의 제작방식 결정, 기본 구성작업 토론 및 인터뷰, 방청객 유무·생방송·녹화방송·제작시간 등 논의
⑤ 제작비 예산안을 추정, 즉 직접 제작비와 간접 제작비, 작품 회당 제작비 등 제출
⑥ 작가와 PD의 제작진행표·대본·큐시트·제작일정표 작성
⑦ 출연자 섭외와 스태프회의 및 신속한 확인 작업
⑧ PD 및 작가 그리고 카메라맨, 조명 등 관계자의 야외취재에 필요한 사전 헌팅실시
⑨ 촬영스케줄 및 숏 리스트 작성(다큐멘터리의 경우)
⑩ 미술감독과 카메라맨 그리고 CG디자인 담당, 소품책임자의 세트디자인·CG·소품·영상화면·특수효과 회의
⑪ 기술스태프 전원, 미술, 카메라 담당자의 planning meeting
⑫ PD, 기술감독의 제작 기술장비 의뢰 및 점검
⑬ 최종점검(자막, 소도구, 애니메이션, 인서트용 등)
⑭ 모든 스태프가 동원되는 카메라 리허설
⑮ 제작시간 엄수[생방송이나 녹화방송으로 구분하지만, 이 때 스태프들의 시간엄수는 철저히 지켜져야 한다. 적어도 30분 전에는 스탠바이(stand-by)되어야 한다. 이유는 없다. PD의 능력이 평가된다.]

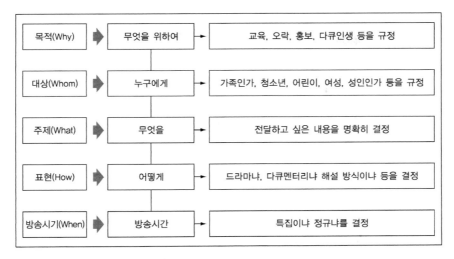

목적(Why)	→	무엇을 위하여	→	교육, 오락, 홍보, 다큐인생 등을 규정
대상(Whom)	→	누구에게	→	가족인가, 청소년, 어린이, 여성, 성인인가 등을 규정
주제(What)	→	무엇을	→	전달하고 싶은 내용을 명확히 결정
표현(How)	→	어떻게	→	드라마냐, 다큐멘터리냐 해설 방식이냐 등을 결정
방송시기(When)	→	방송시간	→	특집이냐 정규냐를 결정

자료: 한인규(1998), p.220, 재구성.
<그림 5-6> 기획의 포인트

⑯ 방송 후 모니터 평가와 시청자 반응 확인
⑰ 제작비 사후 정산처리와 손익계산(일주일 이내에 모든 예산의 정산과 손익계산을
한다.)

　　모든 프로그램은 기획단계에서부터 시작된다. 기획조사, 기획회의, 시나리오
작성, 장소 헌팅을 거쳐 구성검토, 스태프 편성, 제작비 산출 등의 세부과정이 진
행된다. 기획은 제작의 시작이며 제작의 근본이다. 이것은 프로그램의 승패를 좌
우하는 중요한 요인으로서 프로그램 제작부서에서 심혈을 기울여야 하는 중요한
작업과정이다. 기획이 충실하지 못하면 제작과정에서 제아무리 전력을 기울인다
해도 좋은 결과를 기대할 수 없다. 따라서 제작팀은 유능한 기획자를 확보해 참
신한 기획안이 나올 수 있는 시스템을 갖추어야 한다. 또 편성과정에서 프로그램
기획의 윤곽이 결정되는 경우가 있으므로 편성 부서와 긴밀한 사전 커뮤니케이
션이 이루어져야 한다. 우선 기획이 완성되면 기획의 포인트가 나오게 되고 이에
따라 기획회의를 시작하게 된다. 무엇보다 모든 프로그램의 발상과 시작은 기획
에서부터 시작되므로 해당 스태프들의 기획회의는 중요한 회의가 되는 동시에
프로그램 제작 방향을 결정하는 동기가 된다(박소웅, 2002: 85).

총괄	국장	담당이사	전무
합의	기획이사	편성이사	

제작부서	TV제작국(교양)	제안년월일	2001년 4월 10일
프로그램명	창사특집 <숲의 4계>	종류	드라마, 쇼, 코미디, 교양, 보도, 다큐멘터리, 스포츠
형태	다큐멘터리(60분물 × 2편)	제작장소	지리산, 태백산 등 야외 스튜디오, 기타
방송예정일	2001년 10월 1일	제작형식	Live, 녹화, Film, 기타
기획	김미선	연출	황명규
기획의도	·날로 황폐화되어가는 자연 생태계, 특히 지리산과 태백산 등을 중심으로 이루어지는 자연의 현상을 자연다큐멘터리로 제작 ·HDTV 시대에 맞게 자료확보와 새로운 방송기술의 축적을 시험할 수 있게 제작 ·숲 속에서 이루어지는 자연생태계를 4계에 걸쳐 제작해 자연환경의식을 고취하고자 함		
주요내용	·숲의 4계절 ·자연 속의 먹이사슬 ·동물의 월동과 생활 ·나무의 일생 ·곤충의 모성애 ·숲과 인간 ·꽃의 4계절		
추정제작비	회당제작비내역 편당 5천만 원 × 2 = 1억 원 협찬 및 스폰서(산림청 등 6개)	주요스태프 및 출연진	추후결정 나레이터 김도현
수지검토		검토의견 기획 및 편성광고	

자료: 한인규(1998), p.219.

<그림 5-7> 제작 기획제안서(예)

3) 드라마 연출

(1) 대본의 검토 및 수정
가) 대본의 검토

어떤 주제로 또 어떤 형식으로 할 것인가를 결정하고 작가의 대본이 나왔다면, 이제는 이것을 어떻게 영상으로 표현할 것인가가 중요한 과제로 남는다. 맨먼저 검토해야 할 부분은 대본이 잘된 대본인지 혹은 그렇지 않은 대본인지를 검토해

<표 5-1> 시너리(scenery) 방법

씬(scene)	D/N	P	장소	내용	비고
1	D	1	해변	갑과 을이 만나다.	강풍기
2	D	1	카페	갑은 A를, 을은 B를 만남.	
3	N	1/2	버스정류장	갑, 을을 다시 만남, 서로 목례.	
4	N	2	버스 안	갑과 을, 동석. 서로의 처지를 토로.	

자료: 장기오(2002), p.250.

야 한다. 연출자는 작가와 오랜 동안 머리를 맞대고 작업을 했기 때문에 대본에 대해 냉정해지기가 쉽지 않다. 대본의 검토는 전적으로 연출의 몫이긴 하지만 담당 CP는 물론이고 동료나 후배, 조연출 등의 의견도 겸손히 경청해야 한다. 그외 촬영감독, 조명감독 등 현장경험이 많은 노련한 스태프들의 의견도 참고해 최고의 대본이 나올 수 있도록 해야 한다. 이처럼 대본을 검토하고 수정하는 과정 속에서 비록 작가와 의견충돌이 있다 하더라도 이를 선택하는 것은 연출자임을 명심해 받아들일 것과 그렇지 않은 것에 대해 명백한 입장을 표현해야 한다. 또 작가의 의지가 확고하면 이를 받아들일 아량도 있어야 한다. 작가와의 토론은 대단히 중요한 것으로 드라마 성패의 최대의 고비가 될 수 있다(장기오, 2002: 249).

한편 대본을 검증하기 위한 방법으로 가장 일반적인 것은 시너리(scenery)이다. 이 방법은 신(scene) 분석을 통해 전체적인 드라마의 맥락을 잡아내는 방법으로서 신이 보통보다 짧은가 아니면 전체적으로 분량이 오버하는가, 그리고 건너뛸 수 있는 신은 없는가 등을 살펴본다. 다음으로 데이 앤 나이트(day & night)가 있다. 전체적으로 낮 신이 연달아 있으면 드라마가 밋밋하고 심도가 없고, 밤 신만 연달아 있으면 드라마가 어둡고 침침해 사람을 짜증스럽게 한다. 이 균형을 잡아줘야 한다. 밤과 낮의 적당한 조화로 드라마의 심도를 높일 수 있다. 그 다음은 페이지(page)이다. 일반적으로 신은 일정분량의 페이지로 이루어져 있다(장기오, 2002: 250). 그 이유는 전체 드라마를 놓고 왜 이런 신이 길어야 하는가, 길어서 지루할 소지는 없는지, 이 긴 신을 잘라 새로운 신으로 분리하면 드라마 템포가 살아날 수 있는 건 아닌지, 아니면 과감히 줄여버려도 드라마 이해에 크게 문제가 있는 건 아닌지를 조감할 수 있어야 하기 때문이다.

또 하나의 중요한 역할은 러닝 타임을 체크할 수 있다. 사건의 발단과 전개 그리고 반전, 결말이 이루어지는 드라마상의 시간을 대충이나마 파악할 수 있다. 그래서 어느 정도의 시간에 어느 정도의 사건이나 복선이 합당한지를 판단할 수 있다. 다음으로는 장소(place)이다. 드라마가 동일한 장소를 왕복하면서 전개된다면 다양성이 부족해 지루해진다. 또 너무 많은 변화는 시청자를 어지럽게 만든다. 장소의 변화를 한눈에 볼 수 있고 이를 조정할 수 있다(장기오, 2002: 251). 그러나 무엇보다도 대본을 검토하는 데에서 가장 중요한 것은 '내용'으로, 대본을 읽고 전체적인 맥락이 잡혀야 한다는 사실이다. 따라서 시너리는 전체적인 내용을 요약해서 한눈에 들어오게 하는 중요한 방법이라 할 수 있다.

나) 대본의 수정

작품에 대한 성공유무는 전적으로 작가 혼자만의 능력으로 이루어지지는 않는다. 아무리 좋은 대본일지라도 연출이 이를 뒷받침해주지 못하면 성공할 수 없고 또 아무리 좋은 연출자라도 카메라나 조명이 뒷받침되지 않으면 좋은 영상을 만들어낼 수가 없다. 그리고 그 모든 것의 최종표현자는 배우이다. 아무리 좋은 극본과 훌륭한 연출이 조화를 이룬다 해도 배우가 이를 잘 표현해주지 못하면 드라마는 성공할 수 없다. 이러한 드라마의 속성으로 볼 때, 드라마는 모여서 함께 만드는 협업 작업이지 누구 하나의 재능과 능력으로 만들어지는 예술은 아니다. 이런 의미에서 드라마 작가도 스태프의 일원이라고 생각하고 연출을 비롯한 스태프들의 의견을 경청하고, 수정할 것은 수정하고 버릴 것은 과감히 버리는 열린 사고가 요구된다. 따라서 한 편의 드라마는 작가의 작품도 연출자의 작품도 아닌 모든 스태프들의 피땀어린 노력의 결과라고 볼 수 있으며, 어떤 스태프 하나 중요하지 않은 스태프는 없다(장기오, 2002: 252-253). 그러므로 작가가 자기 작품임을 내세워 수정을 거부하는 것은 작품의 전체적인 완성도를 오히려 떨어뜨릴 수 있다. 작가와 연출자를 포함한 모든 스태프가 서로에게 겸손하게 대할 수 있는 아량이 필요한 것이다.

(2) 스태프의 구성
가) 전체 스태프와의 관계

스태프의 구성또한 작품의 성패를 가릴 수 있는 매우 중요한 요소이다. 즉 아무리 대본이 훌륭하고 연출자가 경험이 많고 능숙하더라도 유능하고 성실한 스태프를 구성하지 못하면 훌륭한 작품을 완성시킬 수가 없는 것이다.

나) 연출자와 촬영감독의 관계

스태프 구성에서 가장 문제가 되는 부분은 연출자와 촬영감독 사이의 교감이 잘 이루어지지 않는 상황이다. 연출자와 촬영감독이 서로에 대해 아는 것이 전무하다면, 자주 의견충돌과 마찰이 일어날 수밖에 없다. 이는 결국 전체 스태프들을 불안하게 만들며 수동적으로 만들어버리는 결과를 초래할 수 있다. 따라서 어떤 경우에도 이런 상황이 발생하지 않도록 미연에 방지해야 한다.

이를 위해서는 촬영감독과 연출자는 끊임없이 작품에 대해 의견을 나누고 조율을 해 생각의 차이를 없애야 한다. 그리고 촬영감독의 적극적인 작업 참여는 촬영현장의 분위기를 열정적으로 몰고 간다. 좋은 앵글을 만들기 위해 촬영감독은 소품의 배치나 연기자의 위치변경도 요구할 수 있고 연출은 그런 그의 의견을 잘 경청해야 한다. 그래서 그들 최고의 능력을 발휘할 수 있도록 분위기를 만들어갈 의무가 연출자에게는 있는 것이며, 서로에 대한 배려가 작품의 연출보다 더 중요한 것이라 할 수 있다(장기오, 2002: 256-257).

다) 촬영감독과 조명감독의 관계

촬영감독은 조명에 대한 나름대로의 지식은 물론 소신이 있어야 한다. 이런 지식을 바탕으로 조명감독과 의논해 빛의 방향과 광량을 조절해 그들만의 독특한 영상을 창출할 수 있어야 한다. 만약 그들의 조명에 대한 신념이 다르다면 상당한 혼란이 초래될 수 있다. 빛이 없으면 영상이 있을 수 없고 결국 빛이 카메라에 담아짐으로써 영상과 어우러져 그 진가가 나타난다. 서로가 융화해야만 최고의 영상을 만들어낼 수 있는 드라마의 특성상 누가 양보하기란 그리 쉽지 않다. 따라서 조명감독의 발탁은 촬영감독의 의중을 많이 참조하지 않으면 안 된다.

라) 궁극의 완성체: 삼각시스템(연출자, 촬영감독, 조명감독)

특히 모든 스태프들이 하나같이 중요하지만 촬영감독과 조명감독은 연출자와 함께 가장 핵심적인 역할을 하는 스태프의 일원이다. 이 삼각시스템은 프로그램의 성공 여부와 직결된다. 우리나라의 TV에서는 아직도 촬영감독이나 조명감독을 엔지니어의 일원으로 보고 기능적이고 순환적인 임무를 부여하곤 한다. 전문성을 인정하지 않는 업무배정을 하다보니 연출자와 촬영감독이 호흡을 맞출 기회가 없거나 혹시 호흡에 맞는 촬영감독이 있다 해도 그 타이밍을 잡기가 용이하지 않다. 그래서 연출자들은 자신과 호흡이 맞는 촬영감독을 찾기 위해 동분서주하는 모습을 종종 볼 수 있다. 연출과 카메라는 눈빛만 봐도 서로의 마음을 읽을 수 있어야 하고, 카메라와 조명은 카메라의 포지션만 봐도 빛의 방향과 광량의 조절이 가늠되어야 한다. 그래서 카메라와 조명은 기술의 범위가 아니며, 그들은 아티스트(artist)여야 한다. 같은 포지션에서 잡는 앵글도 촬영감독의 심미안에 따라 그 느낌이 다르다는 것은 그들의 역할이 단순한 기능적 역할이 아니라 적극적 예술행위임을 말하는 단적인 예이다. 연출은 연출의 느낌이나 생각을 그들에게 전하고 그들은 이것을 수많은 경험과 그들만의 독특한 사고와 미적 감각으로 구체화시킨다.

결국 촬영감독과 조명감독은 작품에 가장 영향력을 발휘하는 스태프라고 볼 수 있는 것이다. 따라서 촬영 전에 촬영감독과 조명감독과의 잦은 미팅을 통해 작품에 대한 이해와 연출의 의도를 충분히 감지할 수 있도록 각종 자료 등을 통해 교감해야 하며, 촬영감독과 조명감독에게 연출의 의지를 전달해 창의적으로 작품에 참가할 수 있도록 해야 한다.

(3) 캐스팅

철저한 대본 독회연습을 거쳐 연출자의 연출 플랜과 배우의 연기 플랜이 서로 절충되고 스태프와의 미팅을 통해 정교한 드라마가 제작되도록 해야 한다. 말이 자연스러우면 동작이 자연스러워진다. 개개인의 감정표현은 물론이고 배우 간의 감정 교류도 중요하다. 그래서 다같이 모여서 호흡을 맞추는 독회연습은 무엇보다 중요하다. 이런 연습이 부족하면 촬영현장에서 모든 스태프들이 스탠바이(stand-by)한 상태에서 배우의 연기를 수정해야 하는 문제가 발생한다(장기오, 2002: 260).22) 따라서 드라마는 스타가 하는 것이 아니라 연기자가 하는 것이다.

---

22) 독회연습은 실전처럼 엄격해야 하며 그래야 실제 촬영이 수월해지고 시간 내의 제작이 가능하다. 연습은 몇 단계로 나눌 수 있는데, 먼저 주로 시퀀스나 신의 상황 설명과 대사의 의미 설명 위주로 연습을 해야 한다. 배우들이 전체적인 작품을 파악할 수 있도록 약간 느슨하게 진행해도 괜찮으며, 원작이 있다면 배우들에게 원작을 읽도록 권하는 것도 중요하다. 둘째, 각 배역간의 상관관계에서 오는 감정의 교류와 거기에 따른 대사의 강약과 리듬을 연습한다. 이때 연출자는 연기자가 아니기 때문에 전체적인 분위기 위주로 설명한다. 작품에 대한 배우들의 의견도 듣고 토론하는 것도 바람직한 방법이

배우를 캐스팅을 하는 데에서 먼저 고려해야 할 점은 인간성이다(임학송, 1998: 167-168). 긴 제작 기간의 공동작업에서 불성실한 배우가 끼치는 손실은 알게 모르게 작품의 완성도를 파괴한다. 그(그녀)가 아무리 명연기를 하는 배우라 하더라도 필요악(必要惡)도 될 수 없다. 반면에 성실한 연기자는 배우술(俳優術)이 모자라도 공동작업의 조화를 돕는다.

둘째, 스타성에 의존할 필요는 없다. 거의 모든 스타는 연기가 일률적으로 규격화된 스타일리스트이므로 작품에 쉽게 적응할 수 없다. 응고된 스타일을 연출의 힘으로 용해할 수 있다고 생각하면 큰 오산이다. 오히려 연출의 그러한 노력을 가능성 있는 연기자에게 베푼다면 좋은 결과를 얻을 수 있다.

셋째, 가능성이다. 기본적인 연기수업을 마친 연기자가 빛을 보지 못하고 있는 것을 많이 보게 된다. 그러한 연기자에게 기회를 주는 것은 결코 무모한 모험이 아니다. 관객에게 신선한 선물이 될 것이다. 반면 연기에 대해 아무것도 모르는 연기 지망생을 신인이라는 이름으로 과감히 출연시키는 경우도 허다하다. 그러나 미숙한 이들의 연기는 연기자 간의 앙상블을 해치고 드라마의 질을 떨어뜨린다. 아무리 천부적인 재능이 있다 하더라도 기본이 되어 있지 않은 연기는 사상누각일 뿐이며, 그 연기자는 단명할 수밖에 없다. 따라서 일정한 기간의 훈련과 검증이라는 연기훈련과정은 배우의 가능성을 높이는 절대요소라고 할 수 있다.

넷째, 신인성이다. 신인이란 연기 훈련을 쌓은 연기자가 처음으로 스크린에 데뷔한다는 뜻이다. 연출은 이들을 발견, 잠재된 스타성을 개발·육성한다. 일본의 NHK는 매년 아침 일일극에 여자신인을 등장시켜 성공을 거두고 있다. 이들이 성공한 까닭은 가능성이 있어 보이는 연기 지망생을 엄선하여 1년 동안 집중적으로 연기수업을 쌓게 한 결과이다. 이렇게 해서 성공한 신인을 타(他) 방송사의 프로그램에 아낌없이 방출하여 일본 TV드라마 발전에 큰 기여를 한다.

마지막으로 성격성이다. 작품 속에 등장하는 인물을 분석할 때 우선 고려해야

다. 이 토론을 바탕으로 타당하다면 작가와 의논해 부분적으로 수정하는 것도 연기자의 참여의식을 높이는 방법이다. 셋째, 배우들이 대사를 완전히 숙지하고 외울 수 있도록 유도하고 톤 하나, 어투 하나하나를 교정하면서 배우들의 표현과 감정의 기복을 체크하며, 연출의 플랜을 교정할 수 있다. 또한 연출의 주문을 소화한 연기자의 나름대로의 연기플랜이 설득력 있다고 생각되면 이를 받아들여 교정해야 한다. 넷째, 연출자는 현장사정에 의해 변경될 수는 있지만 배우들의 블로킹(blocking)까지 설정해 대사와 동작의 일치를 유도하고 배우들의 감정, 톤, 상대와의 감정교류 등 모든 것을 꼼꼼하게 체크해야 한다.

할 것은 그 인물의 성격이다. 드라마에서 성격구조를 가장 중요시하는 것은 성격의 충돌에 의해 갈등구조가 형성되기 때문이다. 그러므로 배우가 역의 성격을 창출해낸다는 것은 배우술의 기본이며 전부라 할 수 있다. 창출한 성격에 의해 합당한 화술이 설정되고 행동(신체언어)이 구체화된다. 이러한 성격 창출에 어느 연기자가 가장 적합하고 또 창의력을 발휘할 수 있는가를 면밀히 고찰하여 선택·결정해야 할 것이다.

(4) 세트와 로케이션

우선 카메라에 담고자 하는 신의 분위기가 세트나 로케지(地)에 잘 조성되어 있는가를 검토해야 한다. 그리고 연기자의 연기와 이를 담는 카메라, 조명 등의 기구가 자연스럽고 안전하게 설치될 수 있는가 검토해야 한다. 특히 세트의 경우 소도구나 소품이 놓일 공간이 확보돼야 한다. 공간이 좁은 디자인된 세트나 야외작업장은 연기자의 행동과 카메라 포지션을 제약하여 이상적인 화면을 얻을 수 없다. 반면에 너무 넓게 디자인된 공간이나 야외는 압축된 화면(상징)을 불가능하게 하고 집약된 연기를 할 수 없게 한다. 텔레비전의 화면은 연극의 무대나 영화의 넓은 스크린이 아니기 때문에 면밀한 주의를 게을리해서는 안 된다. 광대하고도 장대한 배경을 무대로 연기하는 연기자는 TV화면에 너무 왜소하게 보이기 때문에 그 연기가 뜻하는 의미를 전달할 수 없게 될 것이다. 앵글은 보통 인간의 눈으로 결정할 수 없으며 항상 카메라의 렌즈를 통해 표현된다는 것을 명심해야 한다.[23]

야외촬영장소 선택을 할 때 필요로 하는 다른 장면이 인근에 있으면 이상적이다. 특히 TV에서는 방송시간에 쫓기기 때문에 다른 장소로 이동할 때 소요되는 시간을 절약할 수 있어 경제적이다. 스태프와 연기자의 이동시간은 곧 돈이다. 촬영장소에 개울이 있고, 강이 있고, 농촌이 있고, 도시가 근처에 있으면 더더욱 좋다. 또한 야외장면의 헌팅 때 반드시 지형지물 등 넓이와 길이를 평면도에 그려오는 것을 잊지 말아야 한다. 또한 자연광을 이용하는 야외의 경우에는 해가 어디서 뜨며 어디로 지는가 동서남북을 확인해야 한다. 자연광은 키 라이트(key light)[24]와

---

23) 이럴 경우 뷰파인더(view finder)를 사용하면 좋은 결과를 얻을 수 있는데, 뷰파인더는 연출이나 카메라맨이 앵글을 찾기 위해 사용하는 기구이다. 이러한 기구가 없을 경우, 명함 같은 용지에 TV화면에 맞는 사이즈를 오려내어 그것을 통해 피사체를 파악하는 방법도 있다. 이런 훈련을 철저히 쌓는 경험이 계속되면 연출의 눈이나 카메라맨의 눈은 자연스럽게 렌즈의 눈으로 변할 것이다.

백 라이트(back light)[25] 설정에 중요한 역할을 한다. 계절에 따라 일조량과 일조시간이 다르고, 특히 골짜기가 선택된 경우에는 해가 늦게 뜨고 빨리 지므로 촬영 스케줄에 유의해야 한다.

(5) 콘티뉴이티

콘티뉴이티(continuity, 이하 콘티로 칭함)의 가장 기본적인 기법은 커팅 혹은 몽타주라고 부를 수 있는 병치를 통해 화면을 구성하는 행위로서, 언어로 된 대본을 영상으로 어떻게 표현할 것인가를 결정하는 행위이다. 그 과정에서 대본의 해체는 불가피하다. 유연한 드라마의 흐름을 끊어내고 토막내기도 하지만 콘티는 서사적 연결을 기본원칙으로 한다. 즉 한 장면이 끝나고 다음 장면으로 이동할 때 신이 단절되어서는 안 되며 연속선상에 있어야 한다. 시청자들이 자신도 모르게 하나의 흐름으로 인식하도록 물이 흐르듯 자연스럽게 해야 한다.

모든 연출자들이 가장 정성을 기울여야 할 부분이며 가장 많은 시간을 소모하는 것이 바로 이 콘티 짜기이다. 콘티 짜기는 연출의 근간을 이루는 부분이기 때문에 누구의 도움도 받을 수 없으며 오로지 연출자만이 해야 하는 작업이다. 콘티를 짜는 데에서 가장 중요한 것은 일관성을 유지하는 일이다. 동일한 시퀀스 내에서 새로운 카메라 앵글로 숏을 찍을 때에는 배우가 자신이 바로 앞 숏에서 했던 것과 일치하는 동작으로 연기를 연결하도록 해야 하는 것이다. 이러한 일관성에는 몇 가지의 종류가 있다(장기오, 2002: 268-269).

첫째, 내용의 일관성이다. 첫번째 숏에서 배우가 오른손에 전화기를 들고 있었다면 이어지는 모든 숏들에서 전화기는 오른손에 들려 있어야 한다.

둘째, 동작의 일관성이다. 콘티에는 방향이 포함된다. 첫번째 숏에서 배우가 왼쪽에서 오른쪽으로 움직였다면 다른 숏에서도 같은 방향으로 움직여야 한다. 신과 신이 넘어갈 때도 이러한 방향을 이용하면 유연하게 장면전환을 시도할 수 있다.

셋째, 카메라의 포지션을 정해야 한다. 이는 이미지 라인을 지키는 중요한 요

---

24) 주광선(主光線)으로 피사체를 주된 광원의 위치에 조명하는 것으로, 다른 각도에서 들어오는 보조광선보다 강하다. 스탠드만이 켜진 방에서는 그 스탠드의 위치와 각도에서 조명의 위치를 설정하며 야외의 경우는 태양의 위치와 각도가 주광선의 위치가 된다.

25) 배경과 구별하여 피사체의 윤곽을 뚜렷하게 하는 효과를 얻는다. 조명은 피사체와 인물일 경우 머리 위, 약간 뒷부분에 위치한다. 야외에서 피사체(인물 등)를 뚜렷하게 부각시키기 위해서 태양광선을 주로 이용한다. 얼굴부분은 주광선과 보조광선으로 조명한다.

소이다. 카메라 포지션이 헝클어지면 배우들의 시선은 물론이고 작품 전체가 엉망이 되는 수가 있다.

넷째, 음향에 대한 플랜이 있어야 한다. 어떤 행위가 동일한 시간에, 동일한 장소에서 일어나는 것이라면 그 음향도 한 숏에서 다음 숏으로 그대로 이어져야 하며 배경음향 역시 유사성을 유지해야 한다.

이러한 콘티짜기에는 몇 가지 방법이 있다(장기오, 2002: 269-270).

첫째, 순서대로 짜나가는 방법이다. 이는 연출자가 드라마의 흐름을 차례차례로 쫓아가기 때문에 전체적인 연출의 플랜을 차분히 세울 수 있는 장점이 있는 반면, 자신이 선호하는 기법이나 독특한 자기만의 연출스타일을 전반에 집중적으로 배치해 뒷부분에서 드라마가 평범해질 위험이 있다. 또 한두 시간 안에 끝나는 작업이 아니기 때문에 후반의 클라이맥스나 반전 등 드라마의 핵심을 소홀히 넘길 수도 있다.

둘째, 중요하다고 생각되는 신이나 역점을 두고 신중히 연출해야 할 대목부터 먼저 짜나가는 방법이다. 이는 드라마의 중요부분을 먼저 공을 들여 콘티를 짜기 때문에 가장 바람직하다고 할 수 있다. 그러나 무엇이 중요한 부분인가에 대한 정확한 판단이 중요하며, 처음부터 중요한 부분을 추려내기 때문에 톱 신부터 콘티를 짤 때보다 흥분되기 쉽다. 그러나 드라마의 핵심부분에 대한 연출 플랜이 확고하게 세워졌다면 그 외의 부분은 그만큼 유연해질 수밖에 없어 작품 전체의 강약을 조절하면서 연출의 의도를 가장 잘 살릴 수 있는 방법이라 할 수 있다. 그리고 중요한 신 앞뒤를 여유 있게 돌아볼 수 있어 연출자가 노리는 신이나 장면을 한층 더 돋보이게 연출할 수 있는 장점이 있다.

셋째, 촬영장소 위주로 짜는 방법이다. 제작기간이 충분치 않은 우리 현실에서 흔히 많이 쓰는 방법이다. 이 방법은 같은 장소 내에서 같은 숏이나 같은 이미지의 중복을 피할 수 있는 장점이 있긴 하지만 앞뒤 신과의 연계나 연결을 깊이 생각하지 않으면 튀는 경우가 발생한다.

넷째, 촬영순서대로 콘티를 짜는 방법이다. 시간에 쫓기는 대부분의 연출자들이 쓰는 방법이다. 이 역시 앞 방법과 마찬가지로 작품 전체의 맥락에서 세워진 연출 플랜이 아니기 때문에 유연하지 못하고 흐름이 단절되고 숏이 튀는 경향이 많다.

연출자가 콘티의 과정에서 해야 할 중요한 일은 바로 미장센 작업이다. 미장센

이란 프랑스 말로 '장면구성의 요소'라는 뜻인데, 처음에는 무대지시용으로 사용
되다가 영화학자들에 의해 연출의 개념으로 확장되어 화면 속에 나타나는 모든
요소에 대한 연출자의 의도를 의미하는 말로 인식되고 있다. 미장센의 대상은 세
트, 의상, 분장, 조명, 배우의 움직임과 조형 등 모든 것을 포함한다. 미장센은 드
라마의 극적 맥락에서 필요한 적절한 공간을 만드는 기본적인 역할에서부터 극
적 분위기를 고조시키고 심지어는 드라마 전체의 이미지를 창출하는 적극적인
역할까지도 한다(장기오, 2002: 271).

(6) 카메라

카메라는 인간의 의식 밑에 있는 이미지를 추구하고 표현하는 힘을 가지고 있
다. 어떤 이미지라도 연출가가 느끼는 것만으로는 화면화(畵面化)가 불가능하다.
따라서 이미지라는 드라마의 감각적 요소는 카메라의 눈에 의해 비로소 생명을
갖는다. 카메라의 렌즈는 연출자의 언어이다. 연출자가 카메라를 통해 선택한 이
미지가 시청자에게 정확하게 전달되고 또 그것이 시청자의 가슴속에 절실하게
다가갔을 때, 연출자와 시청자는 드라마 속에서 동화될 수 있는 것이다. 카메라
촬영의 기본은 세 가지로 요약되는데, 다음과 같다.

첫째, 카메라 포지션(camera position)이다. 이 위치 선정에 따라 앵글이나 사이즈
에 영향을 미치기 때문에 대단히 중대한 의미를 가진다. 따라서 연출자는 촬영감
독의 의견을 충분히 수렴해 이를 결정해야 한다.

둘째, 카메라 앵글(camera angle)이다. 카메라 포지션과 함께 앵글은 연출자와 촬
영감독의 미학적 구조를 여실히 드러낸다.

셋째, 카메라 사이즈(camera size)이다. 극의 흐름을 중시하면서도 하나의 리듬을
형성하도록 사이즈를 배려해야 한다. 드라마에서 카메라는 유일한 표현수단이며,
이를 어떻게 사용하고 기능을 부여하느냐가 중요하다.

(7) 조명

조명은 빛이며, 빛의 조절은 조명이다. 빛은 하나의 의미를 가지는데, 밝은 빛
은 활력, 어두운 빛은 차분함, 따뜻한 색조의 빛은 즐거움과 환희, 차가운 색조는
지성과 냉철을 의미한다. 깜박이는 빛의 시선을 유도하며 어둠 속에서의 강한 빛
의 대비는 극적이다. 조명은 더 나아가 빛을 디자인함으로써 공간의 의미를 창조

해 나간다. 흔히 드라마는 "빛으로 그린 그림이다"라고 말하는데, 드라마에서 빛
이 강조되는 이유는 그림자가 있기 때문이다. 빛만 강조하고 그림자를 무시하는
연출자는 무게 있는 작품을 만들지 못한다. 그림자는 공간을 만들기 때문에 드라
마의 깊이를 추구하려면 그림자가 강해야 하며 무게를 가볍게 하려면 빛을 연하
게 처리해야 한다.

   연출자는 드라마를 촬영하기 위해 카메라를 세팅한 다음에 두 가지를 생각해
야 하는데, 하나는 촬영하고자 하는 사람이나 물체를 프레임(frame)화하여 그것을
어떻게 카메라에 담을 것인가이며 또 하나는 그 대상을 시청자들이 볼 수 있도록
하는 조명을 고려하는 것이다. 빛이 연출하는 분위기는 때로는 연기나 대사보다
더 중요한 경우도 있다. 빛은 어떤 대상을 설명하는 데 있어 연출의 해석에 의해
그 의미가 달라진다는 점에서 카메라만큼이나 중요하다. 조명의 역할은 있는 현
상을 그대로 보여주기 위해서가 아니고 장면의 투명성을 높이는 것이다. 그래서
무엇을 강조하고 무엇을 약화시킬 것인가의 결정은 연출자의 의도를 정확히 파
악한 촬영감독과 조명감독의 몫이다. 뛰어난 조명은 명암의 대비, 그림자의 방향
변화, 색광과 색광의 대비 등을 잘 구사하여 보는 사람에게 적당한 안도감과 긴
장감을 준다. 그리고 이것은 카메라의 특성과 잘 어우러져야 드라마가 지향하는
효과와 그림을 만들어낼 수 있다(장기오, 2002: 305-306).

(8) 음향

   음향은 대사, 해설, 음향효과, 음악 등을 다양하게 포함하는 TV의 필수적 요소
이다. 음향은 드라마에서 다음과 같은 역할을 수행한다(장기오, 2002: 316). 첫째, 시
청자의 시각에 청각적 요소를 더함으로써 드라마의 이해를 높인다. 둘째, 시청자
들의 영상해석 능력을 도와준다. 같은 장면이라도 사운드를 달리 입히면 서로 다
른 느낌을 줄 수 있다. 셋째, 사운드를 통해서 영상에 특별한 지시를 할 수 있다.
예를 들어 가만히 앉아 있는 한 남자를 잡은 장면에서 삐걱거리는 소리가 나면
우리는 문을 주시하게 된다. 그러면 순간적으로 누가 들어올 것인지 어떤 일이
일어날 것인지를 궁금해한다.

   음향의 성격은 3가지로서 볼륨(volume), 피치(pitch), 음색(timber)이다. 볼륨이란 진
동의 폭을 말하며 일반적으로 소리의 크기를 말한다. 드라마에서 어느 피사체와
관련된 음향의 볼륨이 큰가에 따라 피사체의 중요성을 암시하기도 한다. 피치란

소리의 높낮이를 말한다. 일반적으로 낮은 사운드는 침착한 안정감을 주며 높은
사운드는 불안하다. 그러나 지나치게 낮은 사운드는 공포감을 주며 지나치게 높
은 사운드는 명랑하게 느껴지기도 한다. 그러나 볼륨과 피치의 역할과 구분은 하
나의 숏이 일반적인 어떤 원칙에 완전히 흡수되지 않듯이 극적 맥락과 편집의 쓰
임새에 따라 그 의미가 결정된다. 다음으로 음색이란 소리의 색조, 질감이라 부른
다. 이는 특정한 상황을 위해 쓰이게 된다. 이처럼 음향의 세 가지 성격들은 그것
이 하나의 특별한 의미를 가지기도 하지만 상호작용을 통해서 드라마의 극적 구
조에 어울리는 음향을 만들어낸다.

4) 다양한 연출 테크닉[26)

(1) 초점

초점(focal point)이란 화면 중에서 사람의 주의를 끌고 시청하도록 유인하는 부
분을 의미한다. 대부분 주된 동작이나 주요 인물이 한 숏의 바람직한 초점이 된
다. 주요 동작에 즉각적으로 시청자의 주의를 끌어들이기 위해 보다 단도직입적
일 필요가 있는데 그 방법은 카메라의 초점과 관련이 있다. 주요 동작에 초점을
맞추면 그 주위의 대상이 초점에서 벗어나 있는 상태를 시청자들은 보게 된다.
두 개의 물체일 경우는 그 가운데에 초점을 맞추면 두 가지 모두 선명하게 나타
나 보이게 된다. 어느 숏이든 초점을 택함으로써 의도한 바를 보다 선명히 전달
할 수 있는 것이다.

(2) 앵글

카메라 앵글에 따라 프로그램에 대한 시청자의 인식이 달라지게 된다. 예를 들
어 허리선 정도에 숏의 중심을 맞춘 후 거기서부터 올려 찍으면 물체가 당당하고
위압감을 주며 경우에 따라서는 거만하게 보이게 된다. 반면 물체를 위에서 아래
로 내려 찍을 경우 약하고 작으며 하찮은 것으로 변해버린다. 시선 대 시선의 위
치에서 촬영할 경우에는 이러한 왜곡이 없게 된다. 따라서 마음속으로 대상을 내려
본다면 내려 찍고, 동등한 수준으로 여긴다면 같은 선상에서 찍으면 된다. 이와 같

---

26) 이 부분은 다음에서 발췌 정리한 것으로 자세한 것은 James R. Caruso & Mavis E.
   Arthur 공저, 김영임 역(1993), pp.78-83을 참조할 것.

이 우리 눈을 카메라로 생각하고 눈이 보는 대로 카메라의 위치와 각도를 정한다.

(3) 관점

모든 숏의 촬영 관점(point of view)은 시청자 중심이어야 한다. 예를 들어 화면의 어떤 동작을 관람자의 입장에서 보게 할 수도 있고 그 장면의 한 연기자의 눈을 통해 바라보게 할 수도 있다. 승용차 한 대가 호텔에 도착하면서 두 사람이 내리는 장면을 가정해보자. 이 장면을 길 건너편에서 촬영한다면 이것이 한 관점이고 차안에서 이 장면을 촬영할 경우 또한 하나의 관점이다. 그 밖에 몰래 염탐하듯 잡목 가지에 카메라를 숨기고 촬영할 경우 그것도 하나의 관점이다. 이러한 관점의 차이는 단순히 숏의 틀을 정하는 다양한 방식일 뿐만 아니라 각기 상이한 관점에 의하여 시청자로 하여금 그들이 바라보고 있는 장면에 관하여 뭔가 새롭게 느끼게 하는 것이다. 길 건너편에서 찍은 숏은 시청자로 하여금 동작에 어떤 소속감을 주지 않고 일종의 관객 또는 제3자 정도의 느낌만 준다. 승용차 내부를 포함한 사진은 시청자를 동작의 한 부분에 포함시켜 제2자의 관점을 갖도록 한다. 잡목 뒤에 숨어 찍은 경우 시청자는 제1자인 당사자의 관점을 갖게 된다. 비디오 전체를 통해 하나의 관점만을 가질 필요는 없다. 각 관점은 해당 숏에 본래 부과되어 있는 의도에 따라 정해져야 하며 제1, 제2, 제3자의 관점에서 찍을 것인가 혹은 이 세 가지 점 모두를 택할 것인가는 프로그램에 대한 제작자의 의도에 따라 결정될 문제이다.

(4) 숏 프레이밍

숏의 경계를 어떻게 정할 것인가의 문제이다. 우리 눈으로 바라보는 실제 장면에 비해 카메라가 잡을 수 있는 영역은 상당히 좁다. 때문에 일차적으로 화면의 초점을 정하고 이 초점을 중심으로 하여 숏의 프레임(frame)을 정한다. 물론 이때 텔레비전 하면의 3대 4 종횡비를 염두에 두어야 한다. 한 화면에서 한 사람은 앞쪽에 서 있고 한 사람은 뒤쪽에 일어서 있는 경우 앞사람이 화면을 지배한다. 반면 앞사람은 단순히 말을 하고 있고, 뒷배경의 사람은 선착장에서 물로 뛰어내린다고 하면 뒤의 음향효과로 화면을 지배한다. 뒷사람의 동작 및 이에 따르는 외마디 소리, 물 튀기는 소리 등의 음향효과로 화면을 지배한다. 앞사람이 뒤의 광경을 완전히 무시하고 계속 말을 한다 하더라도 뒷배경이 화면을 지배하게 되는

데, 이러한 현상을 부차적 상황이라고 한다. 특히 주 상황이 정적인 경우에는 뒷배경의 사람들이 거리를 걷는 것과 같이 단순히 움직이기만 하여도 업스테이징이 발생한다는 점을 기억해야 한다.

3. 분야별 PD에 대한 이해

방송은 다양한 프로그램이 모여 수용자에게 재미있고 유익한, 그러면서도 실생활에 도움이 되는 정보를 제공한다. 이는 곧 방송 프로그램의 다양성을 통해 방송이 가지고 있는 다양한 기능들을 원활하게 수행하게끔 하기 위한 것이다. 따라서 방송 프로그램은 어느 특정 장르나 유형에 국한되지 않고 드라마에서 스포츠까지 그 영역이 다양하며, 이를 통해 수용자들은 자신의 기호에 맞는 방송을 통해 여가나 오락, 혹은 정보욕구를 해소한다. 그러므로 여기서는 다양한 방송 프로그램의 PD들에 대해서 살펴보자.

1) 드라마 PD

드라마는 시대 배경에 따라 사극이나 시대극, 현대극으로 나뉘며, 길이에 따라서는 단막극, 미니시리즈, 연속극, 대하드라마 등으로 구분된다. 또한 대상이나 소재에 따라서 청소년드라마, 멜로드라마, 수사드라마, 농촌드라마, 홈드라마, 정치드라마 등으로 나뉘어지는데, 몇 년 전부터 사라졌던 아침드라마가 부활되었고, 시트콤이라는 장르도 드라마에서 한 자리를 차지하고 있다. 이와 더불어 최근에는 영화적 촬영기법이나 특수효과 등을 사용한 드라마도 종종 등장하고 있다 (조재훈 외, 2000: 55). 드라마는 단순히 수용자들에게 즐거움이나 오락을 주기 위한 것만이 아니다. 드라마는 문학적 요소뿐만 아니라 창조적, 예술적 요소까지 포함되어 있는 하나의 종합예술이라 할 수 있다. 따라서 드라마 PD는 영화, 연극, 문학, 미술, 음악 등의 대중문화예술 전반에 걸쳐 지식을 가지고 있어야 하며, 우리 동시대의 사람들이 가지고 있는 기쁨이나 슬픔, 사랑이나 이별, 희망이나 절망 혹은 좌절 등을 이해하고 이를 잘 포착해내야 한다.

또한 드라마 제작과정은 다른 프로그램에 비해 출연진을 포함한 많은 스태프들과 장비, 시설 등이 필요하기 때문에 이에 대한 통제가 잘 이루어져야 한다. 따라서 드라마 제작과정에서는 전 출연진과 스태프들 간의 유기적인 협력체제가 무엇보다 필요하다. 특히 드라마 PD는 탤런트가 과연 TV방송에 잘 어울리는지 아니면 어울리지 않는지 매체에 따른 적응성을 면밀하게 분석해야 한다.

그리고 무엇보다 탤런트는 대중의 인기에 의해 움직이는 것이므로 드라마 PD는 항상 대중의 취향과 유행감각 등 시청자의 심리적 변동을 정확하게 파악해서 탤런트의 기용도 그에 따라 결정하는 것이 현명하다. 아울러 어떤 경우에는 의도적으로 새로운 개성의 탤런트를 기용해서 대중의 취향을 새로운 방향으로 유도할 줄 아는 진취적인 자세 또한 필요하다. 그리고 드라마 PD는 인기 조작을 위한 스캔들 등 사생활이 문란한 탤런트는 재능이 뛰어나더라도 TV의 사회적 책임성을 감안하여 과감하게 기용하지 않는 결단력을 가지고 있어야 한다. 드라마 PD가 대중의 인기를 지나치게 의식하게 될 때 탤런트 또한 퇴폐적인 경향으로 흐르게 마련이다(최창섭 외, 1984: 42).

2) 예능 PD

예능·오락프로그램의 최고 목적은 수용자에게 즐거움을 주기 위한 것이라 할 수 있다. 그렇기 때문에 예능국에서 만드는 각종 오락프로그램은 그만큼 재미있어야 한다는 강박관념에 사로잡힐 수밖에 없다. 예능프로그램에서 가장 중요한 것은 일상에 지친 현대인들에게 정서적 휴식의 기회를 제공하는 것이다. 사람들은 즐거움을 위해 쇼와 코미디와 오락프로그램을 본다. 그렇기 때문에 오락프로그램의 '재미'에 대한 개념정립은 매우 중요하다. 단순히 말초적이고 감각적이기만 한 수준 낮은 재미는 소모적이고 일회적인 경우가 대부분이다(조재훈 외, 2000: 61-62).

일반적으로 예능프로그램은 쇼, 코미디, 오락프로그램으로 구분되는데 각각의 프로그램에 따라 PD 또한 그 역할이 다르다. 먼저 쇼프로그램의 경우, PD에게 가장 요구되는 것은 쇼에 대한 감각적 자질이다. 그 이유는 쇼프로그램의 경우 대개 음악과 관련되기 때문에 색채의 화려함과 영상의 세련됨이 잘 어울려야 하는 기본적 요건을 요구하기 때문이다. 이와 더불어 출연자가 최대한 자신의 재능을 무대 위에서 잘 발휘할 수 있도록 전반적인 무대 분위기에도 신경을 써야 한다. 이를 위해서 쇼프로그램의 PD는 무대에 대한 장력에서 독보적인 위치에 올라 있어야 함은 당연한 것이다.

다음으로 코미디프로그램은 각 방송사에 있어서 가장 중요한 오락프로그램이라 할 수 있다. 일상생활에 지친 현대인들의 웃음을 자아내게 하는 일은 결코 쉬운 일이 아니다. 그러기 때문에 훌륭한 코미디프로그램이 만들어지기 위해서는 코미디언이나 개그맨, 작가 그리고 담당 PD의 유연한 협동체제가 매우 중요하다. 또한 기본적으로 '웃음'이 무엇인지 알아야만 한다. 이를 위해서는 PD의 재치 있는 유머감각이나 사회적 현실을 웃음으로 표출할 수 있는 잠재적 끼가 있어야 한다.

마지막으로 오락프로그램의 PD는 수용자에게 오락적인 요소를 제공해야만 하며, 이를 제공하는 과정에서 오락적인 요소가 통속적이고 저질스러운 것으로 변하지 않게끔 유의해야 한다. 즉 수용자들이 원하는 것은 한순간의 피로를 씻을 수 있는 건전하고 수준 높은 즐거움이다. 그러나 오락프로그램의 범주는 쇼나 코미디를 표방하는 프로그램 외에도 재미, 즐거움 등의 여러 가지 이벤트 등 다양하기 때문에 오락프로그램을 담당하는 PD는 쇼프로그램이나 코미디프로그램 PD들이 가지고 있는 다양한 능력을 두루 섭렵해야 하는 어려움을 갖는다. 또한 오락프로그램이 한 해 어느 정도로 제작되느냐에 따라 그 방송사의 성격이 규정되기 때문에 이를 잘 고려해야만 한다.

3) 교양 PD

교양프로그램의 일차적인 특징은 수용자에게 필요한 지식과 정보를 제공한다는 점이다. 또한 지식과 정보를 제공할 뿐 아니라 정서적인 부분에 호소해 감동을 자아내기도 하며 경우에 따라서는 여론을 수렴하기도 해야 한다. 따라서 방송의 공익성과 공공성을 잘 살릴 수 있는 대표적인 프로그램이 교양프로그램이다. 교양프로그램 PD는 다양하고 정확한 정보를 전달해야 하며 프로그램의 사회적 책임과 영향력을 인식하고 PD로서의 사명감을 가져야 한다. 그러므로 교양 PD는 사회의 문제점에 대한 객관적인 시각과 문제점에 대한 분석을 통해 대안을 영상화하는 능력, 인물과 소재를 새롭게 포장하여 영상으로 구성하는 기술이 있어야 하며 저널리스트로서의 안목과 자질이 필요하다. 또한 교양프로그램은 시기적절한 소재와 주제의 선정이 제작의 주요관건이 되므로 광범위한 자료수집과 이를 분석하고 소재화하는 능력이 필요하며, 변화하는 수용자 경향에 기초한 새로운 아이템의 개발이 무엇보다 중요하다(조재훈 외, 2000: 73).

4) 다큐멘터리 PD

다큐멘터리의 어원은 프랑스어로 '여행사진'이란 뜻의 documentaire에서 나온 것이다. 텔레비전에서 사실을 필름에 담기 시작하면 보다 새롭고 다양한 의미를 갖게 된다. 다큐멘터리의 생명은 바로 '사실', 즉 리얼리티이다. 꾸며낸 것, 만들 어낸 것, 환상적인 것의 반대개념으로서 다큐멘터리는 존재한다. 전쟁과 굶주림, 독재와 기아, 소외와 불평등이 있는 곳에는 어김없이 다큐멘터리의 카메라가 있 다. 따라서 다큐멘터리 PD는 연출자의 눈으로 사회의 밝고 어두운 곳곳을 비추 는 거울이며 때로 그 거울은 아주 맑을 수도 있고 어둡고 탁할 수도 있다(조재훈 외, 2000: 74). 다큐멘터리는 그 소재와 주제에 따라 여러 가지로 구분되는데, 일반 적으로는 자연다큐멘터리('동물의 왕국'이나 '사계' 등), 시사다큐멘터리('시사매거진 2580'이나 '그것이 알고 싶다' 등), 그리고 문화 및 예술을 다루는 다큐멘터리('한국의 얼'이나 '소리를 찾아서' 등), 역사다큐멘터리('역사 속의 인물 탐방'이나 '역사스페셜' 등), 환경다큐멘터리('갯벌은 살아 숨쉰다' 등) 등이 있다. 이러한 다큐멘터리들은 각 각의 영역에서 그에 적합한 다양한 정보를 제공함으로써 현대사회가 가지고 있 는 여러 가지 모순에 대한 문제점들을 제시한다. 그러나 다큐멘터리를 제작하는 과정이나 혹은 방영하는 과정에서 여러 가지 문제점에 부딪힐 수 있는데, 예를 들어 인권침해나 사생활 침해, 보도의 형평성 및 객관성 등이 있다.

따라서 다큐멘터리 PD에게 있어서 가장 중요한 것은 바로 사회와 인간에 대한 깊은 성찰과 이해이다. 프로듀서가 하나의 다큐멘터리를 완성하기 위해서는 그 분야의 전문가가 되지 않으면 안 되며, 때로는 권력이나 외압에 맞설 수 있는 용 기 또한 필요하다.

5) 스포츠 PD

스포츠는 이미 전 세계적인 문화이자 삶이나 마찬가지이다. 스포츠로 인하여 전쟁이 벌어졌을 정도로 스포츠라는 것은 이미 우리의 일상생활 깊숙이 자리 잡고 있다. 물론 스포츠의 지나친 상업성을 비판하는 경우도 종종 있으나, 오늘날 스포츠는 순수한 스포츠정신과는 별개로 하나의 경제적 이익을 창출하는 수단으로 자리 잡고 있다. 또한 스포츠스타는 인기스타 못지 않은 사회적 영향력을 발휘하고 있음은 물론 스포츠마케팅이라는 새로운 영역의 출현을 가능하게 했다. 이미 스포츠마케팅은 하나의 틀로서 자리 잡아 다양한 부를 창출하는 중요한 구실을 하고 있다.

따라서 스포츠 PD는 스포츠중계방송을 연출하는 사람으로서 스포츠를 좋아하는 것은 물론 방송하는 종목들의 경기규칙과 방법에 대해 해박한 지식을 가져야 한다. 또한 스포츠중계방송의 생명은 바로 생생한 현장감이다(조재훈 외, 2000: 88). 스포츠현장에서 전해지는 박진감과 열기를 얼마나 잘 담아내느냐에 따라 스포츠 PD의 능력과 자질이 결정된다.

그러나 스포츠프로그램은 PD의 연출역량이나 의도대로만 진행되는 것이 아니므로 어떻게 하면 경기장을 사실적으로 묘사할 것인가를 고민하고 스태프진을 효과적으로 통제하는 것이 또한 중요하다. 이때 스포츠 PD에게 필요한 자질은 순발력과 판단력이다. 또한 대부분이 중계방송으로 이루어지는 만큼 SNG(satellite news gathering)를 비롯한 야외·실내 중계방송 기술, 그리고 나날이 발전하는 방송 기자재에 대한 지식을 보유해야 하며 역동적이고 다양한 화면구성을 위해 활용되는 스테디캠, 지미집, 내시경 촬영, 잠수촬영, 항공촬영, 고속촬영, 미속촬영 등 다양한 특수촬영기법에 대해서도 잘 알고 활용할 수 있어야 한다. 또한 경기내용 등 중요한 부분을 짧은 시간 내에 효과적으로 보여줄 수 있는 압축편집기술과 깔끔한 자막처리기술을 보유하고 있어야 한다. 그리고 컴퓨터그래픽의 비중이 커짐에 따라 컴퓨터그래픽에 대한 이해와 감각이 있어야 한다. 따라서 스포츠중계방송의 관건은 바로 장비이다. 국제적인 스포츠일수록 전 세계의 방송국들은 자신만의 최첨단 장비로 현장감 넘치는 방송을 위해 치열한 경쟁을 벌이고 있는 것이다. 국제경기의 스포츠중계방송은 곧 상업적인 효과와 직결되는 문제이다. 또한 스포츠는 국제사회에서의 민간외교와 분단 현실에서 남북교류의 몫을 톡톡히 해

내고 있다. 이는 스포츠가 비정치적인 성격을 띠고 있기 때문에 사회의 어떤 분
야보다도 자유롭고 순수한 민간외교가 가능하기 때문이다(조재훈 외, 2000: 89-90).

6) 뉴스 PD

뉴스는 정치·경제·문화·사회의 총체적인 변화를 대상으로 하는 광범위한 개념
이며 뉴스를 담당하는 사람도 광범위한 지식과 뛰어난 판단력을 가져야 한다. 그
렇기 때문에 뉴스프로그램은 취재하는 기자와 편집하는 PD의 가치체계와 판단력
에 전적으로 의존하게 되며 방송국의 보도부에는 유능한 보도기자와 PD의 확보
에 노력을 기울이는 것이다. 뉴스는 사건 발생의 현장 취재에서 시작되는데 사건
의 목격자로부터 뉴스의 소스(source)는 발생된다. 그렇기 때문에 보도기자(news
reporter)는 정확한 정보원을 취재하는 능력을 가지고 있어야 한다(최창섭 외, 1984:
326). 그러나 이러한 과정에서 간혹 문제점이 발생할 수 있는데, 그 대표적인 것은
진실성의 문제이다. 즉 뉴스는 사실적이며 진실을 수반해야 하기 때문에 뉴스에
가치를 부여하는 사람들의 중립성과 공정성 등이 필요하다. 또한 수용자들은 뉴
스를 통해 사회를 바라보기 때문에 지역이나 계층, 혹은 집단에 편파되지 않은
객관적 가치를 담아내야 한다.

일반적으로 뉴스의 역할은 다양하다. 예컨대, 사회현상 중에서 무엇이 중요한
것인지를 시청자가 판단할 수 있도록 도와준다. 뉴스에서 자주 다루는 사건일수
록 사람들은 그 사건의 중요성을 알게 되고 관심을 갖게 된다. 따라서 뉴스는 의
제설정기능(agenda setting function)을 갖는다. 다음으로 사회 구성원들이 공공의 의
견, 즉 여론을 형성할 수 있도록 도와주고, 그 여론(public opinion)의 방향을 가늠할
수 있게 해주는 여론형성기능을 가지고 있다. 그리고 뉴스는 사회의 병리적 현상
을 취재하여 보도함으로써 여론을 형성하고 문제가 해결될 수 있도록 유도하는
등 자연스럽게 환경을 감시하는 환경감시기능을 갖는다. 또한 방송은 대중을 위
한 공식적인 매체이고 대중이 사회에서 호흡하는 문화를 유지·발전시켜야 한다.
따라서 방송은 문화의 건전한 발전을 위해 공헌할 책임이 있는 문화발전기능과
방송보도가 사회 교육을 위한 가장 전초적인 기능을 수행해야 한다는 사회교육
기능을 갖는다(조재훈 외, 2000: 93-94).

따라서 뉴스는 그 시대적 흐름과 변화를 빠르게 포착하여 그 사회와 국민이 요

구하는 바를 명확하게 전달해야 하는 막중한 책임을 진다. 즉 종합적인 교양과 정보의 장이 되어야 한다는 것이다. 그러므로 뉴스 PD는 그 누구보다도 지식과 교양, 현안을 분석하고 대안을 제시할 수 있는 판단력이 중요하다.

뉴스 프로그램을 연출할 때는 가장 먼저 아나운서의 목소리가 방송국의 이미지에 적합한가를 고려해야 한다. 주요 뉴스 방송에 중진 아나운서를 기용하는 것도 방송국의 이미지를 고려하고 있기 때문이다. 뉴스 아나운서의 선정기준은 좋은 목소리·높은 교육수준·명쾌하고 논리적인 화술·강한 개성 등인데 그 중에서도 개성이 가장 중요한 조건이다. 실제로 개성이 강한 아나운서를 선택한 뉴스프로그램은 뉴스 아나운서의 인기로 인한 고정적인 시청률을 가지는 경우가 많이 있다(최창섭 외, 1984: 328). 그러나 뉴스는 계속해서 방송되므로 뉴스가 한 번 끝났다고 해서 업무가 끝난 것은 아니며, PD는 새로운 뉴스를 집어넣고 뉴스의 가치가 떨어지는 것은 빼는 등 지속적으로 업무를 수행하여야 한다.

7) 편성 PD

편성 PD는 직접 프로그램을 제작하는 현장 프로듀서가 아니며, 각 방송사의 프로그램들의 방송시간을 결정하고 프로그램의 개편을 담당하는 업무를 맡는 프로듀서이다. 각 방송사의 편성은 그 방송국 전체의 흐름을 관할하고 효과적인 방송시간대 조정을 통해서 그 방송사의 성격과 특징을 규정하는 중요한 작업이기 때문에 편성 PD는 단순히 방송 프로그램의 배열을 하는 PD로 볼 수 없다. 더군다나 어떤 편성을 하느냐에 따라 수많은 수용자를 끌어들일 수 있고 그에 따라 방송사의 위상이 올라가는 만큼 편성 PD는 시청자들의 다양한 기호와 요구를 수렴해 방송의 편성에 반영할 수 있어야 한다. 그러기 위해서 시청자 각 계층별, 연령별 시청행태와 방송에 대한 의견 등을 파악하고 분석하는 일은 필수적이다(주재훈 외, 2000: 95-96).

4. PD의 조건 및 역할

프로듀서에게 요구되는 것은 뭐니뭐니해도 창의성과 예술감각, 그리고 끊임없이 새로운 것에 도전하는 실험정신, 이와 함께 촬영, 조명, 음향 등 각 제작요소에 대한 정확한 이해이며 제작팀원을 배치하고 통제할 수 있는 리더십도 필요하다. 음악, 미술, 패션, 역사 등 다방면에 걸친 해박한 지식도 갖춰야 한다. 그리고 체력은 기본이다. 드라마 연출의 경우 대본이 중요하므로 대본작업을 잘할 수 있는 능력이 있어야 한다. 단막극을 제외한 연속극의 경우는 긴 얘기를 대중과 함께 풀어낼 수 있는 능력이 관건이다(한국방송위원회, 2002: 86).

1) PD가 지녀야 할 기본적 요건

방송이란 인간사의 반영이다. 이 반영을 주어진 사실에다 PD가 선택적 '의미'를 부여함으로써 사회적 커뮤니케이션을 수행하게 된다. 또한 제작자인 PD는 프로그램의 기획, 제작, 연출, 평가의 모든 과정을 체계적으로 조직·운영한다. 그러므로 제작자는 광범위하고 고도의 기술적 숙련을 필요로 하는 방송의 전문지식과 방송의 사회적 책임에 대한 깊은 인식과 사명감을 가진 교양인이어야 함은 두말할 필요가 없다. 즉 현대사회의 구조와 사회내부에서 발생하는 모든 갈등과 문제에 대한 폭넓은 지식과 미래지향적인 가치체계의 형성을 위한 고차원적인 의식이 몸에 배어 있어야만 제 역할을 수행할 수 있는 것이다. 따라서 PD는 다음과 같은 요건을 필요로 한다(박소웅, 2002: 66-74).

첫째, 기획성이 있어야 한다. 방송 프로그램의 제작은 즉흥적 영감에 의하는 것이 아니고 편성에 의해 정해진 시간과 인적·물적 예산의 제한 속에서 이루어져야 하므로 일관된 기획이 필요하다. 이 기획은 무에서 유를 창조해야 하는 만큼 기획력이 바로 창의력이며 제작자의 능력이기도 하다. 따라서 어떤 프로그램을 언제, 어떻게 만들어야 하는지의 기획력은 바로 조직력을 장악하면서 작품의 완성을 신장시키는 가장 기초적인 활동인 것이다.

둘째, 지식이 풍부해야 한다. PD처럼 잡학에 능통해야 하는 직업도 드물다. 즉 아는 것이 많아야 한다. 이 사회에 존재하는 모든 학문의 기초지식에 대해서 반

드시 정통해야 하는 것은 아니지만 적어도 기본적인 용어나 원리를 아는 것은 필
수적이다. 또한 PD는 언제 어디에서 작품을 만들어야 하는가를 언제나 염두에
두어야 하기 때문에 그에 따른 예비지식과 정보를 다른 사람(지원스태프)보다 먼
저 알고 있어야 하고 기초적인 내용을 먼저 브리핑해주는 여유도 가져야 한다.
담당 PD가 지원스태프보다 빈약한 정보나 소재에 대한 이해가 낮을 경우 지원스
태프를 지휘·통솔하는데 문제가 따르게 된다. 특히 전문화된 프로그램(다큐멘터리
나 특수드라마) 제작시에는 더욱 그렇다. 그렇기 때문에 PD는 폭넓은 인간관계는
물론이고 새로운 지식과 새로운 정보를 찾는 데 모든 시간을 투자해야 한다.

셋째, 통솔력과 애정이 필요하다. 방송 프로그램 제작은 각 분야의 전문가들(카
메라맨, 작가, 출연자 등)이 모여 협동작업을 하는 것이다. 또한 방송은 다른 예술분
야와는 달리, 독자적인 길을 가는 것이 아니라 항상 시청자의 반응에 주목해야
한다. 방송 프로그램은 일정 시간 내에 제작되어야 하므로, 제작자는 효과적인 전
달자로서 제작진들에게 동기를 부여하여 자극시키고 이끌어주며 각자의 전문성
을 존중하여 하나의 통일된 작품을 만들어야 한다. 그뿐만 아니라 자기가 만든
프로그램의 대상자가 누구인가를 알아 그 대상자에 대한 깊은 애정과 끊임없는
관심을 가져야만 프로그램을 제작하는 의욕을 가질 수가 있는 것이다. 예컨대, 주
부의 현실적 어려움을 이해하는 애정, 근로자 갈등의 이해, 교사의 과도한 학습여
건의 이해, 기성세대로부터 외면당하는 10대들의 고민 이해 등 모든 계층에 대한
세심한 존경과 애정 없이는 프로그램 제작은 허위와 위선으로만 가득 차게 된다.
무엇보다 제작자가 평소에 갖고 있는 계층에 대한 선입견이 작품제작에 반영될
경우 그 작품은 결국 비극으로 끝나고 만다.

넷째, 창의력이 있어야 한다. 방송은 표현예술이기에 앞서 대중전달매체이다.
그러나 방송은 단순한 전달매체가 아니라 전 사회의 모든 문제가 프로그램 속에
서 재창조되므로 독창적인 개성과 창조적인 예술성이 있어야 한다. 미국 NBC의
폴 랜치(Paul Ranch)는 "제작자는 반드시 훌륭한 심미안을 가져야 한다"라고 말한
다. 제작자는 영감과 경험을 통해 무엇이 시청자들에게 감동을 줄 수 있는가를
생각해야 한다. 늘 새로운 것을 추구하면서 보다 신선한 문제의식 속에서 고민해
야 함은 물론이다.

다섯째, 사회적 사명감이 있어야 한다. 모든 매체 가운데 사회에 가장 큰 영향
을 주는 것은 방송매체이다. 그 가운데 가장 큰 영향을 주는 것이 텔레비전임은

두말할 필요가 없다. 단순한 일상생활의 재창조에 그치지 않고 미래지향적인 안목을 가지고 시대적 상황에 따라 새로운 가치체계 형성은 물론이고 새로운 방향을 제시할 줄 아는 사명감이 필요하다. 방송 프로그램은 기본적으로 사회 내부가 지켜야 할 도덕적 덕목과 윤리적 가치체계가 적용될 수 있는 거울이 되어야 하기 때문에 방송제작자의 책임과 의무는 크다. 따라서 사회의 거울을 만드는 제작자는 그 거울이 뒤틀리거나 불순물이 묻어 사물을 왜곡되게 비추지 않도록 공정성과 공익성을 염두에 두는 투철한 현실 인식의 안목이 필요하다.

여섯째, 리더십과 예리한 판단력이 필요하다. 리더십은 무엇보다 PD의 능력이나 실력, 연출력으로부터 나온다. 그리고 이해타산에 강하거나 스태프와 협업과정에서 자기 주장만 고집하면 믿음이 사라진다. 뿐만 아니라 방송시간과 제작기간 내내 언제나 융통성과 과감성을 발휘해야 하고, 생방송이나 중계가 있을 경우 조그마한 실수도 용납되지 않기 때문에 예리한 판단력과 책임을 지는 모습이 필요하다. PD의 행동 하나하나가 바로 모든 제작진의 모범이 되고, 신의와 믿음이 필요하기 때문에 어떠한 이해타산으로도 맞서서는 안 된다. 포용과 관용의 아우름이 필수적이다. 왜냐하면 PD에게는 자원이 곧 사람이기 때문이다. 그리고 매력과 리더십이 돋보일 때 단결과 믿음이 뒷받침되면서 스태프들의 뭉친 힘이 바로 제작프로그램에 반영되기 때문이다. 그래서 PD는 자기 자산인 '사람'을 어떻게 쓰느냐에 따라 능력이 평가된다.

일곱째, 근성과 경험정신이 있어야 한다. PD에게 있어서 승부는 근성에서 나온다. 프로그램을 계속해서 성공적으로 기획하고 제작하려면 PD의 '혼'이 강렬하게 전율을 일으키면서 의욕과 열정이 도처에서 솟구쳐야 한다. 뜨거운 가슴으로 기획하고 제작하는 프로그램이 성공적인 평가를 받게 된다. 마지못해 편성된 시간 때우기식 제작이라면 PD의 불행은 물론이고 그 방송사의 비극인 것이다. 무엇보다 PD는 일에 대한 뜨거운 욕망과 마르지 않는 실험정신으로 도전하는 자세가 필요하다. 방송사 내에서는 공격적인 PD에게 이른바 '악바리 PD'라는 별칭을 주는데, 이는 끊임없는 도전과 무한한 상상의 나래를 펴는 열정의 소유자이기 때문이다. 모든 일에 적극적이면서 끝없이 고민과 번뇌를 경험하는 실험정신이 온몸에 녹아나는 PD는 존경심을 얻게 되고 역시 '향기 높은 프로그램을 제작하는 데 앞장서고 있다'라고 느끼게 한다.

여덟째, 비판이나 평가를 겸허하게 수용할 수 있어야 한다. 프로그램이 방송되기 전 사전모니터에 나타난 방송국 내부의 비판이나 모니터 지적사항을 방송법에 규정된 사항을 이행하는 측면에서 겸허하게 수용해야 한다. 또한 프로그램이 방송된 이후에 나타난 피드백(feedback)으로 다음 작품에 대비해 반드시 장·단점을 취합한 뒤 제작에 참여했던 스태프들이 모여 자체평가나 외부모니터에 의한 지적을 수용하면서 다양한 시각과 견해를 인정하는 자세가 필요하다.

아홉째, 연출자는 창조적인 일을 하면서 비상사태에 대비할 줄 아는 능력이 있어야 한다. 성공적인 프로그램을 만들기 위해서는 새로운 사실에 대한 긍정과 흥미, 예민한 감각(extremely sensitive)이 모든 작업에 필수조건이다. 무엇보다 프로그램은 하나의 상품이기 때문에 어느 누구도 흉내내지 못하는 연출과 독특한 작품의 해석, 그리고 고도의 재능이 발휘되어야 함은 물론이다. 이와 같은 프로그램을 제작하는 데는 항상 문제가 발생하기 마련이다. 이때를 연출자는 모든 스태프들의 움직임을 총괄하면서 가장 중요한 문제가 발생했을 때 빠르고 정확하게 처리할 줄 아는 자세가 필요하다.

마지막으로 염두에 두어야 할 문제는 제작자가 아무리 능수능란하다 해도 전체 스태프들과 호흡을 맞추기에는 미진한 것이 많다. 따라서 제작하기 전에 최소한 3회 이상의 리허설은 필수적이다. 리허설이 없는 제작은 시간과 예산을 낭비함은 물론이고 제작진이나 출연자들을 피곤하게 하면서 방송 프로그램 이해를 거칠게 하는 요인이 된다. 그렇기 때문에 시간이 없다는 이유만으로 '리허설'을 외면하는 PD가 있다면 그는 연출자로서 자격이 없을 뿐만 아니라 위에서 지적한 사항을 제대로 이행하지 못하는 변두리 PD로 전락하게 될 것이다.

이외에도 PD가 유념해야 될 몇 가지 사항을 살펴보면(박소웅, 2002: 73), 첫째, 제작현장에서 흥분하거나 큰소리를 치지 말아야 한다. 연출자가 앉아 있는 자리를 'hot seat'라고 일컫는다. 그만큼 녹화현장에서는 흥분할 만한 요소가 있지만 그것을 유머로 녹여낼 줄 알아야 한다. 둘째, 연출 중에 PD가 실수했다면 그 자리에서 스태프들에게 신속하게 수정하고 사과해야 한다. 제작자가 잘못 판단해 실수를 해놓고도 적당한 말과 행동으로 넘길 경우 불신과 위화감을 가져오게 된다. 셋째, 판단을 다른 사람에게 미룬 채 자기의 생각을 분명하게 나타내지 않는다면 그 녹화현장은 건조해질 수밖에 없다. 제작자가 사태파악을 제대로 못하거나 방황하는 모습을 보이게 되면 전체 제작진의 분위기는 산만해지면서 제작의 의도나 당초 기획된 주제가 겉돌게 된다. 넷째, 분명한 지침을 주면서 사전 모니터(preview monitor)를 계속 주시해야 한다. 스태프들에게 거부감을 주지 않으면서 단호하고 절도 있는 제작지침을 주어야 한다. 그러면서 숏은 좋은가, 카메라 위치나 마이크 위치는 적당한가, 출연자의 코디나 메이크업은 제대로 완성되었는가, 기획 의도대로 출연자가 현장에 나타났는가 등을 반드시 살펴야 한다.

2) 커뮤니케이션 리더(leader)로서의 조건

뉴미디어의 등장으로 기존 매체의 기능에 혁신적인 정보통신기술이 결합되어 방송이 전달하는 정보내용, 전달방식, 정보표현 양식에 변화를 초래하여 프로그램이 세분화, 전문화되고 일 대 다수에서 일 대 일 또는 다수 대 다수 간의 자유로운 쌍방 정보교환이 이루어지고 있다. 이러한 매체기술의 변화가 다매체 시대로의 이행과 동시에 송신자 본위(수직적 전달행위)에서 이용자본위(쌍방전달과 수평적 행위)로 전환됨에 따라 PD의 제작형태에서 이용자접근 제작형식(production access rule)이 폭넓게 적용되고 있다(김광옥, 1992: 85). 여기서 나타나고 있는 특성은 매체 전반에 대한 관심 위에 특히 메시지의 선택이라는 새로운 영역의 확대가 이루어지고 있다는 것이다. 따라서 제작자의 전문성이 더욱 제고되었고, 제작의 폭이 점차 넓어지면서 CP(chief producer)라는 책임팀장 밑에서 기획·제작·관리 등이 총괄되고 있다. 또한 종전의 부(部)제도의 개념을 없애고 프로그램 제작의 자율성과 창의성, 그리고 책임성을 부여해 사회적 문제를 보다 폭넓게 접근함으로써 방송이 사회적 커뮤니케이션을 더욱 활성화할 수 있는 계기를 마련하고 있다.

그러므로 PD는 CP의 지시를 받는 전문가로서 새로운 위상을 갖게 되며, 이에 걸맞은 조건을 가져야 함은 당연하다(박소웅, 2002: 40-42).

첫째, 전문지식을 갖추어야 한다. 즉 방송이라는 메커니즘에 근거하여 방송제작의 내용물에 대한 투철한 지식과 방송환경을 둘러싼 주변여건에 대한 인식이 깊어야 한다는 것이다.

둘째, PD는 내적 자율규제를 갖추어야 한다. 이는 방송사의 강령으로 나타나고 개인의 도덕률에 근거한다. 이것은 모든 제작 프로그램에 높은 공공성과 공익성이 유지되어야 하고 어느 특정 이익집단에게만 유리한 프로그램 제작이 이루어져서는 안 된다는 당위성이다.

셋째, PD는 대외적인 면에서 봉사의식이 있어야 한다. 결코 자기 중심의 이익추구가 용납되어서는 안 된다는 것이다. 이를테면 사회적 영향력을 행사하는 프로그램은 계층 간의 갈등을 해소하면서 문화적 전통을 이어갈 수 있는 토양을 만들어주어야 한다. 무엇보다 방송은 종합예술이다. 영화나 연극을 집단예술이라고 하지만, 방송은 특히 여타 집단예술보다도 때로는 단시간 내의 기획, 제작이 필요하기도 하고, 또 일반적으로 순간적인 판단이 많이 요구되는 제작 행위이기도 하다. PD가 비록 사회를 읽고 사회의 질서를 반영한다고 하나, PD 스스로가 사회와 깊은 호흡을 할 수 있는 자세가 필요하다. 바로 커뮤니케이션이 이루어질 수 있어야 한다. 그러한 삶의 방안으로 "좋은 취미"를 가져야 하고(Paul Ranch), "바람직한 인간성, 심리적 특징과 함께 바람직한 경험을 쌓아야 하고"(Bemarr Cooper), 또 집단 제작의 리더로서의 PD는 "개인이 원만해야 한다"(방송프로듀서협회, 1992: 91).

3) 21세기 PD의 역할

21세기의 방송 PD는 모든 정치권력과 외압에 당당히 맞서 이에 굴하지 않고 수용자를 위한 정보전달의 최일꾼으로서의 역할을 수행해야 한다. 이와 더불어 다양하게 변화되어 가는 국내외적 현실에 대해 감각적으로 대처할 수 있는 현실성 또한 가져야 함은 당연하다. 물론 방송 PD는 각자 맡고 있는 영역에 대한 전문적이고 해박한 지식을 가져야 하고, 방송 프로그램이 궁극적으로 공공의 이익을 위해 제작되고 방영되어야 하는 차원은 모든 PD들에게 하나의 공통분모라고 할 수 있다.

21세기를 사는 방송 PD가, 하버마스의 지적처럼, 공공영역의 점진적 소멸이라는 파고를 막고 현실을 지배하는 정치권력과 자본의 논리에 오염되지 않으면서 창의적인 사고와 개방된 의식의 틀 속에서 인간성 회복과 보다 살기 좋은 현실을 창조해내는 작업을 끝없이 추구해나가야 하는 이유가 바로 여기에 있다. 그러나 공공성과 공익성을 지향해야 할 중요한 목표를 가로막는 원인은 정부로부터의 부당한 간섭과 정치적 영향이다. 이를 과감하게 극복해나가야 한다. 그뿐만 아니라 방송의 자율성과 독립성을 확보하기 위해서 뼈를 깎는 PD 자신의 개혁이 앞서야 하고, 국제경쟁력 강화를 위해서 프로그램의 질을 높이는 데 심혈을 기울여나가야 한다. 다채널시대를 맞는 방송환경 변화에 적극적으로 대처해나가지 않으면 결국 방송사 자체가 문을 닫을 수밖에 없을 것이기 때문에 21세기에 접어든 현 시점에서 방송사의 생존은 PD의 눈높이에 달려 있다 해도 과언은 아니다.

제6장 방송구성과 구성작가

1. 방송작가의 위상

방송작가는 다양한 방송 프로그램을 구성하고 대본을 쓰는 사람이다. 크게 분류하면 드라마작가와 비드라마작가로 구분된다. 드라마는 말 그대로 일일연속극, 주말연속극, 특집드라마와 같은 프로그램을 말한다. 한편 비드라마는 드라마와 뉴스나 스포츠프로그램을 제외한 모든 프로그램을 총칭한다. 비드라마는 교양과 연예오락프로그램에 속하며 다큐멘터리, 버라이어티쇼, 코미디, 토크쇼나 토론프로그램과 같은 스튜디오프로그램 등이 포함된다.

<표 6-1> 방송 및 방송작가의 유형 구분

방송작가의 유형	드라마 작가	비드라마 작가
드라마 유형	드라마 (일일연속극, 주말연속극, 특집 드라마 등)	비드라마 (다큐멘터리, 버라이어티쇼, 코미디, 토크쇼, 토론프로그램)

방송작가는 드라마와 비드라마프로그램의 줄거리를 짜고 이야기를 꾸미는 일을 한다. 프로그램의 각 유형별로 작가의 역할은 조금씩 다르다. 드라마는 좋은 대본을 확보하는 것이 가장 중요하다. 따라서 드라마작가들 중에서는 흥행의 보증수표로 통하는 작가군도 존재한다. 이들처럼 지명도가 높은 작가들은 계약을 먼저 하고 대본을 쓰는 게 일반적이다. 쇼프로그램 작가와 코미디작가들에게는 연예인들과의 친분도 중요하다. 쇼작가와 코미디작가는 이와 더불어 아이디어가 생명이다. 아이디어가 더 이상 떠오르지 않는다면 쇼작가와 코미디작가라는 직업을 계속할 수 없게 된다. 토크쇼나 토론프로그램의 대본을 쓰는 작가들은 종합구성작가라고도 한다. 이들은 스튜디오에서의 원고와 리포팅 원고, 콩트와 재연드라마의 원고까지 쓰게 된다. 종합구성작가군은 메인작가와 서브작가, 그리고 자료조사원 등으로 구성되고 있다. 자료조사원의 능력이 인정되면 서브작가가 될 수 있는데, 보통 6개월에서 2년 정도의 기간이 소요된다. 서브작가는 자료 찾기는 물론이고 출연자 섭외 및 기타 정보 취재를 하게 되고 코너 하나 정도의 대본을

쓰게 된다. 메인작가는 프로그램의 전체 흐름을 잡고 아이템을 정해서 효과적으로 구성하는 일을 맡는다. 다큐멘터리작가는 자료수집, 취재, 촬영콘티짜기, 편집 콘티짜기, 대본쓰기 등의 일을 모두 처리해야 한다. 다큐멘터리는 PD와 작가의 철저한 공동작업이기 때문에 작가의 역할 역시 무척 중요하다(이미애 외, 1999).

방송작가에게 필요한 것은 끈기와 지구력, 호기심이다. 물론 방송작가가 글을 잘 써야 한다는 것은 당연하다. 글을 잘 쓰기 위해서는 스토리텔링 감각과 문장력을 꾸준히 향상시키면서 창의력과 상상력을 개발하기 위해 노력하는 것이 중요하다. 또한 논리적인 사고력과 사회변화에 민감하게 반응하는 것 역시 필요하다. 하지만 방송작가는 글을 잘 써야 한다는 기본적인 자질 이외에도 몇 분짜리한 꼭지를 구성하는 데 하룻밤을 샐 수 있는 지구력과 역사 및 사회·인간에 대한호기심과 애정, 그리고 자신이 쓴 대본의 반응이 좋지 않더라도 계속해서 글을 써가는 끈기가 필요한 것이다.

방송작가의 일이 글만 쓰는 데서 그치는 것은 아니다. 방송은 공동작업이다. 따라서 방송작가 역시 다른 제작진 및 출연자들과 조화될 수 있어야 하고 궁극적으로는 열심히 발로 뛰면서 많은 경험을 하고, 능숙하게 자료를 수집해야 하며새로운 아이디어를 프로그램에 도입하기 위해 다른 제작진들과 잘 어울릴 수 있어야 한다. 방송작가는 방송을 만들기 위한 스태프들 중 하나에 불과하다. 방송작가는 또한 치밀한 구성력을 지녀야 한다. 프로그램이 유지되는 기간 동안 정밀한구성력을 잃지 않아야 한다. 여기서 구성력은 프로그램에 대한 총체적인 통찰력을 의미한다.

방송작가에게 요구되는 사항들은 다양하다. 하지만 방송작가의 임무를 훌륭하게 수행하기 위해서 모두 필요한 사항들이다. 예컨대, 버라이어티쇼 작가는 구성회의에서부터 다른 제작진들이 갖고 있는 아이디어를 대본에 적극적으로 수용할수 있어야 하고, 장단점을 고려하는 가운데 가장 적당한 촬영지를 선택해야 하며, 취재를 하면서 촬영지의 특징이 잘 녹아들 수 있는 콘티를 구성해야 한다. 또한이 와중에서도 틈틈이 원고를 쓰고 수정하길 반복해야 하며, 제작이 끝나도 내레이션을 작성하고 프로그램 순서에 맞춘 대본을 완성하고, 다음 출연자들을 섭외해야 하며, 다른 제작진들과 협업하는 가운데 이 일들을 처리해나가야 한다.

여기에 방송작가에게 요구되는 사항을 한 가지 덧붙이자면, 음악에서부터 조명, 소품과 특수효과, 카메라와 녹음, 특수화면 구성기법 등에 대해서도 잘 알고

```
┌─────────────────────────────────────────────────────┐
│              방송작가에게 요구되는 사항                  │
│                                                       │
│    1. 선입관을 갖지 않고 창의력과 상상력 개발에 노력한다.    │
│    2. 스토리텔링 감각과 문장력 향상에 꾸준히 힘쓴다.        │
│    3. 논리적 사고력을 키운다.                            │
│    4. 역사 및 인간과 사회에 대한 관심과 애정을 갖는다.      │
│    5. 끈기와 지구력을 갖는다.                            │
│    6. 방송계의 동향을 파악하는 것을 게을리하지 않는다.      │
│    7. 많은 경험을 한다.                                 │
│    8. 인간관계를 원만히 유지한다.                        │
│    9. 자료수집 능력과 취재능력을 개발한다.                │
│   10. 총체적인 통찰력을 갖는다.                          │
└─────────────────────────────────────────────────────┘
```

자료: 한소진(2000), p.19.

있어야 한다는 점이다. 이러한 사항들을 구체적으로 잘 알고 있을수록 좋은 대본을 쓸 수 있게 된다(김일태, 1995).

2. 방송작가의 글쓰기

방송작가들이 쓰는 글인 대본에는 일반적으로 문학적인 글과는 다른 몇 가지 특징들이 요구된다. 방송대본은 문학작품과는 그것이 구현되는 매체가 다르며 표현 및 수용양식과 과정이 상이하기 때문이다. 방송대본을 쓸 때에는 다음과 같은 점들에 주의해야 한다.

먼저, 방송작가는 문장을 객관화하고 보편화할 줄 알아야 한다. 방송작가는 자신만의 말투나 내적 감성을 이용하여 글을 써서는 안 된다. 이렇게 쓰여진 글은 다른 사람들이 공감하기 힘들기 때문이다. 방송대본은 시청자들에게 프로그램의 의도를 정확하게 알릴 수 있도록 객관성과 보편성을 확보해야 한다. 방송작가가 되고자 하는 사람은 자신의 문장이 객관성과 보편성을 확보하고 있는지를 살필 필요가 있다.

다음으로 방송작가의 문장은 명확성을 지녀야 한다. 문장이 명확성을 지녀야만 화면에 나타나는 상황 역시 명확하게 된다. 대본 문장의 명확성은 시청자들로 하여금 프로그램 영상에서 비춰지는 상황을 보다 잘 이해할 수 있도록 설득할 수

<표 6-2> 구어체와 문어체의 차이

문어체	구어체
· 기호를 기준으로 이루어진다. · 내용의 중요성에 따라 순서를 결정하는 것이 일반적이다. · 글월이 말보다 길게 짜여진다. · 문법에 의해 낱말들의 짜임이 이루어진다. · 같은 유형의 글월이나 낱말이 반복되는 경우가 적다. · 글월이 도중에 불완전하게 끝맺는 경우가 적다. 도중에 끝낼 수 있다. · 낱말은 그 낱말의 성분에 맞게 사용되고 생략되지 않는다. · 사물이 지시어로 가리키는 경우가 적으며 직접적이다. · 높임말과 낮춤말, 그 밖의 존경어들이 적게 쓰인다. · 시대에 따라 말의 변하는 속도가 느리다. · 되도록 표준말을 쓰도록 한다. · 한자어나 옛말이 자주 섞여 쓰이는 것이 일반적이다. · 쓰는 이의 생각에 의해 구체화되는 경향이 높다.	· 소리를 기준으로 이루어진다. · 말하는 시간의 길이에 따라서 말의 순서를 결정하게 된다. · 짜여진 문장이 문어체보다 짧다. · 작은 단위의 말들은 어법의 순서에 맞지 않을 수도 있다. · 같은 글월이나 낱말을 반복해서 사용하는 경우가 많다. · 완전하게 짜여지지 않은 말이라도 도중에 끝낼 수 있다. · 낱말이 더러는 생략되고 성분에 맞지 않게 배열되기도 한다. · 행동과 함께 쓰이므로 가리키는 지시어를 많이 사용한다. · 유행과 시대에 따라 말의 변화속도가 빠르다. · 말하는 이의 개성과 신분에 따라 표준어가 아닌 말을 쓴다. · 현재 두루 쓰이는 말이나 유행어를 섞어 써도 무방하다. · 말하는 이의 감정에 의해 좌우되는 경향이 짙다.

자료: 한소진(2000), p.78.

있다. 특히 다큐멘터리와 같은 장르의 대본은 명확성을 갖추지 않으면 안 된다. 관념적이고 추상적인 글쓰기에서 탈피하는 것이 방송작가의 기본 철칙이라고 하겠다. 보다 더 명확하고 보편성이 담긴 단어를 이용하기 위해 노력해야 한다.

방송작가의 대본은 쉬운 문장으로 이루어져야 한다. 프로그램을 시청자들이 이해하기 위해서는 될 수 있는 한 쉬운 단어를 사용해야 한다. 어려운 문장으로 구성된 대본으로 만든 프로그램은 대중성을 갖기 어렵다. 특히 방송대본은 듣는 사람을 위해 쓴 글이지 읽는 사람을 위해 쓴 글이 아니다. 즉 방송대본은 문어체가 아닌 구어체로 쓴다. 어려운 단어로 구성된 구어체는 시청자들의 이해를 어렵게 한다. 따라서 구어체를 능숙하게 쓸 수 있는 연구와 노력도 필요하다.

방송작가가 쓰는 글은 최대한 간결한 문장을 구성해야 한다. 방송대본의 문장은 광고의 카피처럼 짧아야 한다. 따라서 방송대본에는 간결체를 이용하여야 한다. 방송작가는 짧은 문장을 구성하는 것에 익숙해야 한다. 그리고 짧은 문장에 정확한 표현을 담을 수 있도록 노력해야 한다. 특히 화면 한 컷이 보여지는 시간

<표 6-3> 시청자들의 흥미를 유발하는 2차적 요소

- 동일화(identification) : 등장인물과의 동일화
- 동정심(sympathy) : 패배자나 희생자, 실패자에 대한 동정심
- 향수(nostalgia) : 옛 노래 등 과거에 대한 즐거운 회상
- 취득성(acquisitiveness) : 상을 타거나 돈을 벌거나 헐값에 물건을 살 수 있는 기회를 제공
- 신뢰성(credibility) : 퍼스낼리티가 진실돼 보여야 하고 음향은 사실적이어야 하며 정보는
  믿을 만한 것이어야 한다. 코미디는 억지가 아닌 자발적인 것이어야 한다.
- 중요성(importance) : 스타의 이름은 소구력을 제고시킨다.
- 아름다움(beauty) : 아름다운 배경, 훌륭한 디자인, 조명의 사용 등 심미적 요소가 소구력이
  있다.
- 신기성(novelty) : 새로운 아이디어나 스타일, 상품, 퍼스낼리티, 서비스, 기술 등을 소개하
  면서 일상의 단조로움을 깰 때 소구성을 갖는다.

은 매우 짧기 때문에 방송대본의 문장은 만연체로 구성되어서는 안 된다.

한편 방송작가는 특수한 소재를 발굴하려 노력하기보다는 시대가 변해도 한결같이 시청자들이 흥미를 보이는 소재들을 끊임없이 재구성하는 것이 필요하다. 시청자들은 새로운 소재에 대해서는 낯설어하는 경향이 있다. 시청자들은 흔히 주변에서 경험하는 소재들일수록 더욱 공감하게 되며, 그러한 소재들에 약간의 새로움만 가미한다면 지루해하거나 식상해하지 않는다. 그렇다고 새로운 소재의 개발이 의미 없는 것은 아니다. 하지만 기존소재를 재구성한 대본도 얼마든지 시청자들에게 신선함과 흥미를 유발할 수 있다는 점을 명심해야 한다.

또한 방송대본에는 소재 못지 않게 시청자들의 흥미를 유발하는 요소들이 존재한다. 흥미를 유발하는 요소들은 기본적인 1차적 요소와 부수적인 2차적 요소로 구분되어 제시될 수 있다. 시청자들의 흥미를 유발하는 기본적인 1차적 요소들에는 갈등, 코미디, 섹스, 정보, 인간적 흥미 등이 있다(방송문화진흥회, 1996).

갈등은 모든 드라마는 물론이고 버라이어티쇼나 스포츠에도 존재하는 흥미유발의 가장 기본적인 요소이다. 등장인물들간의 갈등은 시청자들에게 스릴과 서스펜스를 제공한다. 코미디 역시 시청자들이 프로그램에 흥미를 갖게 하는 1차적 요소이다. 유희적 인간(Homo Ludens)이라는 개념 역시 인간이 기본적으로 즐거움과 쾌락을 추구하는 본성을 지니고 있다는 경험적 사실에서 대두된 것이다. 최근에는 드라마에까지 코미디적인 요소를 도입하려는 시도가 이루어지고 있는 것이 현실이다. 섹스 또한 흥미유발의 기본요소이다. 섹스는 베드신을 통해서만 보여지는 것은 아니다. 남성연기자의 활력과 자상함을 통해서도 또는 인물의 성격을 통해서도 구현가능한 것이다. 정보도 시청자들이 프로그램에 흥미를 느끼게 하는

요소이다. 뉴스에 대한 관심은 세계적이며 최근에는 연예오락프로그램에서도 정보전달 요소를 도입하고 있다. 또한 정보는 급격하게 사회가 변화하는 최근에 더욱 중요한 가치를 지닌다. 인간적인 흥미란 다른 사람의 삶에 대한 흥미를 말한다. 사람들은 다른 사람들의 삶에도 호기심을 지니고 있다. 휴먼다큐멘터리같은 프로그램이 꾸준한 시청률을 기록하는 것도 이 때문이다.

시청자들에게 흥미를 유발하는 2차적인 요소에는 다음과 같은 것들이 있다. 이와 같은 2차적 요소 역시 방송작가의 대본에 적절히 이용되는 것이 필요하다.

3. 대본탄생과정

하나의 대본이 완성되기 위해서는 가장 먼저 기획안 작성이 이루어져야 한다. 프로그램 제작 여부는 방송사의 경영진이 기획안을 보고 결정하는 것이다. 기획안에는 프로그램에 대한 기본적인 내용 — 프로그램의 가제와 시청자들에게 미치는 영향, 제작방식과 등장인물 등 제작여부의 결정에 필요한 관련 정보들이 포함된다.

기획안의 내용을 좀더 자세히 설명하면 다음과 같다. 기획안을 구성할 때 주제를 정해야 하는데 주제는 사람들의 흥미를 유발할 수 있으면서 시의성이 있는 것이 좋다. 프로그램명(가제) 또한 기획회의과정에서 흥미성과 시의성을 고려하여 결정되어야 한다. 방송시간은 매주 단위인지 매일 단위인지, 그리고 몇 시부터 몇 시까지 몇 분간인지를 정확히 기입한다. 다음은 제작형식인데, 한 프로그램이 다큐멘터리, 게임, 퀴즈쇼 및 콘테스트, 토크쇼, 생활과학, 쇼, 뮤지컬, 드라마, 다큐멘터리, 현장취재와 중계차 연결, 토크 중 어떤 형식들을 이용하느냐 하는 것이다. 제작형식은 스튜디오촬영인지 야외 제작인지가 먼저 결정되어야 한다. 그리고 스튜디오촬영과 ENG촬영, 리포터 등 이용되는 구체적인 형식을 모두 기입한다. 스튜디오촬영의 경우는 대부분의 제작요인들을 최대한 통제할 수 있다. 특히 스튜디오 안에서는 야외촬영에서 직면하게 되는 제작에 불리한 요건들을 피할 수 있다. 그러나 야외촬영인 경우 시간과 비용이 늘어나게 된다. 야외촬영인지 스튜디오촬영인지가 결정되면 프로그램 기획의 반 이상이 완성된 것이다. 요즘은 여러 가지 형식과 스튜디오 촬영 및 야외촬영이 복합적으로 사용하는 복합구성

형식이 자주 시도되고 있다. 한 프로그램을 기획할 때 기획의도도 중요하지만 그 의도를 어떤 형식으로 표현하느냐에 대한 결정 역시 중요하다. 제작형식에 따라 시청자들에게 주는 효과도 달라지기 때문이다.

기획의도는 프로그램의 제작목적을 추상적이기보다는 명확하고 뚜렷하게 정리한다. 예를 들면 크리스마스 특집극에 어려운 경제환경으로 청년실업층이 늘고 있는 현실에서 이들에게 힘과 용기를 줄 수 있는 특집극을 만들도록 한다는 식의 내용을 간략히 논리적으로 일목요연하게 적으면 된다. 기획안에서 가장 중요한 것이 바로 기획의도이다. 기획의도는 프로그램의 주제와 같은 것이다. 기획의도에는 이 프로그램이 지금까지 제작된 프로그램과 어떻게 차별화되는지를 반드시 기입해야 한다. 전개방법에는 몇 개의 코너를 둘 것인지, 각 코너는 어떻게 구성할 것인지 등을 자세히 기입한다. 제작지원사항에는 필요한 세트나 자금 등을 기입하고 등장인물에는 누구를 출연시킬 것인지를 기입하면 된다. 그리고 제작인원에는 PD에서부터 경비요원 및 관리요원에 이르기까지 필요한 제작인원을 구체적으로 기입한다.

기획안을 제출하여 제작이 결정되면 작가는 프로그램을 구체화시키기 위해 관련 자료를 수집·분석하고, 필요하면 전문가의 자문을 듣고, 관계자의 자문과 협조를 구하고, 촬영장소에 대한 사전 답사를 실시하고, 기타 필요한 영역의 섭외와 출연자 섭외를 실시하게 된다.

작가는 먼저 제작이 결정된 프로그램에 대한 광범위한 지식을 축적하기 위해 신문, 잡지, 관계된 사진, 방송물, 관련서적 등을 확보해야 한다. 방송의 신뢰도와 객관성은 자료수집에 의해 좌우된다. 수집된 관련자료는 활용도에 따라 분석·정리한다. 소재와 관련된 전문가의 자문을 들어야 한다. 자문은 직접 만나서 듣는 것이 좀더 광범위한 의견수렴을 가능하게 한다. 또한 관계기관의 자문과 협조를 요청해야 할 때도 있다. 전문과나 관계기관에 대한 자문과 협조 요청 및 섭외에서는 다음과 같은 점에 유의한다(한소진, 2000).

· 어떤 경우라도 공손함을 잃지 말아야 한다.
· 방송의 취지에 대해 자세히 설명한다.
· 의견을 묻되 강요하지는 말아야 한다.
· 일방적인 요구로 불쾌감을 주지 않도록 노력한다.
· TV방송에 대한 공포감을 덜어준다.

<윤이상-제1부 돌아갈 수 없는 조국> 일부

순서	시간	영상	내용
1. 프롤로그	2분	-독일, 그의 자택 -수없이 많은 악보 -한적한 공원에서의 윤이상	세계 5대 음악자 중 한사람. 서구에서는 음악으로, 한국에서는 정치적으로 알려진 작곡가.
2. 윤이상은 누구인가?	3분	-윤이상의 음악을 연주하는 홀 　(자료화면은 실제) -거리의 유럽인 인파와 윤이상	현재 서양음악계에서의 그의 위치 설명과 그는 누구인지에 대한 설명
3. 그는 왜 조국땅을 밟을 수 없는가?-동베를린 사건의 전모	20분	-윤이상 인터뷰 -동베를린 사건의 전모(당시 신문기사/검찰사건기록) -재연/정보부 배경 (윤이상을 가장한 연기자, 조사받는 뒷모습 실루엣) -윤이상 인터뷰 -서대문 형무소로 끌려가는 연기자 뒷모습	-압송될 때의 상황은? -북한을 방문한 동기?
4. 윤이상의 1970년대 이후 음악세계	5분	-영상뮤직 <첼로 협주곡>(자연, 인간, 시련을 상징하는 영상) -그 위에 윤이상, 음악에 몰두하는 모습	그의 대표작인 <첼로 협주곡>에 이용된 독주악기와 관현악에 각기 개인과 사회라는 상징성을 부여
5. 윤이상의 음악적 성장 (어린시절)	10분	-김정길 교수 인터뷰 (어릴 때부터 정치에 민감했던 윤이상) -경남 충무시 스케치 -가족사진	"윤이상 선생이 태어난 것은 암울한 시대였다. 유난히 정치적인 일에 민감했던 것은 그의 예민한······"
6. 아직도 조국은 머나먼 길: 서울초청, 그리고 취소	7분	-1972. 8. 뮌헨 　오페라 <심청> 대성황 -윤이상 인터뷰	(음악 : <심청> 중에서) "한국행 취소때의 심정은?"
7. 에필로그	3분	-음악홀 객석에 혼자 앉아 있는 윤이상 -줌 아웃	그는 공산주의자도 반공주의자도 아닌 채로 타향에서 그리움의······
예고		내일은 2편 <윤이상-광주여 영원하라>가 이어집니다.	

자료: 한소진(2000), pp.99-103.

<그림 6-1> 구성안의 예

· 상대의 일정을 먼저 파악한다.
· 등장인물(출연진)과 친분관계를 유지하는 것이 중요하다.

　방송소재에 따라 촬영이 어려운 장소에서 촬영을 할 필요가 있다면 관계기관에 미리 협조공문을 보내야 한다. 그리고 촬영예상지역에 대한 사전답사를 통해 현장을 확인하는 것 또한 필수적인 사항이다.

위와 같은 과정이 끝나면 다음으로 구성안을 만들어야 한다. 구성안은 대본의 초안이며 프로그램의 기본골격에 해당한다. 구성안은 영화의 '콘티뉴이티(continuity)'와 같은 것이다. 구성안을 좀더 구체적으로 설명하면, 프로그램의 주제를 이루는 소주제들을 효과적으로 분류하고 전개시키는 것을 말한다. 구성안에는 '기승전결'이나 '발단, 전개, 갈등, 위기, 절정, 대단원, 결말' 등의 구성방법이 차용된다. 구성안은 결국 지금까지 기획하고 자료를 준비하고 장소와 출연진을 섭외하는 등의 결과를 가지고 그것들 중 어떤 것들을 프로그램 안에서 어떤 순서로 배치할 것인지를 결정하는 작업인 것이다. 프로그램의 장르와 성격에 따라 여러 가지 형식의 구성방법을 사용할 수 있다. 주제의 결론을 첫머리에 제시하고 그 결론이 나오게 된 과정을 추적해가는 두괄식(연역법)을 사용하기도 하고 발생시간 순으로 배열하여 결론이 마지막에 나오도록 미괄식(귀납법)을 사용하기도 한다(손용, 1996).

한편 귀납법을 이용한 구성방식과 연역법을 이용한 구성방식 등은 피라미드방식과 역피라미드방식, 그리고 수정 역피라미드방식 등으로 분류되기도 한다. 역피라미드방식은 연역법 구성방식에 해당하며 신문의 기사배치를 위해 개발된 방법으로 중요한 내용을 기사의 제일 앞에 배치하는 것이 독자의 주의를 빨리 끌 수 있다는 점에서 착안된 방식이다. 결론을 미리 제시하여 독자들이 이후의 프로그램 진행에 주의를 기울이도록 한다. 미리 제시된 결론이 나오게 된 배경을 역추적하는 구성방법인 것이다. 피라미드방식은 연역법 구성방식에 해당된다. 이 방식은 사실들을 발생시간 순서에 따라 배열하는 방식이다. 시청자들에게 스릴을 주거나 궁금증을 유발하지는 않지만 정연한 순서가 있어서 보다 보면 저절로 내용의 의미를 파악하게 되므로 가장 TV적인 구성방식이라고 할 수 있다. 드라마나 쇼, 퀴즈 등 점점 시간이 갈수록 재미있어지는 방식이다. 구성된 프로그램이 시간이 지날수록 그 개인의 삶에 큰 감동을 받게 만드는 방식인 것이다. 수정 역피라미드방식은 역피라미드방식과 피라미드방식의 단점을 보완한 것이다. 수정 역피라미드방식은 적절하게 흥미의 분산을 시도함으로써 시청자의 채널을 고정시키게 하는 방법이다. 중간 중간에 결론을 제시하기도 하고 이벤트를 제시하기도 하는 등 프로그램에 집중하게 만드는 데 효과적인 방법인 것이다. 버라이어티쇼 같은 경우는 이벤트, 콩트, 인기가수들의 춤과 노래를 중간 중간에 배치하는 방식이 이용되기도 한다(손용, 1996).

시간	제목	구분	내용	비고
1분	타이틀	VCR		
5분	오프닝	ST	MC 오프닝 멘트	준비물 확인(옛날저울)
			패널소개 및 등장/팀나누기 -윤문식, 이용식 등장, 무게 측정 → 자리잡고 앉기/도우미 소개	
5분	질문 1 · · ·	ST · · ·	코너 타이틀 -라미오 시스템: "내가 고향에 가는 이유 1위~5위 ·	

자료: 이미애 외(1999), p.42.
<그림 6-2> 큐시트의 예

　다음으로 전체적인 구성안에 따라 큐시트(cue sheet)를 만든다. 구성안과 큐시트
는 비슷한 것이며 때에 따라서는 둘 중 하나만을 만들어 이용할 때도 있다. 큐시
트는 구성안의 순서에 따라 전체 흐름을 좀더 자세히 배열하는 것이다. 큐시트에
는 시간, 제목, 구분, 내용, 비고 등으로 구성된다.

　큐시트의 '시간'은 한 꼭지의 시간이 얼마나 되는지를 표시하는 것이다. 녹화
일 경우에는 큰 문제가 없다고 해도 나중의 편집을 위해서는 코너별로 시간을 안
배하여 고지해놓아야 한다. '제목'은 단락을 나누어주는 것이다. 앙케이트쇼 같은
경우는 질문별로 단락을 나누기도 한다. '구분'은 그 코너가 VCR인지 스튜디오
(ST) 진행인지를 표시하는 것이다. '내용'은 구체적으로 어떤 내용이 들어갈 것인
지를 명료하고 보기 좋게 작성하는 것이다. '비고'에는 출연하는 리포터는 누구이
고 준비물은 무엇인지 등을 적어 넣는다. 큐시트를 그리는 유용한 훈련방식 중
하나는 자신이 좋아하는 프로그램을 선택하여 TV를 통해 프로그램을 보면서 그
진행과정을 큐시트로 그려보는 방법이다(이미애 외, 1999).

　큐시트그리기까지의 작업이 완성되면 다음으로는 대본을 써야 한다. 지금까지
의 많은 사람들에게 들었던 의견을 되새겨보고, 그것을 가다듬고, 자기 자신의 아
이디어들과 융합해보기도 하면서 대본을 만들어나가게 된다. 방송작가가 대본을
쓰는 시간은 주어져 있다. 한정된 시간에 대본을 완성해야 한다는 것이다. 대본을
쓰는 동안 방송작가는 기존의 구성안 및 큐시트와 자신의 생각들을 수시로 비교
하고 체크하면서 완성도 높은 대본을 작성하기 위해 노력한다.

대본을 쓰기 전에 우선적으로 방송작가가 점검할 일들은 다음과 같다(한소진, 2000).

첫째, 프로그램에 출연하는 사람들, 즉 MC, 리포터, 게스트, 방청객 등은 누구인가 하는 점이다. 프로그램의 출연자들은 이미 마련된 주제와 구성을 돋보이게 하는 사람들이다. 출연자들은 시청자들의 이목을 집중시키는 데 가장 큰 몫을 담당한다. 따라서 방송작가는 그들이 어떤 사람인지를 항상 염두에 두면서 주제와 잘 어우러질 수 있도록 대본을 작성해야 한다.

둘째, 처음으로 방송하는 신선한 내용인가 하는 점이다. 다른 프로그램에서 다루어진 것을 다시 그대로 다루는 것은 시청자들의 흥미를 유발하지 못한다. 비록 진부한 내용이라 하더라도 신선한 느낌을 줄 수 있도록 구성하는 방송작가가 능력 있는 작가이다.

셋째, 프로그램에 현장감을 부여하기 위해 노력해야 한다. 따라서 필요에 따라서는 주제를 재차 확인하기 위해 현장에 나가보는 것도 필요하다. 사람들의 관심은 현장에 있으며, 현장의 분위기가 변할 수도 있기 때문이다.

넷째, 프로그램은 친근감이 있어야 한다. 계층간의 위화감을 조성하는 프로그램보다는 선입견과 편견을 배제한 채 시청자들이 프로그램에 친근감을 느낄 수 있도록 노력해야 한다.

다섯째, 프로그램은 흥미 있는 것이어야 한다. 방송프로그램에서 시청자들에게 흥미를 유발하는 것은 매우 중요하다. 특히 다매체 다채널 환경에서 시청자들의 시간을 자신이 만든 프로그램에 투자하게 하기 위해서는 무엇보다도 시청자들에게 흥미를 유발할 수 있는 프로그램을 만들어야 한다.

한편, 대본작성에서 가장 중요한 것 중에는 어떠한 제목을 붙일 것이며, 오프닝 멘트는 어떻게 할 것인가 하는 점도 있다. 제목은 프로그램의 기획의도 및 주제가 가장 극명하게 반영된 것이어야 한다. 좋은 제목의 조건으로는 다음의 몇 가지 사항을 들 수 있다. 첫째는 짧아야 한다. 최근에는 긴 제목도 차별화의 도구가 되기는 하지만 프로그램의 제목은 기본적으로 서술형 문장으로 이루어지기보다는 될 수 있는 한 짧아야 한다. 둘째, 명확한 것이어야 한다. 제목만 보고도 시청자가 프로그램의 내용이 무엇인지를 유추할 수 있도록 기획의도의 컨셉을 명확히 할 수 있어야 한다. 셋째, 기본적으로 말의 구성이 적절해야 한다. 단어와 단어가 서로 잘 어울려야 한다. 넷째, 프로그램의 제목도 독창적인 것일수록 좋다. 독창적인 프로그램의 제목은 시청자들의 흥미를 유발하기도 한다. 다섯째, 흥미

있는 제목일수록 좋다. 흥미로움은 현대 방송이 추구하지 않을 수 없는 중요한 요소이다. 제목이 흥미롭다는 것은 시청률을 높일 수 있는 가능성을 높이는 것이다. 여섯째, 기억하기 쉬운 것이 좋다. 마지막으로, 주시청자들에게 소구할 수 있는 제목인가 하는 점도 중요하다. 방송의 기획과정에서 정해진 주시청자층에게 매력 있는 제목일수록 좋은 제목이라고 할 수 있다.

대본 쓰기에서는 오프닝멘트 역시 중요하다. 방송 실무자들은 오프닝멘트의 중요성을 강조한다. 프로그램의 오프닝멘트는 그 프로그램의 얼굴이며 시청자들이 채널을 돌리지 않고 프로그램을 계속 시청할 것인지에도 영향을 준다. 좋은 오프닝멘트는 프로그램의 주제를 반영하고, 참신하고 MC와도 잘 어울려야 한다. 또한 시의성이 있는 오프닝멘트는 더 큰 공감대를 형성하게 해주며, 호기심과 흥미를 불러일으키는 멘트일수록 좋다.

결론적으로 대본의 작성과정을 다시 한번 정리하면 아래 그림과 같다.

<그림 6-3> 대본 작성과정

4. 프로그램 장르별 특성

1) 다큐멘터리

다큐멘터리란 'the creative treatment of reality', 즉 현실을 사실에 입각하여 창조적으로 재구성한 것으로 정의될 수 있다(이미애 외, 1999). 다큐멘터리는 단순히 사실에 대한 접근만을 목적으로 하지는 않는다. 제작진들이 그 사실을 바라보는 시각이 담겨 있다. 따라서 작가의 생각은 곧 다큐멘터리프로그램의 주제의식을 드러내는 동력으로 작용한다(한소진, 2000). 다큐멘터리는 방송작가에게는 가장 매력적인 장르 중 하나이고 오락성 있는 프로그램들에만 둘러싸인 시청자들에게도 현실의 진지함을 경험할 수 있게 해줌으로써 일상에 대해 성찰할 수 있는 기회를 제공하는 유용한 프로그램 장르이다. 하지만 현실적으로 다큐멘터리프로그램의 주 시청자층이 제한적인 것도 사실이어서 각 방송사들의 다큐멘터리프로그램 편성은 소위 프라임시간대에서 밀려나 있었다. 이 때문에 공영방송인 KBS는 일요일 프라임시간대에 다큐멘터리프로그램을 편성하고 있다. 또한 KBS는 다큐멘터리에 대한 시청자들의 부담감을 줄여주기 위해 다큐멘터리의 길이를 짧게 한 연속물로 제작·편성하여 연속방송을 시도하고 있다. 그 밖에도 전통적인 다큐멘터리의 엄숙한 형식이 파괴되어 감각적이고 화려한 영상처리가 덧붙여지고 있기도 하다.

다큐멘터리의 생명은 진실이다. 비록 다큐멘터리가 최근 편성이나 형식 및 길이에서 대중화를 위한 변화를 가져가고 있지만 그 핵심인 진실은 유지되고 있다. 프로그램에 따라서는 연출이 가미되거나 주인공을 미화하거나 또는 약간의 생략이 가해지기도 하지만 그것도 진실을 왜곡하지 않는 범위에서 이루어지고 있다. 따라서 다큐멘터리 작가는 진실을 추구하고 표현할 수 있는 머리와 가슴을 가지고 있어야 한다(김태일, 1995).

다큐멘터리의 제작은 일반적으로 다음과 같은 과정을 거친다.

<그림 6-4> 다큐멘터리의 제작 과정

① 기획단계: 기획은 모든 프로그램의 첫 단계에 해당된다. 기획단계에서는 적절한 소재들을 수집하고 다른 제작진들과의 기획회의를 거쳐 프로그램의 주제, 소재 및 아이템을 선정한다.
② 구성단계: 구성안을 작성하는 단계다. 구성안은 프로그램의 전개 구조를 선택하고 조사한 자료와 소재를 적절히 배치하는 등 프로그램의 대략적인 순서를 정하는 것이다.
③ 촬영단계: 기획안이 결정되면 촬영콘티를 작성하고 촬영에 들어간다. 원활한 촬영을 위해서는 역시 사전답사 및 섭외와 같은 준비가 철저하게 이루어져 있어야 한다.
④ 편집단계: 촬영된 테이프를 점검하고 이를 편집콘티에 의해 편집한다.
⑤ 원고집필 과정: 편집된 화면을 토대로 원고를 집필한다. 각 장면마다 시간의 길이를 체크해야 한다. 원고집필과정에서는 프로그램의 결론과 전달하려는 메시지가 무엇인지를 염두에 두는 가운데 화면과 조화를 이루는 원고를 작성해야 한다.
⑥ 녹화단계: 이 과정에서는 음향, 효과, 음악, 더빙과 함께 화면기술이 가미된 녹화가 이루어지게 된다.

⑦ 방송단계: 방송단계에서 작가는 모니터하는 것을 잊지 말아야 한다. 꾸준한 모니터
는 좋은 글을 쓰는 전제조건이 된다.

다큐멘터리의 유형은 다뤄지는 소재에 따라 구분된다. 세상의 모든 현상과 사
건이 다큐멘터리의 소재가 될 수 있지만, 중요한 것은 사회적인 공감대와 시청자
에 대한 소구력을 형성할 수 있는 것이어야 한다는 것이다. 일반적으로 자주 다
루어지는 다큐멘터리의 소재들을 소개하면 다음과 같다(이미애 외, 1999).

① 사회 구성원의 삶에서 일반적으로 드러나는 현상
② 사라질 우려가 있거나 기록할 만한 가치가 있는 자연생태
③ 인류의 풍속과 문화
④ 역사적인 인물과 사건

다큐멘터리의 유형은 위와 같은 소재 중 어떤 것을 선택하느냐에 따라 나눈다.
다큐멘터리의 유형은 역사, 휴먼, 시사, 자연, 문화, 과학 등 다양하다.

다큐멘터리의 유형 구분이 다루는 소재에 따라 이루어지고 있는 것이 일반적
이기는 하지만 엄밀히 살펴보면 각 유형에서 다루는 소재들이 서로 적절하게 서
로 배합되어 있는 경우가 많은 것도 사실이다. 하지만 통상적으로는 앞에서 소개
한 구분 방식에 따라 다큐멘터리의 유형이 구분되고 있기 때문에 기본적인 구분
방식에 근거하여 몇 가지 다큐멘터리 유형이 갖는 특징을 살펴보면 다음과 같다.

첫째, 휴먼 다큐멘터리이다. 인간이 등장하는 다큐멘터리가 모두 휴먼 다큐멘
터리는 아니다. 보통사람들의 진솔한 삶과 시대상황을 비춰줌으로써 그 속에 존
재하는 삶의 가치를 드러내 주는 작업을 휴먼 다큐멘터리라고 할 수 있다(한국방
송작가협회, 1994). 휴먼 다큐멘터리의 주제는 일반적으로 특정한 인생관이나 세계
관 등이다. 소재는 주제로 선정된 인생관이나 세계관을 그려내기에 가장 적합하
고 공감대를 형성해 낼 수 있을 만한 인물들을 선정한다. 주제와 소재가 선정되
면 소재에 대한 집중적인 취재가 이루어진다. 그리고 취재과정에서 주제를 드러
낼 수 있는 그 인물의 삶의 모습을 집중적으로 찾아낸다. 그리고 이러한 일상적
인 장면들, 주인공에 대한 궁금증들, 갈등상황 등 취재를 통해 밝혀진 사실들을
분석하고 정리하여 촬영용 대본인 가구성안을 작성하게 된다. 이 과정에서는 제
작진의 선입관이 작용해서는 안 된다. 또한 주인공에 관련해서 제작진들이 모르

고 있는 사실이 있는지도 점검한다. 휴먼 다큐멘터리의 다음 과정은 구성단계이
다. 구성을 하는 데 있어서는 프로그램의 도입부와 에필로그를 먼저 결정하는 것
이 좋다. 그리고 주인공의 매력을 부각시키는 가운데 갈등구조를 놓치지 않은 것
이 필요하다. 구성안에 의해 촬영과 편집이 이루어지고 나면 이에 대한 원고를
써야 한다. 원고는 화면과의 조화가 가장 중요하며 작가 자신의 목소리가 두드러
지거나 미사여구의 사용에 치중해서는 안 된다. 될 수 있는 한 주인공의 진실을
부각시켜 시청자들에게 주제 메시지를 전달할 수 있도록 해야 한다.

다음으로 문화 다큐멘터리의 특징을 살펴보자. 문화 다큐멘터리는 인류의 문
화적 소산을 문화적인 시각으로 다루는 다큐멘터리를 문화 다큐멘터리로 구분할
수 있다. 여기에는 도시의 건축양식이나 대중문화의 현실까지도 포함된다. 따라
서 문화 다큐멘터리 작가는 일정 수준 이상의 문화적 교양을 갖추고 있어야 한
다. 그렇지 않을 경우 사전적인 지식의 나열에 그치는 프로그램이 되기 쉽다. 이
때문에 문화 다큐멘터리는 기획의도와 주제를 설정하는 과정이 중요하다. 일단
주제가 설정되면 그에 적합한 소재를 찾아야 한다. 소재는 카메라에 담아내기 쉬
운 것이어야 한다. 주제와 소재를 결정한 후에는 구성안을 만들어야 한다. 구성안
을 만들 때에는 주제를 흥미롭고 논리적으로 시청자에게 전달할 수 있도록 하는
것이 중요하다. 구성안을 통해 촬영과 편집이 마무리 된 뒤에는 해설원고를 작성
하게 된다. 문화적 테마를 다룰 때에는 학술적인 냉정함과 정서적인 부드러움을
조화시키는 것이 중요하다(한국방송작가협회, 1994).

시사 다큐멘터리는 시사적 이슈를 해석하거나 사회의 감추어진 사실에 대한
진실을 밝혀내는 장르이다. 따라서 시사 다큐멘터리는 초상권 침해나 명예훼손과
같은 문제와 관련되기 쉽고, 외부의 압력을 받을 수도 있으며, 반대로 다큐멘터리
로는 드물게 시청자들의 사랑을 받으며 높은 시청률을 기록할 수 있는 가능성이
큰 장르이기도 하다. 시사 다큐멘터리는 현실성에 기반을 두어야 한다. 가장 최근
의 사건을 그려낸 것일수록 시청자들의 관심이 높아질 수 있기 때문이다. 그래서
시사 다큐멘터리는 속보성 또한 중요하다. 한편 시사 다큐멘터리 작가는 취재의
식이 투철해야 한다. 현재의 사회적 문제들을 다루는 일이므로 위험부담도 크고
취재협조도 원활히 이루어지지 않는 경우가 많다. 시사 다큐멘터리의 구성을 위
해서는 현장에서의 취재가 전제되어야 한다. 책상에 앉아서 이루어진 구성안은
표피적이고 편견에 치우친 것이 될 가능성이 크다. 시사 다큐멘터리의 구성은 연

역적인 방법을 사용하여 끝없는 복선과 갈등을 구조화하는 것이 필요하다. 그리고 해답을 끝까지 제시하지 않는 것이 좋다. 촬영에서는 사건의 진실을 시청자들에게 전달할 수 있도록 인터뷰 등에 주의를 기울여야 한다. 편집콘티를 위해서는 촬영된 테이프를 자세하게 프리뷰할 필요가 있다. 그리고 각 테이프의 넘버와 그림을 기록하는 것이 필요하다. 또한 인터뷰 내용을 그대로 받아적는 일도 필요하다. 침묵이나 헛기침 역시 놓쳐서는 안 된다. 그리고 오프닝과 클로징을 정한다. 다음으로는 대본을 작성해야 한다. 구성이 완벽하면 대본은 비교적 어렵지 않게 쓰여지기도 한다. 해설이 화면의 상황을 앞서가서는 안 되며 영상을 우선할수록 충격이 오래간다는 점을 기억해야 한다.

역사 다큐멘터리는 학자마다 견해가 다르고 자료수집 또한 쉽지 않은 장르이다. 또한 이미 사라지고 만 인물의 행적은 재연드라마를 이용하여 구성할 수밖에 없기 때문에, 드라마의 속성이 주는 허구의 이미지가 다큐멘터리의 진정성을 저해하기도 한다. 역사 다큐멘터리는 연역적인 구성방법을 이용하여 역사적 사건이 왜 벌어졌는지를 추적해내는 것이 바람직하다고 평가되고 있다. 역사 다큐멘터리에서 중요한 것은 그 사건에 대해 해박한 지식을 가지고 있는 학자를 만나는 일이며, 다음으로 자료를 수집하고 인물을 섭외하는 것이다. 또한 역사에 대한 새로운 해석과 올바른 시각이 형성되어 있어야 한다. 새로운 해석은 역사적 사실을 재조명할 수 있게 하며 시청자의 흥미를 유발한다. 하지만 그 해석 역시 정확한 시각에 근거해야 한다. 또한 역사는 일반적으로 시청자들이 어느 정도는 알고 있는 것들이기 때문에 잘 알려지지 않은 아이템을 개발하는 것도 필요하다(한소진, 2000).

자연 다큐멘터리는 자연을 이루는 모든 생명체의 생로병사와 자연의 섭리를 그대로 관찰한 기록이다. 자연 다큐멘터리는 인내와 끈기를 요구한다. 자연스러운 자연현상이 발생할 때까지 기다려야 하며 콘티를 짜기도 힘든 장르이다. 따라서 자연 다큐멘터리는 상대적으로 작가의 개입폭이 적은 장르라고 할 수 있다. 자연 다큐멘터리의 작가는 주제를 설정하는 과정에서 아이디어를 내놓고, 녹화된 화면을 보고 편집 구성안과 대본을 쓰는 작업을 주로 하게 된다. 섭외나 구성안이 있을 수 없기 때문이다. 결국 자연 다큐멘터리는 주제와 소재에 대한 아이템 결정이 중요하고, 이를 결정하는 과정에서 자연을 관찰하고 자료를 수집하는 것도 필요하다.

2) 버라이어티쇼

사실 TV가 갖는 존재근거는 그것이 제공하는 '오락성'이라고 해도 과언이 아니다. '오락성'이야말로 TV가 대중화 될 수 있었던 가장 중요한 원인이다. 이러한 TV의 오락성을 가장 잘 대표하는 프로그램 중 하나가 버라이어티쇼이다. 버라이어티쇼는 현재 매일의 황금시간대에 편성되어 있다. 버라이어티쇼는 가장 많은 시청자들이 즐겨보는 대중적인 프로그램 중 하나이다. 오늘날 버라이어티쇼의 생명력은 글자 그대로 다양함이다. 버라이어티쇼를 구성하는 내용은 콩트나 코미디극, 노래, 춤, 뮤직비디오, 정보 등 다양하다.

버라이어티쇼 작가에게 가장 필요한 것은 창의력과 작가의식이다. 버라이어티쇼는 재미와 의미를 절묘하게 조합할 수 있어야 하기 때문이다. 오락 요소만 내세우는 쇼는 이제 환영받기 힘들다. 창의력을 발휘해 오락성 있는 아이디어를 발굴하고 이 아이디어에서 의미를 찾는 작업이 필요한 것이다.

버라이어티쇼의 대본은 여러 사람이 쓰는 경우가 일반적이다. 버라이어티쇼는 다양한 내용들이 조합된 프로그램이기 때문에 대본을 쓰는 일에도 많은 작가들이 필요하다. 각 꼭지마다 서로 다른 작가들이 대본을 맡는다. 버라이어티쇼는 무엇보다도 재미있어야 한다. 그러나 웃음을 자아내는 일은 몹시 어렵다. 따라서 버라이어티쇼의 대본작업에는 코미디 작가들이 많이 참여하고 있다.

재미있는 버라이어티쇼 대본을 만들기 위해서는 먼저 출연자들 개개인의 특징을 파악하는 작업이 필요하다. 출연자들의 장점과 특징이 무엇인지를 파악하고 그것을 확대하여 재생산해내는 것도 시청자들에게 웃음을 유발할 수 있는 요소이다. 다음으로 출연자를 희생시키는 경우도 웃음을 자아낼 수 있다. 이런 것들은 출연자들의 캐릭터를 형성하는 단초를 제공하기도 한다. 신동엽의 '모인 얼굴'이나 남희석의 '하회탈', 유재석의 '메뚜기' 캐릭터가 대표적인 사례이다. 한편으로는 대사로 흥미를 유발할 수 있어야 한다. 출연자간의 대사를 통해 웃음을 자아내기 위해서는 동문서답이나 동음이의어, 논리의 역전, 논리의 반박과 말장난 등의 방법들이 이용되기도 한다.

버라이어티쇼 작가의 스케줄은 이미 주제가 결정된 포맷의 쇼인 경우에는 곧바로 구성에 들어갈 수 있고, 구성까지도 결정되어 있는 경우에는 출연자 선정이나 화면구성에 관한 아이디어를 찾는 것으로 구성회의와 구성작업을 마칠 수 있

다. 그러나 특별한 포맷이 고정되어 있지 않는 쇼의 경우에는 기획에 의한 주제
선정부터 구성안 작성, 대본 작성 등의 작업을 모두 해야 한다. 쇼에서는 대본보
다 구성안이 중요하다. 버라이어티쇼에서는 드라마나 다큐멘터리처럼 정교하고
매끄러운 글이 필요하지 않기 때문이다. 그리고 기본적으로 모든 프로그램이 구
성이 단단하면 대본도 훌륭하게 쓰여지게 된다. 일반적으로 쇼의 구성은 크게 네
단계로 이루어지는데, 도입, 전개, 쇼업(show-up), 파이널(final) 등으로 구분된다(이미
애, 1999).

먼저 도입단계이다. 도입단계에서는 시청자에게 프로그램에 대한 기대를 주어
야 한다. 그리고 전개부분에서는 반드시 강약의 조화를 이루어야 한다. 쇼에도 기
승전결이 필요하고 댄스곡이 있으면 다음은 발라드곡이 있어야 하며, 웃음을 자
아냈다면 다음은 의미를 부여하는 시간도 주어야 한다. 쇼업단계는 프로그램의
절정을 이루는 단계이다. 강약과 대비로 구성의 묘를 살리면서도 클라이맥스가
있어야 한다. 클라이맥스부분은 시청자들의 기억에 가장 많이 남게 된다. 마지막
으로 파이널단계는 프로그램을 정리하는 단계이다.

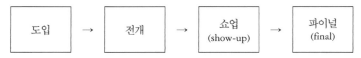

<그림 6-5> 버라이어티쇼의 기본적인 구성

버라이어티쇼의 대본 역시 오프닝멘트와 클로징멘트가 중요하다. 버라이어티
쇼는 여러 장르가 혼합되어 있기 때문에 꼭지와 꼭지가 자연스럽게 이어져야 하
며 출연자와의 대화 역시 웃음을 유도하면서도 편안하고 자연스러운 것이 좋다.

쇼프로그램에서는 프로듀서와 작가의 공동작업이 많다. 쇼프로그램에서 제대
로 된 구성은 작가와 프로듀서의 공동작업이라고 할 수 있다. 따라서 작가는 음
악은 물론이고 조명, 무용, 소품, 특수효과, 카메라기법까지 잘 알고 있어야 한다.

3) 토크프로그램

토크프로그램은 <한선교·정은아의 좋은아침>, <아침마당>, <조영남이 만난
사람>과 같이 MC와 게스트가 스튜디오에서 방청객이 보는 앞에서 대담을 나누

는 형식의 프로그램을 말하며 <심야토론>, <100분 토론>과 같은 토론프로그램을 포함하는 개념이다. 물론 최근에는 토크프로그램에서 토크쇼 유형과 토론프로그램 유형이 독립되는 추세이기도 하다.

토크프로그램이야말로 작가의 구성력이 절대적인 영향을 발휘하는 프로그램이다. 토크프로그램은 작가의 상상력과 치밀한 자료조사가 요구되는 프로그램인 것이다. 물론 토크프로그램의 주인공은 MC와 게스트이다. 토크프로그램의 시청률은 MC와 게스트의 캐릭터에 크게 좌우되는 경향이 강하다. 따라서 토크프로그램의 작가들은 프로그램을 구성하면서 스타를 강조할 필요가 있다. 즉, 매일의 주제를 잡고, 그 주제에 가장 합당하고 관심을 집중시킬 수 있는 게스트를 초대하는 것에 소홀하지 말아야 하는 것이다. 게스트는 반드시 스타가 아니라도 된다. 사람들의 호기심과 관심의 대상이 될 수 있으면서 시대의 흐름을 반영하는 인물이면 일반인 게스트도 경쟁력이 있다(이미애 외, 1999).

작가는 게스트를 선정한 다음 그들이 담고 있는 삶의 모습들과 에피소드, 고민 등을 찾아내야 한다. 시청자들이 관심 있어 하는 게스트의 이야기를 발굴하고 프로그램에 담아내는 것이 토크프로그램 작가의 또 하나의 역할이다. 최근에는 두 명 이상의 게스트가 동시에 섭외된다. 이러한 섭외방식은 초기에 신선함을 가져왔다. 시청자들이 한 명의 게스트보다는 두 명 이상의 게스트가 출연했을 때 더 흥미를 갖는데, 그 이유는 두 사람의 이야기가 상승작용을 일으키기 때문이다. 예를 들어 전인권과 윤도현이 같이 출연했다면, 두 사람의 인연이나 음악세계, 살아온 이야기 등이 보다 넓은 시청자들에게 흥미를 제공하게 되며, 풍성하고 폭넓은 에피소드들이 이야기되면서 재미가 배가되는 것이다.

이러한 이유로 토크프로그램에서는 섭외작가라는 전문분야가 존재한다. 섭외작가는 원고나 구성에는 별로 관여하지 않고 게스트의 섭외에 전력을 다하는 작가를 말한다. 원고를 쓰지 않지만 분명 섭외작가라는 이름의 작가가 존재하고 있는 것이 한국 방송계의 현실이다. 하지만 섭외작가는 전문성을 지닌다. 섭외작가는 게스트들의 인간관계나 뒷이야기 등을 잘 알고 있다. 따라서 섭외작가는 게스트들의 일상에 관심을 갖고 있다.

한편 토크프로그램에는 주제에 맞춰 초대되는 전문 연사가 있다. 전문 연사를 선정할 때 염두에 두어야 할 것은 주제와 연사의 캐릭터, 그리고 연사의 언어구사능력이다. 연사섭외의 제1원칙은 주제에 가장 전문성을 지니고 있다고 평가되는 사람을 섭외해야 한다는 것이다. 다음으로는 연사의 캐릭터이다. 시청자의 관심을 유발할 수 있는 캐릭터를 지닌 연사를 섭외하는 것이 당연하다. 셋째, 연사의 어휘구사력이다. 아무리 좋은 캐릭터와 뛰어난 전문성을 지녔다 하더라도 언어구사력에 문제가 있으면 토크프로그램에는 적당하지 않다(박갑수, 1996).

토크프로그램에서 주제와 게스트 및 연사가 결정되면 다음으로 이루어지는 작업은 구성이다. 어떻게 풀어낼 것인지를 고민하게 되는 과정이다. 구성의 방법은 첫째, 이야기의 주제를 명확히 해야 한다. 왜 그 주제를 다루고 어떻게 다룰 것인지를 분명히 해야 한다. 다음으로 이야기의 순서를 정한다. 주제에 대해 서로 다른 입장들을 지닌 게스트를 등장시켜 이들에게 각 입장이 갖는 논리적 근거나 견해를 조목조목 이야기하게 한다. 그리고 이야기를 진행시켜가면서 자연스럽게 대안이나 해결방안이 도출될 수 있도록 이야기를 이끌어야 한다. 특히 토론프로그램에서는 자연스러운 이야기의 전개에 의해 논리의 비약 없이 결론에 이르도록 이야기를 배치하는 것이 중요하다. 이를 위해서는 게스트들이 너무 구성안에만 의존하지 않도록 해야 한다. 한편 자연스러운 이야기 전개는 너무 평이할 수 있기 때문에 중간중간 반전이 일어날 수 있는 장치를 설치하는 것도 필요하다.

구성까지 마무리되면 원고를 써야 한다. 게스트를 섭외하는 과정에서 무슨 이야기를 할 것인지가 대략적으로 결정된다. 따라서 원고 없이 프로그램 제작이 가능할 수도 있다. 여기서 관심을 기울일 것은 다른 방송에서도 똑같은 게스트가 나와 똑같은 이야기를 하지 않았나를 확인하는 것이다.

원고의 첫 부분은 오프닝이다. 오프닝은 그 날의 개성이 있으면서도 주제를 명확하게 드러내는 것이어야 한다. 다음은 본론이다. 본론의 원고를 쓰기 위해서는 게스트들과 많은 이야기를 나누어야 하고 취재와 자료수집도 게을리하지 말아야 한다. 한편 신문기사나 잡지 등 자료에만 너무 의존해도 좋지 않다. 그렇게 되면 그 이상의 이야기를 도출하기 어렵게 된다. 본론은 게스트가 자신의 속마음과 의견을 솔직하게 드러낼 수 있도록 써야 한다. 또한 질문을 구성할 때에도 전체적인 맥락과 어울리는지 고려해야 한다(이미애 외, 1999).

4) 퀴즈프로그램

퀴즈프로그램 역시 가장 먼저 기획의도를 설정해야 한다. 기획의도는 다른 퀴즈프로그램과 차별화하는 것에 중점을 두는 것이 좋다. 비슷한 프로그램을 또 하나 만드는 것은 경쟁력 측면에서는 물론이고 그 프로그램이 갖는 의미의 차원에서도 이롭지 못하다. 출연대상은 누구로 할 것이며, 퀴즈의 유형은 어떤 것들로 할 것인지가 차별화의 도구로 이용될 수 있는 사항들이다. 연예인들을 출연시킨다든지, 오락성이 있는 문제들을 주로 출제한다든지 하는 것들은 기획과정에서 결정되어야 한다.

퀴즈프로그램의 형식에 있어서는 퀴즈의 긴장감과 스릴을 극대화하는 데 초점을 맞추어야 한다(한국방송작가협회, 1994). 정답을 맞혔을 때의 기쁨과 환호, 그리고 틀렸을 때의 아쉬움이 잘 대비될 수 있는 형식을 찾는 것이 작가의 능력이다. 한편 작가는 MC 선정 문제에도 의견을 제시할 수 있다. 물론 일반적으로는 프로듀서에 의해 MC가 섭외된다.

다음으로는 프로그램 구성이다. 퀴즈프로그램에서도 출연자와의 인터뷰를 첨가하는 것이 최근의 추세이다. 질문은 짧게 묻고 짧게 대답할 수 있는 것이 좋고 될 수 있으면 코믹한 아이템으로 구성하는 것이 필요하다. 구성에 있어서 주의할 또 하나의 문제는 출연자들이 적극적으로 진행과정에 동참할 수 있도록 해야 한다는 것이다. 출연자들은 대부분 수동적이며 퀴즈프로그램에서는 더욱 그러할 가능성이 크다. 따라서 MC의 질문이나 농담을 통해 출연자들의 긴장을 풀어주는 배려도 잊지 말아야 한다. 그렇게 하면 프로그램의 진행도 훨씬 부드러워진다.

한편 문제를 제시할 때도 오락성을 내재시킬 필요가 있으며, MC를 적극 활용하여 프로그램의 분위기가 어두워지는 것을 막도록 해야 한다. MC가 두 명일 경우에는 각자가 역할 분담을 확실히 할 수 있도록 구성해야 한다. MC들은 프로그램의 분위기가 팽팽하고 밝게 유지될 수 있도록 하는 임무를 수행해야 한다.

퀴즈프로그램의 속성상 누가 몇 점을 받을지는 알 수 없다. 하지만 여러 가지 상황에 대비할 수 있도록 구성안을 만들어야 한다. 점수 차이가 너무 크게 나지 않도록 하기 위해서는 마이너스 점수제도나 보너스 점수제도, 찬스를 쓸 수 있는 제도를 두는 방법도 이용될 만하다. 또한 문제를 제시할 때 영상을 통해 볼거리를 제공하는 것도 좋은 방법이다.

퀴즈프로그램에서도 오프닝과 클로징을 소홀히 해서는 안 된다. 평범하지 않도록 오프닝과 클로징을 구성해야 하며 반드시 개성이 있어야 한다.

어렸을 때는 …… 겨울에 청소하는 것이 싫었어요.
추운데 어머니는 앞 뒤 살피지 않고 문 활짝 열어놓잖아요.
저는 이불 꽁꽁 뒤집어쓰고 …… 그때 어렴풋이 그런 말씀을 하셨던 것이 기억나요 ……
"아~시원하다."
겨울바다 앞에 서면 춥다는 말보다 '시원하다'가 나옵니다.
또 머리가 지끈지끈 아파서 옥상에라도 올라가
바람을 쐬면 …… 시원합니다~
영하의 추운 바람이지만 느낌은 '시원한' 겁니다.
답답한 마음에는 차가운 바람이 최곱니다.
그 앞에 서면 추위보다는 시원함이 스미면서~
개운하게 …… '시원하다'고 말할 수 있을 겁니다.
아 ~ 시원한 아침입니다.
안녕하세요. <유열의 음악앨범> 유열입니다.

<그림 6-6> 오프닝 원고의 실례 <유열의 음악앨범>

5) 라디오 프로그램

라디오 작가의 하는 일은 기획, 아이템 찾기, 섭외, 원고작성이다. 라디오 작가는 음향에 대한 고민이 뒤따르는 작업이다. 어떤 소리와 이야기를 어떤 방식으로 풀어내느냐가 라디오 작가의 제1의 고민이라 하겠다.

라디오 작가에게 가장 중요한 것은 원고를 얼마나 잘 쓰느냐이다. 이 때문에 시간에 따라 원고료를 지불하는 텔레비전과는 달리 라디오는 원고지 매수에 따라 원고료를 지불한다. 최근에는 라디오 작가의 전문화가 이루어지고 있다. 여러 개의 코너를 가지고 있는 종합구성 라디오 프로그램의 경우, 메인 작가는 각 코너를 총괄하며 매일매일의 아이템과 총 진행 대본을 쓰고, 콩트나 퀴즈는 또 다른 작가들이 쓰는 사례가 일반화되고 있다.

라디오 원고의 생명도 오프닝이다. 라디오에서도 역시 오프닝멘트가 그날 원고의 성패를 좌우하는 것으로 여겨진다. 오프닝멘트는 프로그램의 성격에 따라 분위기와 내용을 달리해야 한다(조철현, 1994).

음악 전문프로그램의 오프닝은 대체로 간단한 주제 하나를 정하고 한두 가지 구체적인 상황을 통해 이야기를 전개하는 방식으로 이루어진다. 때로는 현실적인 주제를 잡기도 하고 때로는 서정적이고 감상적인 테마를 잡기도 하지만 그 테마를 풀어가는 데 있어 단순히 뜬구름 잡는 식의 흐름이 이어져서는 안 된다. 간단하면서 명료한 문장과 적절한 어휘구사가 필수적인 조건이다. 한편 짧은 오프닝에도 기승전결이 있어야 한다. 오프닝의 결론이 제시되어야 하는 것이다. 정보프

시간	항목	내용	비고
12 : 15	SIGNAL + OPENING		
33'40"	1부		
	CM	애니콜/이승화	
	CORD	시사만평	
12 : 35	2부	closing + 2부 예고	
	LOGO + OPENING		

<그림 6-7> 라디오 큐시트의 사례

로그램의 경우에는 오프닝에서도, 사소한 정보라도 더 제공하려고 노력해야 한다.

라디오 작가는 또한 칼럼과 콩트 원고도 써야 한다. 칼럼은 각각 타이틀을 지니고 있다. 칼럼들은 주제에 따라 매일 다른 이야기를 진행시키는데 작가는 시청자의 편지를 재구성해 쓰기도 하고 유명인사의 글을 인용하기도 한다. 많은 경우 독자의 사연은 작가가 재구성한 것이다. 최근 라디오 프로그램에서는 콩트도 이용된다. <싱글벙글 쇼>의 '돌도사' 시리즈가 그 대표적인 예이다. 작가는 콩트의 스토리를 구성해야 한다. 스토리 구성은 담당 프로듀서와 사전에 논의를 거치기도 한다. 그리고 콩트의 스토리가 일단 정해지면 주인공이 나누어지고 대사와 음향이 구성된다. 한편 라디오 작가는 노래와 노래 사이를 연결하는 브리지(bridge) 멘트도 작성해야 한다. 브리지를 구성하는 매개는 노래의 제목이 대부분이며 가수나 곡에 관련된 일화를 이용하여 브리지를 구성하기도 한다.

라디오에서도 게스트와의 대담이 이루어진다. 라디오에서는 텔레비전과 같이 게스트의 원고를 자세하게 적어주는 경우가 별로 없다. 때로는 원고 한 장 없이 사회자에게 진행을 맡기기도 하고 게스트의 노래에 대한 브리지 정도만 써주기도 한다. 라디오의 퀴즈코너에서는 문제 자체가 하나의 원고로 취급된다. 퀴즈가 너무 간단해서는 안 된다는 것이다. 또한 문제의 난이도와 재미 등을 고려하는 가운데 긴장감도 잃지 않도록 구성되어야 한다(이계진, 1990).

라디오 프로그램의 큐시트에는 텔레비전에서 쓰이지 않는 용어들이 쓰인다. 큐시트에서 시그널(signal)은 프로그램 시작을 알리는 시그널 음악을 말한다. 코드(cord)는 프로그램 안의 한 코너를 시작하는 것을 알리는 음악이다. 또한 로고(logo)는 프로그램 중간에 삽입되는 쉬어가는 음악을 말한다(이미애 외, 1999).

제3부 다양한 방송인의 세계

제7장 방송진행과 진행자

1. 프로그램 진행과정

프로그램의 진행과정에는 다양한 절차가 개입한다. 이러한 과정 속에서 프로그램 진행자는 수용자에게 프로그램이 갖는 목적과 메시지를 성공적으로 전달하게 된다. 프로그램의 진행과정은 일반적으로 크게 다섯 단계로 구분된다(이영수, 2000).

<그림 7-1> 프로그램 진행과정

첫째 고안단계이다. 이 단계는 프로그램 진행자가 방송할 내용을 미리 숙지하고 이에 대한 정보들을 수집하는 단계이다. 둘째, 표현방법의 구상단계이다. 이 단계에서는 방송을 위해 수집한 정보를 효과적으로 전달하기 위한 수단을 구상하는 단계로, 진행자는 다양한 어휘와 의미전달방법에 대한 지식 등을 근간으로 가장 적절한 표현방법을 결정하게 된다. 셋째, 구성단계이다. 프로그램에 대한 정보와 표현방법을 토대로 전달내용을 순간적 상황에 맞게 단계적이고 효율적으로 구성하는 단계이다. 넷째, 기억단계이다. 이 단계는 앞의 단계들을 거치면서 완전하게 구성된 프로그램의 진행내용과 전달내용을 진행자 자신의 것으로 내면화시키는 단계이다. 다섯째는 전달단계이다. 이 단계는 방송을 실제 진행하는 최종단계로서 정확하고 수용자의 기호에 부합한 형태의 전달이 이루어지는 것이 중요하다. 프로그램은 살아 있는 생물에 비유될 만큼, 프로그램 진행을 위해 만반의 준비를 해도 전혀 생각지 못한 부분에서 의외의 상황이 발생하여 진행자를 긴장시키는 일이 빈번하다. 따라서 프로그램 진행자는 기계적인 프로그램 진행능력을 넘어서서 프로그램 내용에 대한 전문적 식견과 효과적인 커뮤니케이션능력을 갖

추기 위해 끊임없이 노력하게 된다. 프로그램 진행자가 지속적인 노력을 통해 갖추어야 할 기본적 자질을 살펴보면 다음과 같다.

· 순발력과 방송감각
· 애드립과 임기응변 능력
· 해박한 지식
· 정확한 어휘 구사력
· 유머감각과 재치
· 인터뷰 능력
· 프로근성과 전문성
· 인간적 매력과 친근한 음성
· 정확한 판단과 비판능력
· 풍부한 상상력과 감성

프로그램 진행자가 효과적인 진행을 달성하기 위해서는 첫째, 순발력과 방송감각을 갖추기 위해 노력해야 한다. 프로그램 진행자는 어떠한 상황에서도 평상심을 잃지 않고 차분하게 프로그램을 이끌어나갈 수 있는 방송 감각과 상황판단에 따른 순발력이 필요하다. 둘째, 프로그램 진행자는 애드립과 임기응변능력이 필요하다. 방송진행과정은 대본에만 의존하여 이루어지기가 어려운 과정이다. 또한 진행자가 대본을 소화한 상태에서 애드립을 통해 개성과 재치를 표현할 때 프로그램이 더욱 원활하게 진행될 수 있다. 셋째, 진행자는 해박한 지식을 얻기 위해 끊임없이 노력해야 한다. 이를 위해 진행자는 평소 잡지나 신문, 서적 등을 많이 보고 다양한 사회적 이슈에 대해서도 꾸준히 관심을 가져야 한다. 넷째, 진행자는 정확한 발음과 표준어 구사 등의 어휘 구사력을 지니고 있어야 한다. 프로그램 진행자로서 어휘 구사력은 가장 기본적으로 갖추어야 할 능력 중 하나이다. 다섯째, 진행자는 유머감각과 재치가 있어야 한다. 현재 대부분의 프로그램에서 요구되는 것 중 하나는 즐거움이며 교양이나 보도프로그램에서도 오락적 요소를 적극적으로 도입하고 있다. 또한 최근에는 아나운서들 사이에서도 유머감각과 재치를 프로그램 진행과정에 활용함으로써 프로그램의 소구력을 높여줄 수 있는 진행자의 필요성을 느껴 이러한 '끼'를 개발하려는 시도들이 이루어지고 있다. 여섯째, 진행자는 인터뷰를 할 수 있는 능력을 갖추어야 한다. 보도, 교양, 오락 등 모든 프로그램에는 인터뷰가 요구된다. 커뮤니케이션의 기본이 대화이므로 인터뷰를 얼마나 잘 하느냐는 프로그램 진행자에게 상당히 중요한 일이다. 일곱째, 프로그램 진행자는 프로근성과 전문성을 겸비해야 한다. 방송진행자는 맡고 있는 프로그램의 스케줄에 맞추어 생활하는 습관을 가져야 하며, 담당 프로그램에 대한 생각을 놓치지 말아야 한다. 맡고 있는 프로그램에 대한 전문적 지식을 습득하여 시청자들에게 진행자로서의 신뢰감을 줄 수 있어야 한다. 여덟째, 프로그램 진행자는 인간적 매력과 친근한 음성을 소유하기 위해 노력해야 한다. 진행자는 목소리가 좋아야 한다. 그리고 이와 함께 인간적인 친근함으로 수용자들에게 어필할 수 있어야 한다. 자신의 목소리에 자신이 없는 진행자라면 지속적인 자기노력을 통해 자신의 개성을 표현할 수 있는 목소리를 개발하는 것이 필요하며 성실하고 친근한 인간적 모습을 갖추기 위해 노력해야 한다. 아홉째, 프로그램 진행자는 정확한 판단과 비판능력이 필요하다. 정확한 판단과 비판능력은 평소 해박한 지식과 방송 경험, 그리고 프로그램에 대한 철저한 준비를 통해 달성할 수 있다. 열째, 프로그램 진행자는 풍부한 상상력과 감성을 소유해야 한다. 프로그램 진행자는 풍부한 상상력과 감성을 통해 수용자와 함께 공감대를 형성할 수 있으며 메시지의 전달력을 높일 수도 있다(류시현, 2002).

한편, 프로그램 진행과정을 통해 진행자는 다양한 역할을 수행하게 된다. 기본적으로 방송진행자는 프로그램 내용의 전달자 역할을 수행하는 한편 프로그램의 상징적 역할을 하기도 한다. 또한 진행자는 방송사의 대변인 역할과 함께 프로듀서의 대리인 역할을 하기도 하는데, 진행자는 방송사가 시청자에게 전달하고자 하는 메시지를 대신 전달하고 방송사와 프로듀서가 기획한 의도에 따라 프로그램을 이끌어나간다. 진행자는 이 외에도 프로그램 수용자의 대리인 역할을 하기도 한다. 이 때문에 진행자는 컴퓨터의 마우스 또는 커서에 비유되기도 한다. 진행자는 수용자의 궁금증을 해소시켜주고 알권리를 충족시켜주기 위해 노력하는 경향이 강하기 때문이다. 마지막으로 진행자는 수용자의 교육자 역할을 하기도 하는데, 진행자의 언어사용이 시청자들에게 영향을 미치게 되며, 특정한 가치기준을 제시하기도 하기 때문이다.

2. 프로그램 진행자의 유형과 특징

프로그램 진행자는 프로그램을 이끌어가는 동시에 프로그램이 담고 있는 정보
와 메시지를 전달해주는 메신저이며 동시에 시청자와 출연자를 이끌어주는 가교
와 같은 존재임과 동시에 프로그램 전체의 이미지를 전달하는 최일선의 방송인
이다. 프로그램의 진행자를 지칭하는 가장 넓은 개념의 용어는 아나운서(announcer)
이다. 좁은 의미에서 아나운서는 좁은 '전달사항을 알리는 사람' 또는 '뉴스의 전
달자'를 뜻하지만 넓은 의미로는 MC, 뉴스 및 스포츠프로그램의 캐스터(caster), 리
포터(reporter) 등을 모두 포함한다(김성경, 2001). 한국에서도 과거에는 아나운서를
뉴스프로그램의 캐스터로만 한정해서 생각하는 경향이 강했지만 최근에는 아나
운서로 방송국에 입사한 방송인들이 MC와 스포츠캐스터, 리포터 등으로까지 그
활동폭을 넓히고 있으며, 방송사에 소속된 아나운서들이 프리랜서 진행자로 나서
는 경우도 빈번해지고 있기 때문에 넓은 의미의 아나운서 개념이 일반화되고 있
는 실정이다.

1) 캐스터

(1) 텔레비전 뉴스와 뉴스캐스터

최근의 텔레비전 뉴스가 갖는 특징을 살펴보면 종합구성 프로그램을 지향하며,
생동감 있는 영상위주의 제작이 이루어지고 있고, 리얼타임의 뉴스관에 기초하는 한
편 뉴스캐스터의 퍼스낼리티를 강조하고 있는 것으로 파악할 수 있다(김성길, 1998).
먼저 최근의 텔레비전 뉴스는 버라이어티화와 매거진화를 통해 시청자들의 흥
미를 유발하는 데 치중하고 있는 추세이다. 저널리즘의 본질을 유지하는 가운데
서도 시청자들의 관심을 끌 만한 뉴스 소재 및 정보를 개발하고 있는 것이다. 또
한 영상문화가 대중문화의 중심으로 부상하는 현실에 대응하고 뉴스의 현장감과
사실성을 전달하기 위해 ENG와 SNG 등을 활용한 생동감 있는 현장영상 위주의
뉴스 제작을 시도하고 있다. 또한 화면을 구하지 못하는 뉴스는 그래픽을 이용해
서라도 기사에 맞는 화면을 만들어 시청자들에게 제공하려는 노력이 이루어지고
있다. 한편 텔레비전 매체의 속보성을 적극적으로 살리는 측면에서 가급적 이슈

가 발생함과 동시에 이에 따른 뉴스를 제작하고 해설까지도 덧붙이기 위해 노력하고 있다. 따라서 기자들이나 뉴스진행자들의 임기응변 능력이나 애드립 능력이 중요시되고 있다. 그리고 최근의 뉴스는 뉴스를 진행하는 뉴스캐스터의 역할과 비중이 절대적으로 중요시되고 있다.

캐스터는 일종의 일본식 영어로 브로드캐스터(broadcaster)의 생략형 표현이다. 미국에서는 뉴스 진행자를 앵커맨이라고 하며 영국에서는 뉴스 리더라는 표현을 쓴다. 텔레비전 뉴스는 기자를 뉴스현장에 내보내고 그 현장화면들을 캐스터가 리드하고 연결하는 형태로 진행되기 때문에 캐스터의 퍼스낼리티와 뉴스프로그램 자체가 일체화되는 성향을 나타낸다. 따라서 TV뉴스는 캐스터의 음성, 용모, 태도 및 이미지 등에 의해서 차별화될 수 있다. 경쟁사에 비해 시청률이 떨어지게 된 뉴스프로그램을 위해 제일 먼저 고려되는 것이 캐스터의 교체인 이유도 여기에 있다. 한국에서는 뉴스의 진행을 주로 아나운서가 맡아왔지만 현재는 기자가 이 역할을 맡는 사례도 빈번해지고 있다.

뉴스캐스터가 갖추어야 할 자질로는 크게 다섯 가지를 들 수 있다.

· 표준어를 정확히 구사할 줄 아는 능력
· 시청자에게 호감을 줄 수 있는 단정하고 신뢰감이 느껴지는 외모
· 안정된 표정과 자신만의 개성을 표현할 줄 아는 감각
· 뉴스의 가치에 대한 판단력과 급변하는 상황에 즉시 대처할 수 있는 순발력
· 생기 있는 뉴스전달능력과 따뜻한 인간미

첫째, 뉴스캐스터는 표준어를 정확하게 구사할 줄 알아야 한다. 표준어휘도 중요하지만 표준 억양 역시 중요하다. 따라서 뉴스캐스터는 발음, 단어의 고저장단 등 국어에 대한 지식과 음성언어의 전달기법을 지속적으로 연마해야 한다. 둘째, 뉴스캐스터는 빼어난 미남미녀일 필요는 없지만 시청자에게 호감을 줄 수 있는 단정하고 신뢰감이 느껴지는 외모를 갖추는 것이 필요하다. 따라서 텔레비전뉴스 진행에 적합한 의상과 머리모양을 유지하는 데에도 노력을 게을리하지 말아야 한다. 셋째, 안정된 표정과 자신만의 개성을 표현할 줄 아는 감각이 중요하다. 카메라 앞에서 안정된 표정을 견지한다는 것은 쉽지 않은 일이다. 이를 위해서는 뉴스진행에 대한 준비과정이 무엇보다도 필요하다. 넷째, 폭넓은 지식과 정확한 판단으로 뉴스가치를 판단할 줄 알고 급변하는 상황에 즉시 대처할 줄 아는 순발

력이 필수적이다. 텔레비전 뉴스캐스터는 적당한 문구로 문장을 구성할 줄 알아야 하고 전달하는 뉴스 전체의 내용과 흐름을 완벽하게 이해하고 있어야 한다. 따라서 정치, 경제를 비롯하여 일반상식에 이르기까지 폭넓은 지식을 갖추어야 한다. 그리고 드라마틱하게 변화하는 뉴스진행 상황에 즉각적으로 대처할 수 있는 기지와 순발력, 유연성 등도 갖추도록 노력해야 한다. 다섯째, 전체적으로 뉴스전달에 생기가 돌고, 기교를 부리기보다는 자연스런 낭독을 통해 캐스터의 따뜻한 인간미까지 전달할 수 있다면 더욱 좋을 것이다(KBS 아나운서실 한국어연구회, 2001).

한편 뉴스캐스터는 다음과 같은 임무를 갖는다. 첫째, 뉴스캐스터는 시청자들이 뉴스를 신뢰할 수 있도록 하는 임무를 지닌다. 뉴스프로그램에서 가장 중요한 점은 시청자들의 신뢰이다. 뉴스캐스터는 뉴스프로그램에서 시청자들이 가장 중요한 인물이라고 생각하기 때문에 프로그램의 신뢰성은 뉴스캐스터에 크게 의존할 수밖에 없다. 뉴스캐스터는 호감을 주는 인상, 효과적인 전달력, 자신감 등을 갖추도록 노력하여 뉴스라는 현실을 구성하는 구성자로서, 그리고 뉴스의 가이더로서 시청자들로부터 신뢰를 받을 수 있도록 해야 할 임무가 있는 것이다. 둘째, 뉴스캐스터는 철저한 저널리스트의 자세를 가지고 뉴스를 진행할 임무를 갖는다. 뉴스캐스터는 데스크가 만들어준 뉴스 프레임을 무조건 수용하기보다는 저널리스트의 시각에서 꼼꼼하게 검토하고 수정할 수 있어야 한다. 즉, 뉴스캐스터 역시 저널리스트로서의 사명감을 갖는 것이 필수적이라는 말이다. 뉴스캐스터는 저널리즘에 기반을 둔 자기 나름의 확실한 뉴스관을 가지고 하루하루 역사를 써간다는 자세로 프로그램을 진행해야 할 것이다.

셋째, 뉴스캐스터는 리드인(lead-in)을 작성할 임무를 갖는다. 리드인은 다음에 리포트될 뉴스꼭지의 내용을 압축·요약해 제시하는 멘트로서 시청자들의 관심을 유발하는 효과를 지니는 것이다. 리드인은 뉴스캐스터가 특정한 뉴스아이템에 대해 이야기하는 첫 문장이기 때문에 뉴스의 방향과 강조점을 이야기하는 중요한 기능을 한다. 따라서 리드인의 작성은 뉴스캐스터의 중요한 임무이자 그 역량을 평가할 수 있는 평가지수가 되기도 한다. 하지만 한국 뉴스프로그램의 경우 리드인까지도 기자들이 작성해서 넘겨주는 경우가 많은데, 이 때문에 뉴스프로그램과 전체적으로 조화를 이루지 못하는 경우도 있다. 따라서 뉴스캐스터는 자신이 뉴스의 편집장이라는 의식을 가지고 리드인을 작성하고 정리할 임무를 갖는다. 리드인을 작성할 때는 뉴스의 알맹이를 미리 말하지 않는 것이 좋고 구태의연한 표현법에서 벗어날 필요가 있다. 마지막으로 뉴스캐스터는 사건보도의 차분한 중심축으로서 사건에 대한 시청자들의 상황 인식을 도와줄 임무를 갖는다. 뉴스캐스터는 현장에서 전해지는 추측보도를 확대재생산하거나 섣부른 가치정향을 나타내서는 안 된다. 뉴스캐스터는 사실보도의 중심을 잡아주어야 한다(김성길, 1998).

뉴스캐스터의 임무

- 뉴스에 대한 시청자들의 신뢰감을 확보할 임무
- 저널리스트적 자세로 뉴스를 진행할 임무
- 뉴스 편집장의 시각을 가지고 리드인(lead-in)을 작성할 임무
- 냉정하게 보도에 대한 시청자들의 상황인식을 도와주어야 할 임무

---

(2) 스포츠중계와 스포츠캐스터

스포츠와 매스미디어가 결합되면서 스포츠중계프로그램은 줄거리 없는 전개의 의외성으로 인해 가장 TV적인 프로그램 중 하나로 자리 잡았다. 특히 최근에는 방송테크놀로지의 급속한 발전으로 인해 클로즈업이나 슬로모션재생의 기술을 동원한 다양한 각도의 역동적이고 생생한 화면과 과학적 데이터 등이 스포츠중계프로그램을 통해 제공되기 때문에 현장에서 스포츠를 지켜보면서 느끼는 것과는 또 다른 긴장감과 홍분을 경험을 갖게 된다.

시청자가 스포츠중계를 통해 현장의 생생함을 전달받고 긴장감과 홍분을 경험하기 위해서는 무엇보다도 훌륭한 자질을 갖춘 스포츠캐스터의 존재가 필요하다. 스포츠캐스터에게 고도의 전문성이 요구되는 것도 바로 이러한 이유 때문이다. 스포츠캐스터는 중계석에 앉기 전까지는 취재기자로서, 그리고 중계를 시작한 이후부터는 연출자로서의 기능까지도 수행한다는 생각으로 중계에 임해야 한다. 또한 해설자와 대등한 수준에서 호흡을 맞추기 위해서는 해당 경기종목에 대한 지식과 정보를 축적해야 함은 물론이고 해설자의 개성과 특성까지도 파악해야 할 필요가 있다(류시현, 2002).

스포츠캐스터의 자질로는 크게 다섯 가지를 들 수 있다. 첫째는 건강한 체력이다. 스포츠중계방송은 장소와 시간의 구분 없이 이루어지는 경우가 빈번하기 때문에 그 환경 또한 다양하다. 또한 스포츠중계는 캐스터 자신이 주도권을 가지고 장시간 동안 방송을 진행해야 하고 목소리나 발음 또한 일관되게 유지되어야 한

다. 따라서 스포츠캐스터에게 건강한 체력은 가장 기본적으로 갖추어져야 할 자질이다. 스포츠캐스터에게는 긴박한 상황에서도 평정심을 유지한 채 경기상황에 대한 냉정한 판단 및 예측할 수 있는 정신력도 요구되는데, 이를 위해서도 건강한 체력을 갖추는 것이 필요하다. 둘째, 스포츠에 대한 흥미가 있어야 한다. 스포츠중계캐스터는 스포츠를 좋아하지 않고서는 해내기 힘든 직업이다. 스포츠캐스터는 스포츠를 잘하지 못하더라도 보고 즐길 수 있어야 한다. 물론 특정 종목을 전문적으로 장기간 방송하게 될 경우 해당 스포츠에 대해 흥미를 유지할 수 있도록 더 큰 노력을 기울일 필요가 있다. 스포츠에 대한 흥미는 캐스터의 전문성 향상에도 커다란 도움을 주고 결국에는 질 높은 중계를 가능하도록 한다. 셋째, 전문성을 갖추어야 한다. 최근에는 스포츠캐스터도 세분화가 이루어지고 있다. 한두 개 종목을 전문적으로 중계하는 캐스터의 가치가 점차 높아져 가고 있다. 따라서 스포츠캐스터는 스포츠 지식 및 환경변화에 민감하게 반응하며 끊임없이 연구하는 과정을 유지해가야 하겠다. 서기원 전 아나운서는 <방송과 스포츠> 1996년 6월 호에 실린 '스포츠캐스터의 전문성'이라는 글에서 스포츠캐스터만이 발휘할 수 있는 전문적 기능과 관련해 다음과 같이 6가지를 강조하였다.

- 항상 경기를 많이 보고 경기장 분위기를 파악하는 습관을 키워 그 날의 경기를 머리 속에 그릴 줄 아는 영감이 떠오르도록 노력한다. 단, 판단과 예견은 금물이다.
- 경기의 맥과 경기 도중의 분기점을 잡아 시청자가 이해를 빨리 하고 흥미를 갖게 한다.
- 작전지시, 동향은 물론 가능하면 선수들의 보이지 않는 심리적 상황까지 파악해야 한다.
- 경기 종목만이 갖는 특성을 파악하여 시청자들에게 알려줌으로써 흥미를 유발시킨다.
- 과거의 기록이나 기타 자료에 집착하지 말고 새로운 기록의 창출에 대한 기대를 심어준다.
- 때로는 잡다한 여러 가지 이야기보다 시청자에게 생각할 수 있는 여유를 주어 상상의 기회를 만들어준다.

한편 스포츠캐스터가 전문성을 심화시키기 위해서는 해외 스포츠 동향 등에도 관심을 기울여야 할 것이다. 국제화 시대에 국제적인 감각을 지니지 않고서는 전문성이 유지될 수 없기 때문이다.

스포츠캐스터의 자질로 들 수 있는 네번째 사항은 표현능력이다. 운동장의 실황은 하나의 방송 프로그램 소재임과 동시에 방송상품 그 자체다. 그리고 시청자에게 질 높은 상품을 제공하기 위해서는 무엇보다 중요한 것이 캐스터의 표현능력이다. 오랜 시간 동안의 스포츠중계를 주도해야 하는 캐스터가 질 높은 중계방송을 할 수 있기 위해서는 표현능력의 개발에 힘써야 한다. 다섯번째로 요구되는 자질은 올바른 언어사용이다. 스포츠 중계방송은 전 국민을 대상으로 하는 프로그램이기 때문에 국민들의 언어습관에도 적지 않은 영향을 미친다. 스포츠중계시에 주의해야 할 사항 중 하나는 잘못된 외국어 표현과 외래어 남용이다. 올바른 용어 사용을 위해서 지속적인 언어교육이 무엇보다도 중요하다고 하겠다(KBS 아나운서실 한국어연구회, 2000).

한편 스포츠중계방송에서 캐스터가 갖는 기본적인 임무는 크게 두 가지로 요약된다. 먼저 스포츠캐스터는 중계방송 화면 및 음향과 해설자를 이끌어나가고 중계방송의 분위기를 리드하는 임무를 갖는다. 스포츠캐스터가 영상이나 음향 및 해설자에 의존하거나 수동적인 입장을 견지하면서 중계방송을 실시해서는 스포츠가 갖는 독특한 현장감을 전달하기 힘들다. 또한 대개의 연출가들은 경기가 숨가쁘게 진행될 때는 캐스터가 따라오는 것을 전제로 화면 커팅을 신속히 하고 상황이 끝나거나 경기가 중단될 경우에는 캐스터의 말에 맞춰 영상의 커팅을 시도한다. 하지만 연출자가 의도하는 중계흐름에만 의존하다 보면 고유하고 전문적인 자신의 시각과 기준에 따른 중계를 하기 힘들게 되고 영상보다 템포가 느린 캐스터의 상황묘사는 중계의 흐름을 끊기도 한다. 따라서 스포츠캐스터는 그림과 음향, 그리고 해설자를 주도적으로 끌고나가는 역할을 수행해야 한다. 썰렁한 관중석으로 인해 중계자체의 분위기가 처질 때에는 캐스터가 이를 살려낼 수 있어야 한다. 두번째로 스포츠캐스터는 충실한 가이드로서의 임무를 갖는다. 스포츠캐스터는 숫자로 느끼기 어려운 속도감이나 경기장의 분위기 등을 구체적인 사례나 비유 등을 통해 현장감 있게 전달할 수 있어야 한다. 즉 캐스터는 영상이나 음향으로 완벽하게 표현할 수 없는 스포츠경기의 모습을 언어를 통해 전달해주는 가이드의 기능을 수행해야 한다. 가이드로서의 역할을 충실히 해내기 위해서 가장 필요한 것은 경기장을 자주 찾아 선수 눈높이에서 경기를 볼 수 있는 시각을 키우고 벤치에서의 긴장감이나 경쟁심 등을 가까이에서 경험해보는 것이다. 캐스터의 직접적인 경험은 화면의 한계를 보완하는 가장 소중한 도구로 작용한다. 그리고 경기 규정과 전략, 기술, 역사, 뒷얘기 등 충분한 관련지식과 데이터를 획득하고 있어야 한다(박갑수, 1996).

2) 리포터

(1) 리포팅의 개념 및 특징

리포팅이라는 단어가 처음 쓰인 것은 제2차세계대전 때였다. 이 시기 미국의 라디오방송 기자들은 직접 전쟁현장에 뛰어들어 신문과는 차별되게 순간순간의 전투현장상황을 생생하게 보도하였는데, 이러한 방송의 보도형태가 리포팅이라는 이름으로 불리게 되었다(권영, 2000). 리포팅은 그 정보의 생동감으로 인해 청취자들을 만족시킬 수 있었다. 여기서 자신감을 얻은 미국의 라디오 방송은 뉴스 및 시사프로그램에까지도 전화를 이용한 리포팅방식을 적극 활용하기 시작하였다. 이후 리포팅방식은 TV에도 도입되어 시청자들의 정보욕구 충족에 크게 기여하였다.

한편 오늘날에는 모든 프로그램 장르에서 리포팅이 유효적절하게 이용되고 있으며 리포터라는 직종까지 생겨나게 되었다. 리포팅이 한국의 텔레비전방송분야에서 본격적으로 활성화된 것은 컬러방송이 시작되고 아침방송이 재개된 1980년대 초반부터였다. 1973년 이후 중단되었던 아침방송이 1981년 5월부터 부활되면서 아침시간대에 각종 교양정보프로그램이 대폭적으로 편성되었는데, 1981년 9월 KBS-2TV에 편성된 아침정보프로그램 <상쾌한 아침입니다>에서 리포터들이 처음으로 활동하기 시작하였다. 당시에는 탤런트나 코미디언, 개그맨, 아나운서 등이 리포팅을 담당하였는데, 현장에서 취재한 화면을 스튜디오에서 설명해주는 방식으로 이루어졌으며 시간은 5분에서 10분 안팎이었다. 1982년에는 KBS의 <수도권뉴스>라는 프로그램에서 서울시내 각 구청에 통신원을 배치한 일이 있었는데, 공개오디션을 통해 리포터를 선발한 한국 최초의 사례로 평가받고 있다. 또한 1987년 KBS의 <가정저널>이라는 프로그램에서는 가정주부를 아마추어리포터로 기용하였으며, 1991년 5월 첫 방송을 시작한 <6시 내고향>에서는 '내고향 리포터'라는 코너를 통해 해당 지역주민을 리포터로 기용하기도 하였다(오태수, 1999).

리포트는 텔레비전 프로그램의 종류와 취재방식 및 표현형태에 따라 분류할 수 있다. 먼저 프로그램의 종류를 기준으로 리포트를 구분하면, 리포트프로그램·종합뉴스의 리포트, 매거진프로그램의 리포트, 프로그램 가운데의 부수 리포트 등으로 구분할 수 있다. 리포트프로그램은 리포터가 취재한 내용을 중심으로 프로그램이 꾸며지는 기행프로그램이나 다큐멘터리, 추적고발프로그램 등을 말한다. 종합뉴스의 리포트는 기자들의 리포트가 중심이 되고 캐스터는 리드인(lead-in)만 처리하는 형태의 종합 뉴스프로그램을 말한다. 매거진프로그램 중의 리포트는 아침시간대의 정보매거진프로그램에서 이용되는 리포트를 말하며, 마지막으로 프로그램 가운데의 리포트는 토크프로그램 등에서 중간에 리포트가 이용되는 유형을 말한다.

취재방식 및 표현형태에 따라서도 리포트의 유형구분이 가능한데, 이러한 기준으로 리포트를 구분해보면 생중계리포트, 생중계 + VCR, 스튜디오 + VCR, VCR 리포트 등의 유형으로 분류될 수 있다. 생중계리포트는 동시성과 현장감을 주는 생방송프로그램 등에서 이용된다. 생중계 + VCR 유형은 화재나 사고현장에서 생중계리포팅을 하면서도 화면은 사고순간을 방송하기 위해 사고순간이 녹화된 자료화면을 보여주는 방식이다. 스튜디오 + VCR은 스튜디오에서 진행되는 프로그램 중에 리포터가 등장하여 취재한 녹화화면을 보여주며 설명을 곁들이는 방식이다. VCR리포트는 리포터가 현장리포트를 편집하는 과정에서 코멘트를 덧붙여 완성되는 리포트를 말한다(권영, 2000).

리포팅의 특징으로는 첫째, 생동감과 현장감을 제공한다는 점이다. 스튜디오에서 만들어지는 뉴스보다는 뉴스의 현장에서 이루어지는 리포팅이 시청자들로 하여금 생동감과 현장감을 더 잘 느끼게 한다. 리포팅은 TV의 기능을 총동원해 현재 진행되는 뉴스의 발생과정을 현재진행형의 형태로 전달하기 때문에 시청자들은 거실에 앉아 있으면서도 직접 현장을 보는 듯한 경험을 하게 된다. 뉴스 현장은 다양하다. 흥겨운 놀이마당일 수도 있고 엄숙한 예식이 이루어지는 장소일 수도 있다. 따라서 리포팅은 현장의 분위기와 움직임에 적합하게 이루어져야 한다. 둘째, 리포팅은 그 자체가 단일 프로그램의 성격을 지닌다. 리포팅도 하나의 프로그램이다. 모든 프로그램에는 기획의도와 그 의도를 충족시킬 만한 내용, 그리고 효과적인 전달수단이 포함되어 있어야 한다. 리포팅 역시 이와 같은 프로그램으로서 갖추어져야 할 기본요건들을 모두 지니고 있다. 따라서 리포터는 고유업무인 취재와 보도뿐 아니라 촬영감독으로서의 안목과 제작자의 시각을 지니는 것이 필요하다. 셋째, 리포팅은 리포터의 개성이 담겨 있다. 리포팅은 리포터가 지니고 있는 능력과 노하우 등이 그대로 나타날 수 있는 하나의 공연물이다. 따라서 같은 소재를 다룬 비슷한 유형의 리포팅이라 하더라고 리포터가 누구냐에 따라서 차별화가 이루어지게 된다. 넷째, 리포팅은 다른 형식에 비해 상대적으로 오보를 할 가능성이 크다. 리포팅은 현장에서 생방송으로 이루어지는 경우가 많아 검증이 어려운 정보를 그대로 방송할 가능성이 있다. 따라서 생방송을 하는 리포터는 리포팅 내용을 최대한 사전검증해보는 습관을 가져야 한다.

(2) 리포터의 조건

텔레비전 프로그램에서 리포팅이 갖는 유용성이 인정되면서 현재에는 대부분의 프로그램에서 리포팅의 사용이 일반화되었다. 그리고 이러한 추세에 따라 리포팅만을 전문적으로 수행하는 리포터라는 직업이 뚜렷한 자리매김을 하는 가운데 그 역할도 확대되고 있다. 이제 리포터는 전문적인 방송 직업인의 한 유형으로 인식되고 있는 것이다.

리포터에게 요구되는 기본적인 조건으로는 적극성과 순발력, 인터뷰 능력, 풍부한 감성 및 상상력과 인간미, 저널리스트적 감각, 논리적 언어표현력, 흥미를 유발할 수 있는 재치 등을 들 수 있다.

첫째, 리포터에게는 적극성과 순발력이 필요하다. 리포터의 리포팅이 이루어지는 공간은 뉴스현장이다. 따라서 현장에서 벌어지는 뉴스내용에 대한 취재방향과 제작방법 등은 제작자의 판단에 의해 주도되고 취재구성안 등의 원고가 작가에 의해 작성된다 하더라도 이를 최종적으로 전달하는 책임은 결국 리포터에게 있다. 따라서 리포터는 현장에서 일어나는 상황에 대해 적극적이고 순발력 있게 대처할 수 있어야 하며 애드립능력 또한 갖출 필요가 있다. 또한 리포팅 과정에서 즉석에서 인터뷰 대상자가 섭외되기도 하기 때문에 리포터에게는 적극성과 함께 순간적 상황에 대처할 수 있는 순발력이 반드시 필요하다.

둘째, 인터뷰 능력도 리포터가 갖추어야 할 조건 중 하나이다. 리포터의 역할은 크게 상황취재와 인터뷰로 구분된다. 따라서 인터뷰 능력은 리포터의 자질을 판단할 수 있는 하나의 지표로까지 작용된다고 하겠다.

셋째, 풍부한 감성 및 상상력과 인간미가 요구된다. 풍부한 감성과 상상력을 갖춘 리포터는 현장의 분위기와 상황변화에 가장 적합한 리포팅을 만들어낼 수 있으며, 여기에 인간미가 더해질 경우 리포팅의 질적 향상이 가능하고 시청자에 대한 설득력 또한 강화될 수 있을 것이다.

넷째, 저널리스트적 감각이 필요하다. 기본적으로 방송은 사회적 공기에 해당하며 저널리즘적 성격을 지니고 있기 때문에 리포터에게도 현장의 취재상황이나 인터뷰 대상을 다각적으로 분석할 수 있는 저널리스트적 감각이 필요하다. 따라서 리포터는 취재상황이나 인터뷰 대상이 갖는 사회적 맥락과 의미, 배경지식 등을 지니고 있어야 하며 최대한 검증된 내용만을 리포팅하려는 자세도 갖추어야 한다.

다섯째, 리포터에게 논리적 언어표현력은 필수적인 것이다. 텔레비전 리포팅이 영상에 의존하는 측면이 크지만, 리포터의 언어표현력 또한 리포팅 내용의 효과적인 전달 여부를 좌우하는 중요한 요건이 된다.

여섯째, 최근에는 리포터에게도 흥미를 유발할 수 있는 재치가 요구되고 있다. 현재의 텔레비전 프로그램들이 공통적으로 지향하고 있는 것 중 하나가 오락적 요소를 한 축으로 하는 장르의 융합화이다. 따라서 인포테인먼트나 에듀테인먼트와 같이 오락성과 정보 및 지식이 결합된 새로운 장르의 프로그램 제작이 급격하게 증가하고 있다. 리포터에게도 이러한 변화로 인해 시청자들의 흥미를 유발할 수 있는 재치와 '끼'의 발휘에 대한 요구가 증가하고 있다.

(3) 취재 및 표현기법

리포터가 현장상황 및 대상을 취재하는 데 있어서 염두에 두도록 권장할 만한 기본적 수칙들이 존재한다.

첫째, 현장에서의 리포팅 제작과정에서 리포터와 다른 스태프들 간의 긴밀하고 원활한 협업이 요구된다는 점이다. 취재과정이 사전에 기획한 콘티대로 이루어지는 경우는 드물다. 리포팅 제작팀이 취재현장에 도착했을 때 상황이 종료되어 있을 수도 있으며 반드시 카메라에 담아야 할 순간을 놓치는 경우도 허다하다. 상황에 따라서 긴박하게 변화하는 취재현장의 상황들을 생생하게 리포팅하기 위해서는 제작 스태프들간의 신뢰와 자발적 협력이 필요한 것이다.

둘째, 취재과정에서 리포터는 취재현장에서 벌어지는 구체적인 사실들을 될 수 있는 한 많이 알고 있어야 한다. 리포팅에 있어서 현장에서 발생한 구체적 에피소드들에 대한 언급은 시청자들이 취재 대상을 좀더 잘 이해할 수 있도록 돕는다. 즉, 효과적인 전달을 위해서는 구체적 사실을 담은 영상이나 리포터의 체험적 사실의 전달이 더 중요하다는 것이다. 따라서 리포터가 구사하는 언어선택 면에서도 관념적이고 추상적인 표현보다는 구체적이고 사실적인 표현에 치중해야 한다. 그리고 취재대상과 관련된 사람들의 구체적인 경험담을 가능한 한 많이 접하고 발굴해내야 할 필요가 있다.

셋째, 취재중인 리포터는 현장의 최일선에 위치한 가장 1차적인 게이트키퍼나 편집인이라는 자세를 지니고 있어야 한다. 취재과정 중에도 리포터는 머릿속으로 항상 게이트키핑과 편집을 염두에 두어야 한다. 취재 전에 만들어진 구성안은 취재과정에서 변화하기 마련이다. 구성안을 숙지하면서 취재과정을 통해 머릿속으로 리포터 나름대로 지속적인 수정작업을 하는 것도 필요하다.

넷째, 취재과정을 꼼꼼하게 기록하는 습관을 가져야 한다. 리포팅을 제작하다 보면 빠진 부분이나 부족한 부분이 존재하고 이로 인해 아쉬움을 갖게 된다. 따라서 기록하는 습관을 유지하고 기록에 대한 나름대로의 규칙과 노하우를 만들어가야 한다.

또한 리포터가 리포팅을 하는 데에도 언어의 표현기법상 주의해야 할 기본적인 수칙들이 존재한다.

첫째, 가장 기본적으로는 비춰지는 영상과 가장 어울리는 언어표현을 할 수 있도록 노력과 주의를 기울여야 한다. 리포팅뿐만 아니라 텔레비전 프로그램은 기본적으로 영상의 내용과 이를 설명하는 언어표현의 조합이 완벽하게 이루어졌을 때 가장 큰 효과를 가져올 수 있다. 영상으로 충분히 전달할 수 있는 메시지를 언어로 구구절절히 설명하기보다는 그 영상을 가장 잘 설명할 수 있는 문장으로 이용하는 것이 중요하다. 또한 영상으로 완벽하게 표현할 수 없는 메시지를 언어적 표현으로 보완해줄 수도 있어야 한다. 텔레비전은 시각과 청각은 전달해줄 수 있지만 후각이나 미각, 촉각을 전달하는 것은 리포터의 언어적 표현에 의지할 수밖에 없다. 또한 리포팅 현장의 상황설명이 영상으로 충분하지 못할 경우에도 리포터의 언어표현으로 이를 잘 설명해줄 수 있어야 한다. 예를 들어 리포팅 장소가 어디쯤 위치해 있으며, 다음 일정이 어떠한지는 영상으로는 완벽하게 보여주기 어렵기 때문에 리포터가 이를 언어적 표현으로 알기 쉽게 표현해주어야 하는 것이다.

둘째, 리포터는 생생한 단문식 구어체를 구사해야 한다. 현장성 리포팅이 되기 위해서 이 점은 반드시 지켜져야 한다. 사전에 작성된 원고를 외워 이를 암송하듯이 표현하기보다는 자기 스타일에 맞는 표현으로 재구성하여 최대한 자연스럽게 표현하는 것이 필요하다. 또한 상황에 따라서 리포터는 애드립을 구사할 수도 있어야 한다. 애드립이 부족하다고 느끼는 리포터는 평소 원고 없이도 자기의견을 표현해보는 형태로 꾸준히 연습하는 방법밖에 없다. 연습을 할 때도 미사여구를 동원하여 추상적인 표현을 하기보다는 핵심적인 사항들을 쉬운 단어로 표현할 수 있도록 노력해야 한다.

셋째, 리포터의 표현은 정확하고 구체적이어야 한다. 추상적이거나 관념적인 어휘보다는 구체적인 어휘가 사실을 가장 잘 설명해줄 수 있다. 예를 들어 극장 앞에서 표를 구하려고 관중들이 줄지어 있다면, '관중들이 장사진을 치고 있다'고 표현하기보다는 '극장 앞에서부터 몇 미터로 길게 늘어선 줄이 몇 개이며 대략 몇 명쯤 될 것 같다'고 구체적으로 표현해주는 것이 더 효과적인 전달방법인 것이다. 이에 더하여 구체적인 표현에 사용되는 어휘는 일상적이고 쉬운 것을 이용하고, 간접화법보다는 직접화법을 이용하는 것이 시청자들로 하여금 편안하고 생동감 있게 메시지를 받아들일 수 있도록 하는 효과적인 방법이다.

넷째, 리포터의 표현은 기본적인 예절에 근거해야 한다. 취재대상에 대한 사적인 감정이나 선입견을 최대한 배제해야 하며, 될 수 있는 한 겸손한 표현을 유지하는 것이 좋다. 기본적인 예절을 갖춘 표현은 취재대상과 시청자들에게도 편안함을 줄 수 있다. 리포터의 예절에 어긋나는 표현은 취재대상을 화나게 하거나 겁먹게 하거나 긴장시킬 수 있다. 또한 오락성을 가미하기 위해 재미있는 이야기를 할 때에도 예절을 잃지 말아야 할 것이다.

다섯째, 리포터의 언어표현은 육하원칙에 충실할수록 효과적이다. 리포팅의 시기가 언제이고, 장소가 어디이며, 누구와 무엇에 대해서 하는지, 그리고 왜, 어떻게 하는지 등의 내용을 반드시 표현해야 한다.

여섯째, 텔레비전 리포팅의 경우에는 표정이나 눈빛, 목소리의 성량 등 2차적 언어에도 신경을 써야 한다. 취재현장의 상황이나 내용, 취재대상의 특징 등에 적합한 2차적 언어를 표현하는 것 역시 리포팅을 제작하면서 소홀히 하지 말아야할 부분이다.

3) MC

(1) MC의 개념과 역할

MC란 'master of ceremony'의 준말로, 기본적으로는 특정한 의식이나 행사의 진행자나 사회자 및 주도적 인물을 가리키는 말이며 보다 실제적으로는 교양이나 오락프로그램의 중심적인 진행자라고 정의할 수 있다(KBS 아나운서실 한국어연구회, 2000). 따라서 교양프로그램의 MC는 프로그램을 진행하는 것과 더불어 시청자들에게 지식과 정보를 보다 효과적으로 전달할 수 있도록 노력해야 하며, 오락프로그램의 MC는 시청자들에게 건강한 즐거움과 유쾌함을 전달할 수 있도록 집중해야 한다.

현업에 종사하는 전문가들은 다양한 비유를 들어 MC의 역할을 설명하고 있다(류시현, 2002).

첫째, MC는 프로그램의 조정자 역할을 한다. 이계진 전 아나운서는 MC의 역할을 신호등이 고장난 사거리에서 교통정리를 하는 교통경찰, 혹은 월드컵 축구의 결승전을 심판하는 주심에 비유해서 설명한다. 정신 없이 밀려드는 차량의 흐름 속에서 고장난 신호등을 대신하는 교통경찰이 하는 역할이 바로 프로그램상에서의 MC의 역할이라는 것이다. 즉, MC는 프로그램의 흐름을 살피고 판단하여 이를 조정해나가는 조정자이며 교통경찰이나 축구심판만큼이나 중요한 역할을 한다고 해석될 수 있겠다.

둘째, MC는 프로그램의 균형추 역할을 한다. 프리랜서MC 이상벽은 MC를 공중에서 비행하는 비행기 안에 서서 끊임없이 균형을 잡고 있는 스튜어디스에 비유한다. 스튜어디스가 비행기 내에서 균형을 잡으며 승객을 안전하고 편안하게 목적지까지 도착하도록 돕는 것처럼 MC는 방송이라는 상황 내에서 어떠한 경우에도 흔들림 없이 시청자들이 편안하고 즐겁게 프로그램을 시청할 수 있도록 돕는 역할을 한다는 것이다.

셋째, MC는 프로그램의 효과를 극대화하는 역할을 한다. 박용호 전 KBS 아나운서실 실장은 MC를 주어진 재료로 음식을 맛있게 요리해내는 요리사에 비유하기도 하였다. 프로듀서와 구성작가들이 구해온 온갖 재료를 가지고 시청자의 기호에 가장 잘 맞고 건강에도 유익한 음식을 만들어내는 것이 바로 MC라는 것이다. 똑같은 재료가 주어져도 음식을 하는 요리사가 누구냐에 따라 맛의 차이가 있듯이 MC 역시 질 높은 프로그램이 만들어지는 데 핵심적인 역할을 한다는 것이다.

넷째, MC는 출연자나 프로그램이 돋보이게 하는 역할을 한다. MC는 주연의 자리에 서 있는 조연 연기자에 비유되기도 한다. MC는 스스로 프로그램의 주인공이 되기보다는 프로그램에 출연하는 출연자나 프로그램 자체가 돋보일 수 있도록 노력해야 한다는 것이다. MC는 출연자들이 말을 잘 하도록 도와주는 사람이 되어야 하며, 시청자들이 MC 자신보다는 출연자들에게 더 흥미와 호기심을 가지고 있다는 사실을 명심해야 하는 것이다.

이러한 배경에서 바람직한 MC가 되기 위해서는 다음의 몇 가지 조건에 대한 노력이 요구된다.

첫째, 교양과 오락성을 겸비해야 한다. 최근의 교양프로그램과 오락프로그램은 그 영역이 융합되고 있다. 교양프로그램에서도 오락적인 요소를 많이 가미하고 있으며, 오락프로그램 역시 정보와 지식 전달이라는 교양프로그램의 특징들을 도입하고 있다. 따라서 MC는 교양과 오락성을 갖추기 위한 지속적인 자기노력을 경주해야 한다. 필요하다면 춤이나 노래, 유머나 연기 등을 공부할 필요도 있으며, 유행이나 시사적인 부분 역시 놓치지 말고 항상 관심을 기울여야 한다. 그리고 이와 더불어 고정관념이나 상식에만 얽매이지 않으려는 시도를 유지하는 것 또한 필요하다.

둘째, 자기만의 개성을 가져야 한다. 프로그램의 차별화는 MC의 개성에 의해서도 이루어진다. 따라서 MC는 다른 진행자들과 차별화되는 독특한 개성을 전략적으로 유지할 필요가 있다. 진행자의 이름이 프로그램 이름으로 사용되는 경우, 그 프로그램의 진행자는 대부분 독특한 자기만의 개성을 가지고 있다. 따라서 때에 따라서는 원하는 이미지대로 자기 자신을 이미지메이킹해갈 필요도 있다. 이미지메이킹을 위해서는 오랫동안 철저하게 그 이미지를 만들고 유지하기 위해 사적인 부분까지 신경을 써야 한다. 하지만 기본적으로 MC가 가져야 할 이미지는 신뢰감과 편안함이다. 편안한 이미지와 신뢰감은 MC를 싫어하는 시청자의 수를 줄여준다.

셋째, 시청자의 요구에 민감하게 반응할 수 있어야 한다. 프로그램에 대한 시청자의 반응에 세심한 주의를 기울이고, 자신이 맡은 프로그램의 주시청자들이 갖는 정서를 이해하기 위해 노력해야 한다.

넷째, 출연자들 및 제작스태프와도 친근한 관계를 유지해야 한다. 방송은 종합적인 협업에 의해 이루어지는 것이며, MC는 다양한 출연자들과 방송을 진행해야 하기 때문에 방송관계자 및 같이 진행을 맡고 있는 진행자들, 그리고 출연자들과 친근한 관계를 유지해야 한다. 프로그램을 같이 만들어가는 사람들과 친근한 관계를 유지해야만 그들에 대해 더 많은 것을 알 수 있고, 그로 인해 결국 좋은 방송을 할 수 있기 때문이다. 또한 출연자들과 친분이 있을 경우에는 그들이 갖는 행동의 패턴들을 미리 알 수 있기 때문에 그에 대한 대비 역시 쉽다.

다섯째, 방청객과의 원만한 상호작용에도 필요하다. MC가 맡는 프로그램의 상당수는 공개방송의 형태로 이루어진다. 따라서 MC는 방청객들과도 호흡을 맞추며 상호작용할 수 있어야 한다(KBS 아나운서실 한국어연구회, 2000).

여섯째, 프로그램에 대한 주인의식과 애정이 있어야 한다. MC는 말 그대로 프로그램의 주인이다. MC는 자신이 프로그램의 주인이며 프로그램을 대표하고 있다는 생각을 잃지 말아야 한다. 또한 프로그램에 대해서도 깊은 애정을 가져야만 좋은 프로그램이 제작될 수 있다.

일곱째, 프로그램에 대한 꼼꼼한 사전준비가 필요하다. 프로그램의 내용과 성격, 분위기, 자신의 역할 등을 사전에 파악하고 필요한 것들을 준비해두어야 한다. 또한 진행 도중의 실수에 대해서 어떻게 대처해야 할 것인지도 사전에 생각해 보는 것이 필요하다.

여덟째, 담대함과 겸손함을 겸비해야 한다. 앞에서 언급한 바와 같이 MC가 진행하는 프로그램들 중에는 공개방송의 형식으로 제작되는 경우가 많다. 또한 다양한 출연진들과도 방송을 같이 해야 하며, 미리 기획되거나 의도되지 않은 상황에 직면하기도 한다. 따라서 MC에게는 이러한 부분들에 대처할 수 있는 담대함이 갖추어져야 한다. 한편 프로그램을 대표하고 진행하는 것은 MC 자신이지만 자신이 프로그램에서 최고라는 생각은 버려야 한다.

아홉째, 모니터하기에도 노력을 기울여야 한다. 자신의 프로그램뿐만 아니라 다른 MC들이 진행한 프로그램도 모니터해보는 것이 필요하다. 또한 자신의 프로그램도 꾸준히 모니터해가는 것이 지속적인 발전에 도움이 된다.

(2) 각종 프로그램의 사회

MC가 진행하는 프로그램은 크게는 교양프로그램과 연예오락프로그램으로 구분할 수 있다. 하지만 교양프로그램은 토크프로그램으로 세분화할 수 있다. 각 프로그램 유형에서 진행자가 해야 할 역할을 살펴보면 다음과 같다.

먼저 연예오락프로그램의 진행자가 갖는 역할을 살펴보면, 첫째는 프로그램의 진행과정에서 자연스러운 웃음을 유발할 수 있어야 하고 프로그램 전체적으로 시청자가 흥미를 잃지 않도록 해야 한다. 연예오락프로그램에서는 웃음 및 즐거움과 흥미라는 요소가 중요하다. 따라서 연예오락프로그램의 진행자는 프로그램에 대한 흥미와 자연스러운 웃음을 유발할 수 있어야 한다. 둘째, 시청자와 방청객을 동시에 의식해야 한다. 무대의 분위기가 시청자에게 어떻게 전달될 것인지를 냉정하게 판단하고 방청객을 리드할 수 있어야 한다. 방청객의 흥미를 자극하면서 시청자들과의 공감대 형성에도 신경을 써야 하는 것이다. 셋째, 프로그램의 분위기가 딱딱해지지 않고 자연스러움과 부드러움을 유지할 수 있도록 해야 한다. 자연스럽고 부드러운 분위기를 만드는 것은 전적으로 MC의 책임이다. 이를 위해서는 적당한 제스처와 유연한 소개 멘트가 필수적이다. 그리고 무엇보다 중요한 것은 MC 스스로가 자신의 행동과 말에 어색함을 느끼지 말아야 한다는 점이다. 때에 따라서는 무대 위에서 온몸을 던질 수도 있어야 한다. 넷째, 진행에 리듬감이 있어야 한다. 무대 위에서의 MC의 말이나 동작에 리듬감이 있으면 시청자와 관객은 자연스럽게 그 분위기에 동화된다. MC는 출연자 및 관객과 함께 톱니바퀴처럼 리듬감 있게 움직여야 한다. 진행이 리듬을 타게 되면 예상한 것 보다 더 큰 공감대가 형성될 수 있는 것이다. 다섯째, 말을 할 때에 적당한 선을 지킬 줄 알아야 한다. 함부로 말을 하는 것처럼 보여도 적당한 선을 지키는 것이 인기 MC의 공통점이다. 상황에 맞는 진행이 이루어질 수 있도록 사전준비를 철저히 해야 한다. 진행에 능숙함을 갖는 방법은 경험과 철저한 준비이다(김성길, 1998).

토론프로그램의 경우에는 첫째, 토론이 어떻게 진행될 것인지를 미리 예측하고 이를 위해 토론진행과정을 끊임없이 통합해야 한다. 토론프로그램의 진행에는 예측과 통합능력이 필수적이다. 둘째, 전문성을 갖추어야 한다. 토론프로그램에서는 특히 토론주제에 대한 전문가들이 출연하기 때문에 이들의 토론이 자연스럽게 이루어질 수 있도록 사전연구와 조사를 철저하게 해야 한다. 그리고 이러한 준비과정을 거치면서 주제에 대한 자기의 생각을 미리 정리해놓아야 한다. 셋째, 출연자들에게 신뢰감을 줄 수 있어야 한다. 토론프로그램에 출연하는 출연자들은 사회의 전문가이자 명사들이기 때문에 그들이 MC를 무시한다면 프로그램 진행에 문제가 생긴다. 이들 출연자들의 토론을 이끌 수 있을 정도의 능력을 갖추어야 한다. 출연자에게 신뢰를 얻기 위해서는 MC 자신의 진행 수준을 향상시키려는 노력을 잊지 말아야 한다. 넷째, 융통성 있는 진행감각을 가져야 한다. 토론진행 도중 사전에 기획한 것 이외의 예기치 않은 발언이 제시되더라도 이를 융통성 있게 포용할 수 있어야 한다. 다섯째, 공평성을 갖는 것이 중요하다. 토론프로그램 진행자의 원칙은 발언의 양이나 시간을 균등하게 배분하는 것이기도 하지만

MC 스스로가 한쪽 편에 서지 않고 균형을 가지고 있어야 한다. 물론 토론의 깊이를 더하기 위해서는 MC가 한쪽 의견에 가담하기도 하고 거꾸로 다른 쪽을 후원하는 것도 필요하다. 여섯째, 시간운용에 주의를 기울여야 한다. 최근의 토론프로그램은 생방송인 경우가 많다. 따라서 토론의 각 사안별로 MC 스스로 시간을 배분해놓는 것이 필요하다.

토크프로그램은 연예인이나 사회적으로 관심을 받고 있는 인사들을 초대해서 그들의 삶의 이야기나 가치관, 직업의 세계 등을 들어보는 프로그램이다. 첫째, 토크프로그램은 친근한 분위기를 조성할 수 있어야 한다. 토크프로그램은 휴먼드라마 같은 분위기가 만들어져야 하며, 이를 위해서는 진실된 삶의 얘기들을 털어놓을 수 있어야 한다. 따라서 토크프로그램의 MC는 친근한 분위기를 연출하여 출연자가 마음을 열게 할 수 있어야 한다. 둘째, 토크프로그램의 MC는 완전한 취재자여야 한다(조철현, 1994). MC가 출연자의 이야기를 듣고 고개만 끄떡여서는 곤란하다. 시청자가 다음에 무슨 이야기를 듣고 싶어할 것인지를 생각해야 한다. 셋째, 언어사용에 주의를 기울여야 한다. 토크프로그램은 편안한 분위기에서 진행되기 때문에 방송에 적합하지 않는 표현이나 어법이 이용될 가능성도 있다.

3. 인터뷰의 방법

인터뷰는 모든 프로그램에서 활용되고 있으며, 인터뷰 능력은 프로그램 진행자라면 누구나 갖추어야 할 필수적인 요건이다. 인터뷰는 대담과 그 차이가 모호하기도 한데, 이를 굳이 구분하자면 대담은 목적하는 큰 틀 안에서 흐름을 타고 이야기하는 여유로운 것인 데 반해, 인터뷰는 계획적인 접근과 파고드는 듯한 적극적인 질문공세로 원하는 정보를 이끌어내는 것이라고 할 수 있겠다(이계진, 1990).

인터뷰는 대개 PD나 작가가 사전에 준비한 기획의도와 앙케이트를 바탕으로 진행되지만, 막상 방송이 시작되면 직접 마이크를 잡은 진행자의 진행이 부실하면 프로그램도 부실해지고 만다. 이와 같은 상황을 방지하기 위해서는 진행자가 프로그램의 기획단계에서부터 같이 참여해야 하며, 참여과정에서도 대충 설명만을 듣는 수준이 아니라 고민하며 인터뷰의 틀을 만드는 데까지 나아가야 한다.

인터뷰를 진행하는 진행자는 다음의 몇 가지 사항을 견지하기 위해 노력해야 한다(김성길, 1998). 첫째, 항상 강한 호기심을 유지해야 한다. 호기심이 강한 사람은 언제나 마음이 열려 있고 다양한 각도에서 사물을 볼 수 있다. 무슨 일에서든지 고정관념에 사로잡히지 않고 사건이나 사람에 대해 궁금해 할 수 있다. 그러면 일반 사람들이 알 수 없는 부분까지도 인터뷰대상에 대해 알게 된다. 길거리에 사람이 모여 있으면 한번 가보고, 무엇 때문에 그러는지 확인해보는 자세도 필요하다. 평상시의 그런 과정에서도 인터뷰에 이용할 수 있는 정보를 얻을 수 있다.

둘째, 인간의 마음을 좋아해야 한다. 인터뷰프로그램의 진행자는 인간을 좋아하기보다는 한 사람 한 사람의 마음에 흥미가 있어야 한다. 마음속에 있는 그 사람의 기분을 끌어내기 위해서는 그 사람의 마음을 좋아하고 흥미를 느껴야 한다. 좋아하는 감정에는 활동에너지를 생성시키는 힘이 있다. 좋기 때문에 더 듣고 싶고 더 알고 싶은 것이다. 그리고 알고 싶기 때문에 묻게 되는 것이다. 그리고 이 과정에서 상대방의 본질을 알게 되고 필요한 정보를 시청자에게 보여주게 되는 것이다.

셋째, 상대방이 가지고 있는 본질을 끌어내는 능력이 있어야 한다. 처음부터 능숙하게 할 수는 없지만 경험이 쌓일수록 상대방이 갖고 있는 것을 보게 되고 상대방이 그것을 드러내 보이도록 유도할 수 있게 된다. 주연이 아닌 조연으로서 주연의 탄생을 도와주는 것이 인터뷰프로그램 진행자의 자세이다. 따라서 자기 자신을 억제하고 가능한 한 상대방이 본심을 털어놓을 수 있도록 해야 하는 것이다.

넷째, 카운슬러와 같은 마음과 시선을 갖추어야 한다. 인터뷰프로그램의 진행자는 얘기를 들어주고 눈을 맞추는 것만으로도 상대방의 마음을 편안하게 할 수 있는 카운슬러와 같다. 세상을 살아가는 사람들의 삶의 형태는 각양각색이다. 따라서 자신의 삶과 비슷한 환경에 있는 사람보다는 전혀 다른 환경에 있는 사람들이 더욱 많다. 이 당연한 사실을 항상 염두에 두어야 한다. 그리고 조금 다른 형태의 삶을 살아가는 사람을 만났을 경우 상대방을 이해하려 해야 한다.

다섯째, 이 사람과의 인터뷰는 단 한번뿐이라는 마음으로 만나야 한다. 인터뷰를 준비하면서 얼마나 많은 노력을 기울였는지를 생각하면서 이번이 이 사람과 인터뷰할 수 있는 마지막 기회라는 마음으로 될 수 있는 한 최선을 다해 필요한 정보를 들을 수 있도록 노력해야 한다.

여섯째, 유행에도 민감해야 한다. 새로운 것에 적응해 나가는 것은 적당한 긴장과 함께 어떤 즐거움을 준다. 각 분야의 시대흐름을 인식하고 어느 정도는 그 흐름을 타야 대화에 생동감이 존재하게 된다. 가끔은 유행어로 얘기하며 즐거움과 웃음을 동반할 수 있는 대화가 훨씬 상대방에게 진실한 이야기들 들을 수 있게 한다.

인터뷰에 임하는 진행자의 자세 또한 중요하다. 먼저 인터뷰 진행자는 이 인터뷰를 왜 하는지를 파악하고 이를 인터뷰가 끝날 때까지 염두에 두어야 한다. 인터뷰를 하는 이유와 목적을 염두에 두고 인터뷰에 임할 때 진행자는 중심을 잃지 않을 수 있다. 인터뷰의 정확한 목적을 알지 못할 경우 인터뷰는 심도 있는 내용을 전달할 수 없으며, 애초 의도한 것 이하의 정보를 얻게 될 확률이 크다.

다음으로 자신이 맡은 인터뷰가 누구를 위한 것인지를 잊지 말아야 한다. 인터뷰가 일반 시민들을 대상으로 하는 것인지, 청소년들을 주 대상으로 하는 것인지, 또는 남성들을 주 대상으로 하는 인터뷰인지 여성들만을 위한 정보를 다루는 인터뷰인지 등 자신이 진행하는 인터뷰를 어떤 시청자들이 관심 있어 할 것인지를 생각하고, 거기에 맞는 자세와 수준을 갖는 것이 중요하다.

자신감과 함께 인터뷰 대상자에 대한 애정과 관심을 가져야 한다. 인터뷰 진행자는 대통령을 인터뷰할 수도 있고, 위대한 사상가나 예술가를 인터뷰할 때도 있다. 인터뷰 진행자는 인터뷰의 대상자가 누구라도 자신감을 가질 수 있어야 한다. 인터뷰 진행자가 주눅들어서는 좋은 인터뷰가 이루어질 수 없다. 또한 인터뷰 진행자는 인터뷰 대상자들에게 애정과 관심을 가져야 한다. 인터뷰 진행자의 마음은 말투나 용어 등에서 나타나기 마련이다. 따라서 인터뷰 진행자가 좋은 인터뷰를 제작하기 위해서는 대상자에게 따뜻한 관심과 애정을 갖고 있어야만 한다. 이럴 때에만 대상자도 경계하거나 위축되지 않는 편안한 마음으로 자신의 진실된 이야기를 털어놓을 수 있다.

다양한 인물에 대해서 관심을 갖고 인간적 교류에도 적극적이어야 한다. 기본적으로 많은 사람을 알고 살아간다는 것은 나쁘지 않은 일이다. 인터뷰 진행자는 특히 각 분야의 전문가들에 대해 평상시에 관심을 갖고 인간적 교류를 유지하는 것이 좋다. 인터뷰섭외를 할 때도 이러한 다양한 인간관계는 도움이 되며, 인터뷰의 내용을 더욱 풍부하게 한다. 또한 평상시 인사를 잘 하는 습관을 키워야 한다. 항상 적극적인 인간관계를 유지하며 먼저 인사하려고 노력해야 한다.

인터뷰 대상자에게 객관적 입장을 견지할 수 있어야 한다. 사적인 감정을 갖고 인터뷰를 진행한다거나 선입견을 갖는 것은 좋은 인터뷰에 방해요소가 될 수 있다. 사적인 감정의 표출을 자제하고 객관성을 견지할 수 있어야 한다.

필요한 질문은 인터뷰 대상자에게 미리 알리되 기습적 질문을 준비하는 것이 필요하다. 모든 질문을 다 알려주고 그대로 인터뷰를 진행하는 것은 생동감이 있을 수 없고 대상자의 진실도 파악하기가 어렵게 된다. 따라서 기습질문은 인터뷰의 진행에 윤활유 역할을 하며, 좀더 진실한 내용을 포착할 수 있게 한다.

대상자의 말을 열심히 들어야 한다. 실제로 인터뷰를 진행하는 사람들의 머리는 복잡할 수밖에 없다. 그 복잡한 순간에 상대방의 이야기를 놓치기라도 한다면 실수를 하게 된다. 따라서 인터뷰 진행자는 대상자의 말을 열심히 들어야 한다.

질문은 가능하면 짧고 명확해야 한다. 예를 들어 질문의 길이가 대답보다 긴 경우에는 분위기가 약간 어색해질 수 있다. 진행자가 아는 체 하는 데서 질문이 길어지는 경우가 많다. 그렇다면 대상자는 할말이 별로 없게 된다. 또한 질문은 명확해야 한다. 명확하지 못한 질문은 제대로 된 답변을 얻어낼 수 없다.

이와 더불어 말하기를 좋아하는 인터뷰 대상자나 자기표현이 과한 출연자들의 경우 답변이 길어지게 될 경우를 대비해 이야기를 완곡하게 끊을 수 있는 방법을 연구하는 것이 필요하다. 또한 출연자들의 답변에 맞장구칠 수 있는 방법을 익히는 것도 필요하다. 맞장구는 자연스럽고 상대방을 불쾌하게 만들지 않는 것이어야 한다.

한편 방송에서 이용되는 인터뷰는 그 유형을 크게 3가지로 구분할 수 있다. 어떤 문제를 놓고 자기의 의견을 밝히는 의견인터뷰와 특정한 문제에 대해 관련 전문가로부터 정보를 구하는 정보인터뷰, 그리고 개인의 삶의 역정이나 퍼스낼리티 등을 알아보는 인물인터뷰 등으로 나눌 수 있다. 물론 최근에는 프로그램의 구성 자체가 종합적이고 포맷의 경계가 무너지는 추세이기 때문에 인터뷰의 유형도 확연히 구분하기는 어렵다. 각 인터뷰 유형별 진행방법을 정리해보면 다음과 같다(김창룡, 1994).

먼저 의견인터뷰의 진행방법이다. 첫째, 의견인터뷰를 할 때에는 진행자가 주제를 명확히 알고 있어야 한다. 프로그램의 기획안이 무엇을 원하고 자신이 해야 할 것은 무엇이며, 따라서 인터뷰의 방향을 어떻게 이끌어나갈 것인가를 확실히 인지하고 있어야 한다. 둘째, 구체적이고 쉬운 표현으로 질문을 구성한다. 너무 포괄적인 것을 한꺼번에 묻기보다는 작고 구체적인 사항들을 일문일답식으로 진행하면서 시의적절한 대답을 유도해낼 수 있도록 해야 한다. 셋째, 상대방의 의견을 존중해야 한다. 상대방의 의견을 묵살하거나 무시하지 않도록 주의해야 한다. 진행자는 상대방이 최대한 자신의 의견을 효과적으로 표현할 수 있도록 도와주어야 한다. 넷째, 상대방을 설득하는 것이 진행자의 목적이 아님을 명심해야 한다. 인터뷰 진행자는 상대방의 의견을 들으려는 것이 목적이지 상대방을 설득하여 자기 의견을 관철하려는 것이 아니다. 따라서 인터뷰 진행자는 객관성과 공정성을 유지하는 가운데 진행자로서의 본분을 잃지 말아야 한다(이계진, 1990).

다음으로 정보인터뷰이다. 정보인터뷰의 기능은 인터뷰를 통해 시청자들에게 정보를 전달하는 것이다. 따라서 시청자가 원하는 정보를 확실하게 얻어낼 수 있어야 한다. 이를 위해서는 먼저 철저한 사전준비가 필요하다. 정보인터뷰의 출연자는 특정 분야의 전문가이다. 따라서 진행자는 사전에 출연자와 인터뷰가 자연스럽게 이루어질 수 있도록 관련정보들을 어느 정도 파악하고 있어야 한다. 둘째, 사전 접촉에서 인터뷰 대상자가 제공했던 정보나 아이디어를 진행자의 독창적인 아이디어처럼 인터뷰 도중에 사용하는 일은 없어야 한다. 이렇게 되면 인터뷰 대상자는 할 말이 없어지고 의욕을 상실하게 된다. 셋째, 한 번에 한 가지씩만 질문해야 한다. 제한된 시간에 많은 정보를 알아내기 위해 한 번에 두세 가지 질문을 하면 오히려 인터뷰가 혼란스러워질 수 있다. 인터뷰 진행자는 인터뷰 대상자가 중언부언할 때 오히려 정리해줄 수 있어야 한다.

마지막으로는 인물인터뷰이다. 인물인터뷰를 진행하는 데에는 두 가지 방법이 있는데 넝마주의법과 개간법이 그것이다. 첫째, 넝마주의법은 처음에 조금 큰 범위의 질문을 하고, 이에 대해 상대방이 편하고 자유롭게 자신의 이야기를 펼쳐갈 수 있도록 하는 가운데, 진행자는 상대방 이야기의 흐름을 따라가며 내용들이 시청자들에게 잘 전달되도록 해주는 것이다. 이 방법은 제한된 시간 안에 인터뷰를 끝내야 하는 프로그램에서는 곤란하고 휴먼다큐멘터리와 같은 재구성프로그램에서 유용하게 이용될 수 있다. 둘째, 개간법이다. 개간법은 전문가들과 대담할 때 쓰는 방법이다. 논리적으로 인터뷰를 이어가는 방법이다. 한편 모든 인터뷰가 그렇지만 특히 인물 인터뷰를 할 때에는 진행자가 사전에 대상자를 만나보는 것이 필요하다. 인터뷰의 대략적인 윤곽을 구성하고 서로 정보를 공유하는 것은 심리적으로도 보다 편안한 인터뷰를 가능하게 하는 전제조건이 된다(김성길, 1998).

제8장 연예오락프로그램과 연예인

1. 연예인의 정의

　일반적으로 연예인은 영화배우, 연극배우, TV 탤런트, 가수, 연주자, 뮤지컬 배우 등의 예능적 활동을 하는 사람들을 지칭하는 의미로 사용되지만, 광의로는 나이트클럽의 밴드, 밤무대가수, 무희뿐만 아니라 모델, 클래식음악 연주자 등 연예오락사업에 종사하는 사람을 모두 통칭한다(최정환, 2000: 115). 사실 불과 10여 년 전만 하더라도 연예인에 대한 사회적 지위는 다분히 비하적인 용어인 '딴따라'로 불릴 만큼 그리 높지 않은 편이었다.

　그러나 이제는, 연예인들이 그들의 예술적 탤런트에 대하여 정당한 사회적 대우를 받고 있으며, 10대들에게는 인기 연예인들이 그들의 우상으로 자리를 잡아가고 있다. 이와 같이 연예인에 대한 사회적 지위가 높아진 것은 연예인에 대한 인식의 변화나 사회적 환경의 변화에도 그 이유가 있으나, 연예산업의 비약적인 발전과 그 중요도의 인식에도 큰 원인이 있다. 과거에는 연예산업과 수요자를 연결시키는 매체가 영화, 라디오, TV, LP, 음악테이프에 불과하였으나 이제는 비디오, 케이블TV, 위성방송, 인터넷, CD, CD-ROM, MD, LD, Video CD, DVD, MP3 등의 다양한 매체가 등장하였으며, 영화관이나 방송국의 수도 기하급수적으로 늘어나고 있다. 이렇게 매체가 늘어남에 따라 그 매체를 통하여 배급되는 콘텐츠가 필요하게 되었는데, 이런 콘텐츠의 핵심은 연예오락물이며, 콘텐츠의 주역은 연예인이다.

2. 탤런트

1) 정의

일반적으로 드라마나 연극, 영화 등에 출연하여 연기를 재현해 보이는 사람을

'배우(player)'나 '연기자(performer)'라고 부른다. 그러나 TV 연기자의 경우는 '탤런트 (talent)'[27]라는 용어를 사용한다. 이것은 기본적으로 1960년대 일본의 영향을 받은 매스미디어에 의한 것으로, 연극에서 활동한 사람을 배우(actor)로, 영화는 스타 (star)로, 라디오는 성우(voice actor)로, 그리고 TV 연기자를 탤런트로 부르기 시작하였다.

TV의 연기자를 탤런트라고 부르는 것은 조금 잘못된 표현으로, 탤런트란 TV의 연기자뿐만 아니라 가수·코미디언·연주가·음악가·무용가 등 많은 예술인을 총칭하는 용어라고 할 수 있다. 또한 해석상의 오류도 존재하는데, 국내에서 대중매체인 TV가 확산되고 발달하면서 하나의 독자적인 영역을 구축하게 되고, 새로운 종합예술의 한 장르로서 인정받게 됨에 따라 TV에서 연기하는 사람들을 탤런트로 지칭하게 되었다(최창섭 외, 1984: 40). 따라서 탤런트는 광의의 개념으로는 TV에 출현하여 연기를 재연해 보이는 배우를 비롯하여, 방송에 출연하여 인기를 얻고 있는 가수와 코미디언, 개그맨, 연주자, 무용수, 아나운서, 리포터 등 연예인 모두를 가리키며, 협의의 개념으로는 TV에 출연하여 연기를 하는 사람이라고 정의할 수 있다.

이처럼 탤런트라는 개념은 그 영역에 따라 다양하게 정의될 수 있다. 그러나 탤런트라는 말에는 다분히 '인기'라는 의미와 TV의 배우를 일반 연예인으로 취급하려는 의도가 포함되어 있고, 제3의 인물을 재창조하여 대중들을 이끌고 있는 전문가를 '인기'라는 직업인으로 취급하는 것은 적합하지 않다고 볼 수 있다. 탤런트는 대중들의 삶을 대신 재현하는 대변자이지 단순히 인기만을 누리는 스타가 아니다(김석호, 2001: 24).

---

27) 원래 탤런트라는 용어는 그리스의 탤런텀(talentem)에서 유래되었다. '탤런텀'이란 말은 '사람의 순수한 맨 정신'을 뜻한다. 탤런트라는 말은 처음에는 화폐를 나타내는 단위로 사용하다가 차츰 일한 대가로 받은 봉사료(임금)를 나타내는 단위로 쓰이게 되었다. 따라서 탤런트라는 말은 '일의 대가'를 뜻하였다. 이처럼 탤런트라는 말에는 출연한 대가로 받은 사례금이라는 뜻과 '재치(wit)'라는 뜻도 담겨져 있다. 이는 방송출연자는 그 자신의 능력이나 역할, 또는 인기의 정도에 따라 출연료가 달리 받게 됨을 의미한다. 그러므로 TV의 연기는 재치와 관계되며, 당연히 연기자들의 재능이라는 특성을 요구한다(김석호, 2001: 25-27).

2) 표현요소: 연기

(1) 연기의 개념

사전적 의미로서의 연기는 극의 내용을 구체적으로 표현하기 위해 연기자가 나타내는 몸짓(동작이나 표정)이나 음성(언어)을 의미한다. 그러나 연기란 단순히 어떤 것을 흉내내는 것이 아니라 상상의 자극에 반응하는 능력으로서 자신의 배역 속에 생명을 불어넣는 행동 예술인 것이다. 그것은 곧 연기자의 행위가 어떤 것에 대한 모방이 아니라 창조여야 한다는 뜻이다. 그러므로 연기자는 감수성과 뛰어난 지성을 갖추고 주어진 배역의 역할을 현실감 있게 창조해내야 한다. 그렇기 때문에 '연기란 무대 위에 등장한 연기자가 희곡에 나타난 등장 인물의 배역을 담당해서 관객에게 행동으로 전달하여 이해시키는 것'이라고 정의내릴 수 있는 것이다(한옥근, 2000: 273-274).

연기는 일상 생활의 일부이다. 태어나는 순간부터 사람은 연기를 시작한다. 일상생활의 연기는 '모방(imitation)'과 '역할연기'의 두 가지 형태를 취한다. 모방은 타인의 목소리, 제스처, 얼굴표정, 자세, 태도 등을 모방하는 일이다. 역할연기는 두 가지가 있다. 사회적 역할연기와 개인적 역할연기이다. 사회적 역할은 사회적으로 인정된 역할(아버지, 어머니, 어린이, 경찰관, 점원, 교사, 학생, 사업가, 의사, 판사, 변호사 등)인데, 이들은 독특한 행동 타입이 있다. 역할연기라는 것은 그 역할을 맡은 경우, 그에 해당하는 자연스런 연기를 해야 한다는 것이다. 개인적 연기는 자신의 개성, 업적, 특징, 업무, 성격 등 자신을 타인에게 알려야 되는 경우의 연기를 말한다.

일상 생활 속의 연기를 잘 이해하면 무대 연기를 그 만큼 잘 이해할 수 있다. 이 두 가지 연기는 서로 비슷한 점이 있기 때문이다. 보통 사람이 그들의 이미지를 부각시키기 위해서 전달 방법으로 사용하는 언어, 제스처, 육체언어, 목소리 등은 배우가 무대에서 인물을 창조하기 위해 사용하는 방법과 다른 점이 없기 때문이다. 그러나 이 두 가지 종류의 연기에는 중요한 차이점이 있다. 일상생활에도 관객은 있다. 그러나 그들은 상대방의 연기에 꼭 필수적인 존재가 아니다. 무대의 연기는 언제나 스포트라이트를 받고 있지만 일상 생활 속의 연기는 보는 사람 없이 무관심하게 지나갈 수 있다(김웅태, 1993: 77-78).

(2) 기본적인 표현요소

가) 화술

발성은 기본적으로 '말하는 기술'이라 할 수 있는데 음악의 경우는 창법, 웅변이나 일상의 회화 혹은 연단강의의 경우는 화법, 그리고 연기의 경우에는 화술이라고 한다. 연기자의 말이란 무대예술에서는 배역에 들어가는 중요한 역할을 하며, 그것은 성격 창조에까지 생동감을 주게 된다. 따라서 화술은 전달하고자 하는 내용과 형식을 명확하게 할 때 더 잘 전달될 수 있다.

이러한 점에서 화술은 연기자에게 가장 기본이 되는 표현요소라고 할 수 있는데, 일반적으로 화술의 표현요소는 변화, 음조, 음질, 음속, 음색, 음량, 음률, 음성, 사이, 어세, 강조, 명확, 억양, 어조 등이라 할 수 있다. 이러한 화술의 표현요소들은 연기자들이 수용자와의 커뮤니케이션 관계를 보다 명확하게 하는 데 있어서 필요한 요소들이라 할 수 있는데, 이에 대해서 대략적으로 살펴보도록 하겠다(노영철, 2002: 159-178).

① 변화: 목소리 변화의 중요성은 결코 과장될 수 없다. 정치 연설이 내용이 없는데도 연사가 청중을 사로잡는 방법이 바로 목소리의 변화이다. 목소리의 변화는 대략 세 가지로 구분되는데, 그것은 크기의 변화, 높이의 변화, 빠르기의 변화이다. 크기의 변화는 목소리의 높낮이를 의미하는데, 연기자에게 중요한 것은 쉽게 들릴 수 있는 가장 낮은 음조를 발견하는 것이다. 다음으로 높이의 변화는 옥타브와 관련된 것으로 대부분의 사람들은 높이의 범위를 가지고 있는데, 연기자의 경우는 이러한 높이의 범위를 가능하면 모두 다 이용하는 법을 배워야 한다. 마지막으로 빠르기의 변화는 말의 속도와 관련되는 것으로 연기자는 흥분되었을 때는 빠르게, 따분할 때에는 느리게 말하는 법을 배워야 한다. 이러한 변화는 다양한 역할을 창조하는 데에 매우 중요하며, 이를 위해서는 억양, 강도, 속도, 리듬, 사이 등을 효과적으로 사용하여 유연성 있는 음의 변화를 창조해야 한다.

② 음조(tone): 음조는 강하고, 높고 그리고 음색의 전체에 관해 사용하고 때에 따라서는 성격, '힘'의 의미를 지니기도 한다. 말에는 생리적으로나 심리적으로 그 사람에게 알맞은 독특한 어조가 있게 마련이다. 따라서 음조는 '말하는 사람 특유의 개성'을 의미한다. 그러나 음조는 말하는 사람의 생리적, 심리적 조건과 분위기에 좌우된다고 할 수 있다. 이것은 의식적인 표출이 아니고 무의식적인 표출이다.

③ 음질(quality): 음질은 종, 바이올린 그리고 트럼펫이 같은 높이로 함께 맞부딪칠 때 나는 소리들의 차이이다. 대부분의 사람들은 목소리의 음질에 놀랄 만한 범위를 가지고 있고 언제나 마음대로 앳된 소리, 목쉰 소리, 유령 같은 소리, 낮은 소리 등 변화된 목소리를 낼 수가 있다.

④ 음속(tempo): 말을 계속 같은 속도로 하게 되면 싫증과 짜증이 나는 것은 당연하다. 따라서 드라마에는 속도에 반드시 변화가 있어야 한다.

⑤ 음색(timber): 말에 자기 감정을 끌어들일 수 있는 것은 오직 사람뿐이다. 음색은 연기자에겐 특히 갖추어져 있어야 할 중요 요소이다. 그때 그때의 분위기에 적합한 말은 음색으로 나타낼 수 있는 것이다. 그리고 음색에 따라 여러 가지 의미를 나타낼 수도 있는데, 예컨대 음색의 변화는 연령에 따라 직업에 따라, 그리고 타고난 개성에 따라 달라질 것이다. 또한 음색은 희로애락 등 감정과 환경적 심리상태에 따라 모두 좌우된다.

⑥ 음량(volume): 음량은 글자 그대로 소리의 함량, 또는 성량을 의미하는 것이다. 연기자는 자기음성에 알맞은 배역을 맡는 것이 아니고 때에 따라서는 적합하지 않다고 생각되는 배역도 맡아야 할 때가 있기 때문에 어떤 배역이라도 소화해낼 수 있는 풍부한 성량을 가지고 있어야 한다. 특히 무대에 있어서는 반드시 그 공간이 크기 때문에, 그리고 만원이 된 극장이라는 곳은 소리를 의복이 흡수하는 까닭에 소리의 양을 더욱 필요로 한다. 그래서 연기자는 아무리 소곤대는 말이라도 관객에게 들리게 해야 한다. 그러기 위해 음량, 즉 볼륨에 대한 연습이 필요하다.

⑦ 음률(rythm): 이는 말하는 사람의 마음이 크게 작용하는 것이다. 즉 연기자 내부에 있는 심리적 상태나 감정의 흐름이 소리로 변모 또는 변형되어 밖으로 표출되는 것을 의미한다. 이는 모든 사람이 갖추고 있는 것으로 말의 특징은 흔히 이 리듬이 결정한다. 이와 같은 리듬은 반드시 환경의 변화 또는 시간의 추이에 따라 변하는 것이다. 또한 말의 리듬은 음의 고저, 음역, 강도, 억양, 속도 등의 적절한 배합에 의해서 형성되는 것으로 말의 강약과 악센트의 적절한 배합을 통해 효율적으로 나타난다. 따라서 말하는 이의 심리상태와 감정상태가 잘 표현되도록 해야 한다.

⑧ 음성(voice): 음성이란 성대의 작용에 의하여 비롯되는 것으로 성대가 팽팽히 펴 있을 때에는 높은 소리를 내고 움츠렸을 때에는 낮은 소리를 내게 되는 것이다. 따라서 말의 높고 낮음은 성대의 진동수의 많고 적음에 의해 비롯된다.

⑨ 사이(pause): 일반적으로 말을 강조하는 방법 가운데 가장 효율적인 것 중 하나로 강조하고자 하는 단어 앞에서 말을 잠시 멈추거나 머뭇거리는 사이의 사용은 연기자의 대사를 잘 이해할 수 있도록 도와준다. 특히 역할 창조시 적절한 사이의 사용은 특정 단어의 강조뿐만 아니라 듣는 이의 호기심을 불러일으킬 수 있어 긴장을 증가시키는 데 효율적이다. '사이'란 하나의 말을 하고, 다음 생각이 머리 속에서 제2의 말이 되어 나올 때까지의 시간적 휴지(休止)를 말한다. 따라서 이 '사이'의 길이는 그 표현하려는 사상이나 감정 여하에 의해 딱 알맞게 정해져 있어야만 하는 것이다. '사이'를 정확하게 잡을 수 없는 연기자는 연기자라 할 수 없다. 대사 표현방법 중에서 '사이'는 그 정도로 중요한 것이다. 대체로 말에는 말하는 그 사람의 생리적, 심리적 호흡에서 오는 '사이'와 그 말의 내용에서 오는 '사이'가 있다. 그러므로 이것을 올바르게 표현하기 위해서도 '사이'는 대단히 중요하며 또한 말과 더불어 연기를 이어가는 동작에도 '사이'가 있음을 유념해야 한다.

⑩ 어세(emphasis): 어세는 한 줄 또는 한 구절 대사 가운데서 특히 힘을 주어 말해야 하는 점을 강조해서 말하는 것이다. 즉 한 대사 가운데에서 어떤 말을 그 앞뒤 말보다 힘을 주어 강하게 발음하는 것이다. 같은 말이라도 힘을 주는 곳에 따라 전혀 뜻이 다르게 들린다. 연기자가 대사를 외울 때나 우리가 평상시 말을 할 때 그 말하는 것 가운데서 강조해야 할 내용을 설정한 말을 보통 '어세'라고 한다. 일반적으로 말하는 사람이 그 말을 높여서 감정을 강조하는 경우가 흔히 있는데, 어세란 그와 달리 인상적으로 분명히 강조할 경우에만 해당된다고 할 수 있다.

⑪ 강조(accent): 강조는 한 낱말의 소리를 강하게 발음하는 것으로, 양음 또는 양음부라고도 번역하는데, 영어의 경우에는 누구나 알 수 있도록 사전에 부호로 적혀 있으니까 쉽사리 알 수 있지만, 우리나라의 경우 사전에 아무런 기호도 없기 때문에 조금 불편하고 난처하기도 하다. 우리말의 강조는 대개 하나의 말에서 표준어에 정해진 소리의 높고 낮은 변화를 가지고 말하는 것이 보통이다. 그러나 낱말의 강조는 본인의 생활 습관에도 많이 영향을 끼치는 것이기 때문에 신분의 계층과 사는 곳에 따라 개인적으로 다른 수가 많다. 그리고 보통 악센트라고 하면 명사에만 하는 것으로 알고 있으나, 동사에도 형용사에도 있는 것을 알아야 한다. 강조가 정확하지 않은 배우는 힘써 바로잡아야 한다. 그렇지 않으면 말뜻이 엉뚱해질 수 있다. 한 문장 안에서 특정단어를 강조하여 말의 변화를 창조하고자 할 때에는 강조하려는 단어의 발음에 힘을 주어 말하거나 음성에 무게를 실어 보

내며 읽는다.

⑫ 명확(articulation): 연기자는 명확하고 올바른 발음을 통해 대사를 전달하는 것이 가장 중요하다.

⑬ 억양(intonation): 억양은 말의 오르내림(rising, falling)을 말하는 것이다. 말에 오르내림이 없고, 천편일률적으로 한결같이 평탄하게 말한다면 제 아무리 내용이 풍부하고 기묘한 명대사라 할지라도 곧 단조로워져 싫증이 나고 생생한 말로 들리기 어려워진다. 그런 만큼 억양은 말의 표현이 감각적인 매력을 지니는 데에 중요한 역할을 하는 것이다.

⑭ 어조(pitch): 피치를 올리라든지, 내리라든지 하는 것은 대사의 어조를 높게 하라거나 낮게 하라는 뜻이다. 이것은 허파에서 나오는 공기가 흔히 '숨통'이라고 말하는 성문의 좌우 양쪽에 있는 성대를 진동시킴으로써 일어나는 현상인 것이다. 그리고 그 진동이 귀에 들리는 것이 '목소리'가 된다. 어조가 높고 낮다는 것은 일정한 시간에 성대에 일어나는 진동수의 많고 적음에 의해 구별된다.

나) 감정표현

감정이라는 것은 기본적으로 기쁨, 행복함, 즐거움, 슬픔, 두려움, 분노, 놀라움 등을 느끼는 것으로서, 이는 어떤 특정한 외부자극이 주어지면 하나의 내적 반응으로서 나타나는 현상이다. 그러나 감정은 단순히 마음상의 느낌으로만 국한되는 것이 아니라 필수적으로 자신의 행동이나 표정, 혹은 어투 등에 의해 표출된다. 따라서 어떤 특정 감정이 외부로 자연스럽게 드러날 수 있게끔 수시로 표정이나 행동, 어투 등을 연습해야 한다. 이 과정에서 중요하게 생각해야 할 점은 특정 감정에 대한 정확한 이해가 선행되어야 한다. 만약 기쁨이나 행복함, 슬픔 등에 대한 이해가 부족하다면 결국 표정이나 행위 등으로 표출할 때에 그만큼 제약을 받을 수밖에 없는 것이다. 따라서 감정표현의 방법을 습득하기 위해서 기본적으로 연습하는 방법이 안면표정술인데, 어떤 감정을 표현하느냐에 따라 자연스럽게 유발되도록 수시로 연습해야 한다.

다) 동작

동작이란 일반적으로 우리가 느끼는 감정이 어떤 특정행위로 표출되는 것을 의미한다. 일반적으로 동작에는 의식적인 동작과 무의식적인 동작이 있는데, 의식적인 동작이란 반드시 수행하려는 목표가 있고, 그 목표까지 가기 위해 순서를 정해서 그 목적을 이룩하기 위한 수단을 의식적으로 행하는 것이다. 따라서 그 순서와 방법에 선택이 필요하다. 그리고 무의식적인 동작에는 자동운동, 반사운동, 충동운동, 정서운동, 관념운동 등이 있다. 먼저 자동운동이란 습관이나 연습의 결과로 자동적으로 된 것으로 일상생활을 하는 동작 중에는 습관적으로 숙련되어서 이에 대해 세심하게 의식하지 않아도 극히 자연스럽게 행해지는 운동이 많다('앉는다', '선다', '걷는다' 등). 또한 반사운동은 외부의 어느 자극에 대해서 마음이 안 움직이더라도 육체가 즉시 반응하는 동작을 말한다. 이것은 지각신격을 거쳐서 들어온 자극이 의식 작용의 개입을 기다리지 않고, 중추신경에서 운동신경에 전달되어 근육 또는 선의 활동이 생기는 것이다('재채기', '하품', '구토', '기지개' 등). 그리고 충동운동이란 마음 속에 어떤 충동이나 어떤 열망이 있어서 그 결과 곧바로 자발적인 형태로서 신체운동이 생겨나는 경우를 말하는 것이며, 정서운동은 마음 속에서 화낸다든지 놀란다든지 즐겁다든지 하는 감정이 생기게 되면 자신도 모르는 사이에 밖으로 나타내는 운동을 말한다. 그러나 이러한 동작도 연기에서는 하나의 기본적인 법칙이므로, 이러한 법칙을 무시한 연기라는 것은 존재할 수 없다(노영철, 2002: 229-238).

동작의 일종인 제스처에는 '가리키는 제스처', '거절을 표하는 제스처', '찬성을 표하는 제스처', '중단시키는 제스처', '모양을 그리는 제스처', '강조하는 제스처', '정의감을 나타내는 제스처' 등이 있다(노영철, 2002: 241-243).

① 가리키는 제스처: 손가락 혹은 손 전체를 사용하는 게 보통이지만 얼굴로도 표현하는 수가 있다. 이는 특히 방향과 위치를 알려주는 제스처라고 할 수 있다.
② 거절을 표하는 제스처: 주로 손과 머리를 흔드는 것으로, 양손을 펴고 손바닥을 보이게 들면서 말하거나 양손을 내밀면서 손바닥을 조금만 내민다.
③ 찬성을 표하는 제스처: 이것 역시 손과 머리와 어깨를 이용하는 제스처로서, 고개만 아래위로 끄떡이면서 말하거나 아무런 제스처 없이 표정만 가지고 말하는 경우도 있다.
④ 중단시키는 제스처: 두 눈과 손과 침착한 태도가 이를 해결해주는데, 시선을 상대방에게 집중하고 사이를 끈다거나 두 손을 들어 저지하거나 또는 몸을 정반대 방향으로 옮기며 한 손을 뒤로 보이며 행한다.
⑤ 모양을 그리는 제스처: 이는 장면을 묘사하고 물건의 모양을 알리고 크고 작은 움직임을 알릴 때 흔히 쓰는 것으로 손이 중심이 된다.
⑥ 강조하는 제스처: 악센트를 주기 위한 말은 손과 발, 그리고 머리를 사용하는데 내

용에 따라 손에 힘을 주어 치켜올릴 수도 있고, 두 주먹을 불끈 쥘 수도 있다. 또한 머리를 고저장단에 흔들거나 어깨를 움츠리면서 의사를 표시할 수도 있다.

　⑦ 정의감을 나타내는 제스처: 양손과 표정에 따라 나타나는데, 주먹을 불끈 쥐거나 한 손을 꺾어 주먹을 세우거나 어깨에 힘을 주고 굳은 표정을 짓는다.

(3) 연기수련

연기를 수련하는 데 있어서 가장 필요한 것은 바로 자신의 마음가짐이라 할 수 있다. 연기는 기본적으로 언어(입)와 행위(몸)로 이루어지지만, 이를 구체화시키는 것은 바로 정신이다. 즉 언어와 행위는 정신에서 나오는 것이다. 이러한 관점에서 연기는 곧 정신이라 할 수 있다. 정신의 표출인 연기를 수련하는 과정은 사실 명확하게 정립되어 있지 않다. 그 이유는 각기 고유의 전통과 방식 속에서 나름대로 경험을 통해 전달해주는 교육방식, 이른바 도제식 교육이 주를 이루어왔기 때문이다. 따라서 여기서는 연기를 수련하면서 필수적으로 갖추어야 할 사항을 제시하고자 한다.

첫째, 제3의 인물을 창조할 수 있는 능력이다. 연기는 특별한 사람(작가)이 특별한 사람(수용자)들을 위하여 특별히 꾸며놓은 특별한 이야기(대본)를 특별한 사람(연출자)의 도움을 받아 특별한 환경(세트, 대소도구, 조명, 음향 등)과 특별히 한정된 시간 안에서 특별한 사람(연기자)들이 특별히 보여주는 말과 몸짓이다(김석호, 2001: 92). 그러므로 연기자는 자신의 개성과 매력을 적극적으로 이용할 줄 알아야 하며, 이것이 가능할 때 제3의 인물을 재현할 수 있는 것이다. 제3의 인물에 대한 창조능력은 연기자의 외형이나 체형 등에서 나오지 않는다. 이러한 능력은 근본적으로 감수성과 이성에서 나오는 것이다.

즉 연기는 일상적인 인간생활의 문화와 전통, 그리고 사회질서와 규범을 깨뜨리지 않는 한 법으로 제재받지 않는다. 이를테면 극에 출연한 배우가 극 속에서 사람을 죽였다고 해서 법으로 처벌받지 않는다. 이것은 연기가 결국 '거짓된 행위'임을 의미한다. '거짓된 행위'인 연기는 또 다른 세계를 열어주는 특별한 작업이다(현실을 비판하고 미래를 제시하는 역할). 이런 점에서 연기는 일상생활보다 수준 높은 삶을 제공하게 된다. 또한 연기는 수용자들을 위해서 정직하고 자연스럽게 가장 경제적인 행동과 말로 구체화된다. 때문에 연기는 높은 감성(직관력)과 뛰어난 이성을 바탕으로 이루어져야 한다. 그러므로 연기자의 자질은 감수성과 이성을 요구받는다. 또한 연기는 재미(긴장과 갈등)가 있는 이야기를 조직적으로 꾸

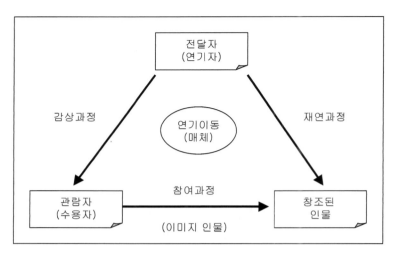

자료: 김호석(2001), p.94.
<그림 8-1> 연기의 3각 구도

며서 현실적으로 보여주는 놀이이다. 그러기 때문에 연기는 항상 대중의 흥미를 이끌어낼 수 있어야 한다. 즉 연기는 거짓된 행위에 속하지만 거기에는 사상과 교훈이 담겨져 있으며, 하나의 학문영역으로 인정받는다(김석호, 2001: 93).

　이러한 이유로 인하여, 연기는 이론으로 가르쳐지는 것이 아니다. 연기교육은 도제(徒弟) 교육일 때 전수가 가능한 특성이 있다고 보여진다. 연기가 남을 흉내 내는 단순한 기술이 아니기 때문에 이론만으로 간단하게 교육될 수 없는 것은 너무나 당연한 일이다. 모든 예술의 세계가 그러하듯 스승의 생활과 철학, 인생관까지도 전달될 때 비로소 하나의 연기세계를 이어받을 수 있는 것이다. 특히 연기 교육에서는 스승과 제자 사이에 인간적인 교감이 이루어지지 않으면 교육이 불가능하다. 따라서 배우의 심리상태뿐 아니라 전반적인 연기를 경험했을 때 연출에서 장점으로 작용할 수 있다는 점은 연기교육에도 마찬가지 논리로 적용될 수 있다(조명남, 1994: 19-20).

　둘째, 대중과의 커뮤니케이션 관계에 대한 이해이다. 연기의 실체는 극이나 광고 등에만 한정된 것이 아니라 실연하는 연기자와 받아들이는 수용자(관객, 시청자, 청취자)와 또 다른 제3의 창조된 인물(허구의 문학적인 인물)이 '연기'라는 현상에 존재한다. 다시 말해서 연기는 3각 구도를 갖는데, 이러한 3각 구도가 의미하는 것은 연기가 대중들과 가장 가깝게 이루어지는 커뮤니케이션 관계라는 것을 나타낸다. 때문에 좋은 연기력, 즉 좋은 커뮤니케이션 관계를 보여주기 위해서는 철저한 연습과 훈련이 필요하다(김석호, 2001: 94).

셋째, 언어의 규칙에 관한 이해와 구사력이다. 언어(말과 글)는 사회적인 도구이므로 사회적인 기능을 부여받고 쓰인다. 언어에는 여러 사람들이 함께 지켜야 할 약속(규칙)이 있다. 언어활동을 전문으로 다루는 연기자는 반드시 언어의 규칙에 관하여 충분한 이해와 구사력을 갖춰야 한다. 연기의 행동(연기)에도 규칙은 있으나 언어만큼은 약속과 규칙이 많지는 않다. 창조적인 연기는 약속과 규칙을 지켜가며 맡은 배역을 새롭게 표현하는 작업이다. 그러한 작업을 책임지고 수행하는 사람이 진정한 연기자(탤런트)라고 할 수 있는 것이다(김석호, 2001: 97).

넷째, 삶의 지혜에 대한 독창성 소양이다. 연기자의 임무와 구실은 작가와 수용자(시청자) 사이를 감동적으로 연결하는 데 있다. 다시 말해서 연기자는 상상력을 동원하여 작가가 전달하고자 하는 사상과 감정을 수용자들이 감동적으로 느낄 수 있도록 새로운 삶의 지혜를 독창적으로 보여줘야 한다(김석호, 2001: 97).

다섯째, 매체별 환경에 대한 이해이다. 각 매체별 연기의 형태는 연기가 제공되는 물리적인 환경에 따라, 또는 구성되고 연출되는 양식에 따라 방법과 수준이 달라진다. 따라서 매체별 환경, 즉 연기를 실연하는 특수한 상황이나 매체별 작품이 만들어지는 환경과 조건 등을 분명하게 파악하고 있어야만 한다(김석호, 2001: 99).

여섯째, 연기는 연기자 자신으로부터 출발하는 것이다. 즉 연기의 주체는 연기자(사람)인 것이다. 따라서 연기의 기초와 기본은 사람의 신체에 있다. 연기의 기초에 해당하는 생리적인 현상은 10개의 신체기관, 즉 골격, 근육, 신경, 순환, 호흡, 소화, 배설, 감각, 생식, 내분비에 의해 이루어진다. 이들 10개의 신체기관의 기능에 의해 나타난 말과 몸짓이 곧 연기의 기본이 된다. 따라서 연기의 기초는 인체의 10개의 말단기관이고, 연기의 기본은 호흡과 발성, 발음, 화술, 표정, 동작, 몸짓이라 할 수 있다. 따라서 연기의 기초인 10개의 말단기관과 행동영역은 훈련으로 그 기능을 개발하여 높여줘야 하고, 화술영역은 반복되는 수련으로 원리와 규칙을 익혀야 한다. 다시 말해서 신체기관과 관련된 부분은 훈련으로 단련해야 하고, 화술처럼 사회적인 도구는 정확하게 익혀서 바르게 활용해야 한다(김석호, 2001: 102-103).

3. 가수

1) 가수의 정의

일반적으로 가수란 연예인의 한 부류로서, 누구나 쉽게 소화하고 따라 부를 수 있는 대중적 요소가 가미된 음악을 부르는 사람으로 정의할 수 있다. 그러나 가수라는 개념은 사실 명확하게 한정하여 볼 수는 없다. 즉 대중가요에 대한 관점을 어떻게 적용하느냐에 따라 가수라는 개념 또한 달라지기 때문이다. 예컨대, 자본주의 체제에서 이윤추구를 중심으로 한 자본의 생산체계와 결합된, 시장에서 유통되는 기반으로서의 대중가요라는 관점을 취한다면, 가수란 시장에서 이윤을 목적으로 광범위한 대중이 쉽게 수용하고, 쉽게 이해할 수 있는 감정을 노래로 표현하는 연예인으로 정의할 수도 있고, 대중가요를 서민예술이라는 하나의 예술적 형태로서 음악을 통해 대중과 커뮤니케이션하는 것으로 정의할 경우, 가수란 대중과의 커뮤니케이션을 보다 자연스럽게 하기 위해 음악이라는 예술적 형태로 자신의 감정을 표현하는 예술인으로 파악할 수 있는 것이다.

따라서 가수에 대한 정의는 대중가요를 어떻게 바라볼 것인가 혹은 대중가요의 특성을 어떻게 이해할 것인가에 따라 그 개념적 구성이 달리 나타날 수 있다. 그러나 가수가 비록 이윤을 목적으로 대중적 음악을 발표한다고는 하지만 수많은 대중이 쉽게 이해하고, 쉽게 수용할 수 있는 음악적 표현요소를 끊임없이 창조해내야 한다는 점에서 예술적 형태를 지향하는 연예인으로 정의하는 것이 보다 바람직할 것으로 보인다.

2) 대중가요의 이해

대중가요에 대한 정의의 문제는 다양한 영역에서 접근할 수 있지만, 그 접근방법에 따라 몇 가지의 특성을 제시할 수 있다. 첫째, 대중가요는 대중을 그 수용자로 하고 있다는 측면에서 고급음악과 뚜렷하게 구분되고, 계층에 상관없이 불특정 다수를 대상으로 하고 있다. 둘째, 대중가요는 대중 매체를 주요한 전파 수단으로 하고 있다. 셋째, 대중가요는 상대적으로 단순하고 이해하기 쉽다는 특징을 지니고 있다. 따라서 대중가요의 가사는 대체로 대중의 생활 주변에 존재하는 경우가 많으며 악기의 편성이나 음의 배열 등도 대중이 쉽게 이해하고 즐길 수 있는 수준으로 되어 있다(정준영, 1987: 2). 이러한 점을 고려할 때, 대중가요는 대중을 그 수용자군으로 삼고, 이들을 지향한 음악행위로서 소수의 특수 계층이나 집단에 한정된 것이 아니라 현대 사회에서 광범위한 대중이 수용하고 즐기는 음악이며, 또한 일반 대중 누구나 쉽게 이해할 수 있는 모든 감정들을 자유스럽게 표현하는 음악이라고 할 수 있는 것이다(권한태, 1989: 15).

이러한 대중가요는 1970년대 포크(folk) 음악이 유행하면서 통기타 음악인들이 주류를 이루었다. 이때 싱어송라이터(singer song writer)들은 직접 작사·작곡하면서 노래할 수 있는 능력을 겸비하였으며 개인적인 왕성한 활동을 하였다. 이후 1980년대에는 조용필과 송골매로 대표되는 새로운 바람이 일기 시작하였는데, 이들은 1970년대와는 달리 록(rock)을 소화해 대중음악의 주요한 양식으로 발전시켜 나갔으며, 신디사이저의 보급으로 인해 전자기기의 메커니즘이 등장하였다.

1990년대에 들어와서는 발라드가 상승세를 타는 과정 속에서 대중음악의 새로운 형태인 랩을 주축으로 레게, 하우스, 테크노, 마이애미, 갱스터, 댄스 그리고 모던 록에 이르기까지 다양한 음악 장르가 나타나기 시작했다. 이 시기 외국 가수들의 내한공연이 자주 이루어졌고, 음악 채널을 포함하는 케이블TV가 개시되면서 음악과 관련된 각종 레코드 및 서적이 유입되어 청소년들이 대중음악 활동의 주축으로 등장하게 된다. 이들이 담당한 장르는 댄스음악으로, 그룹 위주로 생겨나게 되었다(연세영, 1998: 60).

1990년대 대중가요의 큰 의미로는 음악 장르의 다양함을 들 수 있다. 후반기에 접어들면서 댄스음악이 젊은 층의 지지를 얻으면서 폭발적인 인기를 더해갔다. 대중가요의 다양한 장르의 유행과 함께 컴퓨터음악의 보급은 대중음악에 지각변동을 가져왔다. 그러나 1990년대 중반에 들어서면서 댄스음악에서 '미디(MIDI) 작업'28)의 비중이 커지고, 이를 기반으로 한 댄스음악의 지속적인 유행은 무대공연에서 라이브음악이 사라지게 하는 결과를 초래하였다.

---

28) 미디(MIDI)란 'musical instrument digital interface'의 약어로, 악기의 소리를 기호화해서 연주 정보를 다른 악기에 전달하기 위한 언어이다. 미디의 등장은 '대중음악은 컴퓨터 음악'이라는 공식을 가져왔다(박동찬, 1999: 20).

3) 대중가요의 예술성과 저질성

아직도 우리 사회의 많은 사람들은 대중가요는 노래이며, 노래는 예술이라는 것을 충분히 인정하면서도 대중가요를 예술이라고 부르기를 꺼려한다. 이러한 현상은 이른바 여태까지 예술계라고 불려온 테두리 안에 있던 사람들, 혹은 이 안에 들어오기를 바라고 있는 예술인 지망생이나 예술대학 학생의 경우에 훨씬 심하다. 이는 대중가요는 단지 대중가요 혹은 대중예술일 뿐, 여태까지 예술이라고 불러왔던 지식인 예술(고급예술)과 같은 부류의 예술로 취급할 수 없다는 명백한 위계적 사고의 소산이라고 할 수 있다. 그러나 대중가요를 하나의 예술로서 바라본다면, 대중가요는 노래이며, 음악과 문학이 결합한 형태의 예술로 볼 수 있다. 대중가요는 매스커뮤니케이션의 한 형태이면서 동시에 예술의 한 형태이기도 하다. 대중가요를 예술의 측면에서 보자면 대중가요 작품이 관심의 초점이 되며, 그것의 내용과 형식, 예술언어의 특성과 작품에 담긴 세계관, 미적 특질 등이 주요한 관심의 대상이 되는 것에 비해, 매스커뮤니케이션의 측면에서 보자면 그 정보의 발화·전달·수용의 양태와 사회적 맥락, 정치·경제 등 사회의 다른 분야와의 관계 등이 중요해진다(이영미, 2001: 278-280).

이러한 대중가요·대중예술은 자본주의 사회의 대표적인 서민예술이자 지배예술이라는 점에서 매우 독특하다. 대중예술이 서민예술이면서 지배예술이 될 수 있었던 것은 대중예술의 향유층인 근대의 봉급생활자(노동자)가 서민이면서도 신체와 거주이전의 자유 등 기본권을 보장받고 참정권을 지니는 국민으로 그 위상이 격상되었고, 이를 바탕으로 그 예술이 양적·질적 성장을 했기 때문이다. 그런 점에서 대중예술이 서민예술로서 지배예술이 될 수 있었던 것은 민주주의와 불가분의 관계에 있다. 한편 대중예술은 공적 영역으로 들어가 이윤 추구를 중심으로 한 자본의 생산체계와 결합되고 시장 속에서 유통되며, 공적 영역의 담론에 부여되는 일정한 통제를 받아들임으로써 지배예술이 되었고 그럼으로써 정치적·경제적 보수성을 띨 수밖에 없었다(이영미, 2001: 284). 따라서 대중가요가 극단적으로 이윤추구를 목적으로 한다면, 대중가요의 창작성이나 독창성은 사라지고, 오로지 당대의 수용자들에게 쉽게 어필할 수 있는 음악만을 찾을 것이다. 현재의 대중가요는 다양한 계층이 아니라 특정한 소수계층(청소년층)에게 집중되는 현상을 보이고 있다. 이러한 점 때문에 대중가요가 실질적으로 하나의 예술적 형태임에도 불구하고 예술로 인정받지 못하고 저급한 하나의 문화적 형태로 치부된다.

그러므로 오늘날 대중가요로 인하여 다음과 같은 문제점들이 나타나고 있다(임연숙, 1997: 12-13). 첫째, 대중가요는 일반 대중이 즐기는 것으로 인식되나 현실은 청소년층을 중심으로 하고 있다. TV에서 방영되는 방송 프로그램을 보면 인기 있는 가수들은 주로 초등학생이나 중학생, 혹은 고등학생들을 대상으로 가요 순위가 매겨지고 있다.

둘째, 어떤 내용이든 간에 불특정 다수를 대상으로 한다는 점에서 광범위한 영향을 미칠 수 있다. 아직 정체성이 형성되기 전인 청소년들은 무비판적으로 대중문화를 받아들일 수 있고 따라서 그들의 외양을 그대로 모방하게 됨으로써, 청소년들의 의식이나 행동에 악영향을 미치고 있다.

셋째, 인기인들이 선정적인 옷차림이나 성적 표현 등으로 청소년들의 모방심리를 부추겨 청소년들의 정서에 좋지 않은 영향을 끼친다. 생활 수준의 향상과 매스미디어의 발달로 인해 절대적인 유행이나 패션의 우위에 서던 연예인들도 요즘에는 일반인과 구별할 수 없게 되었고, 상대적인 차별을 위해 더 튀는 옷차림이나 행동을 보일 수밖에 없다. 그러나 이런 모습들에 청소년들이 전도되고, 이것은 그들의 정신적인 생활을 망가뜨리는 원인이 된다.

4. 코미디언

1) 코미디의 개념과 의의

코미디언(comedian)은 희극(연극과 영화)이나 방송의 오락프로그램에 출연하여 연기를 실연하는 사람이다. 'comedy'란 "많은 사람들이 무리지어 노래를 부르고 춤을 추며 논다"는 뜻이다. 배우의 시작은 코미디이다. 코미디언은 주로 웃음(재미와 흥미)을 중점적으로 표현하는 연기자이므로 배우의 분류에 속하는 전문 연기자이다. 희극은 노래와 춤이 중심이다. 코미디언은 요즘의 '뮤지컬배우'[29]의 특성을

---

29) 뮤지컬배우(musical actor)는 노래와 춤을 중심으로 연기(대사와 행동)를 펼치는 연기자이다. 뮤지컬배우는 재능을 풍부하게 갖춘 연기자라고 말할 수 있다. 그래서 연기를 배우려면 뮤지컬배우나 연극배우부터 시작하라고들 한다.

많이 지녔다고 볼 수 있다(김석호, 2001: 30). 따라서 코미디언과 개그맨30)은 분명히 다르다. 호이징거(J. Huizinga, 1955)는 "인간은 놀이하는 인간(Homo Ludens)이다"라고 주장한 바 있다. 이는 인간과 문화적 삶에 대한 인식을 확장시키기 위하여 '놀이(play)'라는 영역을 끌어들임으로써 새로운 인식의 지평을 열었다는 점에서 높이 평가받고 있다.

이런 점에서 문학이나 연극과 같은 고급스러운 문화적 양식들 속에서 '웃음'은 하나의 표현수단일 뿐이다. 따라서 웃음은 코미디의 본질도 아니며 그것을 다른 문화양식들로부터 구분해내는 배타적 기준도 아니다. 문학이나 연극에서는 웃음이 없는 코미디가 가능하며 현실적으로도 존재하고 있다. 그러나 텔레비전 코미디는 고급한 예술의 한 양식이 아니며, 그것은 대중문화의 통속적인 한 유형에 지나지 않는다. 텔레비전 코미디는 통속적 코미디이다. 그리고 통속적 코미디에서 웃음은 필요불가결한 중요한 요소이다. 어떤 의미에서 웃음은 텔레비전 코미디의 목적이기도 하다(박근서, 1997: 33-42). 코미디는 순간적인 웃음이나 청량제가 아니라 사회조직의 거대하고 복잡한 기계가 공정하고 명랑하게 가동되게끔 하는 윤활유 역할을 하는 것이다. 특히 코미디프로그램은 단순히 시청자에게 웃음을 주어서 순간적이고 시대적인 억울함과 스트레스를 해소시키는 것에만 그쳐서는 안 된다. TV 코미디프로그램은 TV라는 거대한 대중매체를 통해 그 사회가 지니고 있는 병리적 현상과 문제점을 풍자하고 그것을 비판하는 계도적 기능을 지니고 있어야만 한다. 즉 그 사회의 모든 시청자나 수용자가 공감할 수 있는 의미가 담겨야 하고 그것이 사회성을 지닐 때, 그 공감대의 폭은 커지고 넓어져, 그때야 비로소 코미디가 그 의무를 다하게 되는 것이다(박노천, 1989: 15-16).

한편 코미디는 유쾌함과 웃음의 정신이라고 할 수 있는데, 유쾌함은 그 자체로서 심미적 현상이라 할 수 있지만 인생에 깃든 추한 것과 불완전을 극복하여 우리 몸 속에 생긴 과도한 에너지를 방출시킬 수 있는 출구를 만들어 긴장을 해소시키는 이완작용을 하고 이에 따라 생활을 유지시키는 힘을 강화시키거나 과다한 힘을 조절해준다. 또한 코미디는 인간이 본질적으로 선함을 나타내며 자연질

---

30) 개그맨(gag-man)은 주로 방송의 오락프로그램에 출연하여 농담(joke) 조의 연기를 실연하는 사람이다. 개그맨은 주어진 주제를 향하여 순간순간에 재치 있는 대사와 몸짓을 실연하게 된다. 주로 기승전결이 명확한 희극프로그램보다는 해프닝성이 강한 개그프로그램에서 활약하고 있는 연기자를 말한다.

서에 내재한 호의를 표명한다. 다시 말해서 코미디는 첫째, 생활력을 강화시켜주는 희망과 신앙의 정신이다. 둘째, 인생에 깃든 추한 것을 극복하고 이를 미적인 유쾌함으로 변화시켜주는 기쁨과 웃음의 정신이다. 셋째, 남녀관계에 있어서 지속적인 행복의 원천이 되는 창조적이며 생산적인 정신이다. 넷째, 인간의 약점에 대하여 최대한의 관용을 베풀며 행복에 이르도록 생활하게 하는 의무를 부여하는 도덕적 정신이다. 다섯째, 여러 가지 방해요소에도 불구하고 균형을 잃지 않는 선량하고 친절한 정신이다. 여섯째, 낭만적이며 환상적인 것을 좋아하는 풍부한 상상력과 공상력의 정신이다(손용, 1979: 231-235).

2) 코미디의 기원

'비극'으로 통용되는 tragedy는 희랍어인 tragoedia에서 비롯되었으나, 이 단어는 tragos(산양)와 ode(노래)의 결합어 '산양의 노래'일 뿐 비극이라는 의미를 가지고 있지 않다. comedy도 역시 희랍어 comas(행렬)와 ode(노래)의 결합어인 '행렬의 노래'라는 뜻이지 희극이란 의미를 가지고 있지는 않다.[31] 이렇게 comedy라는 말은 그 어원과 뜻을 달리하고 있지만, 어원생성과정을 살펴보면 대동소이함을 알 수 있다. tragedy가 산양으로 분장한 합창단의 합창에서 출발한 것처럼, comedia는 축제 때 행렬을 지어 노래하며 춤추는 군중들이 주고받는 웃음거리나 광대에서 출발한 것이다. 그것은 '소극'의 탄생을 의미하며 희극의 기원이 되었다(임학송, 1986: 4).

한편 코미디는 시골을 뜻하는 'come'에서 나왔다는 주장도 설득력을 갖는데, 희극 배우들이란 원래 도시에서 쫓겨난 후 시골을 돌며 음주 유랑하던 사람들로서 밤에는 도시에 들어와서 그들을 천대하고 멸시했던 시민들을 상대로 큰 소리로 울분과 불평을 터뜨리게 되었으며, 이 같은 행위가 사회적 공감을 얻어 희극화되었다는 것이다.

코미디는 사람을 '웃기기'보다는 자유스러운 풍자와 해학 그리고 익살로 출발하였으며, 그 내용에 있어서는 사회적·도덕적·종교적인 속박과 구속에서 벗어나

---

31) 그러나 독일어 Trauerspiel이 Trauer(비통함)와 Spiel(극)의 결합어임과 동시에 비극이라고 직역할 수 있듯이, Lustpiel이라는 독일어는 Lust(유쾌함)와 Spiel(극)의 결합으로 희극이라고 직역할 수 있다.

해방과 자유를 향한 풍자나 조소가 주류를 이루었다. 특권계급이 아닌 대중들에게 규범과 제도적 억압에 의해 누적된 불평불만과 계급에 대한 저항의식의 발로가 대중의, 대중에 의한, 대중을 위한 초기 코미디의 내용이었던 것이다. 코미디는 이렇게 자연발생적으로 표출된 대중의 저항의식을 통해 대중들이 겪고 있는 실제의 삶, 즉 비극적인 현실과 이상 간의 괴리를 좁혀줄 수 있는 카타르시스를 제공하였다고 볼 수 있다(김웅래, 1995). 그러나 신고전주의적 시각에서는 웃음은 언제나 신체적 통제가 흐트러지는 것을 표시하며, 보기 흉한 것이기 때문에 예의 바른 사람들, 예컨대 귀족들과 신사들에게 부적당한 것이고, 따라서 웃음은 코미디의 핵심적 구성요소로 인정되기에 부적절한 것으로 여겨졌다. 귀족주의적 문화가 주류를 형성하고 있던 서구의 시대적 분위기 속에서 신고전주의 이론은 고급 코미디와 저급 코미디를 구분짓고자 하였으며, 전자의 필수적 구성요소로 내러티브와 해피엔딩이라는 기준의 중요성을 부각시키려는 경향을 보였다. 반면에 코미디에서 차지하는 웃음의 중요성과 내러티브가 부재한 형식(non-narrative forms)의 코미디는 무시되거나 경멸당했다(강현두, 1996: 98-99).

3) 코미디의 웃음유발 요인

코미디의 웃음은 어느 특정한 하나의 요인에 의해서라기보다는 상호보완과 중복 작용을 통해 복합적으로 유발된다.

이러한 웃음유발 요인들로는 반복, 모방, 과장, 우매, 반전 등을 들 수 있다(김홍국, 1993: 16-20).

(1) 반복

반복(repetition)은 물리적·언어적으로 적용되며 행동이나 말의 반복은 대표적인 웃음의 단면이다. 이러한 반복은 유행어나 행동으로 나타나게 된다. 그러나 지나친 반복은 지루함을 느끼게 하고 반복이 없으면 무미건조한 코미디가 되기 쉽다. 이러한 반복효과는 시청자가 무의식적으로 느낄 수 있어야 하며 의식적으로 느낄 때는 이미 효과가 없는 반복이다. 즉 자연스러워야 한다는 것을 의미한다. 반복을 통하여 시청자를 일정한 방향으로 쏠리도록 이끌어감으로써 무의식으로 그 반복을 느끼게 되며, 자연스럽게 연기자와 시청자는 웃음으로 상호연결되는 것이다.

(2) 모방

모방(imitation)은 쉽게 풀이해서 흉내낸다는 뜻으로, 웃음의 태생적 요인은 모방이라 할 수 있다. 아리스토텔레스는 "희극은 보통 이하의 악인의 모방이다"라고 언급했다. 모방에서 중요한 것은 유사성이다. 모방은 유사성이 결여되면 시청자의 의식을 자극하여 무의식적 수용태세를 파괴하고 비판하는 태세를 준비하게 만든다. 이렇게 되면 웃음을 상실하게 되고 저질스럽다는 판단을 얻게 된다. 여기서 주의해야 할 것은 모방을 하더라도 그 대상의 특징을 끄집어낼 수 있어야 한다는 점이다. 유사성이 아무리 강조되더라도 특유한 특징을 돋보이게 하지 않으면 모방의 생명력은 상실된다. 모방은 성대모사나 모창, 영화나 CF 등의 패러디 형태로 나타난다.

(3) 과장

과장(exaggeration)은 반복, 모방과 함께 기초적 웃음요인 중의 하나이다. 과장은 진실된 실체 그 이상을 설명함으로써 시청자의 입장에서 우월론적 웃음을 느끼게 한다. 과장의 한계점 설정이 중요하다고 할 수 있는데, 그 판단의 정도에 따라 코미디가 고급스럽게 보일 수도 있고, 저질스럽게 보일 수도 있다. 과장의 극대화는 저질 시비의 원인이 되는 수가 많다.

(4) 우매

웃음은 시청자의 상황이나 성격, 언어 등이 다른 사람보다 우월하다는 데서 발생한다. 이 우월감을 가진 웃음은 모든 웃음요인 중에서 시청자에게 가장 많은 만족감을 준다. 어딘가 모자라는 듯한 생김새가 관객을 웃긴다. 이때 관객은 무의식으로 자기와 극중 인물을 비교하여 스스로의 우월성을 다짐한다. 텔레비전이나 연극에서 주인공을 설정하면 그 주위에는 우매스러운 성격을 갖는 인물들이 있어 웃음을 준다. 우매(foolishness)에는 백치와 지적 우매의 두 가지 유형이 있다. 백치는 판단의 기준을 가지고 있지 않은 순수한 바보스러움이고, 지적 우매란 판단을 가지고 있는 바보스러움을 말한다.

(5) 반전

상황의 반전(inversion)은 상황이나 역할을 전도시킴으로써 얻게 되는 코미디의 장면이다. 상황의 전도, 말에서 주어와 술어의 전도, 장중한 것에서 저속한 것으로의 반전, 보다 좋은 것에서 나쁜 것으로의 반전 등은 완전한 웃음을 준다. 반전의 약점은 시청자가 전도의 결과를 예측하는 것이다.

5. 연예인의 길

일반적으로 연예인은 두 부류로 분류되는데, 하나는 비드라마프로그램에 출연하는 출연자이고 나머지는 드라마프로그램에 출연하는 탤런트이다. 비드라마프로그램에 출연하는 출연자와 드라마에 출연하는 탤런트는 크게 특성의 차이가 있는데, 그것은 비드라마프로그램의 출연자는 자기 자신의 개성으로 시청자를 대하지만, 탤런트는 드라마 속의 다른 인간을 묘사하기 때문에 자기의 개성을 드라마 속의 역에 따라 개성화하는 내적 변화를 필요로 하는 것이다(최창섭 외, 1984: 32). 이처럼 여타의 매체에 출연하는 연예인들은 기본적으로 자신의 개성을 잘 묘사해야 하며, 또한 그 매체의 특성에 따라 자신의 개성을 변화시켜 내적으로 표상시킬 수 있도록 해야 한다. 특히 TV 드라마에 출연하는 탤런트는 자기의 개성과 배역에 있는 타인의 개성을 융화해야 하는 연기과정을 필요로 한다.

연기자의 연기는 자기 자신의 개성과 배역에서 맡겨진 타인의 개성을 조화시켜서 제2의 개성을 창조하는 것이다. 그런 의미에서 TV 드라마프로그램에 관계하는 탤런트의 연기도 본질적으로는 연기의 일반적인 기본원리에 그 출발점이 있다. 따라서 TV 연기의 특성이라는 것도 일반적인 연기이론에 의해 밝혀지며 탤런트의 연기수업도 일반적인 연기술의 수업에서 터득되는 것이다. 그러나 TV의 연기가 원칙적으로는 일반적인 연기술에 의존하지만 그것이 TV의 기술적 특성과 조화를 이루지 못하면 실패할 수밖에 없다. 따라서 TV 탤런트라고 불리우는 연기자로서의 특성에 맞는 연기를 창조해낼 수 있어야 한다(최창섭 외, 1984: 38-39).

그러나 연예인이 되기 위해 자신의 능력이나 자질도 중요하지만, 무엇보다 필요한 것은 이 능력이나 자질을 극대화시킬 수 있는 체계적인 교육 아래서의 훈련과 반복이며, 이것은 연예인으로서의 사명이다.

대중문화에 대한 관심이 날이 갈수록 높아지면서 연예인을 지망하는 젊은이들이 기하급수적으로 늘어나고 있다. 그러나 연예인을 선발하여 관리하는 체계적인

제도가 마련되어 있지 않아 이에 대한 대책이 시급한 실정이다. 예컨대, 1960년대
와 1970년대부터 시작된 탤런트 선발방식이 지금도 여전히 계속되고 있다. 1, 2,
3차 관문에 걸쳐 탤런트를 선발하지만 자사의 몇몇 PD나 유명인들을 중심으로
벼락치기로 스타를 선발한다는 점이 가장 큰 문제점이다. 이로 인하여 과학적이
고 전문적인 스타발굴 작업이 제대로 이루어지지 않는다(오광수, 1995: 218). 이에
대한 단적인 예는 곳곳에서 드러나는데, 간혹 벼락치기로 선발된 탤런트들이 곧
바로 주요 드라마와 쇼프로그램의 MC로 기용되기도 하지만, 연기력이나 진행 자
질부족으로 도중하차하는 경우가 발생한다. 또 대부분의 탤런트시험이 외모만을
평가대상으로 삼고 있어 다양한 인간군상이 등장해야 할 드라마에 정작 쓸 만한
연기자가 없다는 것이 일선 PD들의 지적이기도 하다(오광수, 1995: 219).

이처럼 연예인은 단순히 외모나 외형으로 이루어지는 것은 아니며, 대중들 앞
에서 자신의 개성과 끼를 발산하여 수용자들에게 즐거움과 오락을 제공하는 것

신인 코미디 연기자 응시생을 위한 참고사항

<심사항목>
· 아이디어: 독창성, 소재, 내용, 산뜻한 패러디
· 연기력: 표현력, 소화력, 전달능력
· 심사위원 개인의 느낌(personal impression)
· 객석반응

<응시자들의 주의사항>
· 저질스런 대사, 단어 표현은 쓰지 않는다.
  -똥, 피, 고름, 오줌, 방귀, 코딱지, 찔격찔격 등
· 상대 방송국에서 잘 나가고 있는 연기자나 프로그램 패러디는 가급적 피한다.
  -가급적 응시회사쪽 연기자나 프로그램을 언급한다.
· 너무 정치적으로 기운 소재라든지, 북한에 대한 찬양, 체제비판 같은 소재는 피한다.
· 심사위원과 너무 개인적인 얘기, 대답을 요구하거나 연기에 참여시키려 들거나 무시하는 태
  도 삼가
· 복잡한 소품 준비, 더러운 복장, 촌스런 의상 등은 피한다.
· 작년에 써먹었던 것, 너무 익숙한 얘기, 결론이 뻔히 보이는, 현재 인터넷에 떠도는 누구나
  아는 얘기 등은 피한다.
· 시작 후 20~30초 내에 기선을 잡아라. 기대감을 갖게 내용을 정리하라. 시작하자마자 틀려
  서 '다시 하겠습니다'라거나 '정리가 좀 안됐지만 2차에는 잘 하겠습니다'라는 말은 마이너
  스다.
· 당일 아침에 커다란 사건이 발생했는데 자신이 준비한 소재에 적절히 응용할 수 있다면 아주
  인상적으로 짧게 언급해도 좋다.
· 거만한 태도, 인상을 주지 않는다.
  -자신을 뽑아주지 않으면 방송국의 손해다, 저야말로 한국방송의 코미디를 짊어지고 나갈
  인재다, 저를 놓치면 심사위원님들의 수준을 의심하겠습니다 등
· 단정한 의상과 두발 상태 유지
  -항상 웃고 밝은 표정으로 인터뷰에 정정당당하게 응한다.

뿐만 아니라 기본적으로 수용자들과 커뮤니케이션을 하는 관계이다. 여기서의 커뮤니케이션 관계란 기본적으로 수용자의 기쁨과 사랑, 그리고 슬픔, 고통 등을 하나의 예술적 형태로 승화시켜 수용자가 느끼는 것을 함께 느껴야 한다는 것을 의미한다. 따라서 체계적인 교육을 통해 연예인은 수용자가 무엇을 바라고, 무엇을 요구하는지를 명확하게 이해할 수 있는 가치체계의 확립이 필요하다. 이러한 가치체계의 확립은 궁극적으로 연예인의 사명이 무엇인지를 파악할 때 느낄 수 있는 것이다.

제9장 다양한 분야의 방송인

1. 다양한 분야의 방송인

1) 성우

성우(聲優)를 한자 그대로 표현하면, '목소리 배우'이다. 사전적인 의미도 '방송 극단에 소속된 배우(radio actor)'이다.

성우가 생겨난 유래는 다음과 같다(박승희, 1994). 초창기의 성우들은 대개 연극 이나 영화배우들이었다. 라디오 드라마가 확산되면서 그 수요가 늘어났다. 그러 다보니 기존의 연기자 외에 목소리를 전문으로 하는 목소리 배우가 필요하게 되 었다. 이로써 성우라는 직업이 탄생하게 된다. 재미있는 사실은 성우가 우리나라 와 일본에만 있는 독특한 방송직업이라는 사실이다. 외국의 경우에는 오디오에 강점을 갖고 있는 연기자들이 라디오를 맡는다.

라디오가 한창 전성기를 구가하던 1960년대 성우의 인기는 오늘날 최고 인기 연예인을 방불케 할 정도였다. 그러나 TV가 등장함에 따라 라디오의 인기는 크게 떨어졌다. 설자리를 잃은 성우들이 새로운 활동영역을 모색하게 되었고, 그 결과 외화와 만화영화의 더빙, 방화의 더빙, DJ, 다큐멘터리 내레이터, TV 드라마 연 기, 광고 등으로 나아가게 된다.

오늘날 성우는 매우 다양한 영역에서 활동한다. 첫째, TV에 출연해서 직접 연 기를 하는 경우이다. 김용림, 나문희, 김무생, 신충식 등이 대표적인 성우 출신 배 우이다. 탤런트 겸 영화배우 한석규가 KBS 공채 성우 출신이라는 것은 유명한 사 실이다. 성우 출신 연기자들은 일단 소리 연기가 좋기 때문에 연기를 하는 데 많 은 이점을 가진다. 둘째, 다큐멘터리프로그램의 내레이션을 하거나 프로그램을 진행하는 경우이다. 배한성, 송도순이 대표적이다. 내레이션을 한다는 것은 그냥 주어진 대본을 맛깔스럽게 읽는 것으로 끝나는 게 아니라 연기를 필요로 한다. 시청자가 편안하게 들을 수 있도록 하면서도 호소력을 줄 수 있는 성우의 내레이 션은 다큐멘터리프로그램의 질을 높이는 데 중요한 역할을 한다. 또한 퀴즈프로그램의 문제를 내기도 하며, 근래에는 성우가 TV 프로그램 진행자로 발탁되기도 한다. 셋째, 전문적으로 외화를 더빙하는 경우이다. <코스비 가족>의 김병관, <육백만불의 사나이>의 양지운 등이다. TV 외화시리즈에서 주인공의 얼굴을 보면 자연스레 성우의 목소리를 기억하게 된다. 넷째, 라디오 드라마프로그램을 하는 경우로, 가장 보편적인 사례이다. 라디오 드라마의 가장 큰 장점은 청취자의 상상력을 자극한다는 것이다. 성우들은 청취자들이 라디오를 들으면서 마음껏 상상할 수 있도록 연기한다.

성우는 성우만이 갖추어야 할 자질이 요구된다. 첫째, 천부적으로 재능을 타고 나야 한다. 성우에게도 연기력이 중요하다. 그런데 그 연기력은 목소리로 표현되는 것이다. 성우는 오로지 목소리만으로 승부한다. 둘째, 창조자가 되어야 한다. 성우는 여러 캐릭터를 분석해서 그에 어울리는 소리를 낼 수 있어야 한다. 특정 배역이 주어졌을 때, 그 배역을 파악하고 분석해서 자기 스타일로 만들어야 한다. 셋째, 바른 말 구사 능력이다. 성우는 표준어를 써야 한다. 넷째, 예민한 감각과 순발력을 요구한다. 성우는 기민한 순발력으로, 상황에 따라 적절히 대처하여 연기해낼 수 있는 능력이 요구된다. 마지막으로 개성 있는 목소리를 가져야 한다. 목소리가 좋아야 하는 것은 물론이고 개성이 있어야 한다.

각 방송사에서는 공개 채용으로 성우를 모집한다. 따라서 성우가 되기 위해서는 반드시 각 방송사의 공개 채용을 거쳐야 한다. 1, 2차 실기시험은 주로 라디오 드라마로 하는데, 목소리 연기로 캐릭터를 얼마나 적절하게 표현하는가를 가린다. 심사위원은 대부분 라디오 프로듀서인 경우가 많은데, 1차 시험에서는 목소리의 색깔을 주로 보고 2차 시험에서는 연기력을 본다.

2) DJ

DJ는 디스크 자키(disk jockey)의 준말이다. 말의 기수가 말을 능수능란하게 몰듯, 음악을 전문적으로 다루며 대중들에게 소개하는 방송인이다.

DJ가 진행하는 프로그램이 최초로 방송된 것은 1930년 10월부터 일본 NHK 국제방송인 <라디오 동경>에서였다. 그리고 1937년 미국인 마틴 블록이 한 산간지방의 유선방송국을 통해 마을의 소식 등을 음악과 함께 방송한 것이 그 효시로 기록된다. 우리나라에서 DJ 프로그램이 시작된 것은 1960년대 초로 알려져 있다.

이때 민간 방송국들이 생겨나면서 다운타운가의 DJ들이 흡수되기 시작한 것이다. 그 시초는 초창기 다운타운가의 DJ로 인기를 누리던 최동욱(당시 동아방송 DJ 겸 PD로 활동)으로 알려져 있다(박승희, 1994).

라디오 프로그램의 상당부분은 음악을 위주로 진행된다. 음악이 주가 되는 프로그램만이 DJ 프로그램이라고 할 수 있다. DJ와 청취자의 관계는 1:1이다. DJ가 진행하는 동안 라디오 프로그램을 들을 때의 수용자는 각각 독자적으로 프로그램을 받아들이게 된다. 때문에 수용자에게 편안하고 친밀한 느낌을 준다.

DJ가 되기 위해서는 올바른 말을 할 수 있어야 하며, 음악을 알아야 하며, 기기조작의 능력이 있어야 하고, 감각과 기획력을 동시에 갖추고 있어야 한다. DJ는 MC나 아나운서로서의 요건과 믹싱 엔지니어로서의 요건, 그리고 PD로서의 요건을 동시에 갖추고 있어야 한다.

DJ의 언어능력은 아나운서적인 언어의 정확성과는 차이가 있다. 프로그램의 성격과 분위기에 따라 적절하게 자신을 변화시켜야 하기 때문이다. 즉 DJ 나름대로의 독창성과 개성이 풍겨나올 수 있는 프로그램을 이끌어나가야 하는 것이다. 그러기 위해서는 언어의 정형성을 강조하는 정확한 언어구사보다는 청취자의 마음을 사로잡을 수 있는 친근한 언어구사가 필요하다.

전문 DJ로 인정받기 위해서는 음악을 알아야 한다. 그러나 단순히 아는 차원을 넘어 좀더 깊고 세세한 지식까지도 갖추어야 한다. 음악에 대한 지식은 기본이고, 방송진행자로서의 DJ는 일반상식과 사회전반적인 흐름에 대한 통찰력도 갖추고 있어야 한다.

Jockey라는 단어 속에 조작자, 즉 기기를 조종한다는 의미가 포함되어 있다. 이런 시스템은 선진국의 일반적인 진행방식이며 DJ프로그램의 원칙이라 하겠다. 이러한 진행방식을 선택하면, 음악과 말(멘트)의 조화로운 융합을 통해 프로그램의 흐름이 매끄러워진다. 음악과 말이 조화를 이룰 때 좋은 프로그램이 되는 것처럼 말과 음악이 잘 섞일 때 좋은 프로그램이 된다. 음악의 분위기나 리듬의 형태에 따라 DJ의 말이 달라진다. 말과 음악의 결합을 통해 박자와 리듬을 맞추기 위해서는 DJ가 스스로 믹싱을 해야 한다.

또한 음악이 나가는 사이에 곡목을 소개할 때는 음악의 적절한 부분에서(대개 전주 부분에 곡목 소개를 위한 특정한 소절이 있음) 순간적으로 해야 한다. 이때 PD의 '큐' 사인을 받는다면 감정의 흐름이 차단될 뿐만 아니라 적시에 말을 삽입하는 것도 힘들다. DJ의 순간적인 판단에 의해 아주 짧은 시간에 작업이 이루어져야 하기 때문이다.

3) 코디네이터

의상은 제2의 피부라고 불릴 정도로 우리의 어떠한 소유물보다도 가깝고, 그것을 착용한 사람과 밀접한 관계를 갖고 있기 때문에 개인의 내면적 특성들이 의상에 반영된다. 다른 면에서는, 의상을 통해 그가 말로 표현하지 않는 감정이나 욕구를 추측할 수 있다. 의상은 외모, 행동과 함께 착용자에 대한 정보를 무언중에 제공함으로써 인상형성의 중요한 단서가 된다.

현대사회의 의상은 영상매체의 보급과 신속한 정보전달, 직물과 스타일의 다양함 때문에 도구적인 면보다는 표현적인 기능이 높아졌다. 특히 의상이 화면을 통해 보여질 때 숏(shot)에 따른 면적비로 의상의 표현은 다양해진다. 주체가 되는 인물이 어떤 스타일을 선택하며 어떤 착용행동을 지속적으로 하느냐에 따라 인물의 성격을 읽을 수 있다.

영상매체를 통해 의상을 이미지 표현에 활용하려면 의상의 부분적인 요소인 색상, 원단, 스타일 등으로 느껴지는 감각을 정리하여 지속적으로 착용함으로써 시각적 표현이 의상선택에 의미 있는 질서를 세워야 한다. 텔레비전 영상색의 기본이 되는 것으로는 주색, 주변색, 외주색이 있으며, 주색은 얼굴색이고, 주변색은 의상색이며 외주색은 배경(set)이다.

우리나라는 일본산 IKEGAMI카메라를 주로 사용하고 있는데, 이 카메라의 특징은 동양인의 황색피부를 생기있게 재현하려는 의도에서 만든 것이므로, 적색가미 현상이 두드러지게 나타나고 있다. 그래서 모든 물체에 적색이 조금이라도 섞인 상태라면 훨씬 또렷하게 붉은색이 강조된다. 텔레비전 의상을 선정할 때는 이 점을 착안하는 것이 중요하다고 하겠다. 텔레비전에서는 순백색과 순흑색은 사용할 수 없는데, 특히 백색의 와이셔츠의 경우(silk 등)는 반사 때문에 착용자의 얼굴이 검게 보이고 순흑색의 양복을 입었을 경우(순모 등)는 콘트라스트(contrast)를 잃어 전체가 흑색덩어리로 보이기가 쉬우므로 주의해야 한다. 이 밖에 빌로드 종류는 대개 조명을 완전히 흡수하며, 합성섬유(nylon)는 반사가 심하게 되어 같은 색이라도 다르게 나타난다. 즉 각 원단별 합성포함율과 실크가 섞인 교직 등은 조

텔레비전 출연시의 의상

· 순백색 옷이나 순흑색 옷은 적합치 않다.
· 잔무늬 옷은 입지 않는 것이 좋다(무늬가 굵은 것은 양호).
· 세트 배경색과 밝기 차이가 나는 옷이 좋다.
· 양복은 어깨선을 살린 것이 좋다.
· 평소 입는 옷보다 얇은 옷을 입는 것이 좋다.
· 화학섬유가 많이 든 원단의 옷은 적당치 않다(반사장치).
· 유행색 옷을 피한다(자칫 출연진 대부분이 같은 색이 될 수 있다).
· 타이는 의상과 선명한 배색관계의 것으로 매어야 한다.
· 와이셔츠는 상아색이나 밝은 회색이 좋다.
· 금테안경이나 각종 장신구는 되도록 착용하지 않는 것이 좋다(빛과 음향 간섭).

명에 대한 반응이 틀리고 조명강도에 따라 색상이 제대로 재현되지 않는 경우도 있다.

4) 분장

우리가 흔히 분장(makeup)이라 함은 단순히 화장과 구분을 두어야 한다. 구분을 하자면 우선 연극분장(stage makeup), 방송분장(drama makeup), 영화분장(movie makeup), 특수분장(special makeup), 광고분장(commercial film makeup), 성격분장(character makeup), 이 외에도 wedding makeup, beauty makeup, image makeup 등 이루 종류를 헤아릴 수 없다.

'A라는 자연인을 시각, 학술, 기술적의 변화로 대본 또는 희곡상의 B라는 인물로 만들어주는 것'이 분장의 정의이다. 즉 분장이란, 머리 속의 예술적인 창조능력과 손의 기술적인 능력이 결합된 것이라고 말할 수 있겠다. 분장을 하려는 이가 머리 속의 예술적인 창조능력을 발휘하려면 많은 학습이 필요하다. 해부학, 인상학(관상학), 고증학, 시대복식사, 조명, 카메라 등등 사전의 많은 지식이 필요하다. 또한 손의 기술적 능력을 발휘하려면 숙달을 필요로 한다. 그러기 위해서는 반복적인 연습이 필요할 뿐이다.

분장을 하는 이유 또는 목적은 첫째는, 사람이 지니는 자연스러움과 매력을 최대한으로 유지하기 위함이고 둘째는, 스크린이나 텔레비전 화면에서 과장표현될 수 있는 얼굴의 흠(기미, 주근깨, 흉터 등)이나 보기 흉한 얼굴 모습을 감추는 데 있으며 셋째는, 한 연기자 또는 출연자가 특정역할을 맡은 경우, 그러한 역할에 합당한 모습을 가장 효과적으로 나타내기 위한 것이다.

분장에 있어서는 의상, 장신구, 의상부품 등이 잘 조화를 이루어야 하지만, 무엇보다도 얼굴과 여러 부분을 중심으로 한 분장이 가장 중요하다. 또한 분장은 배경(set)과 대·소도구 등과 색채 및 형태 면에서도 전체적인 조화를 이루어야 한다.

분장사는 우선 배우에게 친밀감을 주어야 한다. 모든 배우들이 처음 대하는 이가 바로 분장사이기 때문이다. 분장사는 대본을 숙지한 후 대본상에 정해진 배우의 얼굴에서 단점을 찾아내야 한다. 분장사에게 가장 우선시되는 것은 그 배우의 얼굴에서 장점보다는 단점을 찾아내는 것이다. 배우의 단점을 보완해주고, 장점을 살려주며, 개성을 돋보이게 해 주어야 한다.

텔레비전의 분장에 있어 색의 기준은 살색에 있다. 피부색은 일반적으로 붉은 기를 띠게 마련인데, 특히 귀, 코, 목덜미 부분이 눈에 잘 띈다. TV분장은 우선 이 붉은 기를 제거하기 위하여 실시하는데 이 같은 분장법을 바렛트법이라 한다. TV에서 핑크빛이 섞인 살색은 잘 재현된다. 여성의 경우에는 엷은 화장이 좋고 입술은 남녀 모두 가볍게 눌러주는 정도가 적당하다. 또 눈가장자리 주름과 나이지긋한 남자의 그림자진 얼굴 혹은 주근깨 얼굴도 누르는 것처럼 가볍게 분장해주면 좋다. 특히 텔레비전출연자는 강한 조명 밑에서 리허설이 오래 계속되는 경우가 많아 분장이 땀에 젖게 되기 때문에 자주 손질할 필요가 있다. 야외녹화의 경우 스튜디오에서의 인공관성과는 비교할 수 없는 강한 태양광선을 고려하지 않으면 안 된다. 동양인의 얼굴색은 약 40가지가 넘는다. TV에서 사람의 얼굴색을 제대로 낸다는 것은 어려운 일이다. 인간이 가장 잘 기억하는 색 중의 하나가 사람의 얼굴색이기 때문에 시청자가 원하는 얼굴색의 공통 분모를 찾아내기가 어렵다.

또한 사람의 얼굴은 빛을 15~30% 반사한다. 때문에 배경의 색이 얼굴에 영향을 주지 않도록 2m 이상 거리를 두어야 한다. 그리고 출연자 앞의 탁상과 같은 소도구색이 반사되지 않게 주의해야 한다.

분장시 고려할 요소는 다음과 같다. 첫째, 명암의 기법이다. 분장사는 배우의 얼굴을 평면으로 생각해야 한다. 연극분장에서는 배우의 얼굴에 조명을 비추고, 극장의 크기에 따라서 관객의 시각에서는 하나의 평면으로밖에는 보이지 않기 때문이다. 즉 배우의 얼굴에 요철(?)을 만들어주어야 한다. 튀어나온 부분과 들어간 부분, 즉 하이라이트(high light)와 섀도(shadow)를 적절히 안배해서 분장을 해주어야 한다.

둘째, 색채의 조화이다. 색은 질서가 잡혀 있지 않을 때 불안정해 보인다. 즉 색이라고 하는 것은 조화상태에서만 아름답게 보인다. 색 역시 눈의 피로를 가중시키지만 조화가 이루어졌을 때 눈의 안정을 가져다준다.

셋째, 착시의 효과이다. 착시효과는 철저히 눈의 작용으로 이루어진다. 눈은 약 800만 개의 시각세포로 이루어져 있다고 한다. 또한 사람의 눈은 RGB(Red, Green, Blue 즉 빛의 3원색)를 수용한다. 분장은 바로 이 눈의 착시효과를 이용해야 한다. 예를 들어 눈은 동일계열의 색상에서는 정확한 색을 구별하기가 힘들어진다. 또한 강조하고 싶은 색은 반대계열의 바탕에 분장을 해준다면 더욱 눈에 뜨일 것이다.

조명은 분장을 크게 지배한다. 부정확한 조명은 아무리 좋은 분장이라도 그것을 비효과적인 것으로 만들어버린다. 따라서 분장사는 무대감독, 조명감독, 카메라맨 등과의 긴밀한 협력이 필수적이다.

텔레비전프로그램의 분장에는 프로그램의 내용에 따라서 그 성격이 다르기 때

분장의 역사

분장은 초기민족에서 지배자와 피지배자와의 구별을 하기 위해서 시작되었다고들 한다. 연극의 역사에서는 가면극이 분장을 대체했다. 기원전 약 3,000년 이집트에서 분장은 시작되었다고 한다. 당시에 지배자는 권위를 나타내기 위해서 얼굴을 백납으로 치장했다고 한다. 그런데 백납의 흰색으로 권위를 표현하기는 했지만 납중독으로 조기사망을 했다고 한다. 지금의 피라미드의 파라오무덤을 분석하면 당시의 지배자들은 30살을 넘지 못했다고 한다. 또한 아이섀도(eyeshadow)의 기원은 미용보다는 의학적인 용도로, 공작석가루를 사용했다. 이 공작석가루는 푸른색으로 중동지방의 벌레들이 눈에 붙는 것을 방지했다고 한다. 클레오파트라나 삼손과 데릴라 등과 같은 그 당시를 무대로 한 영화를 보면 하나같이 눈이 푸른색을 띠고 있다.

기원전 약 350년 그리스에서는 이집트 때보다 단순화된, 지금과 같은, 아니 지금과 비슷한 분장이 시작되었다. 로마시대에서는 손화장과 점이 유행했으며 그 이후 많은 기법들이 발전했다.

그렇다면 우리나라에서의 분장의 역사는 어떨까? 답은 단군신화에서부터 시작한다. 돈고(돼지기름)로 지금의 영양크림을 대신했으며, 옥저(오줌)를 미용수로 사용했고, 쑥과 마늘 역시 미용재료로 사용했다는 문헌이 발견되고 있다. 또한 삼국시대부터 쌀뜨물을 미용수로 사용했고, 과일·채소도 즙을 내서 같은 용도로 사용했다고 한다. 색상이 아름다운 꽃이나 버드나무 잎을 태운 재로 아이섀도를 대신했다는 문헌 역시 전해오고 있다.

근세 분장의 재료는 조선시대 말 명성황후가 도입했다고 한다. 1950년대 6·25전쟁 이후 미국에서의 많은 원조물자 중에서도 분장재료는 한 몫을 했다.

연극분장은, 1940년대 신극운동에서도 분장이 있었다고 한다. 신파극 이전의 우리나라 마당극에서는 분장이 없었다고 볼 수 있다. 1955년부터 우리나라 영화의 전성기가 시작되면서 배우와 분장의 분업화가 시작되었으며, 1957년부터는 연극에서도 분장이 분업화되어 독립적으로 활동했다.

문에 담당자는 대본의 내용과 성격에 따라 기능적으로 가장 효과적인 분장을 할 수 있도록 해야 한다. 텔레비전프로그램의 내용에 따라 분장은 ① 정치적 인물, 대담자, 해설자, 아나운서 등과 같은 출연자 대상의 분장 ② 클래식음악이나 국악 프로그램 혹은 고전 및 현대무용프로그램 등의 출연자를 대상으로 하는 분장 등으로 나누어지는데 이들에 대한 분장의 초점은 서로 다르다. 즉 프로그램의 성격에 따라서 출연자의 성격이 달라지고 또 그에 따른 분장의 초점도 상이하다는 것이다. 대담자, 해설자, 아나운서 등 인물 위주의 프로그램에서는 인상과 개성을 뚜렷이 살려주는 분장이 가장 중요하다. 이때 산뜻함과 청결함이 결여되지 않도록 주의한다.

분장의 방법은 크게 스트레이트분장법(straight make-up)과 배역분장법(character make-up)으로 나눌 수 있다. 배역분장법은 텔레비전의 탤런트들을 대상으로 실시되며 배역인물에 맞게 새로운 인물을 창조하는 고도의 분장기술과 기법이 요구된다. 때문에 여기서는 스트레이트분장법에 대해 알아보고, 그것을 남성과 여성의 경우로 나누어서 설명해보기로 한다.

첫째, 스트레이트분장법은 얼굴의 원 살결 바탕의 결점만을 수정하고, 본 얼굴을 그대로 살려 그 얼굴이 지니고 있는 매력을 살려내는 분장법이다. 여기서 매우 주의해야 할 것은 본인의 얼굴 약점이나 결점을 잘 알지 못하는 경우에 빨리 자신을 발견하려고 노력해야 한다는 점이다. 즉 자신의 피부에 알맞은 베이스컬러(base color)를 선정하는 것은 중요한 일이다. 베이스컬러를 고르게 바르면서 기미, 주근깨 등을 지운다. 또한 베이스컬러를 바르는 솜씨도 익숙해야 한다. 컬러 양상에 있어서는 얼굴 살결색의 있고 없고에 따라 살격색이 다르게 나타나며 그 느낌 역시 차이가 있다. 비전문가 입장에서는 육안으로 골고루 먹은 분장의 심도를 쉽게 측정하기 어렵겠지만 카메라의 렌즈는 이를 용납하지 않는다. 따라서 전문분장사의 손을 빌지 않고 자신이 스트레이트 분장을 할 경우에는 처음부터 골고루 바르는 법을 연습해야 한다. 자신의 얼굴을 입체적으로 보이게 하여 더욱 매력적인 얼굴형과 뚜렷한 윤곽으로 나타내기를 원할 때에는 섀도와 하이라이트를 사용하여야 한다.

뉴스프로그램에 출연하는 아나운서, 앵커맨 등의 경우 섀도와 하이라이트를 효과적으로 사용하는 분장기교를 통해 개성있는 얼굴을 창조하고 있다. 즉, 달걀형의 얼굴도 이러한 섀도나 하이라이트를 효과적으로 사용함으로써 길고 둥글게 수정할 수도 있는 것이다.

둘째, 남성의 분장은 여성에 비해 훨씬 간단하다. 베이스컬러로 얼굴을 가볍게 처리한 다음 새도로 얼굴의 윤곽을 선명하게 나타낸다. 이마나 콧잔등 부분에는 광택이 없도록 파우더로 곱게 눌러주어야 한다. 그리고 수염의 면도자리가 가능한 나타나지 않도록 감춰야 하며 얼굴의 어느 한 부분의 가벼운 상처일지라도 영상에 나타나지 않도록 분장으로 감추어야 한다. 색깔이 선명치 않은 눈썹은 수정하여 선명도를 높여야 하고 선명히 나타나는 입술과 가라앉는 색의 입술의 경우에는 베이스컬러를 얇게 발라 흉한 것이 나타나지 않도록 분장하여야 한다. 출연자 얼굴의 육안으로 판별하기 어려운 가벼운 흉터나 검은 점 등은 TV영상에서는 상상외로 선명하게 나타나 보이므로 연출자는 출연자의 약점을 빠르고 정확하게 파악하여 방송 전에 실례가 되지 않는 범위 안에서 분장으로 안면의 약점을 감추어주는 것이 좋다.

셋째, 여성의 분장은 남성보다 훨씬 기교가 필요하며 세련된 분장기법을 요한다. 새로운 인물 창조에 있어 눈썹은 얼굴 전체에서 아주 중요한 조역을 담당하고 있다. 특히 영상매체인 텔레비전 화면의 피사체인 인물의 눈 분장은 어느 부분보다 중요하다. 사회자의 눈 분장은 그 사람의 인격과 매력, 그리고 사회자의 모든 것을 설명해주고 있다 해도 과언이 아니다. 눈의 분장은 검은 연필 또는 아이라이너로 눈윗꺼풀의 눈머리부터 눈꼬리까지 1~2mm의 폭으로 선을 그리고, 눈의 길이가 길게 보이도록 눈꼬리에서 2~3mm정도 위로 치솟도록 그려주면 된다. 출연자의 성격이나 역할에 따라 다르겠지만 굵은 눈썹이나 너무 긴 눈썹 또는 재료를 잘못 사용하여 광택나는 눈썹은 꼴불견이다.

얼굴에서 제일 높은 부분이 코다. 특히 분장을 요하는 코에는 구부러진 코, 매부리코, 사자코, 들창코와 균형을 잃은 코 등이 있다. 즉 지나치게 돌출된 부분에는 새도를 붙여야 되며 들어간 부분에는 하이라이트를 붙여서 똑바르게 수정하여야 한다. 다음은 입술이다. 입술의 모양에도 여러 가지가 있겠지만 가장 이상적인 모습의 입술은 적당히 부풀고 아랫입술이 윗입술보다 조금 두터운 느낌이 있는 것이다. TV 방송에서의 입술색은 엷은 핑크색이 가장 이상적이다. 이는 영상에서 자연색과 같은 색으로 선명하게 나타나 보이므로 가장 많이 사용되고 있다(카메라 기종에 따라 약간 다름). 자칫 잘못 생각하여 입술색을 더욱 아름답게 표현해보려고 붉은색을 사용한다면 입술분장을 실패하게 된다. 어떤 목적을 위해 붉은색을 사용하는 것은 예외겠지만 아나운서, 사회자, 해설자들의 입술분장은 유의하지 않으면 안 된다.

입술분장에 많이 사용되고 있는 색은 낮은 채도인 오렌지색, 핑크색 그리고 밝은 붉은색 등이다. 이와 같은 색이라 할지라도 입술분장을 한 후에는 입술에서 광택이 나는지를 반드시 점검해야 한다.

5) 음악감독과 OST

드라마 배경음악이라고 불리던 음악 장르가 OST(original sound track)로 불려지고 있다. 국내 드라마 OST의 원조는 1991년 MBC의 <여명의 눈동자>이다. 90년대 초반이 바로 OST에 대한 인식의 전환기라고 할 수 있겠다. 최근에는 음반제작사가 드라마 제작 이전에 아마 OST의 시장성을 파악하고 적극적으로 기획, 제작하는 단계에 접어들었다. <가을동화>의 OST 음반은 60여만 장 이상이 팔려나갔다.

이렇게 OST가 급격히 부상하게 된 이유(권정희, 2002)는 무엇보다 수요자인 시청자와 방송산업의 구조적인 변화에서 찾을 수 있다. 드라마에 종속되었던 음악이 독립분야로 자리매김함과 동시에 둘은 서로 합쳐져서 시너지 효과를 거두어 질적 향상을 가져왔다. 보다 까다로워진 대중의 요구에 부합하는 드라마, 즉 보는 드라마에서 듣기까지 만족시키는 드라마로 변모해가는 과도기에 접어든 것이다. 본격적으로 고화질 영상시대가 되면 영상과 사운드의 질이 분명해질 것이고 그럼으로써 드라마에서 음악이란 요소는 보다 중요하게 될 것이다.

드라마 OST가 급부상하는 또다른 이유는 엄청난 수익성 때문이다. 음반제작사가 드라마 OST에 관심을 가지는 이유이기도 하다. 음반시장의 대부분을 차지하지만 제작비와 홍보비가 적지 않은 가요음반에 비해, OST음반은 제작비와 홍보비가 저렴하다. 일반가요 음반의 손익분기점이 10만 장이라면, OST음반은 판매되는 대로 수익이 된다. 방송사는 제작비용을 절감하고 음반제작사는 드라마를 통해 훌륭한 홍보기회를 얻을 수 있다는 이점도 한몫하고 있다. 최근에는 신인가수의 등용문으로 활용되기까지 한다.

드라마 OST가 부상하는 이유 중 하나로 프로그램 미학적인 측면을 고려할 수 있다. 90년대 들어 'TV영화'를 표방하는 드라마들이 늘어났기 때문이다. 스튜디오를 벗어나서, 대사에 치중하던 기존의 스타일에서 탈피해 영상을 중시하면서 자연스럽게 음악이 파고들어갈 여지가 생긴 것이다. 몽타주 화면에 음악이 깔리는 이치와 같다. 배우의 대사나 행동, 드라마의 상황이나 영상이 표현할 수 없는 것들을, 은유적으로 표현할 수 있다는 점에서 음악이 중요한 역할을 하게 된다. 드라마의 색깔과 이미지를 결정하게 되는 것이다.

6) 비디오저널리스트

비디오저널리스트(video journalist, VJ)는 혼자서 프로그램을 기획하고 구성, 집필, 촬영, 편집까지 담당하는 1인 제작시스템을 말한다. 이들은 6mm 휴대용 디지털 카메라를 사용한다는 점이 특징이다. 경제성, 현장접근 용이성, 신속성, 카메라의 비권위성 등을 무기로 한다(주미령, 2002).

이러한 1인 제작방식의 장점은 무엇보다 기동성에 있다. 최소 4~5명의 스텝이 움직이는 기존 다큐멘터리 제작현장과는 달리 1인 제작방식은 신속하고 기동적인 움직임을 통해 빠르게 변화하는 현장을 담아낼 수 있다. 다큐멘터리는 진실의 실체를 왜곡 없이 담아낼 수 있는 방법에 대한 끊임없는 고민과 모색의 역사이다. 그런데 다큐멘터리 제작과정에 줄곧 등장하는 대형카메라는 취재대상으로 하여금 카메라를 의식하게 함으로써 평소와 다른 변화된 모습을 보이게 만든다. 그에 비해 소형카메라는 취재대상에게 위압감을 주지 않고 친밀성을 높일 수 있어 진실의 실체에 보다 가깝게 다가갈 수 있는 장점이 있다. 그런 소형카메라를 이용한 1인 제작방식의 장점은 취재대상과의 거리감 없는 친밀성이다. 카메라의 권위가 느껴지지 않고 촬영자와 거리감을 갖지 않은 취재대상은 평소와 다를 바 없는 자연스러운 행동과 인터뷰를 하게 되는 것이다.

1인 제작방식은 비싼 방송장비에 비해 가격이 저렴하고 조작이 손쉬워 거대한 자본이나 대규모 인원을 투입하지 않아도 되기 때문에 비용절감의 효과를 가져온다. 무엇보다 자신이 찍은 것을 자신이 편집한다는 의미의 1인 제작방식은 PD가 기획에서 촬영, 편집에 이르기까지 제작 전 과정을 직접 담당함으로써 일관된 작가정신을 보다 잘 표출할 수 있다는 보다 근본적인 가치를 가진다. 또한 기존 방송 분업구조에 비해 PD 스스로가 프로그램에 대한 큰 책임의식을 가지고 자신의 기획의도를 마음껏 살릴 수 있는 장점이 있다.

각각의 전문인력이 함께 하는 기존 방송다큐멘터리에 비해 VJ식 다큐멘터리는 덜 정제되고 다소 거친 화면을 갖게 되는 것이 사실이다. 그러나 VJ식 다큐멘터리는 다양한 다큐멘터리 스타일 중의 하나이며 그것 나름의 매력인 기동성, 밀착성, 친밀성에 충실할 때 그 빛을 발할 수 있다. VJ식 다큐멘터리의 높은 완성도를 좌우하는 잣대는 결코 아름답고 정제된 화면이 아닌 보다 VJ답게 만드는 데 있는 것이다.

흔히 VJ하면 전쟁이나 재해, 군사정권 등 보도규제가 심한 곳에서 때로는 게릴라 부대와 같이 이동함으로써 격렬한 현장을 가까운 거리에서 촬영하여 충격적인 영상을 추구하는 사람을 떠올리게 된다. 최근에는 자신의 주변이야기에 손쉽게 접근해 저널리스트의 눈으로 테마를 진행시키는 경우도 많아지고 있다.

VJ의 출현은 비디오 카메라의 소형화와 불가분의 관계를 갖는다. 1970년대 방송국의 자료보전의 역할이나 대형카메라로 생생한 인터뷰를 할 수 없는 경우에만 등장하던 6mm가 비약적으로 화질의 발전을 가져오자 TV의 일부분에 TV기자 스스로 6mm를 사용하는 경우가 생겨나기 시작했다. 최근에 등장한 6mm 디지털 카메라는 소형카메라의 보조적인 위상을 격상시켰다. 게다가 8mm에 비할 수 없는 높은 화질은 TV의 활동영역을 넓히게 되었다.

일본의 MXTV(도쿄 메트로폴리탄 TV)가 좋은 예인데, 1995년 6mm 디지털방송국으로 개국한 이 방송국은 30여 명의 VJ들이 하루 12시간씩 도쿄 지역뉴스를 방송하고 있다. 일본의 MXTV에 앞서 VJ시스템을 최초로 도입한 방송국은 미국의 '뉴욕1'이다. 24시간 지역뉴스 채널인 뉴욕1은 1992년 9월 개국에 앞서 기자들에게 비디오 카메라 취급법을 집중적으로 교육했다. 기존 뉴스 제작시스템에 일대 도전으로 비춰진 뉴욕1의 VJ시스템은 초기의 냉랭한 반응과 시선에도 불구, 예상외의 성과를 보여 설립 2년만에 뉴욕의 명물 중 하나가 되었다. 지난 93년 VJ방송국 뉴욕1이 이룬 하나의 쾌거가 있다. 공중파 방송을 제치고 세계무역센터(World Trade Center)폭파사건을 단독 보도한 것이다. 소형 비디오카메라로 무장한 VJ들의 기동력과 현장 밀착 취재력이 그런 성과를 가져온 것이었다. 더욱 중요한 것은 그 장면을 찍은 사람이 실제로 소방수였다는 사실이다. 어떤 상황을 가장 잘 설명할 수 있는 정확한 위치의 사람, 그 상황을 함께 겪어내고 있는 사람이 소형 카메라를 들었을 때, 그것은 제3자의 카메라보다 다큐멘터리적인 소중한 가치를 지니는 것이다. 그 소방수는 자신이 찍은 화면을 뉴욕1에 공급해 그 가치를 손색없이 보여주었다.

국내 방송매체에서 VJ프로그램을 가장 먼저 편성한 곳은 케이블TV Q채널의 96년 <아시아 리포트>다. 6mm 디지털 카메라가 개발된 직후 기획된 이 프로그램은 당시 방송경력 5년차 이상의 PD들에게 6mm 카메라를 지급, 단신으로 아시아 각국을 취재하여 방송가에 VJ열풍을 마련하는 단초가 되었다. 공중파에서 VJ 시스템이 처음 선보인 곳은 경인방송의 <리얼TV>다. <리얼TV>는 당시로서는 파격적이라 할 수 있는 일주일에 8시 30분 프라임 타임 시간대 전체를 6mm 다큐멘터리로 편성했다. 리얼리티 프로그램이라는 타이틀 아래 요일별 프로그램을 편성한 <리얼TV>는 방송가에 신선한 편성전략이라는 긍정적 평가를 얻어냈으며 이런 시도는 이후 공중파에서 보조 카메라로 인식되어온 6mm 디지털 카메라를 메인 프로그램에 적극적으로 활용하는 계기를 마련하는 한편, 프로그램의 주요 포맷으로 자리잡기 시작했다. 이로써 '6mm 다큐멘터리 = VJ'란 등식이 성립했다.

VJ 프로그램은 다큐멘터리가 지닐 수 있는 선입견을 없애고 짧고 빠르고 재미있는 구성으로 시청자에게 친숙하게 다가갈 수 있도록 다큐멘터리의 대중화에 기여하는 한편 작고 가벼운 카메라의 이점을 살려 어디든지 쉽게 찾아갈 수 있는 기동성과 친밀성, 근접성을 통해 다양한 소재와 신선한 가격, 저비용, 고효용, 민주적인 언론형태를 띠고 있다는 점에서 새로운 대안으로 부상하고 있다. 그러나 문제점도 없지 않은데, 그동안 방송된 프로그램 대부분이 흥미위주의 소재로 구성돼 소재의 편중화와 함께 오락성 VJ 프로그램이 확대되는 교양프로그램의 연성화 현상을 낳았고, 소형 디지털 카메라가 지닐 수 있는 초상권과 인격권, 사생활 침해 등 인권침해의 심각성을 지적하지 않을 수 없다.

한편 우리의 현실에서는 비디오 저널리즘의 장점을 이해하기보다는 값싸게 콘텐츠를 확보할 수 있는 수단으로 이해하고 있다는 점에서 안타까운 형편이다. 대부분 적은 비용으로 영상 소재를 확보할 수 있다는 측면에만 주목해 VJ라는 개념을 축소, 왜곡시키는 경향이 있다. VJ는 단지 영상소재를 제공하는 '소형카메라를 사용하는 카메라맨'이 아니다. VJ는 단순히 영상소재 제공자가 아니라 새로운 개념의 비디오 뉴스 발신자이자 새 시대의 저널리스트인 것이다.

누구라도 가능한 간편한 조작법, 저렴한 가격, 뛰어난 화질 등 소형카메라의 등장은 보다 많은 사람들의 영상관련 기술습득에 촉매역할을 하고 있다. 이제 영상커뮤니케이션은 거대한 방송구조에서만 가능한 일이 아니다. VJ의 출현은 '작은 방송국'의 범람을 가능케 한다. 자기가 느낀 문제를 자기 스스로 만들어 영상

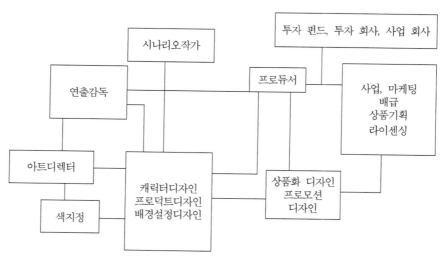

자료: 영화진흥위원회(2001).
<그림 9-1> 애니메이션 기획 인력 구성

화시키는 VJ의 출현은 영상민주주의의 실현을 담보하는 것이다.

7) 애니메이션 기획

애니메이션 기획은 주로 기획(pre-production), 운영 체제, 작품 컨셉 설정 및 기획
서 작성 방식, 사업과 연관된 초기 기획의 고려 요소 등으로 구성된다.

우선 기획과정에 대해 살펴보면, 기획 인력은 <그림 9-1>와 같이 구성된다.
2D, 3D 등 창작의 기술적 방식에 상관없이 애니메이션 기획에서 기본이 되는 업
무 영역과 담당자들의 역할이 존재한다. 애니메이션 기획 인력의 구성은 일차적
으로 연출감독과 PD를 중심으로 한 작가, 아트디렉터, 설정 디자이너 등의 제작
인력으로 구성되어 있다. 그리고 동시에 PD와 사업, 마케팅 담당자를 중심으로
프로모션, 영업 인력 및 상품화와 홍보에 필요한 캐릭터 매뉴얼, 어플리케이션,
인쇄 관련 편집 등을 담당하는 디자이너 등의 사업 인력구성이 연결되어 있다.
사실상 기획 초기부터 양쪽의 기본 인력들이 연결되어 제작과 사업의 컨셉을 일
체화하는 논의가 중요하고 이러한 작업에서 애니메이션 기획의 중심 요소들이
결정된다. 그 필요성 때문에 <그림 9-1>에서 보는 연결시스템을 구축하여 진행
하는 것이 바람직하다. 감독은 제작 스태프를 이끌며 작품의 질을 높이기 위한

<표 9-1> 기획인력의 역할

담당	역할 및 작업 내용
연출 감독	애니메이션 제작 부문 총괄, 시나리오, 콘티, 디자인, 애니메이션 연출, 오디오 작업 등에 관한 전체 디렉션
프로듀서	프로젝트 컨셉 설정, 시나리오, 디자인, 연출에 대한 공동 논의, 기획 제작 관리, 인력, 일정, 예산 관리, 작품 컨셉과 사업 컨셉의 연결. 프로모션, 마케팅 공동 기획, 사업 관련 연결 지원
아트디렉터	캐릭터, 프로덕트, 배경 등 디자인 컨셉 설정 및 이미지 감독 컬러 설정 조율
캐릭터디자이너	주요 캐릭터 및 각 편의 서브 캐릭터 디자인
프로덕트(대소 도구) 디자이너	주요 프로덕트(대소도구) 및 각 편의 서브 프로덕트 디자인
배경설정 디자이너	주요 배경 공간의 이미지 설정 및 배경 보드 제작
컬러 코디네이터	캐릭터, 프로덕트, 배경 설정의 컬러이미지 조정 및 컬러 지정
상품화 디자이너	캐릭터 및 프로덕트 디자인의 상품화 적용 로고 디자인, 패턴 설정, 매뉴얼 구성, 어플리케이션 작업
마케팅	마케팅: 프로모션(홍보, 이벤트), MD: 상품기획 머천다이징
판권 영업 담당	국내외 영상 판권 판매, 캐릭터 라이센스 영업

연출의 중심에 서고 프로듀서가 제작과 사업내용을 조정하고 정리하는 조율자로서 연결고리 역할을 하게 된다.

물론 위 구조에서의 제작과 사업에 관련된 두 팀이 동일 회사 내에 구성되기도 하고 기획·제작회사와 사업·마케팅 전문회사의 각 팀으로 나누어져 협력하며 연계된 구조로 진행될 수도 있다. 두 유형 모두 동일하게 제작 인력의 팀 구성에 사업 관련 인력이 처음부터 결합되어야 게임, 완구, 출판 등 애니메이션 기획 초기부터 같이 진행해야 하는 2차 콘텐츠 및 상품 기획 관련 회사들을 원활하게 공동 사업에 참여시킬 수 있다. 그리고 기획 초기부터 상품 제작, 판매 관련 회사들의 사업, 마케팅 관점에서의 자문을 받는 일이 필요하다. 이는 작품의 상업적 흥행 가능성을 높일 수 있는 방법이면서 동시에 애니메이션 제작비의 일정 부분을 초기에 관련 회사들로부터 지원 받고 공동 제작 프로젝트로 발전시키는 시도가 될 수 있다.

기획서 작성 과정에는 제작 기획 내용과 사업, 마케팅 기획 내용이 동시에 구성되어야 하며 여러 가지 고려해야 할 요소가 다양한 부문에 걸쳐 존재한다. 제

<표 9-2> 소재개발, 기획서 작성시 주요 고려 사항

① CONTENTS(개발 소재 내용 부문)

기본 항목	세부 항목	평가 기준
CONCEPT & TREND	작품 concept/장르	작품 concept/장르가 주류 소비자의 관심과 의식 성향에 정확히 호응하는지에 대한 반영도
	스토리 구성 스타일	스토리 구성 스타일이 작품 타겟의 관심과 의식 성향에 정확히 호응하는지에 대한 반영도
	인물 성격 설정	인물 성격 설정에 대한 작품 타겟의 동경, 동조, 공감, 친밀도
	아트디자인 설정	아트디자인 설정이 작품 타겟의 영상적 기호에 정확히 호응하는지에 대한 반영도
STORY	매체 적합성	전체 구성 스타일의 공개 매체 성격과의 적합성 (TV시리즈, 극장용, OVA 등)
	타겟 접근성	목표 타겟의 스토리 구성 수준에 대한 이해 접근도
	배경 설정	시공간 배경 설정의 아이디어 참신성
	발생 사건	발생 사건의 아이디어 참신성 및 흥미의 집중도
	대립 구조	인물간, 집단간 대립 구조의 극적 구성도
	전개 구도	스토리 전개 구도의 완결성 및 흥미, 긴장의 지속성 스토리 진행의 완급 조절도
CHARAC-TER	독특성(개성)	파격적 흥미를 주는 인물 성격의 독특성, 개성
	성격 배치/대비	다양한 설정 인물간의 성격 배치 및 대비의 흥미성
	관계 공감성	설정 인물간의 관계에 대한 공감성
	관계 파격성	설정 인물 관계의 파격성
ART DESIGN	캐릭터디자인 창의성	캐릭터 디자인 스타일의 창의성, 독특성
	캐릭터디자인 친밀성	캐릭터 디자인 스타일의 친밀도, 수용성
	캐릭터디자인 통일성	각 캐릭터 디자인 스타일의 전체적 통일성과 조화
	프로덕트/배경 창의성	프로덕트/배경 디자인 스타일의 창의성, 독특성
	아트 설정 조화성	캐릭터, 프로덕트, 배경설정 등 각 디자인 부문 스타일의 통일성과 조화
	컬러지정 완성도	컬러 지정의 세련도, 캐릭터와 배경 컬러의 조화

② 제작 시스템 부문

기본항목	세부항목	평가기준
제작라인	제작 스태프	제작 스태프의 기존 작품 검토 등을 통한 작품 제작 능력의 신뢰도
	제작사	관련 제작사의 제작 진행의 짜임새, 기존 제작물 완성도
제작일정		일정 수립의 제작 현실성, 효율성
제작예산		예산 책정의 제작 현실성, 경제성

③ 사업/마케팅 부문

기본항목	세부항목	평가기준
사업요소	사업연계 긴밀성	작품 CONCEPT, 목표 타겟과 메인 사업 아이템의 적합성
	사업 수익성	전체 사업의 수익성 산출의 객관성
	사업 현장 접근도	사업 관련 인력의 호응도, 시장 현황의 분석을 통한 사업 아이템 선정의 현실성
	신규 아이템 개발	신규 사업 아이템 개발 및 시장 확대 가능성
투자유치		외부 투자유치 계획의 현실성 및 투자유치 방안의 정교성
프로모션		프로모션 방안 및 진행 계획의 체계성

자료: 영화진흥위원회(2001)

작 기획 내용에는 스토리 구성, 디자인 설정, 연출 방향 등 작품에 대한 소개 이외에 작품의 품질이 보장될 수 있는 요소로 제작인력의 관련 경력, 내부 및 외부로 연결된 제작의 진행 체계, 제작비용과 제작일정의 실제성 등을 정리해 놓아야 한다. 사업 마케팅 기획 내용에서는 비용대비 수익을 이끌어낼 수 있는 사업, 마케팅 실행계획의 현실성을 살펴야 한다. 또한 사업적 결과를 만들어낼 수 있는 프로모션 및 마케팅 전략, 실천 계획 요소가 제작의 스토리, 디자인, 연출 등의 컨셉과 어떻게 일체화되고 활용되고 있는가 하는 점이 관건이 될 수 있다.

일련의 과정에서 보면 기획의 아이디어는 작가, 감독, 프로듀서, 디자이너만이 아니라 사업마케팅을 진행하면서 시장의 트렌드를 읽고 있는 마케터의 아이디어가 시발이 될 수도 있다.

물론 작품성을 위주로 하는 극장용 장편 중엔 제작진 주도로 많은 부문이 진행되어야 하는 작품이 있을 수 있다. 하지만 상당부분 창작 작품은 제작과 사업이 동반해서 초기 기획을 구체화하는 것이 집중적이고 주도면밀하게 기획을 진행하고 실질적인 제작의 안정성과 사업적 성과를 얻는 기반이 된다. 소재 아이디어를 개발하고 스토리와 디자인을 구성하고 사업적 요소까지 고려해 기획서를 작성하는 과정에서 검토해야 항목이나 요소들이 다양하게 존재하는바, <표 9-2>와 같다.

8) 스턴트맨

스턴트맨이란 방송이나 영화에서 위험한 장면 즉, 자동차 전복, 고층에서 떨어지기 등에 전문적으로 출연하는 특수한 훈련을 받은 단역배우를 말한다. 한마디로 운동특기를 가진 사람들, '얼굴 없는 연기자'이다. 여기에 영상감각이 요구된다. 배우와 호흡을 맞출 수 있어야 하고, 테크닉이나 기교도 배워야 하며 카메라의 움직임, 편집과 촬영 등에 대해서도 알아야 한다. 때문에 무술실력이 있다 하더라도 현장에 투입되려면 6개월 이상의 시간이 걸린다.

스턴트맨들이 하는 일은 다양하다. 주로 배우들이 하기 힘든 일을 대역하게 되는데, 실제로 얼굴이 나올 때도 있다. 이들이 하는 역할은 자동차 사고장면, 때리고 맞는 액션, 계단에서 미끄러지기, 할머니가 넘어지는 일, 고공점프, 군인의 전투, 살인자, 형사 등 다양하다.

무술감독의 경우 대본에 맞는 무술배우를 만들어 극에 투입시켜 연출하는 일은 물론 프로그램의 프롤로그를 기획해서 카메라로 연출하는 것, 야외촬영 등을 직접 수행하기도 한다. 몸 동작에 맞는 장면, 표정, 소품까지도 세심하게 신경써야 한다. 영화는 무술감독에 의해, 방송은 배역이나 조건에 맞춰 통상 바로 전날 연락이 온다. 영화의 경우 적어도 1주일 전에는 섭외가 들어와 사전에 협의를 거쳐 대충이라도 준비를 할 수 있는 것에 비하면, 방송은 그야말로 항상 대기상태로 기다려야 하는 셈이다. 우리나라의 경우 대개 한 사람이 모든 종목을 커버하고 있는 실정이다. 무술, 자동차, 오토바이 등 각각의 전문가들이 따로 있다기보다는 이것들 모두를 익혀 어떠한 역이 주어져도 할 수 있도록 하는 것이다(조선녀, 2002).

철저한 사전기획과 준비, 연구 등을 통해 한 차원 수준을 높이면 문화상품으로서도 고부가가치를 얻을 수 있는 것이 스턴트 분야이다.

2. 방송경영 및 매니지먼트

1) 방송기업, 경영과 마케팅

디지털 방송환경은 다매체·다채널 시대를 열고 있다. 다매체·다채널 시대의 시작은 매체시장의 구조와 시장에서의 경영형태 및 생산자와 소비자 간의 관계 등 모든 시장행위들을 급격하게 변화시키고 있으며, 이에 따라 제도적 장치들도 새로운 법률을 통해 재구성되고 있다. 그리고 이로 인해 매체간의 경쟁은 치열한 경쟁환경을 맞게 되었다. 또한 정부의 방송정책이 방송의 공공성 측면을 중시하는 관점의 보호 및 지원정책에서 벗어나 산업적·경제적 측면을 중시하는 관점까지도 포함하여 방송산업에서의 규제를 약화시키는 방향으로 방송산업의 제도적 기반을 수정함으로써 이 영역에서 드러나는 경쟁의 정도는 더욱 증폭·확산되고 있는 실정이다(전석호, 2003).

이러한 환경은 당연 방송산업적 경쟁과 생존의 논리를 이끌고 있다. 채널의 증가가 시청시간의 증가를 가져오는 것이 아니고 오히려 기존매체의 시청시간이 불변하기 때문에, 시청률경쟁은 채널증가에 정비례하여 극심해질 수밖에 없는 것이다.

미디어기업은 다양한 환경에 둘러싸여 있다. 미디어산업은 그 수용자 및 국가 정부 등과 순환적이고 상호적인 관계를 형성한다. 라디오, TV, 그리고 케이블TV와 같은 전자미디어는 광고주들에게 수용자를 판다. 미디어가 광고에이전시들에게 수용자의 관심을 판매하는 대가로, 수용자는 연예 및 정보를 취하는 것이다. 서로 다른 미디어들은 수용자의 관심을 끌기 위해 경쟁한다. 예를 들어, TV는 케이블TV나 비디오대여와 같은 비디오물과 경쟁한다. 라디오는 오디오기기들과 경쟁한다. 케이블TV는 광고를 통해 재정을 확보하지만, 수입의 대부분은 가입자의 요금으로 충당된다. 시장에서의 경쟁정도가 적절한 프로그램의 종류를 결정한다. 독과점 체제하에선 경쟁이 있을 수 없다. 그러나 경쟁이 치열한 상황에서는 누가 시장주도자인가 하는 문제는 시청률이 결정한다(송해룡, 2003).

이러한 모든 과정에 돈이 개입되고, 이 자금에 의해 미디어가 존재하게 되는 것이다. 따라서 미디어도 하나의 기업으로 존재하기에 매니지먼트, 마케팅의 문제를 고려하지 않을 수 없게 된다. 디지털시대 경쟁이 격화되는 상황은 이에 대한 고려를 핵심적 과제로 부각시키고 있다.

디지털시대 미디어는 정보를 수집, 가공하고 분배하는 기업조직으로서 일반 기업체와 마찬가지로 경영의 효과성과 효율성을 실현해야만 살아남을 수 있다. 물론 기업적 성격을 강조한다고 해서 미디어의 사회적 책임과 요구의 중요성이 감소할 수는 없다. 바로 이 점에서 미디어 기업의 경영은 복잡성을 갖는다. 미디어 경영문제에 접근하기 어려운 이유는 효율성이나 규모의 경제와 같은 개념만으로는 설명할 수 없는 미디어조직과 그 생산품의 특수성에 기인한다. 대부분의 미디어 조직은 편집과 경영이라는 이중구조를 갖기 때문에 갈등과 조정의 관계에 놓이는 경우가 많고 다른 기업조직과 달리 단순한 처리가 쉽지 않다(M. H. Lavine & R. B. Wackman, 1989).

다른 기업제품과 달리, 미디어 제품은 언제나 신선해야 하고 매우 짧은 생명주기 속에서 시간에 의해 성패가 좌우된다. 동시에 공공재의 성격과 강력한 정치,

미디어산업 구조변화의 주역, 테드 터너와 루퍼트 머독

테드 터너(Ted Turner)

테드 터너는 1970년대 초 터너 방송(Turner Broadcasting)을 설립했고, 80년대 초에는 CNN을 설립하는 등 미국 텔레비전 방송에 큰 영향을 미친 인물이다. 1963년 부친이 사업실패로 권총자살을 하고, 터너는 남겨진 광고사업을 밑천 삼아 미디어 사업에 발을 들여놓는다. Atlanta TV의 성공적인 인수를 기점으로 하여 프로그램 야구단과 농구단까지 확장, 고속 성장을 한다. 이어서 케이블TV, 영화 스튜디오까지 영역을 확장한 터너는 무모한 도전이라는 주위사람들의 만류에도 불구하고 1980년 드디어 세계 최초로 24시간 뉴스만을 방송하는 CNN(Cable News Network)을 설립한다. CNN은 여러 돌발 사건들을 전 세계의 현장에서 직접 보도하였고 1991년 걸프전과 모스크바 쿠데타 취재로 일약 세계의 보도 채널로 자리 잡게 된다. 1996년 CNN, TBS 등 방송과 스포츠팀 몇 개를 거느린 CNN제국을 당시 타임워너사에 넘겼으며, 타임워너는 2000년 아메리카온라인(AOL)에 흡수돼 AOL타임워너가 됐다. 터너는 그의 지분을 바탕으로 AOL타임워너의 부회장이 되기도 했다. 그러나 최근 경영부진으로 인해 일선에서 물러나야 했으며, 현재로서는 미디어산업에 그다지 큰 영향을 미치지 못하고 있다.

테드 터너는 자신의 사업을 확장시키는 과정에서 '사업은 인맥 없이 불가능'이라는 말을 신조로 삼는다. 예컨대, 1986년 50만 달러를 출자하여 Better World Society를 창설한다. 이 단체는 명목상 핵, 군축, 환경문제 등을 전 인류적 차원에서 한번 생각해보자는 취지를 가지고 있다. 그러나 실제로는 터너의 사업 확장을 위한 협회로 기능했다. 지미 카터를 비롯한 유명인사들뿐만 아니라 구 소련이나 중국의 영향력 있는 인사들까지 가입하였으며, 이라크의 후세인과도 친분을 유지하는 등 성공적인 인맥 망을 구축할 수 있었다. 그 후, 사회적 명분을 앞세워 단체를 설립하고 막대한 기부금을 사회에 환원함으로써 '미디어 악마'라고 불리는 경쟁자 루퍼트 머독과 대조되는 자비로운 자선사업가로서의 면모를 구축해나간다. 터너는 자신의 성공에 힘입어 1991년 TIME에 의해 '올해의 인물'로 선정되는 영광을 누리기도 했다. 영화배우 제인 폰다와 8년간의 결혼생활을 한 것으로도 유명하다.

1981년 당시 CNN방송 회장이었던 테드 터너는 말했다. "신문사업에 뛰어들지 않을 것이다. 종이신문은 향후 10년 안에 사라질 것이다." 그러나 그의 예언은 틀린 것으로 판명되고 있다.

사회, 문화적 영향력으로 인해 막중한 책임이 부과되는 동시에 상품성을 지녀야 한다는 이중적 성격으로 인해 미디어 경영의 또 다른 어려움이 있다. 나아가 개별 미디어 조직이나 미디어산업은 국가간 혹은 국내 사회적인 역학관계에 의해 상당부분 제약을 받는다.

방송의 디지털화는 기존의 아날로그 방송과는 달리 콘텐츠를 시청자가 다양한 전송로를 이용해 접할 수 있다. 따라서 인기 프로그램은 특정 방송국의 채널에서만 시청하는 것이 아니라, 시청자가 선호하는 전송로 선택이 가능한 시청자주도형의 시청패턴이 보편화된다. 결국 방송사에게는 좋은 콘텐츠를 제작하는 것 못지 않게 브랜드이미지를 시청자에게 인식시키는 것이 중요한 과제가 된다.

이에 일본의 경우 이러한 브로드밴드 시대를 의식해 자사이미지의 강조가 새로운 경향으로 부상하고 있는데, 예컨대 텔레비전 도쿄는 애니메이션, 후지TV는 버라이어티, 니혼TV는 요미우리자이언츠 프로야구 중계, TBS는 보도 등을 중심으로 철저한 자사의 브랜드 이미지 확보를 위한 전략을 강구하고 있다. 종합편성

루퍼트 머독(Rupert Murdoch)

'미디어계 황제'라는 수식어가 어색하지 않은 미디어재벌 루퍼트 머독. 전립선암에 걸려 치료를 받거나 아내와 이혼을 한다는 소식이 주요 국제뉴스로 취급될 만큼 미디어계에 영향력이 큰 인물이다.

그가 소유하고 있는 미디어는 위성방송인 홍콩의 스타TV를 비롯, 영화사 20세기 폭스, 영국의 선, 타임스, 선데이 타임스, 미국의 뉴욕 포스트, 위클리 스탠더드, 호주의 시드니 선데이 앤 데일리 텔리그래프, 멜버른 헤럴드 선 등의 신문사까지 그야말로 미디어와 관련된 유명 회사가 망라돼 있다. 출판사 하퍼콜린스, 델파이 인터넷서비스사, 미 프로그램야구 LA다저스도 그의 소유다. 그가 회장으로 있는 뉴스코퍼레이션은 미국을 비롯해 전 세계에 걸쳐 텔레비전 및 신문사, 위성방송 등 총자산 300억 달러 780여 종의 사업을 52개국에서 펼치는 세계적 미디어기업이다.

머독은 공격적인 경영과 합병으로 잘 알려져 있을 뿐만 아니라 미디어산업에서의 그의 영향력을 바탕으로 정치권에까지 영향을 미치는 것으로 유명하다. 2003년 4월 머독은 미국 최대의 위성방송회사인 디렉TV를 66억 달러에 현금과 주식을 통해 인수했다. 물론 머독의 디렉TV 인수는 연방정부의 승인을 받아야 하지만 그의 막강한 정치적 로비 능력은 연방정부로부터 큰 제약을 받지 않을 것이라는 예상을 가능케 한다. 즉 현재 부시행정부는 그들의 보수적인 노선과 비슷한 성향을 가지고 있으며, 지난 이라크와의 전쟁에서는 폭스뉴스(Fox News Channel)를 통해 미국의 애국주의를 강조하고 이라크 전쟁의 당위성을 널리 선전하는 데 크게 기여한 머독의 디렉TV 인수를 굳이 반대할 이유가 없다는 것이다.

한편 머독의 디렉TV 인수를 계기로 많은 사람들이 우려하는 것은 뉴스코퍼레이션(News Corp.)이 여타의 미디어기업들과는 달리 주요 5개 텔레비전 비즈니스(영화 스튜디오, 텔레비전 방송사, 지상파 네트워크, 다채널 방송; 케이블 또는 위성방송, 케이블 네트워크)를 모두 소유함으로써 이루어지는 수직적 통합이라 하겠다. 즉 케이블 사업자들은 수직적 통합을 이룬 머독이 Fox의 케이블 네트워크(폭스 뉴스채널, 폭스 스포츠, FX, 스피드 네트워크 등) 프로그램들을 그들에게 공급하기를 거절하거나 공급하더라도 비싼 가격에 공급하는 경우를 우려하는 것이다. 또한 소비자들이나 시민단체들은 뉴스코프의 수직적 통합이 미디어 환경에서의 다양성을 감소시킬 것이 분명하며, 이는 지난 이라크 전쟁에서의 뉴스보도를 통해 잘 알 수 있다고 비난한다.

채널의 경우 모든 장르의 프로그램에서 고 시청률을 획득하는 것이 갈수록 어려워지는 현실에서 가장 자신 있는 장르의 프로그램에 총력을 기울이는 전략, 즉 선택과 집중이 요구되는 것이다.

이러한 맥락에서 이제 방송에도 마케팅의 개념을 도입해야 한다. 방송마케팅이란 방송사가 일반 제조회사들과 마찬가지로 시장에 상품을 팔기 위한 마케팅 활동을 하는데, 상품(방송 프로그램과 광고)을 생산하고 분배하며 이를 팔기 위해 시청자에게 마케팅과 판촉활동 및 판매전략 개발과정을 의미한다. 또한 방송사는 수용자를 위한 방송 프로그램을 생산하는 기업이 아니라 시청자에게 접근하는 수단을 광고주에게 판매하는 기업으로서 이런 활동을 방송마케팅으로 정의할 수 있다(최양수, 1996). 즉 수용자와 방송사의 목표를 충족시키기 위한 교환이 일어날 수 있도록 프로그램(콘텐츠), 서비스 및 아이디어를 설계하고 공급하는 과정(윤홍근, 2002)인 것이다. 따라서 마케팅이 소비자의 욕구에 맞추어 고객만족을 통한 이윤추구를 목표로 하는 것처럼 방송마케팅 역시 수용자의 욕구에 맞추어 오락과 정보 등 다양한 방송서비스의 제공으로 고객만족을 통한 이윤추구를 목표로 한다고 하겠다.

개별 프로그램이나 이벤트 소개에 치우쳐온 그간 방송사의 홍보전략은 마케팅 요소들을 최적화한 브랜드전략으로 확장되어야 한다. 방송채널은 우선 어떤 시청자들에게 어떤 방송사로, 어떤 채널로 인식될 것인가에 대한 컨셉과, 비전을 구체화시키는 채널 브랜드, 브랜드 아이덴티티를 정한 후 이를 각 프로그램을 비롯하여 채널 전체에 일관되게 적용·유지시켜야 하는 것이다.

2) 한국 방송영상시장의 현실

한국의 미디어 엔터테인먼트 시장 규모는 세계 시장의 100분의 1에 지나지 않는다. 콘텐츠의 개발에서부터 패키징과 프로덕션, 그리고 공급에 이르는 미디어 비즈니스 시스템 전반에 걸친 전문성 부족이 계속되는 상황에서, 미디어산업의 저수익 구조와 그로 인한 투자 미비, 고객을 만족시키지 못하는 콘텐츠의 개발, 그에 따른 저수익 구조의 유지로 다시 이어지는 미디어산업의 악순환을 겪고 있다.

이러한 악순환의 고리를 깨기 위해서는 대규모 자본의 투입이 요구된다. 이에 적절한 네트워크의 활용에 의해 한국의 미디어산업 자체의 규모를 키우는 것으

<표 9-3> 한국의 방송시장 구조: 미국과의 비교*

구분	이전		이후		전망
	시장구조	판권소유자	시장구조	판권소유자	
한국	단일시장 (single market)	지상파 방송사	다단계 시장 -케이블TV 시장 -지역민방시장	지상파 방송사	유통시스템 다각화로, 향후 다량의 콘텐츠를 확보하고 있는 지상파방송이 가장 강력한 프로그램 공급자(PP)가 될 전망
미국	다단계 시장 -network primetime market (networking) -off-network market (syndication)	메이저 스튜디오, 독립제작사	다단계 시장 -network primetime market (networking) -off-network market (syndication)	메이저 스튜디오, 네트워크, 독립제작사	M&A를 통한 수직통합 및 수평통합 실현으로 지상파와 케이블의 독과점, 위성의 독점(현재 DirecTV가 거의 독점적 위치 확보) 가속화 전망

* 기준: 한국 1995년/미국 1993년.
  자료: 이문행(2002.9).

로 가치의 창출을 시도해야 한다. 이러한 움직임을 기반으로 해야만 규모와 수익성을 두루 갖춘 PP나 MPP를 비롯한 비즈니스 플레이어들의 수익창출이 이루어질 수 있다. 이는 궁극적으로 미디어소비자들의 증가된 관심과 자본의 추가적 유입, 시장의 성장으로 이어져 미디어산업의 선순환 구조를 형성하게 되는 것이다(전석호, 2003).

미국과 비교해 한국의 방송영상시장은 단순한 과점체제를 형성하고 있다. 방송사는 프로그램을 자체 생산하기 때문에 경쟁시장이 형성될 수 없었고, 프로그램 판권은 방송사에 귀속되었다. 1995년 케이블방송 도입 이후 최근 위성방송의 도입에 따라 차츰 경쟁시장을 형성하기 시작하고 있다(<표 9-3>).

국내 주요미디어기업들의 구도를 보면, 1999년과 2000년 사이에 자회사 또는 관계회사 설립이 붐을 이루었다. 본사의 일부 사업을 별도 법인으로 독립시키거나 인터넷, 케이블·위성방송 등 뉴미디어 사업을 전담할 회사를 신설하는 형태로 진행되는 특징을 가졌다(미디어오늘, 2002.5.16).

가장 많은 자회사를 보유한 곳은 중앙일보로 모두 20여 개가 있다. 중앙일보는 IMF 때인 지난 1998년 초부터 기업을 분사해 대규모 자회사 그룹을 만들었다. 중앙일보의 자회사들은 신문, 방송, 출판, 교육분야와 관련되어 있다. 매일경제는 12개의 자회사 및 관계회사를, MBC는 19개의 지방MBC와 10개의 자회사 및 관계

회사를, SBS는 8개의 자회사와 6개의 손자회사를 보유하고 있다.

업종별로는 신문사의 경우 출판, 인쇄, 인터넷, 케이블방송, 교육부문에 자회사 설립이 활발했다. 방송사의 경우 프로그램 제작 및 판매, 무대미술, 제작기술, 프로그램 공급업, 인터넷, 광고물제작 및 대행분야에 자회사 진출이 집중됐다.

수직·수평적 통합이 큰 흐름을 형성하고 있는 기업경영 방식이 방송계에서도 확산되고 있다. 케이블업계는 물론이고 지상파, 위성방송, 인터넷방송 등 광범위한 영역에서 콘텐츠를 정점으로 네트워크를 결합하는 시도들이 전개되고 있다. 지상파방송 3사는 케이블 및 위성방송 시장에 신규진입하는 과정에서 기존 케이블TV 사업자와의 연계망을 미리 구축하는 등 공격적인 모습을 보이고 있다.

월트디즈니는 자신의 사업범위를 만화영화에만 국한하지 않고, '건전한 즐거움을 제공하는 사업자'로 사업범위를 넓게 규정하여 비디오사업, 캐릭터사업, 테마파크까지 진출해 사업에 성공을 거둘 수 있었다. 우리나라 방송기업 역시 정보와 오락을 제공하는 콘텐츠 시장에서 서로 경쟁하는 사업자의 인식이 필요하다.

한편, 다매체·다채널 시대로 접어들면서 한국의 콘텐츠시장 개방이 가속화되고 있다. 세계 미디어/콘텐츠 복합그룹들이 한국시장 공략을 강화하고 있는 추세이다.

AOL타임워너는 인터넷 커뮤니티 기반을 활용하여 자사의 영화(해리포터, 반지의 제왕 등) 등 다양한 콘텐츠를 브랜딩(branding), 정보제공(providing information), 거래(transacting)의 3단계 마케팅전략과 결합, 한국 등 세계 각지에서 시장지배력을 강화하고 있다. 이미 HBO 등 스타브랜드를 앞세워 한국 케이블시장에 진입했다. 월트디즈니는 영상물 시장의 지배적 위치를 굳힌다는 전략으로 아시아 시장의 배급망을 브에나비스타 등 자체 브랜드를 통해 선점한다는 전략이다. 스포츠미디어 ESPN은 MBC와 파트너십을 구축하고 있다. 바이어컴CBS는 MTV, Nickelodeon(미국 최대의 애니메이션 전문채널)을 전면에 내세워 아시아권 콘텐츠 물량의 최대 구매자로서 우월적 지위를 점한다는 전략이다. 미국 내 흑인층을 사로잡은 BET, 재즈채널 운영의 노하우를 활용해 한국 등 아시아 지역의 정서에 맞는 현지화를 추진중이다. 비방디유니버설은 스타크래프트(계열사 '블리자드'의 게임콘텐츠)의 성공에 힘입어 아시아권 게임시장의 지배적 위치를 지향하고 있다. '올인원 서포트(all-in-one support)' 전략, 즉 그룹 내 영화, 음악, 방송 등의 역량을 수평적으로 결합하는 전략을 취함으로써 엔터테인먼트는 물론, 출판 등 지식콘텐츠 분야에서도 마케팅을 강화하고 있다.

3) 연예시스템의 변화, 매니지먼트의 부상

영상·음반·캐릭터·모바일·온라인·관련기업에 이르기까지 엔터테인먼트사업이 거대산업으로 부상하고 있다. 연예인을 수십 명씩 보유, 관리하는 매니지먼트는 바로 엔터테인먼트산업의 기초이자 핵심이다.

제작 시스템은 대형 연예기획사들의 출연으로 지난 몇 년 동안 서구화·대형화·체계화·통합화·독점화되어가고 있는 추세이다. 한국에서 연예제작은 아직까지는 매니저의 인맥과 배경이 큰 힘을 발휘하고, 한두 명의 매니저가 주먹구구식으로 관리하던 방식에서 완전히 벗어나지는 못했지만, 몇몇 대형 기획사는 이미 체계적인 스타시스템을 도입하여 장기적인 투자와 기획력을 선보이고 있다. 연예제작사들은 뮤지션들만이 아닌 방송과 영화 CF 스타들을 함께 보유하여 종합적인 연예기획 네트워크를 선호하고 있으며, 다른 제작사와의 전략적인 제휴와 연합을 통해 독점적 지위에서 얻을 수 있는 시너지 효과를 충분히 발휘하려 애쓰고 있다.

또한 최근 한류열풍을 타고 중국어권을 공략하려는 연예기획사들이 증가하고 있고, 과거 스타출신 연예인들이 직접 기획사를 차리는 경우도 대폭 증가하고 있으며, 연예제작자들이 직접 대중매체사를 설립, 인수하는 경우도 있다.

모든 엔터테인먼트사업은 예외 없이 매니지먼트에서 출발한다고 해도 과언이 아니다. 연예인, 좀더 엄밀하게 말해 스타를 어떻게 육성하고 관리하고 활동하게 하는가에 따라 엔터테인먼트사업의 범위와 규모가 무한정 확장될 수 있기 때문이다. 인기가수를 예로 들 경우 그를 매니지해서 그의 '본업'인 음반분야는 물론 영상·광고·이벤트 등 다양한 방면에 활용할 수 있다는 얘기다. 한마디로 'one-source multi-use'인 셈이다.

물론 이러한 매니지먼트는 오래 전부터 있어왔다. 연예인 개인에 대해 한 사람의 매니저가, 일정이며 운전이며 방송국 출연 섭외며 등등을 도맡아 처리해왔다. 그러나 지금 흔히 말하는 매니지먼트는 그것과는 전혀 차원이 다른 새로운 것이다. 단적으로 말해 이제는 기업화, 전문화된 매니지먼트 시스템이 대체해가고 있다. 한 회사(매니지먼트사)가 수십여 명의 스타급 연예인과 계약하고 그 계약에 따라 연예인들을 관리하는 구조를 가진다.

연예인과 매니지먼트사 간의 계약은 대개 3년 단위 기간제로 이뤄진다. 물론 연예인별로 계약 조건은 천차만별이다. 어쨌든 기업형 매니지먼트가 등장하면서 연예인들은 자기에게 유리한 곳을 다양하게 선택할 수 있게 됐다. 그러나 지금의 기업형 매니지먼트가 과거의 개인 매니저와 확연하게 차이나는 것은 바로 '시너지 효과' 부분이다.

국내에서 매니지먼트의 기업화 혹은 기업형 매니지먼트의 등장이라는 현상이 일어난 것은 극히 최근의 일이다. 불과 지난 2~3년 동안 생겨난 새로운 추세다. 앞으로의 매니지먼트는 기업형이 대세라는 것이 중론이다. 그 이유를 정리하면 다음과 같다(월간중앙, 2001년 11월호 참조).

먼저 가장 큰 이유는 시장의 법칙이다. 쉽게 말해 '즐겁고자 하는' 수요는 늘어나는데 공급이 부족한 실정이다. 예컨대, 방송의 경우 연간 주요 방송사에서 제작하는 드라마만 해도 모두 30여 편에 이른다. 거기에다 각종 쇼프로그램과 오락프로그램, 각종 행사프로그램이 제작된다. 그런데 그 많은 프로그램에 내세울 수 있는 연예인(스타급)은 사실 한정돼 있다. 방송사가 보다 풍부한 자원(스타)을 안정되게 공급받기 위해서는 기업형 매니지먼트사에 의존할 수밖에 없다.

대중도 마찬가지다. 스타가 생산해내는 상품(가령 음반이나 영상)은 물론 그와 관련된 정보나 캐릭터상품까지 대중은 스타와 관련된 '모든 것'에 갈증을 느끼고 있다. 한 사람의 매니저와 연예인 자신만으로는 그렇게 넘쳐나는 대중의 욕구를 충족시킬 수 없다. 분야별 팀이 구성되고 그 팀들이 이런 저런 각 분야를 맡아 대중의 욕구에 부응해주어야 한다. 조직화된 기업형 매니지먼트가 필수다.

둘째는 매니지먼트사의 입장에서 보아 이른바 '규모의 경제학'이 작용한다. 한마디로 시너지 효과다. 한편으로는 스타들을 모아 시너지를 발휘할 수 있고, 다른 한편으로는 하나의 스타를 여러 곳에 활용해 시너지 효과를 거둘 수 있다. 시너지 효과란 곧 막대한 이윤 창출이다.

세번째 이유는 전문화된 인력에 대한 요구다. 한 사람이 연예인의 모든 것을 책임질 수 없기 때문에 여러 사람, 여러 팀이 필요하다. 연예인을 통해 끊임없이 이윤을 창출하기 위해서는 고도의 숙련되고 전문화된 인력이 필요하다. 그런 전문가들을 불러들이기 위해서는 돈이 필요하다. 기업형 매니지먼트의 특징인 대자본만이 그 같은 인력들을 채용하고 일하게 할 수 있다. 자본 없이는 전문인력을 연예인에게 붙일 수 없다.

끝으로 이제 기업형 매니지먼트가 아니면 곤란한 이유는 바로 엔터테인먼트사업의 국제화다. 국내 시장에 만족할 수 없는 엔터테인먼트사업은 끊임없이 외국의 넓은 시장을 겨냥한다. 그러나 국제 시장에 진출하기 위해서는 웬만한 역량으로는 안 된다. 연예인 자체의 실력을 키워야 하는 것은 물론이고 조직의 자본력·분석력·협상력·언어구사능력에 이르기까지 종합적인 실력과 전략을 갖춰야 한다. 한마디로 기업형 매니지먼트가 아니면 도저히 상상도 할 수 없는 일이다.

한편 문화산업에 대한 관심과 엔터테인먼트산업에 대한 고부가가치성에 대한 인식이 확산되면서 대규모 음반사와 연예기획사 및 매니지먼트사들의 방송진출이 활발해지고 있다. 기획사들의 방송진출 형태는 자본투자와 프로그램 공급원, 또는 사업파트너로서의 협력관계 체결 등과 같은 형태로 다양하게 이루어지고 있다.

4) 매니저의 세계

우리나라에서 본격적으로 매니저라는 용어를 쓰기 시작한 것은 1960년 즈음이다. 연예활동의 중심이 악극에서 방송으로 옮겨지면서 그것을 매개해야 하는 인력이 대거 필요하던 시절이었다. 전문적으로 연예인을 발굴하고 수급하는 일, 누군가는 그 일을 맡아야 했던 것이다. 이후 1970년대 연예가가 급속도로 확대되면서 매니저 세계가 형성된다. 특히 가수들의 경우, 방송뿐 아니라 밤무대로의 진출도 상당히 큰 비중을 차지했다. 혼자서 모든 걸 처리하기에는 역부족인, 소위 인기 연예인들이 대량으로 양산된 시기이다.

1980년대의 매니저업은 질적으로 일대 전환을 맞는다. 컬러TV 시대가 열리면서 연예계의 질적 확산에 비례한 결과이다. 매니저들의 영역 또한 확대되었다. 음반제작이나 콘서트 등을 직접 기획하면서 새로운 시도를 하기도 했다. 매니저가 제작자가 되어 좀더 주도적인 위치에 서기 시작한 때도 바로 이 즈음이다. 1990년대의 매니저업계는 가치 춘추전국시대를 맞이했다. 가수 매니저의 경우 다운타운가에서 활동하던 이들이 대중감각을 바탕으로 대거 뛰어들었으며 연예계 주변에 종사하던 많은 이들이 매니저로 변신하기도 했다. 혹은 그 자신이 연예인이 되고 싶어 방송가 주변을 맴돌다가 매니저로 나선 경우, 연예인 가족이 전문 매니저로 나선 경우 등 그 경로는 다양하다.

1990년대 이후 전문 매니저 회사들이 막강한 조직력을 자금력을 바탕으로 매니저업계를 새롭게 재편하면서 연예시장의 전망을 밝게 하고 있다.

연예인이 스타덤에 오른 후에는 대중들에게 스타의 이미지를 효율적이고 체계적이고 과학적인 방법으로 관리해주는 사람이 곧 매니저이다. 매니저의 역할은 크게 세 가지이다. 첫째, 기획하고 생산하는 생산개념이고, 둘째, 제작된 상품을 대중들에게 알리는 홍보개념, 셋째, 이를 총괄하는 경영개념이다.

매니저는 소속된 관계에 따라 몇 가지 유형으로 구분된다(김광수 외, 1997).

매니저가 갖추어야 할 10가지 기본

· 기획력이 있어야 한다:
  엔터테인먼트 사업은 발명보다는 발견에 가깝다. 무에서 유를 창조한다지만 이미 갖추어져 있는 이미지를 새롭게 다듬어서 성공한 예도 얼마든지 있다. 오랜 시간, 과학적인 판단으로 기획하여 기획상품을 내놓았을 때 히트하는 경우가 많다.

· 확고한 직업의식이 있어야 한다:
  하나의 산업으로 인식, 그것도 전망 있는 벤처산업에 뛰어든 직업일꾼으로서의 경력과 노하우를 쌓는다는 생각을 가져야 한다.

· 체력을 키워야 한다:
  24시간 연예인의 손과 발의 역할을 하려면 강인한 체력을 키우는 것은 다른 무엇보다 우선적으로 필요하다.

· 아이디어가 풍부해야 한다:
  작은 부분에까지 아이디어를 창출할 수 있는 능력을 가져야 한다. 예컨대 언론과 인터뷰를 하는 과정에서도 어떻게 하면 사진이 좀더 돋보이고 기사가 빛을 발할지, 늘 주도적인 입장에서 아이디어를 제공하고 실현시키는 매니저가 되어야 한다.

· 폭넓은 인간관계를 형성해야 한다:
  평소에 자신을 둘러싼 주변 사람들과 유지하는 인간관계는 매니저의 생명과도 같은 것이다. 홍보, 섭외, 소속 연예인과의 계약갱신 등 모든 거래가 인간관계를 기초로 하기 때문이다. 언제 어떤 관계로 맞닥뜨릴지 모르는 사람들에 대해서 좋은 이미지를 갖추어야 하는 것이다.

· 소비시장을 민감하게 파악해야 한다:
  다양한 채널을 통해 현재 소비자들이 가장 원하는 게 무엇이고, 그에 맞추기 위한 방법이 무엇인지 고민해야 한다.

· 조직력, 통솔력이 있어야 한다:
  매니저의 일은 조직이 얼마만큼 잘 이루어져 있고 잘 가동되는가가 관건인 경우가 대부분이다. 다른 어떤 사업보다 인간관계가 중요한 만큼 대외적인 조직력과 통솔력을 갖추어야 하는 것이다.

· 전문지식과 경험이 풍부해야 한다:
  매니저는 오케스트라의 지휘자와 같다. 작사, 작곡, 편곡에서부터 메이크업, 의상, 매너 등에 이르기까지 총체적으로 볼 수 있는 안목이 있어야 한다. 단편적인 지식보다는 하나하나에 대한 전문적이고 체계적인 지식을 습득하는 일 역시 매니저의 필수과제이다.

· 자기발전을 위해 끊임없이 노력해야 한다:
  늘 새로운 감각, 새로운 이미지를 요구하는 만큼 스스로 그를 따라잡을 수 있는 자기개발이 필요하다. 매니저가 고부가가치 산업을 이끄는 사업가로서 자리매김하고 있는 만큼 그에 상응하는 자기발전이 선행되어야 하는 것이다.

· 선견지명이 있어야 한다:
  늘 한발 앞서는 사람이 매니저이다. 대중이 원하는 시점에서 상품을 출시하기 위해서는 이전부터 그것을 기획하여 준비하는 선견지명이 필요하다. 때로는 모험일 수 있으나, 모험을 두려워하지 않고 실전을 통해 대중보다 한발 앞서 내다볼 수 있는 감각이 필요한 것이다.

① 개인 매니저: 한 개인이 일대일 방식으로 한 연예인의 관리를 총책임지는 것이다. 보통 로드매니저로 실전경험을 쌓은 후에 본격적인 매니저로 나선다. 한 매니저가 3~4명의 연예인을 관리하는 게 상례이다.

② 전문기관 소속 매니저: 연기학원, 모델학원, 무용학원 등 전문기관에서 지도자 코스를 밟아 그 학원에 소속되어 매니저로 일하는 경우이다. 모델 에이전시에 소속된 경우가 많은데, 신인 모델들을 각 매체에 홍보하고 보다 많은 기회를 얻기 위해 매니저를 고용한다. 이렇게 경험을 쌓은 후에 기업형 전문매니지먼트 그룹에 스카우트되기도 하고 스타들의 개인 매니저로 위촉되기도 한다.

③ 기업형 매니지먼트 그룹 소속 매니저: 기업형 매니지먼트에 월급제로 고용되어 일하는 경우, 계약된 연예인들을 상대로 여러 명의 매니저들이 유동적인 스케줄에 따라 분담체계로 업무를 수행하기도 하고 일정한 커리큘럼에 따라 전문교육을 받기도 한다.

④ 그룹 매니저: 빅 스타의 경우 보통 파트별로 매니저를 고용할 수 있는데, 예를 들어 스케줄 매니저, 캐스팅 매니저, 메이크업 매니저 등으로 나뉘어진다. 보통 이렇게 시작해서 기업형 매니지먼트로 발전하기도 한다.

⑤ 기획사 소속 매니지먼트: 일반적으로 음반기획사는 음반의 홍보직원을 겸한 매니저를 두고 있다. 신인가수들의 경우는 기획사에 발탁되어 음반을 내기도 하지만 음반사에서 직접 발굴하여 매니지먼트하는 예가 많다. 신인가수의 선곡에서부터 녹음, 제작, 홍보까지 관장하여 개인 매니저로서의 역할을 한다.

매니저가 되기 위해서는 매니지먼트 양성기관을 수강하는 방법, 공채를 이용하는 방법, 실전을 먼저 쌓는 방법 등을 고려해 볼 수 있겠다.

매니저가 되기 위해서 각 분야에 따른 전문지식 습득, 정확한 마케팅전략 수립, 적절한 대인관계 등 전문분야로서의 요건이 가중되고 있는 시점에서 이론에 해박하고 실무에 능한 인재양성을 목표로 하는 매니지먼트 양성 교육기관은 좋은 통로가 된다. 또한 각 프로덕션에서 실시하는 공채에 응모하는 것도 좋은 방법이다. 보통 전문대 이상으로 자격요건을 제한하고 있는데 분야에 따라 전문적인 지식과 능력을 요구할 수 있다. 신문을 통해 공고가 나가지만 평소에 관심 있는 프로덕션에 연결, 언제쯤 실시할 예정인지 사전정보 입수도 중요하다. 또한 인맥을 통해 실력 있는 매니저 밑에 들어가 별다른 보수 없이 일하는 경우도 있다. 메인 매니저의 조수로 일하다 어느 시점에서 함께 일하던 연예인과 독립하거나 새로운 연예인의 매니저가 되는 것이다.

제10장 방송과 방송인의 미래

1. 방송인을 둘러싼 환경의 변화

1) 방송환경의 변화

　세상이 변화하고, 방송계도 변화하고 있다. 새로운 방송이 생겨나고 리모콘의 선택 번호가 너무 많아 무얼 보아야 할지 모르는 상황이다. 변화의 특징을 정리하면 다음과 같다.

　첫째, 방송채널이 늘어나고 있다. 라디오 채널이 몇 개인지 케이블TV는 몇 개가 방송을 하는지 정확히 알기 어려울 만큼 새로운 방송사가 늘어나고 있다. 여기에 위성방송, 또 최근에는 디지털멀티미디어방송이라는 DMB까지 서비스를 준비하고 있는 상황이다.

　둘째, 새로운 매체가 등장하고 있다. 방송·정보·통신 기술이 발전하면서 방송계에 변화가 일고 있다. 디지털화가 그 예이고 SNG의 활용이 일상화되었다. 라디오의 스테레오화나 데이터 정보시스템 등도 변화의 징표이다. 새로운 기술의 채택은 방송의 운영과 취재, 제작방법과 사회적 영향력을 달리하고 있다. 그러나 특히 주목되는 것은 케이블TV의 안정적인 정착과 새롭게 출범한 위성방송이다. 여기에 인터넷TV까지 가세했다. 이제 세상은 유·무선의 동영상 시대를 맞이하고 있는 것이다.

　셋째, 경쟁이 치열해지고 있다. 이전의 방송은 독점 혹은 독과점적 상황이었다. 독점시장은 구매자 시장이 아니라 판매자 중심의 시장이다. KBS와 MBC는 좋은 시절을 보냈다. 그러나 이제 상황이 달라졌다. 동종, 이종 경쟁자가 급격히 증가하고 있기 때문이다. 제한된 광고시장, 수용자 계층을 놓고 치열한 싸움이 불가피하다. 바야흐로 방송에도 품질의 시대가 도래한 것이다. 전문경영의 시대가 열렸다. 적자생존의 정글의 법칙이 방송계에도 그대로 적용된다. 이제 질 높은 프로그램, 공정한 보도, 올바른 경영마인드가 방송사의 성패를 가름하는 기준으로 작용한다.

마지막으로 수용자가 변화하고 있다. 정보소비자로서 수용자가 움직이기 시작하고 제 목소리를 내기 시작했다. 방송수용자는 소비자로서 적극적이고 능동적이고 비판적인 존재로 바뀌어가고 있다. 편성, 제작, 보도에 직·간접적으로 영향을 미칠 뿐만 아니라 직접 프로그램에 참여하여 자기 목소리를 내는 존재로 변화해가고 있다. 종교, 인종, 여성을 중심으로 한 사회적 압력단체들의 모니터 보고서, 전화항의, 시청보이콧 운동이나 상품불매운동, 나쁜 프로그램 명단 발표 등 방송을 감시·비판하는 활동이 늘어나고 있다. 이러한 수용자의 능동성은 수용자 운동으로 정리되는데, 전파매체를 올바르게 이해하고 이러한 전파매체가 사람들에게 미치는 여러 영향력에 대하여 체계적으로 파악하고 이를 능동적으로 선택하고 수용하는 동시에 한 걸음 더 나아가 방송의 구조와 내용을 수용자 중심으로 개선코자 노력하는 지속적이고 집단적인 사회적 행동의 표출인 것이다.

바야흐로 정보·문화 질서의 대개혁이 일어나고 있는 상황이다. 이러한 환경의 변화는 우리에게 다양한 가치를 부여한다. 무엇보다 선택의 폭을 넓혀준다. 전문 채널이 늘어나면서 자신의 취향에 맞는 채널과 프로그램을 선택해서 볼 수 있다. 물론 정보의 질이 떨어질 개연성도 있다. 제작인력과 전문인력은 제한돼 있는데 갑자기 채널이 늘어나고 방송시간이 늘어나면 정보의 질은 떨어지기 쉽다. 전문인력이 분산되고 작가, 탤런트 등 인적자원이 부족해 작품의 완성도는 낮아지기 쉽다. 따라서 '악화가 양화를 구축'할 수 있다. 주간연예지 수준의 저질 TV, '타블로이드 TV'의 범람이나 쓰레기 정보만 가득한 '트래쉬 TV'로 전락할 우려도 제기된다.

반면에 변화는 고용창출에 기여한다. 스카웃과 신규채용이 급격히 늘어나 방송분야에서 일하고 싶은 사람에게는 좋은 기회가 된다. 취업의 분포가 넓어져 작가, PD, 탤런트 등의 전문인원 스카웃으로 이들의 주가가 상종가를 치게 된다. 더불어 관련산업을 진흥시킨다. 방송은 연관산업이 많을 뿐만 아니라 파급효과가 커서 경제적, 문화적, 산업적 측면에 좋은 영향을 미친다. 전자관련기기의 수출증대에도 일조한다.

결론적으로 현재 정책의 변화와 신기술의 등장, 국제 간의 영향 그리고 산업계의 요청, 국민의 정보욕구 등과 맞물려 우리 방송환경은 하나의 소용돌이 속에 빠져들고 있다. 21세기에 대응한 바람직한 커뮤니케이션 질서를 확립하기 위해서는 국가적 청사진이 있어야 한다. 좋은 방송정책만이 우리의 정보주권을 지키고 문화대국을 건설하는 데 이바지할 수 있기 때문이다.

2) 방송인력 구조의 변화

디지털 방송기술의 보급에 따라 방송제작 현장에서 발생하는 가장 큰 변화 가운데 하나는 프로그램 제작을 기존처럼 팀으로 하지 않고 한 사람이 여러 가지 임무를 담당하여, 제작에 소요되는 비용과 시간의 절감을 가져온다는 것이다. 디지털 제작환경에서는 최신설비의 도입으로 개인적 제작환경이 조성되어 기존의 대규모 대량 제작방식은 근본적으로 바뀌게 된다. 즉 방송기술의 디지털화는 프로그램 제작 및 편집, 가공 그리고 방송 프로그램의 편성에까지 광범위하고 다양한 영향력을 미칠 것으로 기대되는데, 이는 기획과 제작의 기능 및 부서의 분리, 전작제도의 도입, 영상제작 사업영역의 다각화, 개방형 제작체제로의 전환, 창의적 집단으로서의 제작담당자와 경영마인드를 갖춘 기획집단 요구 등으로 이어진다(김광호·정상윤, 2002).

이러한 변화는 점차적으로 한 사람이 다양한 업무를 수행한다는 점에서, 기존의 조직적 위계가 무너지고 직종간 분리보다는 업무중심의 조직구조로 변화가 이루어짐을 함축한다. 또한 하드웨어와 소프트웨어 담당자의 긴밀한 협조체제가 구축되어 궁극적으로는 PD, 엔지니어, 카메라맨, 특수영상제작진, 컴퓨터그래픽 및 미술요원 등 전 스텝의 통합운영이 불가피하게 된다. 인적, 물적 비효율성이 제거되고 직종간 통합에 따른 효과를 거둘 수 있게 된다.

이제까지 아날로그 체제하에서는 기술적인 분화에 따라 전문화된 담당자들이 그 역할을 분업적으로 담당해왔는데, 디지털 기술체제로 바뀌면서 한 사람이 제작의 전 과정을 책임지는 1인제작시스템(one-man production system), 또는 비디오저널리스트가 활성화되는 것이다. 또한 한 사람이 어느 한 가지의 영역에만 종사하기보다는 직종과 영역의 경계를 뛰어넘는 앵커듀서(뉴스PD, 기자 + PD), 리포듀서(리포터 + PD) 등 복합적 역할이 요구된다.

디지털 테크놀로지가 견인하는 새로운 미디어 환경의 등장은 새로운 직종을 낳는다. 젊은이들이 선망하는 방송에 대한 환경이 급변하면서 기존의 지상파 방송사에서 볼 수 없었던 방송인들이 양산되고 있다. 특히 케이블TV의 출현은 지상파TV에서 볼 수 없었던 신종 방송직종을 등장시키고 있으며, 위성방송 역시 수많은 새로운 방송 직업군을 만들어내고 있다.

영상세대이자 인터넷세대인 10, 20대 젊은이들도 이제 비디오자키(VJ) 등 케이블TV에 의해 새로 선보인 전문방송직으로 몰리는 추세다.

가장 눈길을 끌고 있는 직종은 비디오 자키(VJ). 음악전문 채널 m.net와 KMTV, MTV 등에서 뮤직 비디오나 가수들의 노래를 소개하며 프로그램을 이끌어가는 비디오 자키는 100여 명에 달한다.

각 케이블TV에서 매년 한두 차례 VJ 선발대회를 개최하고 있는데, 300대 1의 높은 경쟁률을 보일 정도로 인기다. 대학 졸업생은 물론 재학생, 고등학생들까지도 VJ에 응모하고 있다. 응모자들은 음악적 감각과 지식뿐만 아니라 방송에 필요한 진행 솜씨까지 갖추고 있다.

현재 VJ가 되는 길은 음악전문 케이블TV에서 정기적으로 실시하는 선발대회를 통하는 것이 가장 빠르다. 또한 연기자나 가수 중에서 방송 진행솜씨가 돋보이면 VJ로 나갈 수 있다. 음악과 춤, 그리고 연기를 할 수 있는 VJ는 젊은이의 취향에 딱 맞는 직업이다.

어린이와 청소년 사이에 불고 있는 컴퓨터 게임 열풍을 타고 생긴 게임채널에서는 '게임 자키'와 '게임 캐스터'라는 신종 직업을 등장시켰다. 온게임넷 등 게임 채널에서 게임과 관련한 정보를 재미있게 전달하는 게임 자키와, 스타크래프트 대회를 비롯한 경기를 중계하는 게임 캐스터는 50여 명에 달한다. 게임 채널이 급격하게 늘어나고 있어 게임 자키와 게임 캐스터들의 수요는 앞으로도 계속될 전망이다.

대학 졸업자들에게 인기직종으로 부상하고 있는 쇼핑호스트 역시 케이블TV 출현으로 새로 등장한 직업이다. LG홈쇼핑, CJ39쇼핑 등 홈쇼핑채널에서 상품을 소개하고 시청자들에게 판매하는 역할을 한다. 특히 쇼핑호스트들은 판매액에 따라 능력급이 지급되기 때문에 젊은이들은 한번쯤 도전할 만한 직업이다. 쇼핑호스트는 홈쇼핑채널에서 1년에 한두 차례 정기적으로 모집한다. 쇼핑호스트는 리포터 등 방송 경력이 있으면 유리하다.

프로그램을 직접 제작하고 방송하고픈 젊은이들의 욕구를 충족시켜주는 것은 비디오 저널리스트(VJ)다. 화제의 인물이나 사건 등을 추적해 혼자서 촬영하고 편집하고 방송하는 비디오 저널리스트의 등장은 케이블 다큐멘터리 전문채널 Q채널과 CTN의 출현과 맥을 같이한다. 우수한 비디오 저널리스트들은 KBS 'VJ특공

대' 등에 진출해 지상파 방송도 하고 있다. 비디오 저널리스트에 대한 관심과 인기는 비디오 저널리스트들을 양성하는 학원까지 등장시켰다.

최근 방송되기 시작한 부동산 채널에서는 부동산 자키라는, 이전까지는 보지 못한 직업을 선보였다. 다양한 부동산 정보를 신속하고 알기 쉽게 설명하는 부동산 자키는 시청자의 관심에 비례해 인기를 얻고 있다. 또 요리를 하면서 요리법을 설명하는 쿠킹 호스트, 영어로 뉴스를 전달하는 영어 뉴스캐스터, 애니메이션만을 전문으로 더빙하는 만화 성우, 경마 경기를 중계하는 경마 캐스터, 각종 방송 프로그램 안내만을 담당하는 프로그램 자키 등이 케이블TV 등장으로 생긴 신종 방송관련 직업이다.

이런 새로운 직종의 방송인들은 최근 활동 영역을 지상파 TV로 넓혀 방송 3사에서도 맹활약 중이다. 인기 비디오자키들은 연예정보프로그램 등의 리포터로 나서고 있다. 케이블TV 출현은 새로운 직업을 등장시킴과 동시에 풍부한 방송인력을 지상파 TV에 공급하는 역할도 하고 있는 것이다.

3) 연예인 파워의 강화

1990년대 초반까지 방송사 PD는 강력한 파워를 가진 권력자였다. 연예인이나 기획사에게 이들의 말은 곧 법이었고 지상명령이었다. 그러나 방송매니지먼트가 출현하면서 이러한 흐름은 완전히 전환되었다. 최근 방송사 프로듀서들은 스타급 연예인들을 서로 자기 프로그램에 출연시키기 위해 동분서주한다. 상대적인 우위에 서게 된 연예인들이나 매니지먼트회사들은 프로그램을 골라가며 출연하는 등 그 영향력이 날로 커지고 있다. 대형 엔터테인먼트 업체들이 강력한 대중문화 파워를 형성하고 있기 때문이다. 예컨대 SM엔터테인먼트가 자사 소속 가수에 대한 비판적 보도를 한 SBS에 출연을 하지 않겠다고 선언했던 것, 비판적인 보도를 했던 스포츠지와 소송을 진행했던 것도 이들의 파워를 입증한다. SM엔터테인먼트를 비롯해 대영AV, 예당엔터테인먼트 등은 코스닥에 등록된 기업으로, 소속 인기 연예인을 무기로 목소리를 높이고 있다. 드라마에 출연하는 탤런트의 출연료는 천정부지로 치솟고 있다. 유명 배우를 섭외하기 위해서 며칠간 집 앞에서 기다리는 일화도 적지 않게 소개되고 있다.

연예인 파워의 강화는 정치참여 분야에서 뚜렷하게 증명되고 있다. 과거 연예

<표 10-1> 국내 기획사들의 방송진출 현황

기획사	진출 및 관계방송(프로그램)	제휴 및 파트너십
예당엔터테인먼트	매체보유; 웨딩TV, ETN	서태지 컴퍼니와 포괄적인 사업제휴, 엔터테인먼트 사업 공동추진
도레미미디어	매체보유; 채널V코리아	애니메이션 제작사 에펙스디지털, 브랜드 비지니스 업체 칼숲디자인, 인터넷음악사이트 나눔기술과 제휴
대영AV	매체보유; KMTV	아이스타네트워크 등과 제휴
SM엔터테인먼트	프로그램 공급; SBS(토요일이 온다)	코리아스포츠네트워크(스피드레저채널 운영)와 방송콘텐츠 기획·제작, 공연기획, 광고마케팅 등을 공동추진
팬엔터테인먼트	프로그램 공급; KBS(겨울연가)	
YBM서울음반	지분참여; 채널V코리아	
가오닉스	합병; 영화투자 및 비디오유통 사인 스타맥스	JS픽처스(TV드라마 제작), 마이필름(영화제작), 가오닉스뮤직(음반제작) 등의 계열사

인들의 정치 참여는 정부나 여당의 방침에 일방적으로 찬성하는 주장을 앵무새처럼 되풀이하는 데에 지나지 않았다. 대통령과 닮았다는 이유만으로 연예인이 TV 화면에서 퇴출되고 그 같은 부당함에 대해 연예인들이 한마디 말도 못하던 것이 불과 20년 전이다. 그때까지만 해도 대다수 연예인들은 정치나 사회현상에 대해서는 극히 무관심한 듯 보였다.

그러나 1997년 대선과 2002년 대선 기간 중 적지 않은 연예인들이 특정 후보를 지지하며 정치 현장에 나섰다. 또 각종 시민단체와 힘을 합치면서 연예인들의 목소리가 힘을 얻기 시작했다. 사회 전반적인 열린 분위기를 타고 연예인들이 자신의 목소리를 내기 시작한 것은 필연적인 결과라는 분석이 많다. 결국 이 같은 현상은 연예산업과 연예인의 사회적 신분상승을 증명해주는 일이다.

2. 고부가가치 문화산업의 부상과 영상산업

1) 문화산업의 부상

바야흐로 21세기는 문화의 시대이며, 현재 선진국을 비롯한 세계 여러 나라들은 보이게 또는 보이지 않게 치열한 문화전쟁을 하고 있다. 특히 오늘날 경제구조가 굴뚝경제(구경제)에서 서비스경제(신경제)로 그 중심축이 변화함에 따라 산업사회로부터 출현한 자본주의는 노동 및 생산양식의 관점에서 인간 생존에 필요한 생활수단을 영위하기 위한 상품생산체제로 발전하였는데, 후기산업사회로 진입하면서 여가 및 소비양식의 관점에서 상품화/상업화를 확대하기 위한 지배문화 재생산체제로 고도화하고 있다.

그 결과, 서비스경제의 무형자원(정보, 지식, 기술)이 산업경제의 유형자원(토지, 노동, 자본)보다 경제적 가치가 확대되고 있다. 이에 카스텔(Castells, 1989)은 지금의 사회를 '네트워크 사회'로 규정하고, 네트워크 사회의 경제를 '신경제(new economy)'로 파악하면서 그 특징으로서 "지식경제, 디지털경제, 가상적인 무형경제, 분자경제, 네트워크경제, 중간기능이 축소되는 경제, 집중산업(컴퓨팅, 통신, 콘텐츠)의 경제, 혁신기반의 경제, 소비자와 생산자간의 거리 축소, 지속적인 혁신, 즉시성의 경제, 글로벌경제, 다양한 사회적 문제의 야기와 불일치의 경제"로 묘사하였다.

오늘날 신경제는 서비스경제로 대표되고 있는데, 대부분의 OECD 국가들의 전체 경제활동 중 60% 이상을 서비스가 담당하고 있으며, 미국·영국 등 10개국은 70% 이상을 점유하고 있다. 우리나라의 경우, 국내총생산(GDP) 대비 서비스업 비중이 1980년에 34.3%에 불과했으나, 2000년에는 43.0%, 2001년에는 44.3%, 그리고 2002년에는 48.0%로 증가추세에 있다. 또한 전체 산업 중 서비스업의 고용비중도 1980년에 37.3%에서 2000년에는 61.4%, 2001년에는 62.6%, 2002년에는 64.5%로 늘어나고 있다(산업연구원, 2001.9: 3-4).

특히 서비스업 중에서 가장 성장이 두드러질 것으로 예상되는 업종으로 문화산업을 들 수 있는데, 우리나라의 경우, 현재(1999년) 문화산업(출판·인쇄, 영화, 비디오, 애니메이션, 게임, 음반, 신문·잡지, 방송, 광고, 캐릭터·공예 등)의 총 산출액은 20조 9,078억 원으로 전체 산업의 1.8%를 차지하고 있으며, 문화산업의 부가가치율은 제조업의 평균 부가가치율(30%)을 상회하고 있다. 더욱이 국내 7대 전통산업의 성장률(2000~2010년)이 자동차(3%), 조선(-3%), 철강(4%), 석유화학(3%), 일반기계(7%), 섬유(4%), 가전(6%)으로 연평균 성장률은 3.3%로 예측되고 있는 반면에, 국내 4대 엔터테인먼트산업의 성장률(1999~2003년)은 영화(18%), 음반(15%), 방송(25%), 게임(33%)으로 연평균 성장률이 22.8%로 보고되고 있다(문화관광부, 2000; 산업자원부, 2001; 현대경제연구원, 2003.3: 6).

이에 따라 디지털기술의 발전이 뉴미디어를 통해 현실화되고, 전 세계 미디어 시장이 단일화됨에 따라 미디어 업계의 무한경쟁과 재편이 시작되고 있다. 예컨대, 인터넷, 위성TV 등 뉴미디어 네트워크가 전 세계를 한데 묶어 수백 개 채널로 무한대의 정보 콘텐츠를 제공하는가 하면, 디지털TV, 위성TV, 셋톱박스 등 뉴미디어의 하드웨어와 운용체계, 기술표준 등을 둘러싼 시장선점 경쟁이 본격화되고 있기 때문이다.

특히 문화적 측면에서 디지털기술은 문화와 기술을 접합시킴으로써 문화가 생활 전면에 작용케 하였다. 이러한 문화의 생활화는 과거의 순수예술에 초점이 맞춰진 제한된 문화개념에서 역사적, 사회적, 교육적, 경제적, 윤리적, 예술적 가치가 있는 것으로 그 범위를 확장시켰으며, 주로 디지털기술에 의한 산업화, 상업화의 형태를 띤다. 결국 문화의 세기는 문화의 힘이 문화산업 형태로 일상생활에 작용하고 있으며, 오늘날 매스미디어의 문화라고 할 만큼 문화산업은 미디어에 의해 생산·유통되고 있다.

그 결과, 뉴미디어 업체는 언론기관이라기보다는 상업화된 기업으로 자리매김하고 있으며, 미디어의 주류가 공공성을 띤 독립적인 언론기관형에서 상업적 성격이 강한 시장의존(market-driven)형 콘텐츠 비즈니스로 이행하고 있다. 즉, 현대 미디어는 디지털과 e-비즈니스가 결합되는 제3세대 미디어로서 디지털 기술의 발전에 따라 언론, 통신, 정보, 문화콘텐츠 등이 상호 침투하는 영역간 융·복합의 역사라고 할 수 있다.

이와 같이, 기술발달에 따라 콘텐츠산업은 이제 단순산업에서 복합산업으로 변화했다. 예컨대 미국은 1997년 세계적으로 2010년 전후를 목표로 추진되고 있는 정보고속도로 계획들이 완성되기도 전에 화두를 '정보인프라'에서 '정보콘텐츠'로 바꾸었다. 미정부가 제시한 '전자상거래 기본 틀'이 그것인데, 여기에는 인터넷을 통한 전자출판물, 소프트웨어, 데이터베이스, 영상물 등 디지털 정보콘텐츠의 거래를 면세로 하자는 것이 포함되어 있다. 이제 '인프라'에서 '콘텐츠'로 '하드웨어'에서 '소프트웨어'로의 전환이 이루어지고 있는 것이다.

콘텐츠의 사전적인 의미는 두 가지가 있다. 첫째는 '내용, 알맹이, 목록' 등을 의미하며, 둘째는 '만족시키다. 기쁘게 하다' 등의 의미로 사용된다. 결국 콘텐츠의 본래적 의미는 (구체적인) 알맹이자 내용인 동시에 이를 통해 만족을 줄 수 있는 것이라는 의미로 유추 해석할 수 있다.

<표 10-2> 콘텐츠의 유형과 특성

유형	특성
멀티형 콘텐츠	영화나 애니메이션처럼 한번 제작된 콘텐츠가 다양한 유통경로를 통해 반복적으로 소비되는 콘텐츠
축적형 콘텐츠	정보가 데이터베이스로 축적되어 이용되는 콘텐츠
쌍방향형 콘텐츠	서로 정보를 주고받는 데 가치가 있는 콘텐츠로서 커뮤니케이션형 콘텐츠라고도 함
실시간 정보형 콘텐츠	신문과 텔레비전 뉴스 등 통신회사가 제공하는 속보성 가치가 있는 정보콘텐츠
수집·갱신형 콘텐츠	정기적으로 정보를 수집, 갱신하여 데이터베이스로 활용할 수 있는 콘텐츠

가장 널리 인용되는 개념으로서 콘텐츠는 논문, 서적, 문서의 내용이나 그 목차를 의미하는 과거의 개념을 넘어서 영화, 방송, 뉴스 등 미디어의 내용이나 게임, CD-ROM 타이틀 등 컴퓨터 관련 저작물의 내용을 지칭하는 용어로 사용되고 있다. 따라서 콘텐츠산업의 범위에는 출판, 정보서비스, 영상물, 게임 및 소프트웨어 등을 모두 포함하는 것으로 볼 수 있다. 이러한 개념에 의하면, 출판산업(신문, 서적, 잡지), 영상산업(영화, 비디오, 애니메이션, 방송), 음반산업, 통신산업 등 그 범위가 지나치게 확대되어 전체 윤곽을 잡기조차 어려운 실정이다(김원제, 1999).

일본멀티미디어 포럼이 간행한 <멀티미디어 현황과 전망, 1998>에서는 콘텐츠를 특성에 따라 <표 10-2>와 같이, 멀티형, 축적형, 쌍방향형, 실시간 정보형, 수집·갱신형 콘텐츠로 분류하고 있다.

한편 디지털 콘텐츠란, 콘텐츠를 디지털화하여 제작, 유통, 소비하는 산업 전체를 말한다. 디지털 콘텐츠는 문자, 소리, 화상, 데이터로 처리된 기존 정보콘텐츠와 정보사회에 새로 등장하는 멀티미디어 콘텐츠산업이 포함된다. 현재 디지털 콘텐츠산업의 추세는 인터넷상에서 유통되는 웹 콘텐츠가 더 우위에 있다. 문화콘텐츠산업은 문화예술 상품을 제작, 유통하는 산업을 말하며, 따라서 애니메이션, 음악, 게임, 출판만화, 캐릭터, 방송영상, 영화 등 미디어/엔터테인먼트 분야가 모두 문화콘텐츠에 포함된다.

이처럼 디지털 정보의 경제적 가치는 세 가지 측면에서 접근할 수 있는데, 첫째, 디지털 정보는 그 자체가 직접 판매의 대상이 된다. 소프트웨어, 데이터베이스, CD-ROM 등이 자체 가치를 가진 상품이다. 이는 디지털 자체가 콘텐츠라는 사실에서 비롯된다. 따라서 디지털이란 기술 그 자체 —그것이 하드웨어든 운영체

. <표 10-3> 세계 엔터테인먼트와 미디어소비에 대한 추이 및 전망

(단위: 백만 달러)

구분	2000	2001	2002	2003	2004	2005
영화	67,770	72,858	78,095	83,114	88,243	93,098
TV콘텐츠	259,174	277,794	305,105	330,085	361,098	388,642
음반	38,430	39,959	41,814	43,794	46,458	49,362
인터넷광고, 접속	40,202	50,109	59,399	69,067	79,565	90,078
잡지	83,656	87,118	92,518	98,771	104,720	110,793
신문	155,206	161,196	168,730	177,271	186,570	196,693
도서출판	85,321	88,378	91,796	95,543	99,786	104,613
라디오, 옥외광고	47,798	50,555	54,686	58,985	63,607	68,557
테마파크	17,828	18,966	20,212	21,446	22,702	24,172
스포츠	35,213	37,165	41,866	44,054	48,078	50,409
합계	830,598	884,098	954,221	1,022,930	1,100,827	1,176,417
성장률(%)		6.4	7.9	7.2	7.6	6.9

자료: PricewaterhouseCoopers(2001).

제든 아니면 소프트웨어든—는 결국 콘텐츠의 제작과 유통, 소비를 위한 것이다. 둘째, 다른 상품의 재료로 사용돼 새로운 가치창출의 기반이 되거나 원가절감의 수단이 될 때 가치가 발생한다. 인터넷과 같은 상업적인 네트워크의 발전은 또 다른 측면에서 콘텐츠의 확산과 생산을 요구한다. 전통적인 아날로그 환경에서 콘텐츠, 특히 문화적 콘텐츠의 경우, 전통적인 미디어(신문, 방송, 출판 등) 기업을 중심으로 생산하고, 부가가치를 창출하는 형태를 띠었지만, 오늘날과 같은 인터넷 환경에서 콘텐츠는 미디어 기업뿐만 아니라, 인터넷을 경영하고자 하는 모든 기업들에게 절대적으로 필요한 것이다. 셋째, 가치의 자장수단으로서의 성격이다. 향후 보편화될 것으로 예측되는 'digital money'가 대표적인 예로 온라인 거래가 본격화되면 결제수단으로서 각광을 받게 될 것이다. 결국 디지털 정보는 경제적으로 유용한 가치의 원천이자 가치저장의 수단인 것이다(유병현, 1996: 58-66).

2001년을 기준으로 하여 전 세계 콘텐츠산업의 시장규모는 8,840억 달러 규모로 추정되며, 2005년에는 1조 1,700억 달러로 늘어날 것으로 전망된다. 성장률은 2005년까지 7.2%대를 나타낼 것으로 예측된다. 특히 인터넷과 모바일 네트워크에 기반한 디지털콘텐츠 부문은 비약적으로 확대될 전망이다.

국내의 방송, 게임 등 6개 분야의 시장규모가 2001년 기준으로 12조 원을 상회

<표 10-4> 국내 문화콘텐츠산업의 시장규모

(단위: 억 원)

구분	1999	2000	2001	증감률	
				1999/2000	2000/2001
음반	3,800	4,104	4,925	8	20
게임	9,014	11,134	14,454	23.5	29.8
방송	35,800	50,574	64,000	41.2	26.5
영화(비디오포함)	7,982	7,962	10,350	(0.2)	30
애니메이션	3,000	2,534	3,294	(15.5)	30
캐릭터	10,985	15,379	23,069	40	50
총계	70,581	91,687	120,092	29.9	29.8

자료: 문화관광부(2000.12).

하고 있다. 분야별 매출규모로는 방송이 6조 원대로 가장 크며, 캐릭터, 게임, 영화의 순으로 파악된다. 게임의 경우 비디오게임이 불법유통 등으로 정확한 집계가 안 되는 점을 감안하면 전체 규모는 파악된 1조 4,000억 원을 넘어설 것으로 추정된다. 출판, 신문, 광고, 공예 등을 추가한 국내 문화산업 전체 시장규모는 1999년에 20조 원을 넘어섰으며, 2001년에는 20조 원에 육박한 것으로 추산된다.

2) 방송영상산업의 위상변화 및 경쟁

현재 세계 방송환경은 대내외적으로 커다란 변혁기에 있다. 국내적으로는 방송의 디지털화를 통해 지상파 방송, 케이블 TV, 위성방송의 채널이 증가되어 방송사간의 경쟁이 가속화되고 있다. 전 세계적으로는 문화 및 미디어의 국제화와 세계화 이데올로기에 힘입어 국경을 초월한 방송이 일반화되어 방송영상물에 대한 수요가 증가함에 따라 방송영상산업의 중요성이 증대되고 있다.

특히 세계적인 경쟁의 틀 속에서 방송영상물은 지식과 기술의 창의력이 결집되어 생산되며, 창구효과(window effect) 및 원소스멀티유즈(OSMU)가 가능하다. 또한 멀티미디어로의 컨버전스를 통해 고부가가치를 창출할 뿐만 아니라 영상소프트웨어의 해외시장 진출로 국가 경쟁력을 강화시키는 주요한 산업이라 할 수 있다.

오늘날 세계 영상산업의 시장규모는 매체의 발전과 융합 등으로 급속히 확대되고 있다. 현재 방송영상시장의 규모는 영화·비디오시장의 3배 이상으로 전체

영상산업의 60~70%를 차지하고 있으며, 예컨대, 1999년도 세계 영상산업의 시장 규모는 연 2,000억 달러며, 매년 6~7%의 성장이 이루어지고 있다. 국내 시장의 경우, 2000년까지 연평균 자연성장률이 13% 정도 되어 2000년도 국내 영상시장 규모는 약 6조 5,000억 원이며, 이 중 방송영상시장 규모가 약 3조 5,000억 원으로 세계시장에서 차지하는 비율은 1% 정도로서 향후 디지털 위성방송 및 케이블방 송이 본격화되면 연평균 20% 정도 성장할 것으로 전망하고 있다(문화관광부, 2001.2).

방송 프로그램 시장에서 80%를 점유하며 세계적으로 절대적 우위를 확보하고 있는 미국의 경우, 거대 미디어 기업들간의 수직적 결합 역시 기존의 분리된 프 로그램 생산과 유통부문을 통합하여 국제 유통시장에서의 독점적 지위를 더욱 강화시킴으로서 세계시장에 대한 지배를 공고히 하고 있는 중이다. 또한 미국의 전략 중심에는 다국적 기업들의 활발한 활동이 공간을 초월하는 시장의 확장과 네트워크의 형성을 위해 거대자본을 경쟁적으로 투입하고 있다. 독일, 프랑스 등 유럽국가들과 일본, 호주 등 국가들도 역시 방송 프로그램의 국제 경쟁력 강화와 해외수출을 위한 다양한 전략을 모색 중에 있다.

예컨대, 이러한 세계화로 인해 한국의 문화와 경제영역에서 극명한 대립을 보 여주는 사례로서 한국영화 의무상영(연간 146일 이상)제도인 스크린쿼터제와 양자 (한·미) 투자협정(BIT)을 둘러싸고 문화관광부(영화관계자)와 재정경제부(외교통상부) 간의 대립양상을 들 수 있다. 이는 곧 미국과 우리나라 간의 무역마찰로 확대되 고 있다. 최근 공정거래위원회에서 스크린쿼터제가 불공정 경쟁으로 규정됨에 따 라 제한적 폐지 내지는 일부 축소 쪽으로 절충안도 제시되고 있으나, 뚜렷한 결 말 없이 난항을 계속하고 있다.

반면에 우리나라의 방송, 영화, 음악, 공연 등이 대만, 중국, 베트남, 일본 등지 로 수출되면서 '한류 열풍'에 의한 문화상품의 해외수출 전략이 큰 성과를 보이 고 있다. 이러한 문화분야에서의 한류 열풍은 경제분야로까지 확대되어 엄청난 부가가치를 창출하고 있다.

이와 같이, 기존의 영상은 주로 영화나 텔레비전의 한 장르로서 역할을 하면서 문화적이고, 예술적인 의미를 많이 띠었으나, 최근 커뮤니케이션 및 정보 테크놀 러지의 발전과 영상환경의 변화로 영상산업은 경제적·매체적 의미를 띠면서 새 로운 생산 패러다임을 창출시키고 있다. 이 영상산업의 새로운 패러다임이 갖는 특성들을 살펴보면 다음과 같다(김택환, 1999.4: 287-288).

첫째, 영상물의 고부가가치의 창출을 위해 '범위의 경제'를 추구하고 있다. 즉 매체의 다원화와 문화욕구의 다양화는 영상물의 대중화라는 관점보다는 오히려 개성화와 특화라는 관점이 영상산업의 지향점을 잘 설명해 주고 있다. 또한 영상물의 생산을 위한 높은 비용의 투자가 한 생산물을 고부가가치화를 위해 노력하게 된다는 것이다. 구체적인 예로 스필버그 감독의 <쥬라기 공원>을 들 수 있는데, 높은 제작비의 투자뿐만 아니라, 나아가 극장흥행에 성공한 필름을 텔레비전의 한 프로그램으로, 그리고 게임기의 오락프로그램으로 활용되고 있다는 점이다.

둘째, 영상산업의 전문화와 분업화를 통한 통합화이다. 영상산업은 몇 가지 특성을 띠고 있는데, 투기성, 창조성, 전문성, 문화성, 상업성, 오락성 등이다. 즉 영상산업은 창조적인 생산을 위한 기술, 인력, 경영의 전문화와 생산, 유통, 배급, 상영 등의 영역에서 통합화가 이루어지고 있다.

셋째, 영상산업에서 하드웨어 및 소프트웨어 건설 생산업체들간의 합작 및 연합이다. 선진국가들은 이미 영상산업의 중요성을 인식하고 새로운 시장개척에 노력하고 있으며, 이러한 새로운 시장개척에 효과적으로 대응할 수 있는 방안이 바로 영상산업에서 하드웨어와 소프트웨어 산업체들간의 연합 및 합병이다.

넷째, 국제적인 차원에서의 연합 및 합병이다. 국경 없는 세계사장의 형성과 자유로운 자본의 흐름 및 이동은 세계 영상시장을 둘러싼 경쟁에서 각 국의 영상기업들이 국제적인 연합 및 동맹전선을 펴고 있다. 이러한 현상은 주로 미국과 일본, 그리고 유럽을 중심으로 이루어지고 있다.

이처럼 영상산업의 산업화 논리는 기존의 문화규범적 논리를 완전히 대체하는 개념으로 받아들이기보다는 매체를 둘러싼 정치, 경제, 문화, 국제관계의 변화와 함께 정보통신기술의 발달이 가져온 것이라 할 수 있다. 국경을 초월하는 방송, 초국가적인 방송이 현실적으로 점차 낯설지 않는 상황이고 특히 냉전시대 이후 그 어느 때보다도 경제적 차원의 국익을 추구하는 방향으로 각 국가가 대외정책을 펴나가고 있는 실정에서 방송 및 영상분야는 정보통신산업과 함께 21세기를 주도해나갈 산업이며 이것을 선점하기 위한 경쟁이 치열하다. 이러한 영상산업이 갖는 특징은 다음과 같다.

첫째, 문화산업으로서 그 나라의 문화와 정서를 영상화하는 산업임을 강조할 수 있다. 다시 말해 문화에 자본과 기술이 접목되어 하나의 상품으로 생산되고 수용자는 이를 소비하는 소비자로 변하게 되었다. 과거에는 문화와 산업을 서로 상반되는 대립적 개념으로 인식해왔는데, 대중문화의 확산과 발전을 통해 소외된 대중의 문화향수권이 증대되고 이러한 문화향수층의 확대는 결과적으로 문화의 창조활동에 도움을 준다는 사실을 알게 됨으로써 문화산업에 대한 인식이 전환되었다.

둘째, 영상산업은 창조적인 사업으로서 제작자 또는 생산자의 아이디어와 재능 여하에 따라 산업의 성패가 좌우된다. 스필버그 감독이 제작한 영화 <쥬라기 공원>은 제작비가 6,000만 달러가 소요되었는데, 영화판매로 9,000만 달러, 캐릭터 사업으로 10억 달러의 수익을 올릴 수 있었다. 제조업의 경우, 대량생산과 합리화를 통해 원가를 절감하고 이를 대량으로 판매하여 이윤을 추구하고 있으나 영상산업은 매번 새로운 상품의 생산과 판매를 통하여 이윤을 추구하며, 그것이 얼마나 다른 상품과 차별화되느냐, 창작성·독창성이 있느냐가 최대의 관건이 된다. 즉 영상산업의 성패는 영상산업 종사자의 전문적인 수준과 그들의 창조적 상상력이 얼마나 잘 결합되어 상품이 생산되었느냐에 달려 있는 것이다.

셋째, 영상산업에는 영화처럼 하드웨어가 소요되지 않는 사업도 있지만 다른 영상산업의 경우에는 반드시 하드웨어가 수반하게 되는데, 특히 영상물의 유통에 유선이 활용되는 경우에는 막대한 자금이 소요되는 전송망의 구축이 필요하고, 영상물의 소비자도 컴퓨터, TV수상기, 컨버터, 위성수신기, VCR 등을 구비해야 한다. 이처럼 영상산업은 문화라는 내용물에 기술적인 요인이 가미되어 생산·유통·소비되는 산업으로서 엄청난 하드웨어 수요를 창출하는 사업이다.

넷째, 영상산업은 정보통신산업과도 중첩이 되는 부분이 있는데, 이러한 측면에서는 정보통신산업이 같은 특질들을 갖게 된다. 앞으로는 정보나 문자, 음성보다는 영상의 형태로 생산·유통·소비될 것이라는 전망을 보면, 정보화 사회에서는 영상이 자원으로서 부각될 것은 확실하며, 사회의 제반조직과 제도의 패턴이 될 것이고 권력이 될 수도 있는 것이다.

다섯째, 영상상품은 생산자체에는 다른 산업보다 더 많은 비용이 소요되나 이를 소비하기 위해 그 상품을 복제하는 것은 기술발전의 결과로 적은 경비를 들이고 가능해졌으며, 또 일반 가정에서도 복제가 가능해졌다. 뿐만 아니라 동일한 영상상품을 여러 가지 다른 방법으로도 판매하여 소비하도록 할 수 있어 적은 추가비용을 지출하고 높은 부가가치를 창출할 수 있게 되었다. 즉 영화 한 편을 극장에서도 사용할 수 있지만 비디오 테이프로도 복제·판매하거나 대여할 수 있으며

<표 10-5> 1980년대 말 영상의 창구별 양도시점(release window)

창구	최초 배포로부터의 기간(개월)
극장	0~4 +
해외 극장	4~18 +
홈 비디오	6~30 +
해외 홈 비디오	9~24 +
PPV 케이블TV	12~36 +
네트워크 방송	36~60 +
해외 방송국	48~60 +
베이직 케이블TV	66~72 +
지역방송국(신디케이션)	72 +

자료: The Economist(1989, December 23), B. M. Owen & S. S. Wildman(1992: 30).

TV나 케이블TV, 직접위성방송 등에서 방영할 수 있고, 이를 컴팩트디스크의 형태로 제작하여 컴퓨터를 통하여 이용할 수 있게 되었다.

한편 방송사 측에서 보면, 방송의 디지털 전환과 방송·통신산업의 융합은 채널과 매체의 수를 증가시키고 있으며, 이는 방송사업에 있어서 무한경쟁을 초래하여, 보다 다양한 시장을 창출하는 요인으로 작용하고 있다. 따라서 독점적, 중앙집권적인 방송시장구조가 경쟁적인 방송시장체제로 전환되고 있다.

다매체·다채널 시대가 야기한 근본적인 변화는 단순한 채널과 매체의 증가에 있는 것이 아니라 프로그램 상품의 생산과 유통에서 단일차원의 시장이 형성되었다는 점에서 찾을 수 있다. 이러한 단일시장 내에서는 동일시청자를 끌어들이기 위한 경쟁이 더욱 심화되고, 이는 양적으로는 시청자의 시청시간을 누가 더 많이 점유하느냐, 또한 질적으로는 어떠한 편성, 어떠한 프로그램으로 어떤 계층의 수용자를 확보할 것인가로 나타나게 된다(송해룡, 2003).

이러한 맥락에서 영화용 필름이 지상파에 방송되기까지의 창구효과는 그 기간이 점차 단축되고 있다. 1980년대 말 영화용 필름이 미국전역의 지상파에 방송되기까지 걸린 시간은 최장 6년이 소요되었다.

그런데 오늘날에는 빠르면 18개월, 길게 잡아 42개월이면 된다. 이는 전 세계적 현상으로 1980년대 상황과 현재의 상황을 비교해보면, 그 차이를 명확히 알 수 있다.

이제 방송사들은 한정된 시청자의 수와 시청자가 가지고 있는 한정된 시청시

<표 10-6> 21세기 영상의 창구별 양도시점

(단위: 개월)

국가	비디오 대여	비디오 판매	PPV	케이블/위성방송	지상파(무료)
프랑스	6~9	6~9	12	12~18	36
독일	6	6	9~12	12~18	36
일본	6	6	12	18	24
영국	6	12	9~12	18	36
미국*	3~6	4~6	5~7	프리미엄 12	18~42

* 기내 및 호텔 2~3, PPV 5~7, 프리미엄 채널 12, 지상파 네트워크 18~24, 신디케이트 36~42.
자료: Informa Media(2001. 10); 전석호(2003), 재인용.

간 등 비탄력적인 시청자 자원을 놓고 더욱 극심한 시청자 경쟁을 벌이게 되었다. 이러한 시청자 경쟁의 양상은 각 방송사의 편성전략에서 잘 드러나게 될 것이다.

3. 21세기 방송인의 역할과 과제

1) 방송인의 현실과 개혁과제

밀레니엄시대 대중과 신세대는 문자매체보다 영상에서 얻는 정보를 신봉하며 TV드라마나 광고에서 사용되는 패션 언어를 실생활에 사용하는 데 주저하지 않는다. 또한 이들은 논리와 연속성(아날로그 사고방식)을 통해 의사를 결정하는 것보다 단편적 즉흥적 판단으로 '좋다'와 '싫다'를 분명히 표현하는 데 익숙하다(디지털 사고방식). 영상문화 속에 펼쳐지는 대중예술인의 말과 행동은 대중과 신세대에 지대한 영향을 미친다. 문화는 유전에 의한 것이 아니라 학습을 통해 소속사회로부터 습득하고 전달받아 자연스럽게 형성되는 것이기 때문이다.

꾸준한 비판과 개선 노력에도 불구하고 방송 프로그램 중 연예나 드라마 부문의 저질성은 여전히 문제로 제기되고 있다. 지금도 안방에서 가족들이 모두 모여 앉아 TV를 보다가 부모와 자식, 형제들 간에도 말을 못하고 얼굴만 붉히는 경우가 적지 않다. 드라마에 출연하는 탤런트들은 그 얼굴이 그 얼굴인데도 시청자들은 할 수 없이 봐야 한다.

왜 이런가. 방송사간의 시청률 과다경쟁 풍토의 해악 때문이다. 방송사의 시청률 경쟁은 스타작가의 고료와 스타 탤런트의 캐스팅료를 올려놓았다. 나머지 탤런트들은 바늘구멍 같은 배역을 놓고 무서운 경쟁을 벌이지만 그 캐스팅 선택권은 제작자인 프로듀서의 손에 달려 있다.

국감자료 및 조합이 보유하고 있는 출연료 지급표를 보면 연기자들 사이에도 부익부 빈익빈으로 인한 계층 간의 갈등의 골이 깊어 있다. 대다수의 연기자들이 출연료로 생활하고 있음에도 불구하고 극히 일부를 제외한 전체 연기자들이 도시 최저 생계비에도 못 미치는 엄청난 생활고를 겪고 있다.

인기도와 연기력에 따라 결정되는 출연료의 격차는 너무 심각한 수준이다. 물론 연기력과 인기도에 따라 시청률에 영향을 주고, 그 시청률에 의해 광고 수주가 결정되고 있지만, 그 차이는 일반인의 상상을 초월한다. 수요와 공급의 불균형으로 인해 현재 휴직중인 연기자들의 수가 너무 많은 점도 문제점이다. 이럼에도 불구하고 방송사는 계속적으로 공채 연기자를 선발하며, 또한 배우의 겹치기 출연도 자제하지 않는 상황이다.

1999년 한국방송연예인 노동조합이 성우, 코미디언 404명의 의식 및 실태조사를 실시한 결과에 따르면 응답자 중 대부분이 현재의 캐스팅제도에 불만을 표시하고 근본적인 제도개선이 필요하다는 데 공감한 것으로 나타났다. 현재 캐스팅제도가 우선적으로 개선해야 할 사항에 대해 공정성이라고 응답한 연예인이 43.8%로 가장 많았다. 그 다음으로 예술성/완성도(20.2%), 비리척결(19.5%), 매니저 로비차단(11.2%), 특채 출연자들에 대한 체계적 관리(4.0%) 순으로 나타났다.

이에 대해 노조는 캐스팅문제를 해결하기 위해 방송사측·연출자·노조가 참여하는 '캐스팅위원회'를 구성해 공개오디션을 통한 캐스팅을 요구하고 있다. 캐스팅위원회가 만들어질 경우 캐스팅을 둘러싼 부정비리가 개선될 것이며, 연출자와 연기자간의 불신도 해소될 것이기 때문이다.

제작 환경은 극도로 열악한 상태이며, 제작 당일 대본이 탈고되고 현장에서 수정되는 것은 다반사다. 임시방편으로 장소가 섭외되고 연기자가 선정되어 아슬아슬하게 넘어가는 경우가 많다. 작품을 분석하고 성격을 창조할 시간도 주어지지 않으며 전력을 쏟을 수 없는 형편이다.

이에 대한 현실적 대안 중 하나로 외주 제작제도의 활성화를 적극적으로 고려

해야 한다. 방송사가 편성, 제작, 송출의 기능을 독점하고 있는 한국 방송시스템
은 개선되어야 한다. 독립제작사간의 상호 경쟁으로 우수한 영상물을 양산해낼
수 있다. 물론 독립제작사의 규모와 능력이 문제되기는 하지만 이러한 작업이 순
환되면 개선·발전될 것이다.

기획, 대본 완성, 연기자 선정, 촬영 등 제작이 방송 전에 이루어지는 전작제의
도입이 하루 빨리 이루어져야 한다. 전작제를 시행하면 완성도 높고 질 좋은 프
로그램이 생산될 수 있으며, 앞으로 제기된 시비도 제거될 수 있다. 시청률에 연
연하고 주안점을 거기에 두는 한은 PD·작가·연기자를 비롯해서 시청자까지 모두
가 피해자가 될 것이다.

그렇다면, 방송계의 구조적인 개혁을 위해 필요한 조치들은 무엇인가. 한국방
송연예인노동조합은 다음과 같은 9개 요구사항32)을 노사협의회에 제시하고 협상
을 진행중이다.

첫째, '방송연예인 인권선언'을 노·사 혹은 노·사 프로듀서 공동으로 만들어야 한
다. 방송국의 무분별한 시청률 경쟁과 그로 인한 인간의 기본권조차 유린되고 있는
상황에서 '방송연예인 인권선언'을 채택하고 모두가 자정운동을 전개해야 한다. 이를
위해 노·사 공동으로 인권선언문 작성을 위한 소위원회를 구성해야 한다.

둘째, 방송물의 재방송(재사용 방영)에 대한 연기자의 권리를 보장해야 한다. 지난
94년 1월 7일과, 95년 12월 16일 거듭 개정된 저작권법 제 75조 3항에는 "……실연
방송권은 '특약이 없는 한' 영상제작자에게 양도된 것으로 본다"라고 돼 있다. 제 75
조 3항의 적용은 5년 동안 유보됐는데 99년 7월 1일부터 노조와 방송사측이 특약을
맺을 경우 방송물의 재방송(재사용 방영)에 따른 권익을 보장해야 한다. [미국, 영국
등 선진국의 경우 Reuse라는 용어에 의해 재방송 출연료와 재사용 방영 출연료를 지
급하고 있다. 정규방송에 편성된 제작물이 토, 일요일에 나가는 방송은 재방송
(Rebroadcast), 공휴일이나 특별편성으로 이후에 다시 방송되는 것은 재사용 방영
(Repeat)임.]

셋째, 캐스팅위원회의 구성이다. 드라마 제작에 대한 예산권과 인사권을 지닌 방송
사측과 제작의 전 과정을 감독하는 프로듀서 그리고 출연진을 대표하는 방송연예인노
동조합이 '캐스팅 위원회'를 구성하고 공개 오디션을 통해 캐스팅이 이루어져야 한다.

넷째, 연예인 공개모집 제도를 재검토해야 한다. 탤런트 공개모집은 우리나라에서
만 볼 수 있는 독특한 제도이다. 기존의 TV연기자 수급패턴은 개방사회와 다매체 시
대로 접어든 밀레니엄에 적합한 제도라 할 수 없다. 방송사는 탤런트를 비롯한 TV연

---

32) 1999년 19월 한국방송연예인노동조합(방송연기자노동조합 전신)에서 주최한 공청회
이경호 위원장의 발제문 발췌 정리.

기자를 선발하고 양성하는 곳이 아니다. 탤런트의 선발, 양성, 육성은 전문 프로덕션이나 연기자협회 또는 극단에서 해야할 몫이다. 방송사가 여전히 이런 업무를 끼고 도는 것은 방송산업의 분업화와 저변확대에 반하는 것이다.

전속제도는 1960년대의 폐습이다. 전속제란 일종의 독점권이며 타인의 사용을 용인하지 않는 배타적인 제도이다. 연예인 공개모집제도의 과감한 폐지와 외부조달을 검토할 때이다. 탤런트의 선발, 양성, 육성은 전문 프로덕션이나 연기자협회 또는 노조 등에 과감히 넘겨 비용절감과 효율성을 높여야 한다.

다섯째, 가칭 '방송연예인의 날'을 지정한다. 단 이날은 모든 촬영 및 녹화가 없는 날이어야 한다. 사측은 이를 전폭적으로 지원한다.

여섯째, 외주 프로그램(프로덕션) 제작시 출연료 보장, 조합비 공제 협조

일곱째, 편성 시간대와 실제 방송시간이 다른 경우(예: <용의 눈물> —KBS, <일일연속극> —KBS, MBC) 해결

여덟째, 방송출연 연기자 촬영 중 사고에 대한 보험 현실화

아홉째, 조합 사무실 지원금(이전문제)

2) 전문직으로서의 방송인, 방송인의 조건

디지털 방송기술의 도입이 가져오는 변화는 한편으로는 거대화되고 있으며, 다른 한편으로는 전문화·소형화되고 있는데, 이러한 시장환경의 변화는 업계가 요구하는 인력의 유형에도 변화를 가져왔다. 거대화의 측면에서는 업무의 효율을 극대화하기 위하여 '전문기술자'가 아닌, 많은 전문성을 관리할 수 있는 '조정자'로서의 능력이 더 중요해졌음을 의미한다. 반면 전문·소형화의 경향은 다기능 수행자, 즉 '멀티플레이어(multiplayer)'를 요구한다.

해마다 각 방송사의 공채 경쟁률은 수백 대 일에 이른다. 또한 성공한 방송인들은 많은 사람들로부터 어떻게 하면 방송인이 될 수 있느냐는 질문을 받는다. 그토록 젊은 신세대들이 방송직을 선호하는 까닭은 자아실현과 경제적 안정의 두 가지 문제를 모두 만족시켜준다는 점 때문이다. 뿐만 아니라 대중에게 주는 영향이 대단하다.

열정(熱情). 방송인이 되고자 하는 사람의 필수조건이다. 다만 안정된 직업을 선호해서 방송사의 일을 생각한다면, 그런 사람은 오래 버틸 수 없는 곳이 바로 방송사이다. 방송사의 메커니즘 자체가 치열한 경쟁으로 이루어져 있으며, 그 경쟁에서 이기지 못하면 도태되는 곳이기 때문이다. 방송인이 되기 위해 필요한 조건들을 정리하면 다음과 같다.

첫째, 신선한 아이디어를 가져라. 방송인은 무언가를 끊임없이 창조해야 한다. 아무리 성격이 비슷한 프로그램이라 하더라도 재방송을 제외한 모든 프로그램은 새로 만들어지는 것이다. 시청자들은 끊임없이 참신하고 기발한 내용을 원한다. 흔히 아이디어 하면 PD나 작가의 머리에서만 나오는 것이라고 생각하기 쉬우나 그렇지 않다. 방송일은 함께 하는 작업이기 때문에 모든 제작 스텝의 창조적 아이디어가 어우러진다고 보는 것이 적절하다.

둘째, 객관적인 시각을 가져라. "만드는 사람이 좋아하는 인물이 아닌 대중이 원하는 인물을 찾아라." 방송초년생들의 금과옥조이다. 방송인은 끊임없이 대중의 감각을 읽어내고 대중이 원하는 바를 파악해내야 한다. 자칫 자신이 원하는 것을 대중도 원하고 있다고 착각할 수 있다. 따라서 방송인이라면 이런 함정에 빠지지 않도록 언제나 보편타당한 객관성을 지니고 있어야 한다. 물론 객관적이어야 하는 것은, 진행자나 연출자의 의도 없이 대중의 기호만을 추종한다는 의미는 아니다.

셋째, 순간적인 지혜를 가꾸어라. 간혹 미리 짜여진 대본대로 방송이 진행되지 않는 수가 있다. 특히 생방송일 경우에는 의외의 사고가 많이 발생한다. 이때 당황하는 것은 금물이다. 진정한 프로그램일수록 이런 일이 생길 때 자신의 진가를 발휘한다. 방송인에게는 돌발 상황에 유연하게 대처할 수 있는 재치와 순발력이 반드시 필요하다. 방송은 주저할 시간이 없다. 방송은 분과 초를 다투며 진행하는 철저한 시간과의 싸움이다. 현명한 진행자는 적절한 시간안배 기술을 발휘할 수 있어야 한다.

방송전문직종에 필요한 자질 및 방송사 공채시 준비사항

-기자
· 호감가는 외모와 신뢰성
· 듣기 편하고 진실해 보이는 음성
· 4년제 이상의 학력
· 800점 이상의 토익점수
· 풍부한 상식과 논리력 있는 말솜씨

-PD
· 창의성, 끼, 영상감각, 인내심
· 4년제 이상의 학력
· 일정수준 이상의 공인영어 성적
· 국어, 영어, 상식, 논술 시험 준비

-아나운서
· 호감가는 외모와 음성
· 체계적 발성훈련
· 풍부한 교양과 달변을 위한 다양한 장르의 독서
· 능숙한 외국어 능력

-카메라맨
· 평균 이상의 키와 체력
· 영상감각과 영상이론 체계화
· 영상 및 사진관련 학과 출신 유리
· 가능하면 2년제대학 졸업 이상의 학력

넷째, 공동체 의식을 가져라. 하나의 프로그램은 여러 사람이 어울려 만드는 작품이다. 프로그램에 출연하는 출연자들뿐 아니라 눈에 보이지 않는 제작스텝들까지 모두 호흡을 맞추어야 좋은 프로그램이 만들어질 수 있다. 이때 가장 중요한 역할을 하는 것은 원만한 성격이다. 모든 사람을 친구처럼 대하는 넓은 마음을 가져야 한다.

최근 방송인력 채용의 특징은 지상파의 경우 제작인력 중심으로 소수채용, 능력중시, 케이블TV·위성방송의 경우 경력직 우대, 수시채용, 영업마케팅 인력우대, 비정규직 선호 등이다.

소수, 수시채용, 능력 중시 풍조로 바뀌는 이유는 산업사회에서 지식사회로 전환하는 시점에서 전문인력이 강조되고 경기침체로 인건비 부담을 줄이고 인터넷 확산으로 수시로 필요한 인원을 모집할 수 있기 때문이다. 경력직을 선호하는 이유는 매체환경이 급변하는 시기에 시장의 흐름을 기민하게 파악하고 그 시장에 맞게 적응할 수 있는 검증된 인력이 필요하기 때문이다. 또한 검증되지 않은 신규인력을 채용해 돈과 시간을 들이는 것에 비해 경력직이 효율적이라는 기업의 경제적 판단도 깔려 있다. 비정규직을 선호하는 이유는 정규직에 비해 일용직이나 계약직 등은 인건비가 저렴한 편이고 고용의 유연성을 높일 수 있는 장점 때문이다.

때문에 방송전문 직종으로 나아가기 위한 준비생들은 각 매체나 방송사의 인터넷 홈페이지를 수시로 참조하고 만족할 만한 회사는 아니더라도 눈높이를 낮춰 관련분야에서 경험을 쌓아두는 것도 좋은 방법이다.

3) 방송인의 윤리와 자질

방송인, 연예인들의 불미스러운 행태나 범법 행위로 인한 윤리문제는 끊임없이 제기되는 문제 중 하나이다. 인기 연예인들의 원조교제, 성폭행, 음주운전, 마약, 음란물 등 불미스러운 사건들이 잇따르면서도, 물의를 빚었던 연예인들은 잠시 물러났다가 조기에 방송에 복귀하는 일이 다반사로 이루어지고 있다.

어떤 여배우는 무면허 음주운전 사고를 내고도 바로 일일극의 주인공으로 캐스팅되기도 했으며, FM과 인터넷 생방송에서 욕설을 퍼부어 물의를 일으켰던 탤런트의 경우도 진행 프로그램을 스스로 물러나기는 했지만, 이미 출연이 결정된 상태였다면서 곧바로 드라마에 출연하기도 했고 다시 라디오의 그 프로그램의 진행자로 활약하고 있다.

라디오방송을 진행하던 남성 DJ는 음주운전 사고로 물의를 일으키자 일단 프로그램 진행은 물러섰으나, 한 달도 안 된 상태에서 다시 방송에 복귀했다. 그리고 게시판에 비판 글을 올린 청취자에게 전화로 폭언을 퍼부어 물의를 빚자 사퇴한 적도 있다. 최근 지방 순회 방송 중 '음주방송'을 해 결국 물러났다. 한때 대마초 흡입사건으로 법원에서 벌금형을 선고받았던 개그맨의 경우도 아무런 거리낌 없이 방송에 복귀하여 활발한 연예활동을 계속하고 있다.

이처럼 물의를 일으킨 연예인들이 아무 죄책감 없이 방송에 복귀할 수 있는 현상은, 인기만 있으면 상관없다는 제작진의 태도나, 물의를 일으킨 연예인이 오히려 시청자들의 관심을 더 끌 수 있다는 생각에 기인한다고 하겠다.

언론사의 기자, PD들이 권력형 부정사건에 연루되는 경우는 보다 심각한 문제를 야기한다. 각종 게이트에 관련된 기자들의 이름이 거명되는 상황이고, PD는 고발프로그램을 방영하지 않는 조건으로 많은 액수의 뇌물을 받기도 한다. 촌지 수수나 공짜여행은 한국 언론계의 고질적인 병폐로 지적된다. 언론인이 기사와 관련하여 금품을 받아서는 안 된다는 것은 각종 언론윤리강령에 규정된 초보적인 윤리규범이다. 특히 주식에 관해서는, 1996년에 개정된 신문윤리실천요강이 기자는 자기 또는 친인척이 보유한 주식에 관한 기사를 쓰거나 주식시장 담당기자가 주식투자를 하는 것까지를 금하는 엄격한 규정을 두고 있다.

그럼에도 불구하고 언론윤리위반사건, 특히 언론인의 품위에 관련된 규정들이 사문화되다시피 하는 이유는 기자 및 PD의 윤리의식 타락 때문이다. 또한 황금만능풍조와 뇌물사건으로 처벌을 받은 사람들이 활개를 치는 한국의 사회풍토에도 원인이 있다.

이러한 문제들은 방송사의 구조적 노력도 필요하지만, 무엇보다도 방송연예인들 스스로의 도덕적 자세와 전문가적 직업윤리가 요구되는 문제들이다.

윤리는 개인과 개인의 상호 작용의 관계를 맺는 원리이며, 사회질서를 유지하고 발전시키는 원리이다. 윤리에는 사회의 모든 구성원들에게 적용되는 보편적 윤리와 특정한 집단이나 조직 내에서만 적용되는 특수윤리가 있다. 특히 현대와 같이 직업의 종류가 다양해지고, 수많은 조직과 집단이 존재하는 분업화된 사회에서는 각 집단이나 조직, 직업마다 특수윤리가 존재한다. 연예인은 방송의 영향

력에 기인하는 만큼 그 파급효과가 강력한 집단이다. 따라서 다른 어떤 집단보다
도 투철한 윤리의식을 가져야 하는 것이다.

물론 연예인도 개인이기 때문에 프라이버시는 보호받아야 마땅하나 그들의 비
윤리적인 행동에 면죄부가 주어질 수 없는 가장 큰 이유는 산업사회에서 대중들
에게 가장 많은 영향을 끼치는 사람들이기 때문이다. 그런 면에서 대중에게 값싼
감각과 유행만을 전해주는 연예인이 아닌, 대중들의 정신을 이끌어갈 스타가 되
어야 하는 것이다.

한편, 최근 연예인의 자질 및 윤리 문제 등에 대해 시청자, 네티즌들의 직접적
안티반응은 주목할 만한 변화이다. 예컨대, 2003년 8월 SM엔터테인먼트는 소속
가수를 비방하고 희화화한 사진을 인터넷에 올린 네티즌 70명을 무더기 고소했
다. 이는 연예인에 대한 인신모독 등 연예인 비방이 위험수위를 넘어섰다는 측면
에서 위험한 일이기도 하지만, 방송사의 연예프로그램이 스타 모시기에 급급하고
연예인 홍보의 장으로 전락한 현실을 비판적으로 바라보게 한다.

현재 인터넷 카페에는 수많은 연예인 안티모임들이 있는데, 연예인에 대한 거
침없는 비판이 넘친다. 연예인의 사건, 사고, 부적절한 언행, 스캔들 등 연예인의
자질에 대한 냉소적 시각을 보여준다. 특정 연예인을 비난하며 거짓 사실을 유포
하는 안티 팬클럽이 아니라, 연예문화 전반을 비판하는 게시판이 급속도로 세력
을 확장하는 것이 최근의 추세이다. 이러한 현상이 범람하는 이유는, 책임 있는
언론 매체가 자질 없는 연예인을 제대로 걸러내지 못하기 때문이라고 하겠다. 때
문에 연예인의 잘못된 행동에 대해 팬들이 직접 나서서 책임을 묻기 시작한 것이
다. 보다 확대해 평가하면, 방송 및 대중문화산업에 대한 직접적인 감시활동이라
고 하겠다. 연예인에 대한 비판이 많아지는 것은 이들이 이미 우리 사회의 주요
한 문화권력이 됐음을 증명하는 것이다.

4. 방송인력 수급 및 방송인 양성

방송 프로그램은 지력, 사상, 정서 및 창의력 등 고유한 인간자산을 생산요소
로 사용하는 의식창작상품이며 인간의 지식과 기술에 의존하는 인간집약적인 산
업이기 때문에 방송현업의 제작 및 응용기술의 고도화 및 개발 기술의 활용을 위

한 전문인력의 양성을 위한 체계적인 교육프로그램 마련과 이에 대한 지원대책이 필요하다.

현대사회에서 차지하는 방송의 강력한 힘이나 방송이 져야 할 공공적 책임 면에서 볼 때, 방송제작기술인 양성의 문제는 사회적, 공익적 차원에서 법조인이나 의사 양성과 비교하여 그 비중이 떨어지지 않는다. 따라서 방송제작기술 인력의 양성 문제는 개인영역에 맡겨져야 하는 성질의 것이 아니라, 공적인 차원에서 중요한 사회적 이슈로 다루어져야 한다.

그러나 방송제작인력의 양성 문제는 방송사의 행정명령이나 제도적 조치만으로 해결되는 것도 아니고, 방송 관련 대학 학과 자체의 힘만으로 성취될 수 있는 문제도 아니다. 이러한 점에서 문제 해결을 위한 적절한 방법론을 찾기가 어려운 실정이다.

결국 방송제작인력의 양성 및 수급 불균형에서 파생되는 문제와 유기적 방송제작인력 교육체계의 미비에서 생기는 전근대성과 비효율성을 적극적으로 해결하려는 노력이 국가적 사회적 차원에서 긴급히 요구된다.

방송인력양성의 중요성은 크게 산업적 측면과 문화적 측면에서 살펴볼 수 있다(김광호, 2001). 먼저 산업적 측면에서 방송시장의 세계화와 복합화에 적극 대응하기 위한 미래의 고부가가치를 창출하는 하나의 상품으로서 방송 프로그램의 경쟁력이 필요하다. 경쟁력 있는 방송 프로그램을 만들어내기 위해서는 방송제작인력이 가장 중요한 요소가 되며 이들 방송인력자원의 개발과 전문성 함양은 방송산업의 경쟁력과 생산성에 직결되어 있다. 이렇게 볼 때 방송인력 교육은 단순한 비용이 아니라 방송 프로그램의 질적 향상과 방송기업의 성장과 이윤을 위한 투자이며 방송산업발전의 근간이라 할 수 있다.

방송의 사회·문화적 측면에서 볼 때 현재 방송채널의 다양화를 통해 문화기구로서의 방송의 중요성과 국민에 대한 파급성·영향력은 날로 증대하고 있으며 질 높은 방송 그리고 시청자들의 다양한 욕구를 충족시키기 위한 방송에 대한 국민의 요구도 높아지고 있다. 문화적인 측면에서 좋은 방송이 역시 재능 있는 유능한 사람이 만들 수 있으며 제작인력의 질이 방송 프로그램의 질과 직결되어 있기 때문에 앞으로 방송·영상문화의 역량을 강화하고 방송 프로그램의 질적인 발전을 위해서는 방송인력에 대한 적극적인 투자가 필수적으로 요청된다.

방송인력은 사회 구성원으로서 창조적인 사회발전에 기여할 수 있어야 하며 개인의 무한한 가능성 또한 개발되어야 한다. 이러한 목적에 부응하는 탐구적이며 창조적인 인간의 개발은 개성의 존중과 함께 자발적인 직업의식, 풍부한 사고력을 촉진시킬 수 있는 다양한 교육자원에 의해 이루어질 수 있을 것이다. 왜냐하면 창의적인 인간개발은 경직되고 폐쇄적이며 침체된 분위기에서보다 융통성 있고 개방적이며 다양한 교육환경에서 쉽게 이루어질 수 있기 때문이다.

이런 점에서 방송 전문인 교육의 중요성은 날로 증가되고 있다. 특히 디지털방송시대에 있어 가장 중요한 부문중의 하나가 바로 디지털 방송을 이끌어갈 인력양성이며 이를 위해서는 방송현업의 제작 및 응용기술의 고도화 및 개발 기술의 활용을 위한 전문인력의 양성의 체계적인 교육프로그램 마련이 요청된다.

특히 위성방송의 출현과 디지털 지상파 TV방송의 도입 등으로 인해 매체와 채널의 수가 기하급수적으로 증가할 것으로 판단됨에 따라 방송 제작인력의 수요는 그에 비례하여 증가할 것이라고 추정이 된다. 간과할 수 없는 사실은 방송제작 인력의 수적 증가뿐만 아니라 디지털 방송환경에 대응할 수 있는 양질의 인력이 수급될 수 있는가의 문제가 중요하다. 방송의 디지털화는 향후 첫째, 기획과 제작기능의 분리 및 기획부서와 제작부서의 분리, 둘째, 전작제도의 도입 셋째, 캐릭터 비디오 사업 등 영상제작 사업영역의 다각화, 넷째, 개방형 제작 체제로의 전환, 다섯째, 창의적 집단으로서의 제작담당자와 경영마인드를 갖춘 기획 집단에 대한 요구 등을 생각할 수 있으며 이러한 다변화를 충족시키기 위한 인력의 수요 예측이 필요하다.

디지털 방송환경에서 영상제작 전문인력은 각 담당 영역별 기술은 더욱 다양해지고 심화될 전망인 반면, 전반적으로는 각 영역별로 통합적인 제작 환경을 제공해 줄 수 있을 것으로 기대된다. 단순히 촬영장비들만의 교체가 아닌 제작, 편집, 송출, 가공 전반이 디지털 기반으로 전환하는 것이기 때문에, 궁극적으로는 아날로그 방송환경에서와는 전혀 다른 새로운 영상문법을 요구하게 되고 이에 적합한 인력의 양성 및 교육은 더욱 절실하게 될 것이다.

1) 디지털 시대 방송인력과 수급문제

신기술의 도입은 경영전략, 작업조직, 노사관계의 변화를 초래했다. 전기기계적 기술 단계에서는 노동조합의 작업조직에 대한 통제가 강하며 작업조직 또한 연속적이며 분화적이었지만, 디지털 전환에 따라 위축되었던 경영이 공세적으로 변하고 노동조합은 어느 정도의 저항 후에 조직발전에 협조하며 참여적이 되고 방송사 조직은 비선형적인 네트워크 조직으로 변하고 있는 추세이다.

디지털시대 방송산업 고용관계의 특징은 비정규직화와 여성인력의 증가이다. 비정규 고용으로서의 프리랜서가 증가하고 있으며 이러한 비정규직화는 노사관계의 권력균형을 사용자 편으로 기울게 한다. 특히, 독립제작사의 증가, 제작조직의 네트워크화라는 새로운 제작조직화의 과정에서 이러한 프리랜서의 증가경향이 심화되고 있다. 방송산업의 비정규 고용은 프리랜서라고 불리는 고학력, 전문적인 인력의 문제만은 아니다. 케이블과 같은 뉴미디어의 등장은 미디어직업의 경계를 확대시켜 영업, A/S설치 및 고객서비스 분야의 비정규고용을 증가시키고 있다.

최근의 방송산업 여성노동시장의 특징은 여성노동에 대한 수요증대와 더불어 다양한 직종으로 그 수요가 확대되고 있다는 점이다. 미디어 기술의 발달, 뉴미디어의 등장으로 인해 새로운 직종으로 여성의 진출이 확대되고 있다. 여성이 새롭게 진출하는 부문은 과거처럼 카메라 앞에만 한정된 직종이 아니라 카메라 뒤의 제작부문도 포함한다. 특히 디지털기술의 도입에 따른 장비의 경량화와 직무의 탈숙련화는 여성인력의 제작부문에의 진입을 용이하게 하고 있어 여성 PD, 여성 촬영기사를 만나는 것이 어렵지 않게 되었다. 또한 뉴미디어 부문의 홈쇼핑 채널의 쇼핑호스트, 오락프로그램의 리포터, 컴퓨터기술의 확산에 따른 컴퓨터 그래픽, 1인제작의 비디오저널리스트 등의 직종에 여성 방송인력의 진입이 현저하다. 특히, 후반부작업의 중요성이 증가함에 따라 이 분야에서의 여성인력의 수요가 증가하는 등 방송산업에서도 노동시장의 여성화 현상이 급격하게 진행되고 있다. 하지만 이러한 여성 노동력의 증가추세에도 불구하고 직업의 성별분화 및 기술과 서열에 있어서의 분화는 남성노동시장과 여성노동시장의 차별을 더욱 유지시키고 있으며 어느 면에서는 강화시키고 있다.

국내 방송산업 종사자 수는 총 2001년 현재 총 5만 7,000여 명에 이르는 것으로 추정된다. 또한 국내 방송사업자(지상파, 케이블, 위성방송)의 인력규모는 2001년 현재 약 2만 8,000여 명으로 집계되고 있으며 이 중 지상파방송은 1만 3,000여 명으로 약 46%를 차지하고 있으며, 종합유선방송과 중계유선방송을 합한 유선방송사업 종사자가 7,800여 명으로 약 27%, 방송 프로그램 제공업에 해당하는 방송

<표 10-7> 방송인력 직종별 인원구성비 변화 추이

구분		직종별 인원구성비 추이(%)				
		1996	1998	1999	2000	2001
전체		100.0	100.0	100.0	100.0	100.0
임원		1.5	1.7	1.8	3.8	4.6
관리행정		15.4	16.8	13.8	14.0	15.1
방송직	PD	9.1	12.5	11.3	10.0	9.9
	기자	10.9	10.5	9.2	7.4	7.9
	아나운서	2.4	2.3	2.1	2.0	2.0
	기타방송	11.7	11.6	11.4	8.5	6.4
	소계	34.2	36.9	34.1	28.0	26.1
기술(연구)		24.7	25.6	21.7	28.9	21.4
영업홍보		2.0	2.4	8.2	6.6	6.6
용역계약		0	0	10.2	12.1	20.0
기타		22.2	16.6	10.3	56.7	6.2

자료: 방송위원회, 『방송산업 실태조사 보고서』.

채널사용사업자의 종사자가 7,500여 명으로 약 26%를 차지하고 있다.

2001년 현재 전체 방송산업에서 직종별 분포는 방송제작직, 기술직, 용역직, 관리행정직의 순서로 나타나 방송제작의 비중이 가장 높은 것을 알 수 있다. 지난 5년간 방송사업자의 직종별 노동시장의 구조를 살펴보았을 때, 그 비중이 증가한 것은 임원, 영업·홍보, 용역계약직이라는 것을 알 수 있고, PD를 제외한 방송제작직, 기술은 그 비중이 오히려 감소하였으며, 관리·행정은 비슷한 수준을 유지하는 것으로 나타났다.

임원과 용역계약직의 증가는 방송사업자 노동시장의 양극화추세가 강화되는 것과 연관이 있으며, 특히 용역계약직의 증가는 방송산업의 비정규직화 추세를 잘 반영하는 것이라고 할 수 있다. 한편, 영업홍보직의 증가와 제작직 및 기술직의 감소는 최근 방송산업의 직업구성의 변화를 잘 나타내주는 것이라고 할 수 있다.

방송산업 인력수급 전망은 2002년까지는 공급과잉으로 나타난다. 사실 공급초과는 현재 방송산업 인력에 대한 많은 연구에서 지적되고 있는 인력수급의 문제라고 할 수 있다. 이에 현 상황에서 방송인력 수급문제에 대한 대책을 정리하면 다음과 같다(강익희·윤재식, 2002).

첫째, 방송시장 구조의 왜곡의 개선이다. 국내 방송산업 인력수급의 문제는 단지 특정분야의 핵심인력부족에서 더 나아가 왜곡된 수급구조의 개선을 요구하고 있다. 지상파 독과점에 따른 인력수급의 왜곡은 세계화·다매체 시대에 다양한 부문에서 신속하고 유연하게 시장상황에 적응하는 경쟁력 있는 인력체계의 구축을 가로막는 것이다. 따라서 방송산업 인력정책은 지상파 독점적인 인력수급을 개선하는 것부터 시작하여야 하는데, 그것은 매체간의 균형발전을 위한 정책으로부터 시작해야 한다. 즉 케이블TV와 독립제작사 부문이 활성화되었을 때 인력의 효율적인 수급이 이루어지고 국내 방송산업의 경쟁력이 제고될 수 있으며, 근본적으로는 방송노동인력의 복지 또한 향상되는 것이다.

둘째, 프리랜서에 대한 투자이다. 방송산업 노동시장의 비정규직 문제는 다른 산업과는 성격이 다르다. 방송산업은 초기부터 비정규직으로서의 프리랜서가 활발히 활동해왔으며, 이는 창의적인 직무를 담당하는 작가, 프로듀서 등 예술가 노동시장에 속해 있는 근로자들이 선호하는 고용관계라고 할 수 있다. 하지만 비정규직은 노동의 유연화로 인해서 다른 분야의 방송인력에게도 확대되고 있는 실정이다. 특히, 프로그램 제작부문의 활성화가 요구되고 이 부문이 비정규직인 프리랜서를 가장 많이 고용한다고 가정한다면 향후 방송인력수급에서 비정규직의 문제는 어떤 방송인력문제보다도 중요하다고 할 것이다. 이러한 프리랜서의 문제를 다루는 방법은 이들에 대한 체계적인 교육과 훈련으로 보다 개인적 역량을 증대시키고 취업에 관한 정보를 제공하여 인력수급을 원활하게 하여야 한다. 이를 위해서는 이들의 교육요구도 및 이를 반영한 교육체제의 수립 그리고 이들의 취업을 도와주는 취업네트워크의 구축이 중요하다고 할 것이다.

셋째, 교육개선이다. 방송산업 인력수급의 또 다른 문제점은 교육 내용이다. 인력의 공급은 과잉이지만, 공급되는 방송인력 중에는 제작현장이나 방송유관 업무에 바로 투입할 수 있는 인력은 매우 제한적인데 그 까닭 중 중요한 것은 교과과정이 실천적인 적용을 외면하고 있기 때문이다. 대부분의 방송 예비인력은 이론적인 강의를 듣거나, 실습을 하더라도 기회가 너무 적다. 이러한 상황에서 교육 내용의 변화는 능력 있는 인력의 양성에 필수적인 것이다. 이를 위해서는 업계와 학계가 유기적인 네트워크를 구축하고, 이러한 관계에 정부가 재정적 제도적인 지원을 해야 한다. 더 나아가 방송산업의 인적자원개발에 대한 전면적인 재검토가 필요할 것이다.

2) 방송인 양성 현황 및 과제

방송인력의 수요·공급 구조를 보면 아이러니한 상황이 연출되고 있다. 방송관련 교육기관에서는 매년 방송예비인력의 초과공급으로 인한 취업난이 문제가 되고, 방송현장에서는 쓸 만한 제작인력의 부족으로 문제가 야기되는 것이다. 이는 교육기관이 방송현장의 요구를 충분히 수용하지 못하고 있기 때문에 발생하는 문제이기도 하고, 한편으로는 방송현장의 인력충원구조가 안고 있는 폐쇄성 때문이기도 하다.

지금까지 방송사들은 직접적인 방송관련 지식보다는 국어, 영어, 상식 등의 평가를 통해 인력충원을 하고 있으며, 4년제대학 졸업자에 한해 지원자격을 부여하는 등 상당한 진입장벽을 가지고 있다. 이에 관련학과들이 정체성이 위협받고 있으며, 2년제대학 이하의 학력을 가진 사람들은 기회조차 차단당하고 만다. 방송계에 진출하기 위해서는 방송관련 전공지식의 습득보다는 현행 평가과목의 성적 향상에 매달리지 않을 수 없는 상황이다. 따라서 현행 인력충원 구조가 안고 있는 문제점들을 개선하기 위해서는 교육현장과 방송현장 모두에서 일정한 변화가 요구된다고 하겠다.

현재 방송 관련 제작인력의 공급원으로는 방송사 부설 교육기관, 대학부설 교육기관, 사설 교육기관, 공공 교육기관, 4년제 정규 대학 및 전문대학·특수대학의 학과과정 등 다양하게 있고 이에 따라 방송계를 지망하는 인력은 매년 수천 명에 이르고 있지만 이 중 아주 극소수의 인원만이 방송사나 지역민방, 케이블로 흡수되고 있는 실정이다. 즉 현재 방송산업의 인력은 수요에 비해 공급부문이 지나치게 비대하여 수요와 공급의 불균형이 심각한 것이 현실이지만, 정작 독립제작사 쪽에서는 필요 인력이 부족한 실정이다. 이렇듯 초과 공급 상황에도 불구하고 인력 부족이 문제가 되는 것은, 대부분의 방송 지망생이 공중파 방송사나 케이블 TV에 취업하기를 희망하는 경우가 많고 또 독립 제작사의 인력 채용이 공개적으로 이뤄지지 못하고 있기 때문이다. 이와 더불어 실제 제작 현장에서 고급 인력의 부족을 느끼는 것은 예비 방송 인력에 대한 교육이 제대로 이뤄지지 못하고 있기 때문이다.

대학 및 전문대학의 방송관련 학과는 근래에 들어 급속히 증가하였으며 현재 4년제 대학의 경우는 80개 대학에서 147개의 방송관련학과가 있고 총 입학정원

<표 10-8> 방송산업 예비인력 현황 (1998~2001년)

년도	재적학생수	졸업자수	취업자수	전공분야 취업자	취업률(%)	전공분야 취업률(%)
1998	60,088	7,224	3,585	2,233	49.6	62.3
1999	75,096	8,271	4,177	2,719	50.5	65.1
2000	91,274	14,824	8,153	4,662	55.0	57.2
2001	106,960	17,58	9,729	5,926	55.5	60.9

자료: 한국교육개발원 교육통계, http://www.kedi.re.kr

은 약 7,000명에 이르고 있다. 전문대학의 경우도 45개 대학에서 86개 방송관련 학과가 설치되어 있으며 총 입학정원은 8,930명이다. 그러나 이러한 인원수의 급격한 증가에도 불구하고 새롭게 창출되는 방송인력 공급문제해결에 크게 기여를 하지 못하고 있다는 지적을 받는다. 또 방송사를 포함한 언론계에서는 신문방송 관련학과를 나온 것이 별로 업무를 수행하는 데 큰 도움이 되지 못한다고 주장하며 실제 방송사에 취업하는 신문방송학과 출신도 아직 방송사 취업인원에서 큰 비중을 차지하지 못하고 있는 실정이다. 이는 응용사회과학으로서 방송언론인을 양성하는 것이 기본목표 중 하나인 방송관련학과의 교육방향이나 내용이 현재 방송환경의 변화에 맞는 인력을 양성하지 못하고 있는 것을 의미한다.

2년제·4년제대학의 공급구조를 보면 재적학생수에서는 1998년 6만 88명에서 2001년 1만 6,960명으로 이 기간 동안 1.78배 증가를 보이고 있다. 그리고 같은 기간 동안 매년 1만 5,000여 명 가량이 꾸준히 증가하는 것으로 나타나 향후 미디어 관련 예비인력 공급증가의 정도를 짐작할 수 있다. 졸업자 수는 2000년에 갑자기 증가하여 2년제의 경우는 1998년에, 4년제의 경우는 1996년에 새로 개설한 전공 및 학과가 많음을 보여주고 있다. 이와 같은 사실은 국내 미디어산업의 성장이 주로 1990년대 후반기에 이루어졌고 이에 상응하는 수요에 대처하기 위해 대학 예비인력의 공급 또한 확대된 것으로 추정할 수 있다. 졸업자수는 1998년에서 2001년 사이에 7,224명에서 1만 7,538명으로 약 2.4배 증가하였다. 이 중 취업자 비율은 동기간에 9.6%에서 55.5%로 늘었지만, 전공 분야 취업률은 62.3%에서 60.9%로 약간 감소한 것으로 나타났다.

이상과 같은 자료에서 알 수 있는 것은 방송인력의 공급은 초과상태에 있다는 것이 졸업생 중 약 40%에도 못 미치는 학생만이 전공과 관련이 있는 곳에 취직을 하며, 나머지 60%는 전공과 관련이 없는 곳에 취직하거나 취업을 하지 못하는 것으로 나타났다. 또한 교육기관 졸업 후에 방송직종에 종사하기 위해 예비인력들은 방송사부설 교육기관이나 사설기관에서 연간 약 3,500명이 교육을 받고 있다. 이들은 방송유관학과를 졸업하였거나 혹은 무관한 학과출신을 포함하는 수치다. 이상과 같은 방송산업의 인력수급에 있어 과잉공급은 방송유관학과의 입학정원이 최근 3년간 매년 1만 5,000명 정도 증가하고 있다는 사실에 비추어볼 때 향후 더욱 심각한 문제가 될 것이다.

방송관련 직업의 범위는 다른 직업분야에 비해 훨씬 폭이 넓고 실제 업무에서도 이러한 분야가 함께 섞여 이루어지는 일이 비일비재하다. 이런 점에서 현재 방송사에 취직하려는 경우 개인적으로 자기에게 맞는 분야를 선택해서 국어, 영어, 상식, 논문 등을 혼자 공부하고 있는 실정이다. 방송사의 경우 기자나 PD 등의 창조적 업무위주인 직업분야의 경우를 보면 방송관련학을 주전공한 경우가 드문 실정이다. 방송사 취업자의 대부분은 인문과학, 사회과학, 자연과학 등 다양한 학문을 전공했으며 방송에 대한 실무를 직장에 들어간 후에 실질적으로 취득하고 있다.

근래에 들어서는 방송기자재의 디지털화와 컴퓨터화를 통해 변화되는 추세에 있는 방송관련 직업의 경우 예전에 비해 훨씬 더 현장에서 실무교육과 아울러서 전공지식을 방송실무와 연결시킬 수 있는 체계적인 교육과정을 강화하려는 추세에 있다. 즉 체계적이고 학문적으로 기본이 갖추어진 교육분야와 현장에서의 실무교육 부분을 정식으로 연결시키려는 움직임이 강하다. 이러한 과정에서 이미 기존의 방송학과 방송실무의 교육과정들을 다시 가다듬고 있는 실정이다.

정규교육과정 이외에 방송인력을 양성하는 제도로는 전문학원형태가 있다. 이러한 학원은 제도교육이 지니는 교육포괄성의 한계에서 오는 전문교육의 취약성을 보완하는 기능을 기대할 수 있다. 현재 전문교육 및 연수기관형태는 영리·비영리의 구분 없이 주로 프로덕션을 겸하고 있는 양성기구, 방송국의 부설기구, 그리고 공공단체의 부설기구로 대별할 수 있는데, 이들 기관은 방송인력에 대한 사회적인 관심이 높아진 1991년부터 활기를 띠고 개설되기 시작했으나 수도권지역의 설립통제, 시설기준의 강화 등으로 인하여 대부분의 학원은 방송교육보다는 연극교육기관으로 등록하여 운영되고 있는 실정이다.

대표적인 방송인력양성기관으로는 방송사 부설교육기관으로 MBC의 MBC아카

데미와 SBS의 SBS방송아카데미, KBS미디어의 KBS방송아카데미와 함께 대학부설
기관으로 KBS/서강대의 방송아카데미, 사설교육기관으로 서울국제방송아카데미
(구 한국영상예술원), 그리고 방송작가협회의 한국방송작가교육원이 있다.

이외에 한겨레신문, 동아일보, 중앙일보 등 일부 일간신문사 및 기독교방송사
등에서 문화강좌 차원으로 실시하는 방송관련 교육과 과거 매스컴신문의 계열기
관에서 실시하는 방송제작교육, 각종 시민단체에서 운영되는 방송제작교육이 있
다. 또한 근래에 들어서는 상명 MBI, 연세대학교 영상제작센터, 전북대학교, 동의
대학교 등 대학에서 방송아카데미와 유사한 교육과정을 가지고 제작인력의 저변
을 넓히고 있다.

방송아카데미에서 이루어지는 방송제작 교육은 정규학교 교육에 비해서 실무
중심, 현장 중심이라는 장점을 지니고 있으므로 교육과 현장 업무간의 괴리를 극
복하고 있다는 점에서 평가할 만하나, 여타의 교육기관과 마찬가지로 다음과 같
은 몇 가지 문제점들을 안고 있다. 이들 방송인력양성기관은 그 교육의 구체성에
도 불구하고 3~6개월의 교과과정을 기본으로 하는 데서 오는 속성식 양성, 그리
고 방송실습기자재의 빈약성, 방송실무에만 집중교과목을 편성하는 데서 오는 방
송전문교육의 취약성, 전일제 교육이 아니어서 교육의 강도가 약하다는 점, 전문
강사요원의 부족 등이 문제점으로 지적되고 있다.

또한 공익적 연수기관으로서 한국방송진흥원 부설 방송전문인 연수과정이 있
다. 현업인의 전문성을 제고하기 위한 방송사별 전문 통합교육, 제작 실무 예비인
력 양성, 일반 수용자 대상의 미디어 교육 등 방송계 인적자원 개발을 위한 종합
적인 전문교육센터로서의 지속적인 기능을 수행하고 있다. 특히 방송예비인력 양
성과 관련해 이론 중심으로 치중된 대학교육 과정에 대한 보완적 역할을 하면서
디지털 기술을 기반으로 학생들을 교육하기 위한 보다 효과적인 교육방법으로서
웹을 활용한 교육을 시도하고 있다.

그렇다면, 현시점에서 방송 예비인력을 육성하는 데 있어 적절한 방안은 어떻
게 마련되어야 할 것인가.

현재 방송학계에서는 방송관련 실무교육이 현재의 기술적 환경 변화에 맞는
인력양성에 중점을 두고 방송교육 전반에 대한 검토를 통해 정보화사회에 대비
할 수 있는 현업인을 키울 방안을 마련해야 한다는 목소리가 높아지고 있다. 대
부분의 방송관련학과는 이러한 문제를 극복하기 위해 현재 이전의 이론중심의

교육일변도에서 벗어나 실무교육의 중요성을 파악하고 실무교육을 강화하는 추세에 있다. 즉 실기과목의 확대뿐만 아니라 실습시설이나 기자재에 대한 투자, 실무경력이 있는 교수요원채용, 단과대학으로 관련학과를 확대하려는 움직임이 여러 대학에서 나타나고 있으며 대학의 방송관련학과에서는 어떤 인력양성에 중점을 두고 어떻게 교육시킬 것인가에 대한 방송교육 전반에 대한 검토를 통해 새로운 커리큘럼을 개발하고 있는 상태이다. 많은 대학들은 새로운 강의방법의 도입을 통해 방송제작 실습교육의 학습 효율을 보다 높일 수 있는 방안을 모색하고, 방송제작 실습교육의 영역을 디지털 영상제작의 범위까지 넓혀, 방송기술의 변화에 적응할 수 있는 새로운 방송제작 교육안을 마련하고 있다. 디지털 방식을 비롯한 새로운 기술들이 방송 현장에도 많은 영향을 미치게 되면서 대학에서도 이를 수용하고 있고 일정부분 디지털 제작장비들이 있는 자체 방송제작 실습실을 통해 실습에 중점을 두는 교육을 실시하고 있으며 적게는 1~2과목에서 많게는 17과목에 이르기까지 다양한 제작관련 과목들을 개설 중에 있다. 최근 들어서는 대학에서 교실 수업 위주에서 탈피해 다양한 방식을 도입해 수업에 이용하고 있는데 이 중에서 사이버 공간을 활용해 교육을 하고 있는 대학 역시 적지 않다.

간과해서는 안 될 점은 대학에서의 방송교육은 새로운 방송테크놀로지가 교육환경을 어떻게 변화시킬 수 있느냐 하는 기능적, 기술적 특성에만 관심을 가져서는 안 된다는 것이다. 대학에서 이루어지는 방송제작 실습교육은 기자재를 다루는 단편적인 기술과 촬영기법, 편집기법을 익히는 차원을 넘어서 영상에 대한 이해와 감각, 사회현상을 꿰뚫어 보는 통찰력, 체계적인 분석력, 정확한 판단력, 건강한 도덕관과 윤리의식을 갖추는 데 보다 궁극적인 목적을 두어야 하며 이는 기획·취재·촬영·편집에 이르기까지 전 과정에 수반되는 기술 외적 문제의 해결을 통한 작품완성도 중심의 실습교육에 비중을 두어야 한다(이인희, 1999).

대학에서의 실습교육은 현업에서 이루어지는 훈련이나 요구되는 기술습득과는 다르게 방송매체의 특성을 실제로 체험하는 데 의의가 있다. 이 과정은 방송이 담을 수 있는 정보의 양과 질을 알게 해주며, 후에 방송작품을 구상하는 능력을 배양하고 제작과정 자체에 내재되어 있는 구조를 비판·분석적으로 인식하는 데 목표를 두어야 한다. 따라서 대학의 실습교육은 현업에 당장 이용할 수 있는 기능인을 양성하려는 전문학교적 훈련과는 다른 차원에서 개념이 규정되어야 할 것이다(하종원, 1997). 따라서 방송실무교육은 프로그램 기획 등과 같은 지능적인 실무교육과 프로그램 분석, 평가 등을 통한 안목을 높일 수 있는 교육이어야 한다. 즉 실무지향적 교육에서는 현업에서 사용될 수 있는 기술교육이나 직업교육에 비중을 두되 기능인이 아니라 방송언어의 문법이나 특성을 폭넓게 이해하여 창조적인 능력을 키울 수 있는 지능적 실무교육을 목표로 하는 교육이 되어야 한다(한국방송개발원, 1992). 왜냐하면 방송국마다 기재와 실무경향은 차이가 있는 형편이므로 비록 전문인을 양성한다고 하더라도 학교에서의 교육과 방송국내의 교육은 따로 있어야 하며 차이가 나는 것이 필연적이다. 따라서 방송국 내의 교육이 제작·편성 기술의 구체적인 실무분야를 다룬다면 학교교육은 방송국 내에서 받을 수 없는 가치관, 문화체계 및 변동이론, 심리학, 미학, 인류학 등 수업에 필수적인 시간배정이 있어야 한다(김학천, 1986).

방송관련학과가 있는 대학은 실무교육을 완전히 익히거나 아니면 사회과학 지식을 두루 접하게 하는 커리큘럼이 필요하다. 그러기 위해 첫째, 대학과정에서 저널리즘과 커뮤니케이션 및 방송을 연구하는 대학들이 구분되어 학교마다 차별화가 이루어지고 또한 실무에 중점을 두는 대학과 이론에 중점을 두는 대학으로 구분이 되어야 한다. 둘째, 대학의 교과과정에서 복수전공이나 부전공제도를 의무적으로 공부하게 만들어 방송분야뿐만 아니라 다른 전공을 공부해 전문가로서의 자질을 키워야 한다. 셋째, 재학 중이나 졸업 후에도 방송사에 입사하기 위해서는 끊임없이 방송현장에서 인턴십과 연수제도를 통해 살아 있는 교육(learning by doing)을 하여 학생들이 방송현장에서 일을 하기 때문에 상대적으로 대학에서 고가의 스튜디오 장비를 갖추지 않고도 교육이 이루어질 수 있어야 한다. 마지막으로 방송 기자재가 디지털화되면서 기자재를 비교적 값싸게 구입하는 일과 컴퓨터를 통한 방송교육이 대학 내에서 가능하므로 방송과 관련된 디지털과 멀티미디어 분야에 대한 체계적인 실무 관련교육을 본격적으로 해야 한다(차배근, 1997).

향후 대학에서의 방송관련학과의 교과과정은 재원의 부족과 이 분야의 신속한 기술발전으로 미디어기업 및 대학 외부의 교육기관들과 협동작업을 하는 것이 바람직하다. 이러한 길이 이론과 실무에 관련된 교육부분을 촉진시키고 이론과 실무가 접근해가는 방향이다.

외국대학의 방송관련학과의 경우 공통적으로 학교를 졸업하고 방송사에 들어가기 이전까지 방송실무에 관한 훈련을 다 끝내 방송사에 입사하는 경우 바로 실무를 떠맡을 수 있다. 이러한 점에서 우리도 하루빨리 대학과 방송현장을 연계시킬 수 있는 프로그램이 필요하다. 특히 근래에 들어 증가한 방송사의 수는 어느 정도 이러한 가능성을 갖게 한다. 이런 차원에서 학계와 현업의 교육담당기관 등이 서로간에 이익이 될 수 있는 차원에서 산학협동 및 인턴십이 이루어져야 할

선진 각국의 방송인력 개발 실태

• 프랑스
프랑스의 방송전문인력 교육은 INA에서 실시하는 단기교육과정과 각 대학에서 주관하는 장기간의 정기교육과정에 의해 이루어진다. 특히 INA의 방송연수 프로그램은 제작경영, 기획 및 연출, 저널리즘, 편집, 영상조명, 기술, 합성, 특수효과, 컴퓨터·멀티미디어 분야 등 전문 영역별로 약 150개 이상의 교육과정을 개설하고 있는 유럽 최고수준의 교육프로그램이다. 프랑스의 방송인력 개발은 평생교육차원의 직업교육제도에 그 기반을 두고 있으며, 교육에 소요되는 비용의 대부분을 국가가 부담하는 등, 매우 강력한 국가주도형 인력양성 시스템을 운영하고 있다.

• 영국
영국의 방송전문인력 교육은 국가의 지원을 받는 전문연수기관의 단기교육과정과 정규 고등교육기관에 개설된 장기학위과정의 두 가지 차원에서 이루어진다. 대표적인 전문방송교육기관으로는 BBC연수센터가 있으며, 영국 내 전 방송사 직원을 대상으로 운영, 제작, 기술의 3분야에 걸쳐 다양한 전문 교육서비스를 제공하고 있다. 또한 자국 내의 인력교육뿐만 아니라 아프리카 등지의 제3세계권 국가들의 방송인력에 대한 교육 및 연수 프로그램도 유명하며, 교육고용부의 재정지원과 교육휴가제의 활용 등 민간에 대한 법적·제도적 지원을 통해 방송인력을 양성해오고 있다.

• 독일
독일의 방송전문인력 교육 중 특기할 만한 것은 각 방송사에서 운영하는 견습교육제도이다. 이는 방송사가 후진 양성을 위해 실시하는 자체 교육프로그램이며, 텔레비전의 편성, 이론, 인터뷰 등 기본적 내용의 세미나에서부터 뉴스제작 등 실습에 이르기까지 입사 후 1년에서 3년차까지 필요한 교육을 담당한다. 또한 현업 종사자 재교육 기구인 ZFP를 통해 끊임없이 변화하는 방송환경에 적응할 수 있도록 하며, 공공법인의 형태로 설립된 SRT에서는 음향 및 기술연수, 인터넷·컴퓨터그래픽 등 디지털 방송기술과 관련된 다양한 강좌를 개설하고 있다.

• 미국
방송영상산업이 미국 내 전체시장에서 차지하는 비중이 날로 커지면서 영상제작분야의 전문인력을 양성하기 위해 다양한 제도적 지원책이 마련되고 있다. 특히 각종 방송장비제작회사, 프로그램 제작사 등의 기금후원에 의한 교육과 비영리 재단을 통한 교육지원이 활발한 편이며, 급변하는 기술발전에 대비하기 위해 각 방송사별로 OJT형식의 전문화교육이 크게 강화되는 추세이다. 또한 현업종사자를 위한 장기교육은 주로 외부의 대학이나 전문교육기관에 의뢰하여 이루어지고 있으며, 현업에서 일하면서도 학위과정을 할 수 있다는 장점 때문에 관련 교육프로그램의 개설이 늘어나고 있는 추세이다.

• 일본
일본은 영상소프트웨어 산업의 국가경쟁력 제고를 위해 통신산업성, 우정성, 문화청 등 주무관청별로 통신, 방송분야 종사들의 능력향상을 위한 각종 지원시책을 수립, 추진하고 있다. 우선 인력양성체계의 정비를 위해 교수 요원의 전문적인 양성과 교육용 설비 및 기기의 정비, 교재개발, 산학연계 강화 등을 골자로 하는 국가지원정책을 추진중이며, 방송영상분야 종사자들을 위한 자격제도의 설립을 통해 개인의 능력에 대한 객관적인 판단기준을 마련함으로써 현업인들의 능력향상을 꾀하고 있다.

것이다.

산학협동체제의 구축이 필요하다는 것은 학회차원에서 계속 요구되어왔고 방송사도 방송에 필요한 인력을 자체적으로 교육시키려면 엄청난 투자가 필요할 것인데 이러한 경비를 줄이기 위해서는 사전에 학교교육에 투자를 하고 산학협동 체제를 구축하는 것이 바람직하다는 점에서 공동의 이해관계를 가진다. 산학협동체제의 구축을 위해, 즉 정규적인 학교교육과 비정규적인 직장훈련 간의 상호연계를 위해서는 현업의 뒷받침이 있어야 하지만 다른 한편으로는 대학에서 현업인들 중에 방송관련 학문을 전공하지 못한 사람들을 위한 재교육 과정을 개설하여 현장에 기본적인 이론적 틀을 제공하는 등의 일이 필요하다는 점에서 서로간의 유기적인 관계를 맺을 수 있다. 이런 점에서 방송재교육은 가능한 한 대학기관에 위탁하여 시행하는 것이 바람직하다. 요컨대 일방적인 산학협동체제가 아닌, 현업은 현업대로 학계는 학계대로 서로 부단히 상대편을 필요로 하는 제도의 정착이 필요하다고 볼 수 있겠다.

아울러서 장기적으로는 인턴십 제도를 만들어 학생들이 재학 중에 현장과의 연계를 할 수 있는 프로그램이 강구되어야 한다. 아직 방송실무교육에서 매우 중요한 부분인 현장실습에 대해 그 개념이나 제도가 정립되어 있지 못하다. 또한 방송현업에서 학교교육의 내용을 신뢰할 제도적 장치가 없어 교육내용과 교수, 시설 등에 대해 현업의 평가와 인정을 정례화하는 제도는 현장실습과 아울러 학교와 현업의 관계를 긍정적으로 개선하는 효과를 기대할 수 있다. 방송사가 인턴십 제도를 시행하면 기자, PD, 아나운서, 기술직과 이 외의 지원체계인 성우, 작가, 분장, 소품, 그래픽 등 부수적인 업무에 대한 종합적 이해체계를 갖출 수 있어서 방송이 종합문화라는 데 걸맞은 실습이 가능해질 것으로 기대된다. 각 방송사의 인턴십 연수제도는 첫째, 앞으로 늘어날 방송, 소출력 지역방송, 케이블 텔레비전, 위성 및 방송관련 제작사업에 대한 산학협동 연수의 모델로서 필요한 것이고 둘째, 연수의 종합적인 지평확대로서, 방송사의 장기적인 발전의 단계로서, 인원충원의 방안으로서도 빨리 체계화될 수 있어야 할 것이다. 문제는 인턴십 제도의 정착을 위해서는 방송사의 적극적인 협조가 필요하다는 것이다(이인희, 1996).

인턴십 제도에 대한 개념도 몇 가지로 나누어 볼 수 있다. 첫째 인턴제의 목표는 산학협동의 차원에서 학생이 방송사에 나가서 연수를 수행하여 그 학점을 인정받을 수 있게 하는 차원, 둘째 일반 학기 중 일정 요일, 일정 시간 동안 교육을 겸하여 연수를 받는 방법, 셋째 방학 중이나 일정 단기간에 연수를 받는 단기 훈련제를 생각해 볼 수 있다. 방송에서 인턴제를 수용하는데 가로막는 장애는 먼저, 방송사들이 인턴제에 대한 의의를 찾지 못하고 있고 둘째, 인턴제 실시에 따른 준비된 사내연수체계가 없고 셋째, 인턴으로 채용되는 절차가 다른 입사시험과 유사하게 어려워지고 넷째, 가장 중요한 것으로 한국적 정서에서 모집해 일정기간 훈련시킨 학생에 대해 입사시험에 어떤 우대를 해주어야 하고 또 몇 명을 합격시킬 수 있는가 하는 연수 후의 입사와의 관계 처리가 과제로 나타나고 있다.

이러한 인턴제에서 야기될 수 있는 문제점을 개선하기 위한 방안(김광호, 2001)으로 단기적으로는 각 방송국의 업무와 관련하여 교육, 실습의 기회를 늘려야 할 것이다. 정기적으로 본격적인 인턴십제도로서 일정기간 교육과 실습을 시키고 이것이 학교와의 사이에서 실제 학점으로 인정되고 차후 입사시 이 코스를 마친 연수생에 대하여 일정 점수를 가중시키는 제도로 연결될 수 있어야 할 것이다.

각 방송사들은 사내 교육기관과 훈련센터가 있으므로 이런 기구를 이용하여 학습과 실기의 종합적인 교육이 될 수 있도록 회사차원에서 대학생들에 대한 연수방안이 세워지기를 고대할 수 있다. 그러나 지방의 규모가 비교적 작은 지역의 대학에 있어서 대다수의 학생들이 참가해야 하는 인턴십 제도를 운영하는 것은 쉽지 않을 수도 있다. 이를 극복하는 방안으로 각 대학들은 한 학교가 제작장비를 모두 구축해야 한다는 부담에서 벗어나서 동일 지역내의 대학끼리 연대하여 각각의 특성화를 꾀한다든지, 현업의 경험을 가진 교수의 지도아래 학내의 신문사, 방송국을 이용하여 실습을 하거나 혹은 지역의 신문사 혹은 방송사 등과 연계하여 지역연대를 강화하여 인턴십을 통해 학생들을 교육시키는 방안을 생각할 수 있겠다.

무엇보다 현업 방송사와 제작교육기관 사이에 긴밀한 협업체계가 이루어 질 필요성은 점점 커지고 있다. 즉, 현업 방송사에서는 제작교육기관을 졸업한 인재를 우선해서 채용하고, 현업인들의 재교육을 제작교육기관에 위임하고 제작교육기관은 현업인들의 재교육을 위한 통합연수시스템을 통해 교육 시스템을 체계화하고, 현업인들의 인증을 통해 예비인력을 양성하는 것이 바람직할 것이다. 아울러서 방송사별로 중복 투자되고 있는 방송 전문인 연수부문의 효율성을 제고하기 위해 교육 및 연수 시스템의 통합이 필요하다. 통합 연수 및 교육시스템 구축은 경제적 효율성과 아울러 연수 및 교육장비·시설확보·교육비용 부담 경감 등 다양한 편익을 누릴 수 있다는 장점을 지니고 있다. 또한 국내 방송 및 영상산업을 활성화하기 위해서는 방송제작 인력개발과 관련된 유관기관의 제도적·법적 진흥책이 요구된다고 하겠다.

참고문헌

강상욱 외. 2001, 『TV 영상제작 이론과 실무』, 차송.

강익희·윤재식. 2002, 『디지털시대 방송인력과 수급정책(연구보고 2002-22)』, 방송영상산업진흥원.

강태영·윤태진. 2002, 『한국 TV 예능·오락 프로그램의 변천과 발전: 편성 및 사회문화사적 의미와 평가』, 도서출판 한울.

강태완. 1996, 「언론학 교과과정 개편에 관한 시안적 모델」, ≪커뮤니케이션 연구≫, 경희대학교 커뮤니케이션 연구소.

강현두 외. 1998, 『현대 대중문화의 형성』, 서울대학교출판부.

강현두. 1996, 『영화 속의 코미디, TV 속의 코미디』, 한국방송개발원.

강현두 편. 1987, 『한국의 대중문화』, 나남.

고정민·민동원. 2003, 「국내 음반산업의 주요 이슈와 대응방안」, ≪삼성경제연구원 연구보고서≫.

공용배. 1999, 「방송실무교육의 정체성과 방향」, 『정보화시대와 방송교육』, 나남.

구희영. 1994, 『영화에 대하여 알고 싶은 두세 가지 것들』, 도서출판 한울.

권성호. 1999, 『방송 전문인 교육의 새로운 동향」, 『정보화시대와 방송교육』, 나남.

권영. 2000, 「텔레비전 리포터에 관한 준사회적 상호작용 연구」, 중앙대학교 신문방송대학원 석사논문.

권정희. 2002, 「콘텐츠와 미디어 결합으로 경쟁력 키운다」, ≪방송21≫ 5월호, 방송위원회.

_____. 2002, 「드라마 OST, 또 하나의 주역」, ≪방송21≫ 4월호, 방송위원회.

권한태. 1989, 「대중음악의 전위적 특성에 대한 연구」, 한양대학교 석사논문.

권호영 외. 1999, 『방송영상산업 발전을 위한 중장기 정책과제 연구』, 한국방송진흥원 연구보고 99-15.

김광수 외. 1997, 『스타를 만드는 사람들』, 문예마당.

김광옥. 1992, 「방송분야 산학협동의 실천적 과제」, 『언론의 산학협동』, 한국언론연구원.

_____. 1992, 「방송환경변화와 프로듀서의 위상」, ≪방송시대≫ 봄호.

김광호. 2001, 「디지털방송환경과 방송제작인력 육성방안」, 동아방송대학/한국방송학회 주최 위성방송 출범에 따른 방송인력과 콘텐츠 수급방안 세미나 발제자료.

김규. 1998/2000, 『방송미디어』, 나남.

_____. 1993, 『방송매체론』, 법문사.

김기태. 1993, 「쇼, 무엇을 담을 것인가」, ≪방송문화≫ 4월호.

김대호. 1997, 「디지털 지상파 텔레비전 도입에 따른 정책방향 연구」, ≪언론정보 연구≫, 서울대학교 언론정보연구소.

김동규. 1993, 「문화 상품과 시장에 대한 연구」, ≪언론문화연구≫, 서강대학교 언론문화연구소.

김문겸. 1991, 『현대의 여가』, 도서출판 한울.

_____. 1996, 『현대사회의 여가』, 부산대학교출판부.

김석호. 2001, 『탤런트로의 길』, 숲속의 꿈.

김성경. 2001, 「아나운서의 방송출연에 영향을 미치는 요인에 관한 연구」, 연세대학교 석사논문.

김성길. 1998, 『방송진행 소프트: PD가 쓴 캐스터·리포터·MC론』, 도서출판 한울.

김성문. 1998, 『방송·영상의 실제적 이해』, 커뮤니케이션북스.

김성호. 1997, 『방송 어떻게 만들 것인가: 방송제작 핸드북』, 제삼기획.

김승수. 2001, 『매체경제학』, 나남.

_____. 1997, 『매체경제분석』, 커뮤니케이션북스.

김용수. 1996, 『영화에서의 몽타쥬 이론』, 열화당.

김우룡. 1999, 『현대방송학』, 나남.

김우식. 2001, 『TV방송기술원론 : TV 신호의 기초에서 넌리니어 편집까지』, 양서각.

_____. 2001, 『방송제작론』, 양서각.

김웅래. 1998, 『잡담으로 성공하기』, 자유시대사.

_____. 1995, 「한국코미디의 어제, 오늘 그리고 내일」, ≪방송문화≫, 9월, 한국방송협회.

_____. 1994, 『훔쳐보는 공포』, 자유시대사.

_____. 1994, 「청소년을 염려해야 할 프로그램 — 코미디」, ≪방송개발≫ 5월호.

_____. 1991, 「한국 텔레비전 코미디 프로그램의 통제유형에 관한 연구」, 중앙대학교 석사논문.

김웅태. 1993, 『연극이란 무엇인가』, 현대미학사.

김원제. 1999, 「컨텐트산업의 패러다임 전환에 따른 한국 컨텐트산업의 시장매카니즘 조정방안」, ≪한국전산원 정보화논문집≫, 한국전산원.

김은숙. 1998, 「대중기만으로서의 계몽인 문화산업에 대한 비판」, 한국외국어대학교 교육대학원 석사논문.

김일태. 1995, 『TV쇼 코미디 이론과 작법: 새로운 쇼 코미디, 내일의 작가를 위하여』, 제삼기획.

김재백. 2002, 「지상파 TV 디지털 전환에 따른 방송경영 변화에 관한 연구」, 연세대학교 언론홍보대학원 석사논문.

김재화. 2002, 「코미디 프로그램의 폭력성과 선정성이 청소년 가치관 형성에 미치는 영향에 관한 연구」, 중앙대학교 석사논문.

김정탁. 1998, 『미디어와 인간』, 커뮤니케이션북스.

김창룡. 1997, 「집중적인 실습교육의 필요성」, ≪언론학의 장래와 언론학 교육의 방향≫ 제24-1차 쟁점과 토론, 한국언론학회.

_____. 1994. 『인터뷰, 그 기술과 즐거움』, 김영사.

김택환. 1999, 「유럽의 영상정책」, ≪방송연구≫, 방송위원회.

_____. 1997, 『영상미디어론』, 커뮤니케이션북스.

김학진. 2001, 「한국 문화산업의 스타시스템에 관한 연구」, 중앙대학교 석사논문.

김학천. 1993, 「방송인력개발의 과제 ― 교육체계를 중심으로」, ≪방송연구≫ 겨울호.

김호석. 1998a, 『스타시스템』, 삼인.

_____. 1998b, 「스포츠 스타: 현대의 영웅」, 이동연 외, 『스포츠, 어떻게 읽을 것 인가』, 삼인.

_____. 1998, 「문화산업과 스타시스템」, 『한국사회와 언론』, 한국언론정보학회.

_____. 1999, 「텔레비전과 스타시스템」, ≪'99 봄철 정기학술대회≫, 한국방송학회.

_____. 1998, 「문화산업의 스타시스템에 관한 연구」, 서강대학교 박사논문.

김홍국. 1993, 「TV 코미디 프로그램의 현황과 개선방향에 관한 연구」, 경희대학교 신문방송대학원 석사논문.

남명자. 1995, 『어린이와 텔레비전 환경』, 나남.

류시현. 2002, 「다매체시대 방송진행자의 전문성에 대한 연구」, 중앙대학교 석사논문.

류영미. 1998, 「한국 텔레비전의 프로그램 편성과 인접효과에 대한 연구」, 중앙대학교 박사논문.

문화관광부. 2000, 『문화콘텐츠산업 진흥방안』.

_____. 2000, 『문화산업비전21』.

_____. 2001, 『방송프로그램 국가별 수출입 현황』.

박갑수. 1996, 『한국방송언어론』, 집문당.

박권옥. 1999, 『PD가 쓴 텔레비전 연출론』, 도서출판 한울.

박근서. 1997, 「텔레비전 코미디의 즐거움과 담론화하는 권력에 관한 연구」, 서강대학교 박사논문.

박기성. 1991, 『한국방송사, 한국방송총람』, 나남.

박노천. 1989, 「한국 TV 코미디 프로그램의 개선방안」, 중앙대학교 석사논문.

박동찬. 1999, 「대중음악의 생산구조에 관한 연구」, 광주대학교 언론대학원 석사논문.

박명진. 1994, 『비판커뮤니케이션과 문화이론』, 나남.

박소웅. 1998/2002, 『방송실무 소프트』, 도서출판 한울.

박승희. 1994, 『방송인이 되자』, 계백.

312

박영·노은주. 2001, 『너 연기하고 싶니: 연극영화학과 입시·배우 훈련을 위한 핸드북』, 집문당.

박장순. 2002, 『21세기 엔터테인먼트 시대를 위한문화 컨텐츠 연출론』, 한국방송출판.

박천일. 2003, 「방송프로그램의 제작과 유통」, 『방송론』, 커뮤니케이션북스.

박치형. 2001, 「텔레비전 영상의 수용유형에 관한 연구」, 중앙대학교 박사논문.

방송프로듀서협회. 1992, ≪방송시대≫ 봄호.

방송기술연구회. 1994, 『TV프로그램제작테크닉 : 초보자에서 전문가까지』, 우신.

방송기술인협회. 1997, 『TV제작기술』, 한벗문화사.

방송문화진흥회. 1999, 『방송문화사전』, 도서출판 한울.

_____. 1996, 『영상시대의 방송소프트』, 도서출판 한울.

방송위원회. 1996, 『라디오방송발전 연구위원회 종합보고서』.

배종대. 1998, 『방송환경과 TV제작의 이해: 시청자 주권시대, PD로 가는 길』, 홍익미디어플러스.

산업연구원. 2001, 『서비스업 발전을 위한 새로운 정책체계의 모색』.

산업자원부. 2001, 『2010년까지의 장기 산업발전비전』.

서문식. 2000, 「텔레비전 토크쇼 진행자에 관한 연구」, 한양대학교 석사논문.

소래송신소 편. 1987, 『대한민국 제1방송기술 약사』.

손용. 1996, 『현대방송이론』, 나남.

_____. 1979, 「정신문화를 오염하는 저질 코미디의 개선방안」, ≪중앙대학교 논문집≫ 제23집.

송경희. 2001, 「독립제작사 공동제작 시스템 구축방안 연구」, 한국방송진흥원 연구보고서.

송민정. 2002, 「글로벌 미디어기업의 사업다각화 현황과 평가」, ≪방송사의 사업다각화에 대한 평가와 전망≫ 세미나자료, 한국방송학회.

송해룡. 2003, 『디지털미디어, 서비스 그리고 콘텐츠』, 다락방.

송해룡·김원제. 2003, 「정보미디어·서비스의 여가적 수용에 관한 시론적 연구」, ≪방송연구≫ 여름호, 방송위원회.

신현암. 1997, 「'서태지와 아이들'과 기업경영」, 『CEO Information』, 제107호, 삼성경제연구원.

심길중. 1996, 『텔레비전 제작론』, 도서출판 한울.

심상민. 2002, 『미디어는 콘텐츠다』, 김영사.

연세영. 1998, 『대중음악 돋보기』, 도서출판 꾼.

오광수. 2001, 「문화권력자로 급부상한 기획사와 연예인」, ≪방송21≫ 8월호, 방송위원회.

_____. 1995, 「연예인 선발 문제있다」, ≪한국논단≫.

오세인. 1999, 「텔레비전영상의 문화적 의미와 미학적 가치에 대한 연구」, 중앙대학교 박사논문.

오종환. 2003, 「방송사의 조직과 인력」, 『방송론』, 커뮤니케이션북스.

오태수. 1999, 「TV교양 프로그램의 리포터 운용에 관한 연구」, 동국대학교 석사논문.

유병현. 1996, 『디지털은 자본이다』, 나남.

유의선. 1995, 「다매체시대의 지상파방송 편성정책」, 『다채널시대의 방송편성정책』, 한국방송진흥회.

유재천. 1983, 「프로그램 편성과 국익의 편익」, ≪방송연구≫ 겨울호.

윤석민. 1999, 『다채널 TV론』, 커뮤니케이션북스.

윤송이. 2001, 「국내 미디어산업의 한계와 발전방향」, ≪방송21≫ 12월호, 방송위원회.

윤홍근. 2002, 『방송마케팅』, 다인미디어.

이강수 편. 1998, 『대중문화와 문화산업론』, 나남.

이계진. 1990, 『아나운서 되기』, 우석.

이관열 역. 1995, 『방송경영론』, 방송문화진흥총서.

이문행. 2001, 「영상물 라이프사이클 분석」, ≪방송21≫ 9월호, 방송위원회.

이미애 외. 1999, 『방송작가로 가는 길: 수다로 푸는 방송작가 입문서』, 바다출판사.

이상률 역. 1992, 『스타』, 문예출판사.

이상철. 2000, 『21세기 영상 텔레비전 문화』, 도서출판 한울.

이성완. 2002, 「TV토론 방송의 방향과 과제」, ≪방송문화≫ 5월호, 한국방송협회.

이영미. 2001, 「대중가요 연구에 있어서 균형 잡기」, ≪인문과학≫, 성균관대학교 인문과학연구소.

이영수. 2000, 「TV 프로그램 장르별 진행자 특성이 진행자 및 프로그램 만족도에 미치는 영향」, 중앙대학교 신문방송대학원 석사논문.

이윤석. 2001, 「연예오락 프로그램의 공익성과 오락성에 관한 연구」, 중앙대학교 신문방송대학원 석사논문.

이인희. 1997, 「디지털 방송 시대의 영상제작 교육방안: 디지털 편집 실습교육을 중심으로」, 한국방송학회 가을철 학술대회 발표논문.

이일로. 1992, 『방송기술의 이해』, 우진출판사.

이정근. 2001, 「방송프로그램 제작에 있어 작가 프로듀싱 시스템에 관한 연구」, 연세대학교 언론홍보대학원 석사논문.

이정춘. 1998, 『커뮤니케이션 사회학 세미나』, 중앙대학교출판부.

_____. 2000, 『미디어 사회학』, 이진.

_____. 1996, 『현대사회와 매스미디어』, 나남.

이종규. 2000, 「영화박물관 계획안: 영화의 화면구성기법과 내러티브의 건축적 적

314

용」, 중앙대학교 석사논문.

임연숙. 1997, 「대중음악에 대한 교사와 청소년의 인식 연구」, 한남대학교 교육대학원 석사논문.

임학송. 1998, 『TV드라마 연출개론: 연출·극본·연기의 이해』, 집문당.

_____. 1986, 「웃음과 철학과 코미디」, ≪방송심의≫ 제57호.

장기오. 2002, 『TV드라마 연출론』, 창조문학사.

장숭칠. 1997, 「계몽의 변증법에 나타난 문화산업론」, 한림대학교 석사논문.

전광선. 1999, 「시사매거진 2580의 영상기법과 현실구성에 관한 연구」, 한양대학교 언론정보대학원 석사논문.

전규찬·박근서. 2003, 『텔레비전 오락의 문화정치학』, 도서출판 한울.

전석호. 1997, 『정보사회론』, 나남.

_____. 2003, 「글로벌 미디어 산업의 재편에 따른 미디어 사업자의 시장전략 분석」, ≪미디어 경제와 문화≫ 제1-1호, 서울방송.

전준우. 1999, 「프로그램 제작형태 변화에 대한 연구」, 건국대학교 언론홍보대학원 석사논문.

정경훈. 2002, 『방송기술 이야기: 아날로그에서 디지털까지』, 도서출판 한울.

정기문. 1996, 「공연예술의 경제적 특성」, ≪산업과 경제≫ 제6집.

정순일·장한성. 2000, 『한국 TV 40년의 발자취 : TV프로그램의 사회사』, 도서출판 한울.

정애리. 1999, 「TV드라마의 스타시스템 활용에 관한 연구」, 중앙대학교 석사논문.

정준영. 1987, 「대중음악의 사회학적 일연구」 서울대학교 석사논문.

정진철·임종욱. 2003, 「한국 문화산업의 7대 발전과제」, 『Prime Business Report』, 현대경제연구원.

정혜경. 1996, 「한국 대중문화 영역의 스타시스템 변화과정에 관한 연구」, 서울대학교 석사논문.

조명남. 1994, 「연기자 교육의 문제점과 그 개선방향에 관한 연구」, 중앙대학교 신문방송대학원 석사논문.

조선녀. 2002, 「치고 박고 고공점프······ 얼굴 없는 연기자」, ≪방송21≫ 9월호, 방송위원회.

조재훈 외. 2000, 『PD가 쓰는 PD론: 방송을 움직이는 힘 — PD집단』, 다나기획.

조철현. 1994, 『방송소프트』, 퀘이사.

주미령. 2002, 「디지털 시대, 비디오 뉴스의 발신자」, ≪방송21≫ 8월호, 방송위원회.

주은우 역. 1995, 『스타 — 이미지와 기호』, 한나래.

주진영. 1998, 「그람시의 시민사회개념에 관한 연구」, 영남대학교 석사논문.

차배근. 1981, 『커뮤니케이션학 개론』, 세영사.

_____. 1997, 「정보화시대에서 언론학 교육의 방향과 과제」, 한국언론학회, ≪언

론학의 장래와 언론학 교육의 방향》 제24-1차 쟁점과 토론.

차서욱. 1986, 『라디오기술 교과서』, 가남사.

최양수. 1997, 「디지털화가 프로그램 제작과 편성에 미치는 영향」, 《방송문화연구》, KBS.

최정환. 2000, 「저작권법상의 연예인의 법적 보호」, 《법과 사회》, 법과 사회이론학회.

최창섭. 1985, 『한국방송론』, 나남.

최창섭·강현두. 2001, 『우리방송 100년』, 현암사.

최창섭·손용. 1984, 『방송제작론』, 전예원.

최충웅. 1999, 『텔레비전 제작실무론: 편성·교양·드라마·오락·보도·스포츠』, 나남.

하유상 외. 2001, 『연극 TV연기와 연출』, 교문사.

_____. 2000, 『탤런트 영화배우연기교실』, 태학사.

하종원. 1997, 「언론학 교육의 조화와 균형: 아카데미즘과 저널리즘의 정합성」, 《언론학의 장래와 언론학 교육의 방향》 제24-1차 쟁점과 토론, 한국언론학회.

한국문화경제학회. 2001, 『문화경제학 만나기』, 김영사.

한국방송개발원. 1994, 《한국 TV연예오락 발전방안 연구: 개방과 다원화의 시대에 대비하여》.

_____. 1994, 《방송개발》 가을/겨울호.

_____. 1995, 『텔레비전 제작론』.

_____. 1998, 「방송프로듀서 전문성 제고를 위한 교육시스템 개발 연구」, 《'98 방송연구 조사》.

한국방송공사. 1987, 『한국방송 60년사』.

_____. 2000, 「아나운서실」, 한국어연구회 편, 『21세기 아나운서, 방송인되기』, 한국방송출판.

한국방송영상산업진흥원. 1999, 『방송영상물 전문가 평가모델 개발연구 — 연예·오락 프로그램 평가체계 설정과 평가결과 분석』.

한국방송작가협회 편. 1994, 『비드라마 어떻게 쓸 것인가: 다큐멘터리·TV구성프로그램·Radio 구성 프로그램』, 제삼기획.

한국방송진흥원. 2003, 『방송용어』, http://www.kbi.re.kr/dictionary/dictionary.

한국방송진흥회 편. 1997, 『방송문화사전』, 도서출판 한울.

한국방송학회. 1990, 『방송편성론』, 나남.

_____. 1996, 『연예오락 프로그램의 질적 향상 방안: 코미디와 버라이어티 쇼 프로그램을 중심으로』, 한국방송학회.

_____. 1997, 『한국방송 70년의 평가와 전망』, 커뮤니케이션북스.

한국언론정보학회. 2000, 『현대사회와 매스커뮤니케이션』, 도서출판 한울.

한균태. 1989, 《문화방송사보》 8월호.

_____. 1995, 「공영방송의 제작시스템 개선방안」, 『공영방송의 세계화와 프로그램의 질』, 한국방송학회 세미나 자료.

한소진. 2000, 『방송구성작가 실기론 : TV·라디오/토크쇼에서 다큐멘터리까지』, 나남.

한옥근. 2002, 『드라마의 이해와 실기』, 푸른사상사.

_____. 2000, 『드라마의 이론과 실기』, 국학자료원.

한인규. 1998, 『방송프로그램 만들기』, 삼경.

한진만. 2003, 「방송편성」, 『방송론』, 커뮤니케이션북스.

홍경수 외. 2002, 『PD, who & how: PD에 대해 알고 싶은 모든 것 27명의 PD가 말한다』, 커뮤니케이션북스.

홍성남. 1997, 「영화 내러티브의 분석방법에 관한 고찰」, 중앙대학교 석사논문.

황인성 편저. 1999, 『텔레비전 문화 연구』, 한나래.

황인우. 2001, 「방송아카데미의 효용성」, 한양대학교 석사논문.

Beck, S. & D. Abel. 1999, "Digital Data Broadcasting," in D. Gerberg(ed.), *The Economics, Technology and Content of Digital TV*, Boston/ Dordrecht/ London: Klumer Academic Publisher.

Best, Steven & Douglas Kellner. *Post-modern Theory: Critical Interrogations*, 정일준 역, 1995, 『탈현대의 사회이론』, 현대미학사.

Burnett, Ron. *Cultures of Vision: images, Media, and the Imaginary*, Indiana University Press.

Block P.(ed.). 2001, *Managing in the Media*, Oxford: Focal Press.

Bordwell, David & Kristin Thompson. 1993, 『영화예술』(박창근 역), 청동카메라 그룹.

Boyd, Andrew. 1997, 『방송보도실무』(이경자·이인희 역), 도서출판 한울.

Caruso, James R. & Mavis E. Arthur. 1993, 『TV제작입문』(김영임 역), 나남.

Casson, Herbert N. 1999, *The History of the Telephone*, Electronic Text Center, University of Virginia Library.

Chester, Giraud, Garnet R. Garrison & Edgar E. Wills. *Television and Radio*, 5th ed., Prentice-Hall Inc.

Cook-Gumperz, Jenny(ed.). *The Social Construction of Literacy*, Cambridge University Press.

Craft, J. E., F. A. Leigh & D. G. Godfrey. 2001, *Electronic Media*, USA: Wadsworth.

Croteau, D. & W. Hoynes. 2000, *Media/ Society: Industries, Images, and Audiences*, Sage Pub., 전석호 역, 2002, 『미디어 소사이어티』, 사계절.

Dominick, J. R., B. L. Sherman & G. A. Copeland. 1996, *Broadcasting/ Cable and Beyond*, 3rd ed., McGraw-Hill.

Ellis, Jack C. 1998, 『세계 영화사』(변재란 역), 이론과 실천.

Ferguson, D. A. & R. A. Klein(eds.). 1999, *Promotion and Marketing for Broadcasting and Cable*, Oxford: Focal Press.

Flusser, Vilem. *Die Schrift: hut schreiben zukunft?*, 윤종석 역, 1996, 『디지털시대의 글쓰기』, 문예.

Gerbarg, D.(ed.). 1999, *The Economics, Technology and Content of Digital TV*, Boston/ Dordrecht/ London: Klumer Academic Publishers.

Howard, Herbert H. & Michael S. Kievman. 1983, *Radio and TV Programming*, Grid Publishing.

Head, Sydney W. 1981, "Programming Principles," in S. T. Eastman, S. W. Head & L. Klein(eds.), *Broadcast Programming*, Wadsworth Publishing, Co.

Huizinga, J. 1955, *Homo Ludens, A Study of the Play Element in Culture*, The Beacon Press.

Keller, D. 1995, Media Culture, 1997, 『미디어 문화』(김수정·정종희 역), 새물결.

Langer, J. 1981, "Television's Personality System," *Media, Culture and Society*, 4.

Lavin, M. H. & R. B. Wackman. 1989, *Managing Media Organizations: Effective Leadership of the Media*, Longman, 김재범·한균태 역, 1995, 『매스미디어 경영론』, 나남.

Lull, J. 2000, *Media, Communication, Culture*, Polity Press.

McLuhan, Marshall. 1965, *Understanding Media*, McGraw-Hill, 박정규 역. 1982, 『미디어의 이해』, 삼성.

McNeil, Alex. *Total Television: The Comprehensive Guide to Programming form 1948 to the Present*, 4th edition, Penguin.

Millerson, Gerald. 1984, 『텔레비전 제작실무』(안병률 역), 나남.

OECD. 2000, *The Service Economy*.

PrincewaterhouseCoopers. 2001, *Global entertainment and Media Outlook: 2001-2005*.

Reeves, J. L. 1988, "Television Stardom: A Ritual of Social Typification and Individualization," *Media Myths and Narrative: Television and the Press*, Sage.

Rogers, E. M. 1986, *Communication Technology: The New Media in Society*, Newyork: The Free Press, 메커니즘 역, 1988, 『현대사회와 뉴미디어』, 나남.

Simon, R. 1985, 『그람시의 정치사상』(김주환 역), 청사.

Sobchack, Thomas & Vivian C. Sobchack. 1999, 『영화란 무엇인가』(주창규 외 역), 거름.

Storey, J. 『문화연구와 문화이론』(박모 역), 현실문화연구.

Swan, P. 2000, *TV dot COM: The Future of Interactive Television*, Newyork: TV Books.

Tapscott, Don. 1997, 『디지털 경제』(김종량 역), 창현.

Vogenl, Harold L. 2001, *Entertainment Industry Economics*, Cambridge University Press.

Walter, J. Ong. 1982, *Orality and literacy: The technologizing of the world*, Methuen, 이기우·임명진 역, 1995, 『구술문화와 문자문화』, 문예.

Wright, C. R. 1986, *Mass Communication*, 2th ed., New York: Random House.

Zettle, Herbert. 1992, *Television Production Handbook*, Sanfrancisco State University.

http://design.brainstorm.co.kr/webcasting/webcasting.htm.

http://www.worlddab.org/dab/whatis.html.

http://www.itu.int/itunews/issue/2001/02/hdtv.html.

■ 지은이

김웅래

고려대학교 영어영문학과 졸업
중앙대학교 대학원 신문방송학과 석사
KBS 코미디 전문 PD
현 인덕대학교 방송연예과 교수

방송 최초의 개그프로그램인 <살짜기 웃어예>(1974)를 비롯하여 <달려라청춘>, <유머
1번지>, <생방송 유머극장>, <코미디 하이웨이>, <고전해학극장>, <코미디 세상만사>,
<코미디 1번지>, <시사터치 코미디파일>, <한반도 유머총집합> 등의 프로그램을 제작·연
출했다.

한울아카데미 641

방송연예론

ⓒ 김웅래, 2004

지은이 | 김웅래
펴낸이 | 김종수
펴낸곳 | 도서출판 한울

초판 1쇄 인쇄 | 2004년 4월 10일
초판 3쇄 발행 | 2014년 8월 20일

주소 | 413-756 경기도 파주시 광인사길 153 한울시소빌딩 3층
전화 | 031-955-0655
팩스 | 031-955-0656
홈페이지 | www.hanulbooks.co.kr
등록 | 제406-2003-000051호

Printed in Korea.
ISBN 978-89-460-4882-9 93330

* 가격은 겉표지에 표시되어 있습니다.

* 이 책은 한국언론재단의 연구저술 지원으로 출판되었습니다.